安徽大学汉语言文字研究丛书

主编 黄德宽

高岛谦一
·卷·

北京师范大学出版集团
安徽大学出版社

图书在版编目(CIP)数据

安徽大学汉语言文字研究丛书. 高岛谦一卷/高岛谦一著.
—合肥:安徽大学出版社,2013.3(2013.7重印)
ISBN 978-7-5664-0199-1

Ⅰ.①安… Ⅱ.①高… Ⅲ.①汉语－语言学－文集②汉字－文字学－文集
Ⅳ.①H1-53

中国版本图书馆 CIP 数据核字(2013)第 017073 号

AN HUI DA XUE HAN YU YAN WEN ZI YAN JIU CONG SHU
安徽大学汉语言文字研究丛书
GAO DAO QIAN YI JUAN

高岛谦一卷

高岛谦一 著

出版发行:	北京师范大学出版集团
	安 徽 大 学 出 版 社
	(安徽省合肥市肥西路 3 号 邮编 230039)
	www.bnupg.com.cn
	www.ahupress.com.cn
印　刷:	合肥远东印务有限责任公司
经　销:	全国新华书店
开　本:	170mm×240mm
印　张:	30.75
字　数:	340 千字
版　次:	2013 年 3 月第 1 版
印　次:	2013 年 7 月第 2 次印刷
定　价:	69.00

ISBN 978-7-5664-0199-1

策划编辑: 康建中　　　　　　　　　　**装帧设计:** 刘运来
责任编辑: 朱丽琴　程尔聪　　　　　　**美术编辑:** 李　军
责任校对: 程中业　　　　　　　　　　**责任印制:** 陈　如

版权所有　侵权必究
反盗版、侵权举报电话:0551-65106311
外埠邮购电话:0551-65107716
本书如有印装质量问题,请与印制管理部联系调换。
印制管理部电话:0551-65106311

总　序

黄德宽

　　汉语言文字学是以汉语言文字为研究对象而形成的学科,这是一门渊源久远、积淀深厚的学科。对汉语汉字的研究,我国先秦时期即已肇绪,然而作为现代意义上的汉语言文字学,其历史大体上也只有百年左右。

　　安徽大学的汉语言文字学学科是从20世纪80年代之后才较快成长进步的。经过20多年的建设,目前这个学科不仅能培养硕士、博士、博士后等高层次研究人才,同时还成为全国高等学校重点学科之一,在教学、科研方面都取得了较为突出的成绩。

　　汉语言文字学学科的发展和进步,是本学科诸多先生艰苦努力的结果,对他们的学术贡献我们不应忘记。总结发扬他们的学术精神和学科建设经验,是新形势下进一步加强学科建设、推进学科持续健康发展的任务之一。因此,我们启动编纂了"安徽大学汉语言文字研究丛书"。

　　这套丛书共10种,入选的10位教师是对本学科发展做出贡献的众多教师的代表,他们基本上是本学科各个方向的带头人和学术骨干,各卷所收论文也基本上反映出各位老师的主要研究领域和代表性成果。除已经谢世的先生外,各文集主要由作者本人按照丛书的编选宗旨和要求自行选编完成。

　　在编纂这套丛书的过程中,我一直在思考,高等学校的学科建设到底如何开展才是应该提倡的?学科建设最为关键的要素到底有哪些?对这些问题,我担任学校校长期间没少讨论过,时下我国高校关于学科建设的经验也可谓"花样翻新"、"层出不穷"。沉静下来,就我们这个学科的发展来看,我认为最重要的恐怕还是以下几点:

一是要以人为核心,尊重学者的学术追求。学者是学科的载体、建设者和开拓者。学科的发展主要靠学科带头人、学术骨干和以他们为主组成的团队。坚持"以人为核心"的学科建设思路,就要尊重学者,尊重他们的精神追求、研究兴趣和个性特色,最大限度地为他们提供自由发挥的空间,而不是用考核的杠杆和行政的手段迫使他们按设定的路径行事;那样很容易扼杀学者的研究个性和兴趣,也不大可能产生真正意义上的高水平研究成果。汉语言文字学学科的研究特色和重点,几乎都是各位教师自身研究领域的自然体现,他们坚持自己的研究方向,形成自身的研究风格,探索自己感兴趣的课题,因此能不为流俗左右,远离浮躁喧嚣,耐得住寂寞,甘愿坐冷板凳,最终取得累累硕果。

二是要以人才培养为根本任务,教学科研相得益彰。大学最根本的职能是培养人才,这就决定了大学的学科建设必须以人才培养为根本任务,将教学、科研紧密而有机地结合起来。汉语言文字学学科的教师,长期以来坚守在人才培养的第一线,他们将主要时间和精力都花在人才培养上,而且大家都很热爱自己的教师职业,像何琳仪先生就是在讲台上走完生命的最后历程的。汉语言文字学学科近年来不仅培养出一大批优秀的本科生、研究生,而且在汉语国际教育方面成绩突出,培养了许多外国留学生,在学校合作共建的孔子学院中发挥了关键作用。翻看这些文卷,不难看出,将科研与教学和人才培养工作密切结合,用科研成果丰富教学内容,结合教学开辟新的科研领域,是汉语言文字学学科教师的共同特点。一个学科建设的成就,既要看科学研究,更要看人才培养。围绕人才培养的学科建设,应该是大学学科建设必须坚持的原则。这一点我以为是大学学科建设尤为值得重视的。

三是要日积月累,聚沙成塔。学科建设是一个漫长的积累过程。

人文学科的发展关键是学者队伍的集聚、教学经验的积累和研究领域及特色的形成,更需要长期的努力。因此,开展学科建设不能急功近利,不能只寄希望于挖一两个有影响的学术带头人而收到立竿见影的效果。学科建设应该遵循学术发展的规律,通过创造环境、精心培育,让其自然而然地生长。近年来,许多高校将学科建设当重点工程来抓,纷纷加大投入,不惜代价争夺人才,虽然也可以见效一时,但是从长远看未必能建成真正的一流学科。这方面有许多教训值得记取。我校汉语言文字学学科的成长,尽管也得到国家"211工程"重点学科建设项目的支持,不过在实际建设中,我们还是坚持打好基础,通过持续努力,不断积累,逐步推进。我们深感,这个学科目前的状况离国内一流高水平学科的要求还有不小的差距。但我们相信,只要遵循规律、持之以恒,其持续发展应该是可以预期的。

四是要开放兼容,培育良好学风。学科建设应该注重自身特色和优势的培育。强调自身特色和优势并不意味着自我封闭,而是要通过学术交流不断开阔学术视野,以开放兼容的学术情怀向海内外同行学习。我校汉语言文字学学科较为重视学术交流,各学科方向的带头人或骨干,先后在中国语言学会、中国训诂学会、中国文字学会、中国古文字研究会、中国音韵学会、华东修辞学会、安徽省语言学会等全国和地区性汉语言文字研究的学术团体中兼任学会会长、副会长、秘书长、副秘书长、常务理事等职务,促进了本学科团队与国内同行的交流。同时,我们重视加强学术交流与合作,不仅经常性邀请国内外学者来校讲学交流,还特聘著名学者参与学科建设,承担教学科研任务,逐步形成开放兼容的学科建设格局。丛书中收录的高岛谦一、陈秉新、李家浩三位先生就是本学科的长期客座教授或全职特聘教授。开放兼容的学科建设思路,其核心就是要将学科建设放在本学科发展的总体背景下,跟踪学术前沿和主流,形成学科自身学习和激励的内在机制,并确立自身的发展目标、特色追求和比较优势。学科建设要实现开放兼容,要注意协调和处理好学科内外部的各种关系,这不只是要处理好相关利益关系问题,还要形成学科发展的共同理想,尤为重要的是形成优良学风。优良的学风是学人之间合作共事的精神纽带。一个学科只有崇尚学术、求真务实蔚然成风,学科成员才能做到顾全大局、团结协作、相互兼容。良好的学风,也是学科赢得学术声誉、同仁尊重和开展合作交流的基础。这一点应该成为汉语言文字学科建设长期坚持和努力的方向。

人文学科有自身的特点和发展规律,最让人文学者神往的,当然是产生影响深远的学术大师,形成风格独特的学术流派。在当前社会和教育背景下,这好像是一个高不可攀的目标。但我以为,只要创造良好的学术环境,遵循学科建设和发展的规律,经过代代学者持续不断的努力追求,在一些有条件和基础的高校将来产生新的具有中国作风和气派的人文学科学派也不是没有可能。

我校汉语言文字学学科还有一大批默默奉献的教师和很有发展潜力的青年教师,他们是学科建设的基础和生力军。我相信,这套丛书的编纂出版对他们也是一个激励和鼓舞。见贤思齐,薪火相传,一个良好的学术环境和氛围,必将促进汉语言文字学学科不断取得新的成绩和进步。

2012 年立春于安徽大学磬苑

目　录

前　言 ·· （1）

第一编　甲骨文研究:方法论

更为缜密的甲骨文考释方法论 ······································· （3）
如何释读甲骨文 ·· （33）
　　——对现行方法的反思
以甲骨卜辞的布局解读甲骨文 ······································· （49）
共时证据法之应用:商代配祀之拟构 ······························· （66）

第二编　甲骨文研究:词法与句法

强调动词短语 ·· （85）
数量补语 ·· （108）
带"乍"(作)字和带"史"(使)字的使役结构 ······················ （118）
否定词的词法 ·· （146）

第三编　甲骨文研究:语义与词源

商代汉语后缀 *-s 之三种功能 ······································· （167）
祭祀:中国古代"祭"和"祀"新辨 ······································ （184）
"河"的词源学及古文字学阐释 ······································· （223）

释"比"、"从" ………………………………………………………… (252)

第四编　甲骨文研究：系动词与其他文字和文化

系动词研究 ……………………………………………………… (261)
甲骨文中的几个礼仪动词 ……………………………………… (312)
论甲骨文和金文中之"日"字 …………………………………… (348)
周代青铜器铭文中表示"时"的"☉"字 ………………………… (363)
郑州、大辛庄卜骨：殷商时期安阳南部、东部的文字 ………… (372)

主要参考文献

引用甲骨著录简称 ……………………………………………… (402)
其他简称 ………………………………………………………… (404)
引用论著 ………………………………………………………… (404)

后　　记 ……………………………………………………… (469)

原中译本后记 ………………………………………………… (472)

前　言

　　自 19 世纪末发现甲骨文以来,研究者多将精力集中于单个甲骨文字义之考证。人们通常先确认从所释甲骨字发展演变而来的现代汉字,然后再探讨其于不同上下文中所表达之意。此类考证固然颇为重要,然常只被视为是对商史诸领域进行研究的准备工作。这样,甲骨文研究就成了达到另一种目的之手段。因而,这种研究可称为是"语文学"或"小学"之研究,然其目标还未必是语言学研究。所谓"语言学"研究,就是要对语言本身进行系统研究。

　　对商代卜辞作语言学研究,旨在更好地理解商代语言本身(略等于"linguistics of Shang Chinese"),而语文学研究(略等于"philology of Shang China")之目的则是为了更好地理解商代历史与文化。二者并不互相冲突,因为语言与文化之间有着千丝万缕的紧密联系。由于这种联系,对商代卜辞所作语言学研究的任何进展都将有助于理解商代历史和文化,前者对后者的影响有时甚至出乎人们的意料。现在有关商代社会、经济、政治、哲学和宗教等研究的论著已大量出版问世,相比之下,虽然商代语言亦为商文化之重要方面,且亦由甲骨文而体现,然认真研究商代语言诸方面之论著却较为少见,此颇令人惊讶且遗憾。本书即意在为弥补此不足而迈出的第一步。

　　理想的商代语言研究应该对晚商语言,从语义、字形、词汇、音韵、词法、句法等诸方面加以系统而综合论述,不应忽略任何方面,且要分别给予相等的重视。然而,由于我们现有知识的不足,尤其在音韵学方面知识的缺乏,这种理想的语言学研究在近期内尚无法成为现实。试以音韵学为例:构拟古代汉语——尽管研究周语言的学者为数不多,他们之间也尚未达成学术共识,然对商语言的语言学研究,其必然出发点正是古代汉语。现在尚无公认的拟古音系统,这对其他方面的语言学研究,如词法和语义,已然造成了严重后果。

考虑到上述限制,现在我们只能继续利用已有的上古音体系,而重建这些体系的原则和假设皆已解释得相当清楚。我最熟悉李方桂(Li Fang Kuei)确立的体系,故而只要有必要构拟上古音,我基本用其体系。当然,还有一个重要理由就是我在美国华盛顿大学攻读硕士学位时,曾师从李方桂教授,研究上古音。1965—1967年之间,李师已有了1971年在《清华学报》正式发表的《上古音研究》的构思。因此他为我们授课的内容也就是在阐述其系统。1967年我采用李师当时全新的上古音母音体系与古日语《万叶集》之万叶假名中的母音系统进行比较研究,写作了我的硕士论文。然而,近年来其他几位音韵学者,如白一平(William Baxter)、龚煌城(Gong Hwang cherng)、丁邦新(Ting Pang Hsin)、蒲立本(Edwin Pulleyblank)、张郑尚芳、潘悟云、沙加尔(Laurent Sagart)、许思莱(Axel Schuessler)、毕鹗(Wolfgang Behr)等皆已提出重要的修正案,故我时而也采用可参考的构拟案。

1965年硕士一年级时,我所属的系科是华盛顿大学语言学系。当时该系的要求不像如今,研究生除了法语、德语以外,还要学习希腊文和拉丁语。然因我还需提高自己的英文水平,特别是写作能力,所以我又转到东亚语言文学系。该系也要求学生学习法语、德语,但不需再学希腊文和拉丁语。研究生们在自己母语(于我而言当然是日语)与专业研究的东亚语言(我是汉语)之外,还要选修另外一种东亚语言,例如藏语、韩语、越南语等。我选择了韩语和蒙古语。这两种语言,尤其是语法,对母语是日语的我来说比较容易。我在课堂上学了两年,考试通过后,很快也就置之脑后,不再问津了。然而,令我终身难忘的是这两种语言所使用的文字。文字是人类所创造的最重要的文明作品。尽管这是我后来的认识与领悟,并成为我一生的主攻方向,然却与我当初学习这两种语言所得到的启示有着必然的联系。

此后,我一方面继续研究上古音与古日语的音韵系统,一方面开始学习《说文解字》、甲骨文与金文。我的博士导师,司礼仪教授(Rev. Fr. Paul L. M. Serruys)是一位来自比利时的天主教神父。我选修了他开设的所有课程,内容包括《左传》、《公羊传》、《谷梁传》、《国语》等(主要是语法,以及两汉经学今古文等)。自1968—1970年我专修甲骨文与金文。博士课程"综合范围考试—包括外语"(Ph. D. comprehensive field examinations including foreign language requirements)通过以后,我开始专心研究甲骨文。1973年终于完成了题为《武丁时代甲骨文的否定词研究》的博士论文,以其申请并获得华盛顿大学博士学位。

回顾自己走过的学术路程,大部分是甲骨文研究。尽管已有近40年的研究历程,但自己仍深感不足,且常有不胜理解之处。同时,商代甲骨文研究是一个闳博高深的领域,那些形象生动的文字所蕴含的奥妙,实非一人,或少数人所能穷其究竟也。

本书以我过去25年内发表的部分论文为基础而撰写。所有论文皆加以修改后,松散地组合在一起,分别冠之以"方法论"、"词法"、"句法"、"词源"及"语义"等相关标题。第一编主要汇集了有关甲骨文解读方法之论文。第二编的内容则较多地探讨词法及句法问题。解决这些问题对拟上古音的依赖程度不太大。第三编论述语义及词源。研究这些问题对拟上古音的依赖程度相对较大。第四编则收录了不便置于前两个标题之下的研究内容,因为它们论述商代汉语中两个系动词的问题,但实际上又涉及以上所提到的所有问题。同时,此章还有关于商代文化方面的探讨。

下面列出各章节及相应原论文的发表时间,其中有的尚未正式出版。中文翻译者和校对者之姓名的细节请看后记。

第一编 甲骨文研究:方法论

2000:"Towards a More Rigorous Methodology of Deciphering Oracle-Bone Inscriptions." *T'oung Pao*, LXXXVI (2000): 363—399.

2005:"How to Read Shang Oracle-Bone Inscriptions: A Critique of the Current Method." *Bulletin of the Museum of Far Eastern Antiquities* (*BMFEA*) 76 (2004), pp. 22—43. Because *BMFEA* is behind the schedule, it is back dated as 2004. However, I have used "2005" to refer to it (substantially the same as what I initially presented at a seminar held on February 10, 2005 at the Swedish Collegium of Advanced Study in the Social Sciences, Uppsala).

2005a:"Placement of Inscriptions on Oracle-Bone Plastrons as a Guide to Decipherment," *Asiatische Studien/Études Asiatiques* (*Zeitschrift der Schweizerischen Asiengesellschaft/Revue de la Société Suisse*), LIX, 1, pp. 11—29.

2010:"A Reconstruction of Shang Joint Rituals," *Festschrift Dedicated to the 73rd Birthday of Professor Jerry Norman*（罗杰瑞先生七秩晋三寿庆论文集）, pp. 453—472. Ed. by W. South Coblin（柯蔚南）and Anne O. Yue（余霭芹）. Hong Kong: Institute of Chinese Civilization, Chinese University of Hong Kong.

第二编　甲骨文研究：词法与句法

1988a:"An Emphatic Verb Phrase in the Oracle-Bone Inscriptions," *Bulletin of the Institute of History and Philology*, Vol. 59, Pt. 3 (In Memory of Dr. Fang Kuei Li), pp. 653—694.

1985:"On the Quantitative Complement in Oracle-Bone Inscriptions," *Journal of Chinese Linguistics*, Vol. 13, No. 1, pp. 44—68.

2006a:"The Causative Construction with *zuo* 乍（作）in Shang Chinese"（商代語言中帶"乍"［作］字的使役結構）. Paper presented at the International Conference on Old Chinese Linguistic Reconstruction, Fudan University, Shanghai, 13—20 December, 2005. Revised June, 2006.

2006b:"The Causative Construction with *shi* 𠭯（使）in Shang Chinese"（商代语言中带"𠭯"［使］字的使役结构）. Part of 2006a expanded, revised July, 2006. Further revised in November, 2006, a version presented at the 16th International Conference on Chinese Palaeography（中国古文字研究会第十六届年会国际学术研讨会）, 12—15 November, Guangzhou, PRC. Chapter 2, Section 3 in the present volume is a further revised and expanded version of the following:《商代语言中带"史"（使）字和"乍"（作）字的使役结构》《何乐士纪念文集》（北京：语言出版社,2009年）,67—90页。

1988b:"Morphology of the Negatives in Oracle-Bone Inscriptions," *Computational Analysis of Asian and African Languages* (National Inter-University Research Institute of Asian and African Language and Cultures), 30, pp. 113—133.

第三编　甲骨文研究：语义与词源

2010a:"A Note on the Noun-Phrase Formation in Pre-Classical Chinese." Paper presented at the Joint Meeting of the IACL 18th and NACCL 22nd. 20—22

May, Harvard University. Further revised in August and November, 2010. The title of the paper was changed to "Three Functions of the Suffix *-s in Shang Chinese."

2009f:"*Jisi* 祭祀: A Reconstruction of the *Ji* Sacrifice and the *Si* Ritual in Ancient China." *Time and Ritual in Early China*, pp. 33—68. Ed. By Xiaobing Wang-Riese and Thomas O. Höllmann. Wiesbaden: Otto Harrassowitz.

2011:《「河」の语源と中国古文字学》。Paper written in Japanese originally prepared for the International Conference on Oracle-Bone Inscriptions and Cultural Memory of the World. Taipei: Institute of History and Philology, Academia Sinica, 27—30 August, 2010. A revised version published in *Kaihen (Kaipian)* 开篇, No. 30 (2011), pp. 1—28.

2011a:"比 or 从: A Palaeographical and Philological Examination." Working paper.

第四编　甲骨文研究:系动词与其他文字和文化

1990:"A Study of the Copulas in Shang Chinese," *The Memoirs of the Institute of Oriental Culture* (University of Tokyo), 112. Chapter 4, Section 1 of the present volume is a further revised version.

2002:"Some Ritual Verbs in Shang Texts," *Journal of Chinese Linguistics*, 30.1, pp. 97—141. Chapter 4, Section 2 of the present volume is a further revised version.

2006c:"The Graph ⊟ in Shang Oracle-Bone Inscriptions", *Bulletin of Chinese Linguistics*, 1.1, pp. 61—79.

2006d:"The Graph ⊟ for the Word 'Time' in Zhou Bronze Inscriptions," *Shan gao shui chang* 山高水长: *Ting Pang-Hsin xiansheng qizhi shouqing lunwenji* 丁邦新先生七秩寿庆论文集. *Linguistic Studies in Chinese and Neighboring Languages: Festschrift in Honor of Professor Pang-hsin Ting on His 70th Birthday*, Vol. 1, pp. 305—17. Ed. by Dah-an Ho (何大安) et al. Taipei: Institute of Linguistics, Academia Sinica.

2009:"Literacy to the South and East of Anyang in Shang China: Zhengzhou and Daxinzhuang." An earlier version presented at the Early China Seminar

"Writing and Literacy in Early China." Columbia University, New York, 7—8 February, 2009. The English version to appear in *Writing and Literacy in Early China*. Ed. by David Branner and Feng Li. Seattle: University of Washington Press.

本书使用下述符号：

/ 代表"和、或"。

* 代表后面的内容是"未证实的或者拟构的"。

> 代表"导出"。

< 代表"导自"。

= 代表"等于"。

…… 代表"残缺"或"省略"（中文）；… 代表"残缺"或"省略"（英文）。

↓↑ 向下箭头↓和向上箭头↑放在一起，是指紧随的命辞应该一同考虑，因为它们常常形成一个对贞，也就是一对对立的或对比的占卜命辞和句子。

( ) 代表各种意思，如"补充的"、"对等的甲骨文或现代字形"和"文献资料"等等。

第一编
甲骨文研究：方法论

更为缜密的甲骨文考释方法论

本文是在雷焕章《德瑞荷比所藏一些甲骨录》(以下简称为《欧洲所藏》)①一书的基础上进行研究的成果。《德瑞荷比所藏一些甲骨录》是雷焕章《法国所藏甲骨录》(以下简称为《法国所藏》)②的姊妹篇。他收集了散落在欧洲的主要商代甲骨,③因而广为甲骨研究者称道。

《欧洲所藏》分为图版和注释④两部分,本文也将采取这种方式。在第一部分中,我首先对图版部分进行研究评判,然后着重探讨释读甲骨文的方法论。在第二部分中,我将尝试建立一些标准或者评定手段,以对作者的一些解释进行正确评价。虽然《法国所藏》比《欧洲所藏》早12年出版,本文仍涉及了其中的一些观点,因为已见于《法国所藏》的若干考释,雷焕章仅有所提及而没再重复。

---

① 雷焕章(Jean A. Lefeuvre),《德瑞荷比所藏一些甲骨录》,台北,巴黎,圣弗兰西斯科:利氏学社,1997年,第509页。吉德炜(David N. Keightley)教授和鲍则岳(William G. Boltz)教授对本文的初稿提出了很好的意见,谨向他们表示感谢。

② 雷焕章(Jean A. Lefeuvre),《法国所藏甲骨录》,台北,巴黎,圣弗兰西斯科:利氏学社,1985年。

③ 雷焕章在《德瑞荷比所藏一些甲骨录》的序言中提到,本著录发表后,欧洲只剩下《威尔次博士旧藏》未刊布,至少有711片甲骨,1912年威尔次博士把这批甲骨捐赠给柏林"人种学博物馆"。我有"西德柏林人种学博物馆所藏甲骨"的复印本,却没有任何参考书目信息。如果我没有记错的话,我是在第31届亚洲、北非人类科学国际会议(东京,1983.9)上获得的,在这次会议上,黄然伟(?)介绍了这个博物馆所藏相当不错的36片甲骨(至少有1片是伪的)。

④ 除了这两个主要部分,《欧洲所藏》前面还有一个简称表和序言,以及四个附录:附录一"贞人组类与分期",附录二"征引甲骨著录书籍简称表",附录三"征引甲骨学考释书籍简称表",附录四"文字索引"。

一、导论

《欧洲所藏》的第一部分对欧洲的6个藏所情况进行了描述：①德国库恩藏140片，瑞士巴塞尔藏68片，荷兰来登藏10片，比利时布鲁塞尔藏2片，比利时玛丽蒙藏5片，荷兰阿姆斯特丹藏3片（只是装饰性的骨柶，没有刻辞），共计228片。在225片刻辞中，有144片是首次在《欧洲所藏》中出现（根据雷焕章在第5—9页提供的"Concordance Table"（对照表））。同一表达方式在甲骨文中常重复出现，重现的原因还不完全清楚，②这144片看来也没能提供一些引人注目的新数据。然而，当我们试着探索时，总会有新的发现，例如，尝试重建商代原始甲骨的构成。我们需要尽可能全的数据来探索商代的卜法；而且商代的语言实例越多，我们检验语言假设就越容易，尽管这些例子有时只是乏味地重复。

这81片已刊布的甲骨，也被收集在《欧洲所藏》之中，因为雷焕章可以以此来考查自19世纪末甲骨文发现以来，收藏家、古董商和学者是如何对待甲骨的。在这项工作中，雷焕章用中英两种语言描述了各个收藏的来源及其最终成形的历史环境。他详细描述了甲骨是如何通过买卖、捐赠等方式不断更易其主的。雷焕章的描述有趣而且重要。以下是他对库恩所藏甲骨的两段描述：

> 其他库恩所藏之甲骨虽未曾收录于《铁云藏龟》，但刻辞特征却十分相近。库恩的甲骨极可能皆属刘鹗旧藏，而许多片块之所以未作拓本刊录，或许是因为其过于零碎之故。既然库恩藏系刘鹗旧藏的一部分，我们底下将进一步探讨刘鹗的收藏背景，观其流向及其如何成为库恩之馆藏。（第180页）

---

① 《英国所藏甲骨集》共收2674片，艾兰、李学勤、齐文心编著，北京：中华书局，1985年出版上编2卷。下编2卷，包括齐文心的释文和其他注释，图表，附录，上编的勘误，摹本，补充图片和甲骨文字索引，北京：中华书局，1991年出版。

② 同一用语重复出现，至少应有如下一条原因：商代占卜一个话题不是一次而是几次，例如，在成套卜辞中多达5次。而且，我们知道第一期典型卜辞用正反对贞，这也是类似的表达。关于成套卜辞的性质，读者可以参看张秉权（1960）、裘锡圭（1988a）、高岛谦一（1989）、陈炜湛（1994，1998）、彭裕商（1995）、张玉金（2000）等。

至于《铁云》151—2(=《铁新》531=《合集》6692=《国学》13—8—3=《前编》1—46—4)，原物似在罗振玉手中。因此片牛肩胛后来断裂为二，下半片(《上野》488=《人文》734)由罗振玉于1926年出售给贵志弥三郎，上半片(《凡将》17—1=《续编》3—61—1)由马衡取得，可能也得自罗振玉。另有一片刘鹗所藏甲骨(《铁云》272—1=《铁新》470)，而后也成为罗振玉的收藏(《前编》6—21—4=《续编》6—11—2)，最后亦由马衡取得(《凡将》29—4=《铁新》470=《合集》1090)。(第181页)

　　同一甲骨为何会有不同的收藏，这些描述让我们有了清晰的认识。而且这些描述还为我们了解早期甲骨收藏的历史提供了宝贵资料。① 《法国所藏》第5—9页的对照表把已刊布的甲骨和各个藏所的收藏加以对照，让读者一目了然。②

　　在对注释中的一些实质性问题进行探讨前，我们应该先对第一部分中著

---

① 在"藏片来源与简介"部分我发现了不少错字和错误。许多日本学者名字的拼写是错误的或者可疑的。我引用一些这方面的例子并加以纠正：

第303页，"Gotō Asaterō 后藤朝太郎"应该是"Gotō Asatarō"。"有竹斋"被可疑地拼作"Aritake sai."("sai"是中日读法(*ondoku* 音读)，那么前两个字也应该按中日读法作"Yūchiku"。)

第304页，"Naitō Torajirō 内藤虎次郎"被误作"丙藤虎次郎"。同样的错误还出现在中文部分第181页，但第306页是正确的。"Kurokawa kōshichi 黑川幸七"被误作"黑川幸匕"。

第305页，"Yamanouchi Kōkyō"(如果确实读作"Kōkyō"，很可能是"Takaomi")"山内孝御"被误作"山丙孝御"而且被误拼作"Yamanouchi Kokyō"。"Tanaka Kyūdō 田中救堂"被拼作"Tanaka Gūdō"。"Tanaka Shihō 田中子祥"可能是印刷致误，应该作"Tanaka Shishō"。"Fujii Yūrinkan 藤井有邻馆"被误拼为"Fuji Yurinkan"。

第306页，"Uerin Seiji 植林清三"，如果中文名字不误的话，应该是"Uebayashi Seizō"。

第309页，"Miyamoto Teijin(?)或 Takato 宫本廷人"被误拼为"Miyamoto Enjin"。

除了用拉丁字母拼写的日本学者名字错误外，我还发现了一些用拉丁字母拼写的中国学者名字的错误(例如，第305页"Ts'ai Che-mao 蔡哲茂"被误拼作"Ts'ai chih-mao"；"Hu Houhsüan 胡厚宣"被误拼作"Hu Hou-san")。

② 对重复著录甲骨的整理，最广泛的(尽管不是最全面的)，是岛邦男的《殷墟卜辞综类》(东京：汲古书院，1971)，以下简称《综类》。此书在每个字头之下，给出了甲骨著录名称和编号。例如，在《综类》24.1"北"字头下，岛邦男发现《续编》5·23·10和《簠人》80的拓片是相同的。如果把所有重复著录的甲骨详列出来，那将是十分广泛的。本文中的简称，参见文后的简称表。甲骨著录的简称，大体依照吉德炜的(1978:229—231)，雷焕章也是这么做的(第473—484页)。

录的质量作一评论。总体而言是不错的,而且对释读甲骨是很有用的。像它的姊妹篇《法国所藏》一样,《欧洲所藏》中也有甲骨正反两面的黑白照片,这些照片都是原大的(实际高度精确到毫米)。所有甲骨,雷焕章都附有拓片,但也有少数例外。和拓片相比,照片的优越性在于能看到卜辞之外的其他东西,例如,裂痕一般比较细微,在拓片上很难呈现出来。但是也有一些缺点:因照相人员的技术水平有高低,照片的质量也参差不齐。① 因此,库恩所藏的这140片,博物馆提供的照片(见《法国所藏》第13页),总体上不如其他藏所提供的照片。例如,第25页GSNB S22,②第36页GSNB S43,和第75页GSNB B118,完全不能辨识;第34页GSNB S39,第86页B135,和第87页B136,很难看清;而且第33页GSNB 38的照片缺失了。如果没有雷焕章提供的摹本,我们无法知道这些卜辞的本来面貌。事实上,他能够做出摹本说明他应该见过实物,③而且这些摹本也为他赢得了很高的赞誉。作为一个古文字学者,欣赏如此纯熟、大体精确的商代文字是一种享受。我已经发现了一些需要纠正的错误,将在后文提及。

我发现了一个十分有用的特点,然而整个图版部分都没有提及。第51页GSNB S72,雷焕章提供了《铁云》187.2的拓片,这个拓片比S72更为完整。④ 虽然,它并没有提供更多新信息,却能帮助我们了解甲骨是如何从最初的一片断裂为后来的两小片的,其中的一小片就是GSNB S72。GSNB S113,雷焕章给出了《铁云》14.2和《佚存》454的摹本,这两个摹本本属同一

---

① 这一点也适用于拓片的制作者。然而,现存各种著录的拓片质量总体而言是很好的。或许是由于直到现在,墨拓技术还是东亚学者的必备技能。高质量的纸,主要是绵纸(全称:棉料绵连纸)和工具也是触手可及的。然而,现在却成为了一门相当神秘的艺术。相反,随着时间的推移,印刷技术已有了很大改进。那些制作了数千张拓片的甲骨研究者从来不会把他们的名字留在拓片上。这启发我们,商代的锲刻者也不会在甲骨上留下他们的名字。不过,无名的商代锲刻者和他们的后继者(拓片制作者)所做的工作是十分重要的,现代学者从中获益良多。

② "GSNB"是雷焕章所用的《欧洲所藏》的简称。甲骨序号前的"S"是"龟甲"的简称;"B"是"骨头"的简称。

③ 由于照片质量太差,难以辨认,使库恩所藏甲骨受到了很大限制,提供照片的博物馆对雷焕章和读者造成了损害。

④ 我们又发现了两个字:一个是"乙";另一个可能是"杞",是一个地名。

片甲骨,缀合后能提供更为完整的信息。① 我们还发现了一个清晰的图片,图片中的一个字在《摹释》和《类纂》中都被误写了。② 但是,除了这两个例子,其他已经刊布的 81 片甲骨,他却没有给出摹本或拓本。想必,这是为了节约空间。然而,如果他也给出摹本或拓本的话,通过比照,益处将会是十分明显的。例如,对比第 39 页 GSNB S49 和 HJ4035 的拓片,我们会发现拓片底部右端(Lu [?]兴)和雷焕章给出的摹本不同。(事实上,在紧接《合集》4035 的《合集》4034 拓片上,也出现了这个字,而且十分清晰。)另一个例子是第 43 页 GSNB B55 的照片和《合集》8006 的拓片,更好些的拓片是《铁新》363 的拓片,这两个拓片源自同一片甲骨。后者能清楚地看到一个"戛"字,是活动于武丁时期的一个军事首领的名字。现在,《铁新》的编纂者严一萍给出了他对这片甲骨的摹本,这个摹本和雷焕章的完全不同:这个字的脚趾部分,雷焕章认为是"ꗽ(发?)"的一部分,严一萍认为是"ꗼ",并把这个字释作"沚"。我不知道究竟是《铁新》363 的拓本制作者水平高,随着时间的推移印刷技术提高了,还是 GSNB B55 现藏于库恩的原物被损坏了。如果"ꗽ"上部左侧的脚趾是存在的,释为发就是正确的,但是我在照片上看不出来。"或"这个字在《铁新》363 上清晰可见,却不见于 GSNB B55。根据严一萍的《铁新》序言(第 2 页),《铁云》中的不少甲骨——据他所言大约有 400 片都有其他著录拓本,编纂《铁新》时他选择了最好的拓本。③ 因此,如果《铁新》363 可靠的话,雷焕章的考释就是错误的。既然他知道 GSNB B55 有《铁新》363 这一清晰拓本,也就应当对此稍作评判,可是,他没有。我没有对《欧洲所藏》中已刊布的 81 片甲骨——进行核对,但从上面提到的两个例子可知,当我们使用这些资料时,必须慎重。

---

① GSNB S113 动词又(=侑)"提供"的直接宾语在缀合后的甲骨中出现在一个完整的句子中,而且还有其他 5 个字,这五个字都没能成句。

② 雷焕章,《欧洲所藏》第 364 页。对《摹释》、《类纂》和《综类》进行研究的文章,读者可以参看吉德炜(Keightley1997)。

③ 原文如下:欲使藏龟还其清晰,唯有校对此等后出诸书,择其重印者一一选换拓本,则刷印不清之弊可一扫而除。

二、简介

相较于第一部分内容偏重于技巧性和艺术性,《欧洲所藏》的第二部分,即注释部分则注重学术性。因为,这部分主要是雷焕章关于甲骨文断代、隶定和释义的观点看法。《欧洲所藏》一书中共收录了 270 余个不同的文字,我们发现雷氏对其释读的水平和程度是参差不齐的。粗略估计《甲骨文编》和《综览》里面的甲骨文字总数大约有 5000 个,[①]《欧洲所藏》所收字数约占总数的 5%。这个统计结果足以令人印象深刻,因为即便是体积庞大的《丙编》也只是收录了 5000 个字中的 720 个左右,即约占总数的七分之一。[②] 这两者之间也确实存在很大的差异。其实,《丙编》和其他任何甲骨藏书[③]所介绍资料的质量也有相当的差别。《欧洲所藏》里所收的甲骨多为残片,而《丙编》则要相对完整得多。因此,我们可确知《丙编》里收录的为一期卜辞的宾组和子组,而《欧洲所藏》里却因缺少相关上下文而不能用以检验我们对其各个方面内容(尤以语文学和语言学方面)所做出的假设恰当与否。

虽然《欧洲所藏》里多是残片,但是对于其他学者和同类型的著作在引用和参考价值方面,雷氏在其书中所做的贡献仍是值得钦佩的。尽管雷氏对甲骨文的解释有趣而富有价值,但我还是认为有必要抛开各种具体的解释来探讨一下商代甲骨文考释的方法论问题。遗憾的是,甲骨文考释方法虽时常为学人提及,但迄今远未达到从方法论的高度对其检验总结以供实际运用的地步。[④] 从理论和实践两方面说,关于甲骨文的解释和理论是无穷无尽地增多的。也就是说,如果有十位学者研究某一类刻辞,就有可能会出现十种不同的解释。即使只限制在个别的字形和词语上,此类问题依旧存在。随便扫一

---

① 除去合文和重复出现的 71 个字(依据《综览》所得),《甲骨文编》里收录的字数是 4601,加上两者都未收录的 476 个字,总数就是 5077。这个精确的数字在某种条件下也是不可靠的:因为我们无法区分一字多形,至少目前为止对这种常见的现象我们是无能为力的。相关研究也可参看李宗焜《殷墟甲骨文字表》(北京大学博士论文 1995),陈婷珠(2010),李宗焜(待刊)等等。

② 结论来自高岛谦一(1985a:615—653)。

③ 《乙编》除外,因其包含在《丙编》内。

④ 李学勤(1981)和裘锡圭(1985)所提出的方法甚为有用,但同时又略显宽泛而于此难以适用。

眼《综览》,就可以看到这种情形。例如,有三十多位专家对🙾(《甲骨文编》4418)这一形体持有自己的观点,关于它的解释至少有一打之多(《综览》:490—491)。① 这些解释当然不可能全都是正确的。如果所考释的单位大于词,比如说短语或句子,解释上的分歧肯定会更大。

我并不是想说各种丰富多彩的解释是没有必要的。事实上,在近100年的甲骨文研究中,层出不穷的各方解说可谓是百家争鸣,相关研究领域更是从字形、词语、句子延伸至历史学、宗教学等等。同时我们也看到,如果我们首先设计出一些有价值的准则,也就是一套可以实际运用于诸如字形、词语这类基础层面上的分析理论和方法,那么无疑会有助于我们的研究。在下面的讨论中,我会试着建立释读甲骨文所必须遵守的准则或者说是分析步骤,并通过一些具体的契文和词语对它们进行解释和评价。

通览《欧洲所藏》,我依据雷焕章的论述将其中的文字和词语按以下原则进行了划分:

> 准则/分析1:当一个古文字的隶定写法是一个有历史延续性的字(historically continuous character=HCC)时,在其他因素都相同并且音读语义均已得到适当确认的情况下,这种隶定必须较其他候选字得到优先考虑。

> 关于以下提到的有历史延续性文字(HCC)和无历史延续性文字(historically discontinuous character = HDC)的观点,遵循巴纳(Barnard1973:32)的两步论:

> 第一步,对于汉代以前的出土文献,翻译时要做到信、达、雅,这对于单个古汉字的定位以及构成汉字的笔画和部件都是必要的。第二步,将古文字转化为现代汉字。就隶定工作来看,很明显这一步包含两个步骤,首先我们要直接隶定,然后再将其转化为现代汉语中相对应的词[即字形的再分析]……

> Banard(1996:xx) explains that "Direct Transcription (DT) ... is

---

① 在《德瑞荷比所藏一些甲骨录》(S2)一书的注释中,雷焕章还采用了吴匡和蔡哲茂在他们合著的论文《释稷》中的解释。据雷焕章所言,这是一篇提交给殷墟甲骨文发现九十周年国际研讨会(安阳·1989年9月)的论文。另有来自连劭名(1992:62)的解释:他认为这个字就是"丛神"(掌管农业的神)中的"丛"(树丛,集体)。

essentially a 'modernized' element-by-element rendering of the original combinations of elements in the archaic graphs. This disciplinary practice keeps us in direct contact with the archaic character structure, and is a necessary exercise to avoid the unwitting use of erroneous or unacceptable transcriptions of problematic graphs which occur rather too frequently throughout Chinese commentaries.

巴纳(1996：××)解释说:"直接隶定实质上就是用现代笔画对古文字的各个部件进行转写,这样做是十分必要的。它可以使我们直接了解到古文字形体结构,可以避免人们滥用、误用那些隶定不明的未决字。而现实也证明这种错误在整个文字考释里是经常发生的。"

准则/分析 2:当一个古文字的隶定写法是一个无历史延续性的字(HDC)时,首先必须确定的是这个字的音读,进而确定由它代表的那个词。

准则/分析 3:当一个古文字的隶定写法是一个无历史延续性的字(HDC)(有时也可以是一个有历史延续性的字[HCC]),并且它的音读也很难建立时,①人们就有可能会为这个字假定一个代表词,并根据这个词的语法功能和语义范围来分析这个古文字。然而这种分析是不会得到通彻的解释的,因为这已不再是在完整意义上处理语言问题了。

准则/分析 4:当一个古文字不容易隶定,或者当一笔一画写成一个无历史延续性的字(HDC)也看不出其语音线索时,我们就应该试着从句法功能来分析这个字,如果可行的话,还可以根据古文字本身所提示的大致范围去解释这个字。② 然而,这一准则是不能用于考释古文字的。

在《欧洲所藏》中,我发现 75 个例子和准则/分析 1 相关,26 个例子和准

---

① 稍后,我会给出一种成规(convention: a kind of arbitrary rule)来帮助我们从几个可能的读法中选择一个。因此,即使一个古文字的现代写法是一个无历史延续性的字,我们还是可以根据它的假定音读来找到一些已知或与之有联系的字形。有鉴于此,我建立标准/分析 3 以别于随后的标准/分析 4。

② 一个古文字形体有多种不同的解释,这种做法是不可取的,这一点我将在下文中说明。仍须指出的是,准则/分析 3 和准则/分析 4 之间的界限不像准则/分析 1 和准则/分析 2 那样明晰。我们经常遇到这种状况,有历史延续性的字(HCC)和无历史延续性的字(HDC)混合使用,显然前者适用于语言分析,而后者却不适用。

则/分析 2 相关,24 个例子和准则/分析 3 相关,17 个例子和准则/分析 4 相关,共 142 个例子。① 雷焕章对全书中一半左右的释文作了分析说明,或给出他自己的观点,或接受其他学者的观点。其余部分他仅给出释文未作分析,这种安排让人觉得这一部分释文是相当典范的。不过,也有一些例外。通过这些例子,我们力求找到最理想的释读方法。这一点,我将在下文中做出解释。

上述准则/分析 1 涉及有历史延续性的文字(HCC),其读音已得到适当确定。这个准则/分析规定了古文字学方面的考虑必须优先,包括引自巴纳的两个步骤。这是建立在汉字从商到周乃至汉确实有书写延续性这一基本条件之上的。为此,一个字的读音必须得到适当的确定。因为一个形体代表一个词,有时却代表多个词。正如我所提及的那样,《欧洲所藏》中约有一半文字考释是得到公认的。它们是那些表示数字系统、否定词(尽管它们的功能和意义因不同的解释而不断变化)、天干、地支、动物(尽管其中有一些还未确定)等方面的字。总的来说,它们是那些在汉字发展的各个阶段中,在青铜器、竹简、帛书、陶器等实物中留下其后世演变形体的字。这些字能够同小篆或《说文解字》中的"古文"、"籀文"相一致。如果我们能够确定它们与那些已知的、有历史证明的词具有一致性,那么这些"古文"、"籀文"就可以认为是战国时期(公元前 403 年—公元前 221 年)的六国文字。不过,我们仍然需要尽可能指明其原始读音。以下就是我们在这种努力中会碰到的几类问题。我将以"黾"和"氏"字为例加以说明。

在第 203 页 GSNB B28 雷焕章说:

"㲋"字似蜘蛛,中间两横象网,(见《词典》第 286 页)**标示**整字的意思似指某种"危险"或"不幸",可读作"黾"或"黽"。(粗体字为笔者所加)

"似蜘蛛,中间两横象网"的这个字何以能标示"某种危险或不幸"? 这里,字的基本功能——代表一个词——被公然忽略了。而且,如果这个甲骨文字被释作黽,那么这个字上部的构件源自何处? 他怎么知道这个构件是"zhu"而不是"meng"或者其他呢?在《法国所藏》(第 318 页)中,雷焕章不确定这个字究竟是释作"命",还是"黽"。"命"这个释法,是饶宗颐(1957:18—

---

① 下文中我不对所有的例子一一进行分析说明,而是根据每个准则/分析对部分相关例子进行讨论。

20)最先提出来的。① "黽"雷焕章给出的解释是"障碍",除了引用许进雄(1977:45,69)的观点外(许进雄只是简单地说"阻碍"),没有阐明任何理据。这些解释或许是有可能的,但都缺乏坚实的古文字学或语文学上的支持。

从文字演进的角度来看,这个甲骨文字确实可以被释作"黽"。如果我们把声符去掉,在高明(1980:210)和徐中舒(1980:511)的字表"黽"字头下都正确地列出了"黽"这个形体。不能确定的是"黽"的读音——它该读作"meng"、"mian"、"min"、"zhu 鼀"(蜘蛛)、"yuan 鼋"(一种龟)、"ao 鳌"(海龟)、"tuo 鼍"(鳄鱼)还是别的(一般是爬行动物)。后边的这些字,《说文》中说它们的声符分别是"yuan"、"ao"、"tuo",义符是"黽"。因此,对于黽的读音,首要假设应该是"meng"。然而,"黽"字还有两个有历史基础的读音:"mian"和"min"。问题是没有合适的意义与其读音相联系——"一种蛙类动物","地名"和"努力"(注意:假借作"勉")——看似分别都有与之相和的甲骨文例,对此我们将分别举出三个例子。第一个例子如下:

(1)王占曰黽勿余害。《丙编》523(7)

His Majesty, having prognosticated, said, "The numen (of the bone), do not curse me!"

在这条繇辞里,一般会认为"黽"或者代表这个甲骨形体的其他字,在龟甲、肩胛骨等占卜媒介中,用作名词,被商人信奉为一种超自然的力量。李棪(1970:263)认为它是一个人名或地名,但是动词"害"(伤害、阻碍)的主语通常是神灵,而不是活着的人。② 在一片残辞上(《殷墟》1515),有"多黽"这个短语,似乎代表活着的人,就像"多射","多公"一样。但是也有一些表达如"多父","多母","多兄","多后",确定无疑地代表死去的先人。所以,如果"黽"表示超自然的力量,也就是一种自然神,那么"多黽"就是指自然诸神。

---

① 饶氏的理解(认为"黽"也可以用来表示"命"这个词)有些牵强。最大的问题在于,如果"黽"表示"命"这个词,为什么商代的人不用它表示"令"这个词?众所周知,甲骨文中有许多"命"可以读作"令"的例子。另一个问题在于,对于尚无定论的字,他常把字形的一部分当作这个字的变体,而忽略了它们可能表示其他字的可能性。对他所引的例子中的一些理解,我将保留我的意见。

② 这方面的例子很多,仅举其一以作说明。"隹多父害"(《殷墟》488)(诸位祖先要降下灾祸),这里"多父"指的是已故先人的神灵。

第二个例子,也涉及标准/分析 2,如下:

(2) 不舌(牾,許)黽(龜)。GSNB B28,B29,B30,B142

"We will not encounter any mischief."

"我们不会遇到任何灾祸。"(雷焕章的理解)

我的理解是:"[这条裂纹]没有违背(卜骨的)神灵"。"[This crack] did not go against the numen (of the bone)."

第二个字形♦(随后我将作全面讨论)通常出现在否定词"不"和名词"黽"(龜)之间,组成一个三字短语,这个短语仅出现在宾组卜辞中。就像上面的例(2)一样,这也是由雷焕章解释和翻译的。然而,这个短语既不是命辞,如例(1)中的繇辞,也不是验辞,而是兆辞。根据雷焕章的解释,可以预言殷商时的人不会遇到任何伤害或灾祸,这不免让人对其解释产生怀疑。预言往往和意图、愿望相伴,这是命辞的一个典型特征(吉德炜 1972,1984,1988),命辞一般都由"贞"(为了达到占卜的目的进行验证、测试或贞测)这个词引出,但是,这个短语却不是这样。否定词"不"不能表示语气(modality),而用为一个状态或事件(其细节请看高岛谦一 1988a;1996;第 364—382 页;特别是本书第二章第四节)。"不"被用为过去时态的时候,它没有语气,而是表示一个状态或事件。在这样的情况下以及考虑到这个短语出现的位置和裂纹紧邻,雷焕章的理解和我所重建的否定词"不"的用法看来是矛盾的。把"黽"看作一个表示"神灵"的名词,适用于例(1)和例(2),而且这比雷焕章"伤害"的解释有价值的多,他的解释缺乏根据。

第三个例子如下:

(3) 丙午卜瞉貞乎自(=師)往見史(=有)自(=師)。王[占]曰隹老隹人;作金菁若;[兹]卜隹其勾。二旬史八日虎;壬申自(=師)夕黽死。《怀特》B959

Bingwu day cracking, Nan tested: Call upon Leader Shi to go observe the (great) troop. His Majesty, having prognosticated, said, (He) is an old (man); (he) is a *ren*-man [sc. not of the *zhong* 众 status?]. On his way (he) will encounter an approval; [however, this] crack spells that it might do (some) harm. After twenty-eight days, it was 㲋 [meaning unknown];① and on the *renshen* day Leader Shi died.

丙午这一天敝进行占卜：召"师"去视察军队。王占卜后说：（他）是一位老人，是一位男人(ren-man)[和"众"的地位不同？]在途中，（他）会很顺利。[然而，这次]占卜也说明或许会有灾祸。28天后，是"㲋"[意义不明]；在壬申这一天，"师"死去了。

例(3)中的最后两个形体有两种不同的解释：一种认为这两个形体组成了一个形声字；另一种认为这两个形体是合文，分别表示两个不同的词。从例(3)的锲刻方式来看，每个形体都有相对固定的尺寸，因此，尽管它们是并排刻写的，我们还是倾向于后一种解释。第一种解释认为"死"是义符，"㫃"和"死"组合在一起表示"竈"（死；杀）这个词（后来被"诛"或者"殊"代替）。但是，"㫃"和"死"组合的这个字是不是形声字，还很难确定。依我之见，应该把这两个并排刻写的形体看作两个不同的词。在例(3)中，"死"的意思是很明确的，如果我们把"㫃死"看作一个双字构成的短语或双音节词（binomial expression），（后来写作"诛死"或者"殊死"，其本义是"被某物/某人切割/击打而死"②。见《庄子》和《诗经》），这种可能性也是存在的。如果以上所说不误，"㫃"应该就表示"竈"这个词，其后紧接"死"。在这个双字构成的短语中，

---

① 或许如饶宗颐(1959:32,354)所言，它表示"霾"（由烟、尘等微粒形成的浑浊现象）。然而，这种解释也不太妥当。例如，饶氏把这个带"八"字头的字和另一带"雨"字头（李棪[1970:262]已经指出了这个问题以及其他相关问题）的字看作同一个字。无论这个字究竟代表哪个词，它含有"不祥"的意思似乎是可以肯定的。

② 尽管仍有许多工作要做，我认为"诛"有"击打、啄"的意思。《说文》中仍保留了这一意义："讨也。"如果把这一意义用到上面的例(3)中，"师的死亡"可以看作是占卜出的灾祸和上举注释26讨论过的具有"不祥"之意的那个词的结果。

As for the side-by-side (or top-bottom) placement of graphic components written together but still representing distinct components, a term like "configurational" might be considered. Thus, in terms of character structure, we have elements that are "endomorphic", "exomorphic", and "configurational" (this latter includes the normal *hewen* with one graphic unit generally written smaller than, and frequently "subordinate" to, another). 对于并排（或者上下）写在一起却分别表示不同字的形体，"结构"(configurational)这个术语应当考虑。因此，根据汉字的结构，有"嵌入结构"、"离析结构"以及"复合结构"（后者包括"合文"，其中一个形体一般比另一个形体小，通常处于次要地位）。

"黽"用作副词,"死"用作动词。①

经过对以上三个例子的分析,我们大致可以确定"黽"在例(3)中读为zhu(黿),但仍无法确认的是其在例(1)和例(2)中的读音。它有可能读"meng","mian","zhu","yuan","ao"亦或是其他,我们很难从中做出选择。究其原因,乃是因为这些词的所有义项都无法跟传世文献(早期文化根源)中的"神明,神祇"联系起来。根据其古文字字形,像是一只趴在网上的蜘蛛,有人推测这个字是"黽(蜘蛛)",而且不知何故,对商代人而言它还有"守护神"的意思。这一义项在其后的使用过程中完全消失了。但是这个词也可被写作"鼅(=蜘)",也是蜘蛛的意思。类似的可能性不胜枚举,却并不能满足标准/分析1所涵盖的情况。以上所述旨在说明:即便一个古文字不间断地从商周延续到汉代以前,但是缺乏必要的语义资料,我们仍旧无法为其找到一个恰当的读音。一旦遇到这种状况,像之前讨论过的"黽"字,标准/分析1就不再适用,我们必须转而寻求标准/分析3的支持。

接下来我们讨论有关"氏"的问题。在《欧洲所藏》第326页S8,雷氏将⺈释为"氏",并将其在以下例子中的意思解释为"引起,带来":

(4)隹酋氏羌……勿用。

"It is the Yu (captives) [that shold (sic) be immolated]…(as for) the Ch'iang (captives) we brought on…we should not use (them)."

是酋(俘虏)[应该被宰杀做祭品]……(至于)我们带来的羌(俘虏)……我们不应该用他们做祭品。

以下,就雷氏的释文我提出一些不同的看法:

It is the Qiang brought by You (?) [that we should use]. Don't use (them).

是由酋带来的羌(我们才用做作祭品的)。不要用(他们)。

除了句法上的问题,需要注意的另一个问题是:当词的这些意思和用法在别处并不为我们所知时,雷氏解释"氏"的依据是什么?一个词典编纂者在编写一部全新的古汉语词典时,该不该仅凭个人对雷氏的信任就将"氏"的这

---

① 还有一些两个字形并排刻写的例子,例如"又戋(=有灾)","无戋","受又(=受祐)"等等。然而,它们都不能被看作一个词来进行解释。

个意思和读音收录进去呢？即使这种做法在某些情况下是正确的，①但在上述情形下却是行不通的。原因在于：《综览》(342 页,3 栏;《甲骨文编》1501)在这个字形下共列出了大约十种互相矛盾的解释，而从古文字的角度来说，"氏"和"氐"的解释是最接近正确答案的。②除了手上有一个小小的菱形的东西，"⼈"这个形体和"⼈"(人)是相同的。我认为这一点是理解这个字的关键。跟其他学者一样，雷焕章肯定是把这个部分解释为"拿在手里的一个东西"。这个字形的描写特征的确意味着"带来"这种意思，然而这一特征同样暗示其他可能的意思，如"拿着"、"悬着"、"一个悬垂的物体"等等。很显然，在这里我们需要确定的是这个字形到底代表了哪个词。

很明显，"氏"的"血统、世系"这个为我们所熟知的意义并不符合例(4)的文意。一种解决方案是将其释作"氏"，意义部分采纳《说文》(12 下)的声训注释"至也"，以此为基础可将其进一步解释为"致"(使达到、带来)，约有五位学者按照以上方法来解释这个字(《综览》: 342 页)。尽管这一假设在语法和语义上很合例(4)的文意，但是从古文字学角度来看，这一说法并不能使我们满意。如果把甲骨文"⼈"和小篆"氐"作一比较，人们会不自觉地将"⼈"中的菱形构件与小篆"氐"底部的横线等同起来。这样做是极为不妥的，因为我们都知道那一横线实际上代表的是人所站立的地面。③经过上述分析，我认为将⼈释作"氏"是不对的，应将其释作"氐"，因为后者是一个有历史延续性的字(HCC)(详见下文)。不过它代表的不是义为"血统、世系"的"氐"，而是表示"拿，带来"的"提"。这个假设才是最先要考虑的。

从语音上讲，我们可以很容易地将"氏"的上古音构拟为 * skjig(x)，"提"的上古音构拟为 * dig。这种借用声符的假设得到了以下事实的部分支持，即在公元前四世纪的中山铭文(麦法便 1993:154—155;367, n. 24 378;等等)和一些传世文献(参考朱骏声 1834:460)中，"氏" * skjig(x)总是被用作"是"

---

① 例如，雷焕章(1983)将"⼈"释为"兕"(野牛，水牛)。林巳奈夫(1953:216)早在雷氏之前就已经在这个问题上得出结论，但雷氏巩固了此种说法。

② 另外一种最常见的释法是"以"(用;凭借;引领)。除此之外，高明在其书中还列出了几种"以"的早期形体。但是，有可能它仅是将"以"的部件进行拆分，即左半边为"人"，右半边为"◇"，合起来为⼈。或许"◇"不是完整的菱形，而是 ⌐。

③ 参看《说文》(12 下)对该条的解释："从氏下箸一，一地也。"意思是说，(这个字)来源于"氏"字的下方加个笔画"一"，表示地面。

* djigx(意思是"这")。

此处所言这一假设成立的理由是,"提" * dig① 以"是"作为声符,而"是"是可以写作"氏"的。另外,那个菱形的构件,作为唯一一个在字形上与"人"字有区别的成分,可以看作是声符。这个符号或许是在暗示我们,这个词应该读作"提"。"◇"(其本身可用作一个贞人的名字)是"◇̇"的一部分,"◇̇"就是表示地名的"齐" * dzid(h)字(参看《综览》:211—212 页)。因此,尽管"氏"和"提"的韵母不同,但其声母和主要元音却非常接近,这就表明◇可以读作"提"而不是"人"。我们暂且把这一假设称作 * DIG,其过程可概括如下:

$$* \text{DIG}: ◇ + \uparrow = \updownarrow (\text{DT}: \text{◁}) \to \text{卩} \to \text{氏} \dashrightarrow \text{是} + \text{手} = \text{提}$$

     准声符 义符   声符假借 义符

注:"→"表示一个历史的演变,"⇢"也表示历史演变,但强调的是转变的过程。DT 代表的是"直接隶定"。

与 * DIG 相比,还有一种更简单的分析方法。如果说◇是声符,② 33 人是义符,那么我们可以更加明确地将其释作"赍" * tsid,意思为"带着"。在"赍"中"贝"作为义符,表示物件,人是"带"这一行为的发出者。我们把这一假设称为 * TSID,它比 * DIG 简单明了。从"赍"的历史看,其发展过程可假设如下:

$$* \text{TSID}: ◇ + \uparrow = \updownarrow (\text{DT}: \text{◁}) \to \text{赍} \to \text{赍} \to \text{齎}$$

     声符 义符   字形重新分析

真正的问题是在这两个相互矛盾的假设 * TSID 和 * DIG 当中,究竟哪一个是正确的。虽然我们不能对此做出肯定的判断,但是从语音上看,* DIG 要比 * TSID 复杂一些。我这么认为并不是出于"字形的重新分析"(假定这一现象在由甲骨文发展到下一可证实的形体的过程中确实存在)优于 * DIG 中的"语音假借"这种定性判断,因为在中国文字发展过程中,字形的重

---

  ① 这个词在《说文》中的解释是"挈" * khit,意思是"携带,拎着"。这是学者普遍采用的另一种解释。(《综览》:342 页)

  ② "◇"被看做声符的观点首先由鲍则岳(W. G. Boltz)教授提出。1997 年秋学期我在华盛顿大学主持一个关于甲骨文的研讨班,鲍则岳教授就是在这一研讨班上提出这一观点。

新分析和语音假借都是很常见的现象。① 相反,我愿遵从奥卡姆剃刀原则,对于某种特定解释所需的假设,数目越少越好。在以上假设过程中,我所做的是在恰当的实体范围之内指出每一个特定的假设。对于 ∗DIG 来说有四种假设,对于 ∗TSID 来说有三种假设。综上所述,我们现在可以进一步明确一个适用的原则:

> 当提出一个有历史延续性的字(HCC)作为某一特定古文字的最佳释法时,所做的假设要尽可能的少。

这个原则不仅适用于标准/分析 1,也同样适用于其他几项准则。

在开始解释标准/分析 2 之前,我们先运用上述原则来解决之前依据古文字知识未能解决的假设:将"𠂤"释作"氐",并遵循《说文》的声训解释"至也",进一步将其用作与之形态相关的"致"(导致)。重新考虑此假设的原因在于,虽然我们已经得出结论认为从"𠂤"(金文)逐渐演变到"氐"(小篆"氐")是自然的,然而从"𠂤"(金文)到"氐"(小篆"氐")是不可能的,但也有可能这一结果是由于我们过于严格和理想化而导致的。进一步说,古汉语中的"氐" ∗tjid/ ∗tid 与"氏" ∗skjig(x)并不是完全不相关的(尽管后者从语音学角度观察更该释作"赍" ∗tsid)。更进一步说,"氐"和"氏"的小篆体具有相同的形体构件,也无怪乎许慎在其《说文》中将两者列在一起(氐在氏之后)。因此,如果我们要展示被命名为 ∗TID 的假设过程,请看以下图解:

∗TID: ◊ + 𠂤 = 𠂤 (DT: 𠂤) → 𠂤 → 氐 → 至/致也
　　　 |　 |　　　　　　　　　　|　　　　　|
　　　声符 义符　　　　　　字形的重新分析　声符假借

在此图解中, ∗TID 假设共包含四个设想,这点跟 ∗DIG 假设是相同的。但是,前者含有两个不同的设想,即义符再分析(或义符新释)和声符假借(或声符替换)。这一点比只含有一个经过验证的声符假借设想的 ∗DIG 假设要复杂得多。因此我认为这一原则适用于 ∗TSID 假设,而可以保持奥卡姆剃刀原则。

---

① "声符假借"明确易懂,但"字形的重新分析"相对复杂并值得做进一步研究。随着声符的变换,形符要经历拆分、合并、简化以及繁化。本文的写作目的就是要在字形分析的前后,明确哪些声符应作保留,或者最起码明确哪些声符是可识的。尽管,在通常状况下,声符本身会随着字形重新分析的变化而变化。

*DIG 假设和*TID 相继出现,但是需要反复强调的一点是:这些假设是无法得到验证的。这一局限性是标准/分析 1 自身的特性,也是我们在释读文字过程中能否理性操作的关键所在,更是我们阅读甲骨文的终极限度。

准则/分析 2,假定一个无历史延续性(HDC)的字也能表示一个已知的词,下面我们对其进行检测,以雷焕章所解释的一个无历史延续性的字(HDC)"舌(𠮷)"为例,这个字雷焕章是这样解释的:

> "𠮷"字上半部分为"午",可能为该字之声母;下半部"▽"为义母。"▽"与"▽"字相似,似乎意味着可能有"遭逢"的意思。最近,有几位学者将该字解释为"舌"或"啎"。李学勤则读作"许"。(雷焕章 1997:203;粗体字"似乎意味着"为笔者所加。)

在还不能清楚地将"𠮷"与一个具体的词联系在一起的情况下,雷焕章如此解释的依据是什么呢?"啎"(违背)和"许"(允许)的意思是完全不同的。尽管它们在上古汉语中都属于"鱼"部,但它们是不同的词,可分别构拟为*Nagh 和*hNjagx。很显然,跟许多学者一样,雷焕章没有遵循任何类似准则/分析 2 的理论。

首先,我想指出"𠮷"这个字应该释为"䇒"或"锌"("午"也可在"辛"之右)而不是"舌"。上面部分释作"午"是没问题的,但下面部分一定是一个与"口"有所区别的尖角。据我所知,没有哪个三角形,不管其尖锐与否,会演变成一个长方或正方的"口"形。由此看来,这个字形的下半部分应该就是"辛"的简化形式。① 这样就出现了一个无历史延续性的字(HDC)"䇒"或者"锌",我想还是应该把"午"看作声符,把"辛"看作意符。辛从本义"凿子(例如,用

---

① 如果我们查看《甲骨文编》3230 或《综览》427 页,就会看到三角形有时底部会有一条直线垂下来。比如"丫",这是一个与"辛"所共有的一个简略的书写单位,因此我把它当作"辛"的一个变体。这个解释成立的基础是,这样一个简略的书写单位存在于甲骨文的"辟"(意思是"惩罚;君主;见于《甲编》3238)、"言"(《乙编》766)、"辛"(《龟甲》2.27.14)以及《南北·明》613 的一个未识字中(该字是由这个简略的书写单位和"乃"构成的)。亦可参看《甲骨文字典》1564 页。与此相反,有些人认为"▽"是𠮷或𠱑(=言)的简写,因此把𠮷释作"许",但这是不可能的,因为从"𠱑"这个形体中最自然产生出的部件应该是"丫"。关于"言"的音义,可以参看鲍则岳(1994:148—149)。

来惩罚);多刺的"引申出"违背,违反"的意思。① 现在,如果"许"(在三个均有可能的无历史延续性的字(HDC)中,我选取"许"这个字形)这个无历史延续性的字(HDC)有"午"这个音,那么它究竟代表哪个词呢？依我之见,它所代表的词应该是"悟",意思是"违背",而不是"许"(允许)。《说文》也是这样对"悟"进行解释的(14下:逆也)。这样的解释还可以用其他一些有"许"出现的例子来验证,在这些例子中,"许"显然被用作动词:

(5a) 丁巳卜王余勿锌(＝悟)彤。《丙编》90(1)

Dingsi day cracking, His Majesty [tested]: I should not resist (the performance of) the *rong* ritual.

丁巳这天占卜,王[验证]:我不应该反对彤祭。②

(5b) 丁巳卜王余锌(＝悟)彤。《丙编》90(2)

Dingsi day cracking, His Majesty [tested]: I should resist (the performance of) the *rong* ritual.

丁巳这天占卜,王[验证]:我应该反对彤祭。

在上面两个例句中,"锌"这个动词是一个可控动词,因此在例(5a)中使用表示语气的、非状态的、非事件的否定词"勿"来进行否定。在例(2)中,"锌"是一个非可控动词,因此使用非语气的、状态的、事件的否定词"不"来进

---

① 在大多数含有"辛"这个部件的字中,其中的"辛"都是用作义符,表示"多刺的、刺痛的"或"惩罚"(与前一个意思相关)。大家普遍认为这种意思是从"辛"具有一种凿子或针(比如可以用于黥墨之类的刑罚)的特征而来的。但是这个甲骨文形体清楚地描绘了一个倒立的人,与义为"站着"的"立"刚好相反。首先提出这个观点的是中岛竦(Nakajima 1934:2.93),后来汪宁生(1997)又详尽地进行了阐发。这个字的"违背,违反"的意思也可以同样地由"倒立"这种意义派生出来。由于在例(2)中这个字用作"悟"(义为"违背"),与"兆坼"相关,在(5a,5b)中与彤祭中的一种安排的程序相关,它表示"违背"之义是很明显的,所以假定形符"辛"具有这种意思是可能的。在一些其他的现代文字中,如新("砍木,新的")、薪("柴火")、亲("义为"父母")。这个意思会不会是从"在最近处划分、走得更近"之类的意思发展而来的呢?),在这些字里,"辛"起声符的作用,似乎还有一种潜在的"切入、刺穿"的意思(藤堂明保 1965:776—780),但很难找到一个与它在声音和意义上都有关、或者间接有关的词。当我们将句法环境考虑进来时更是如此,因为它一边是状态否定词"不",一边是其假定义为"神灵"的名词。

② 彤祭的确切内容已无从了解。通常,"彤"后面跟着一个"日"字,这看上去似乎是一个动宾结构或者偏正/定中结构。应该指出的是,在"彤日"这个表达格式之前,经常会出现一个作为这种仪式接受者的祖先的名字。但是在这个例子中,彤祭是作为计划中的仪式而被举行的,其中的命辞是用来决定王是否适宜举行彤祭的。

行否定。动词的性质是随语境而变化的。这种变化又支配其他语言成分,如否定词、施事者、受事者等等。诚然,把"铎"释为"许"(允许)看上去很适合例(5a)和(5b),但是放到例(2)中就不行了——"[这条裂纹]不允许[卜骨的神灵]"在逻辑上是讲不通的。我曾在拙作(1989:15—19)中提及,"裂纹"被看作是对人类和超自然的各种事件都有影响力的东西。因此我对例(2)的理解是:那些带有注释的裂纹([这条裂纹]没有违背[卜骨的]神灵)是由占卜者用来预测吉凶的。关于这一点,很多专家如饶宗颐(1957:19)、许进雄(1977:45)、雷焕章(《欧洲所藏》第203页)等都已在自己的研究中指出过。

"铎"字的历史发展过程可假设如下:

§ + ▽ = ⸸ （DT:并）→ 铎 → 铎
│   │   │
声符 义符   字形的重新分析

与前两个准则/分析相比,准则/分析3涉及更多的不确定因素。我们接下来要讨论的这个字和另一个有历史延续性的字(HCC)组成了一个双音词(binomial expression),他们在 GSNB B132 中写作"斜料"。雷焕章释作"双牸",但没有指明其读音。他的解释如下:

(6) 双牸。《欧洲所藏》B132,133,①134

"There will be a lasting happiness."

"将会有一个永久的幸福。"

我们在《法国所藏》(1985:165)中看到了雷焕章更为详细的解释:

> 一般学者认为"牸"="牸"="鳌",意即"禧"。补上的第一个字,学者们认为可能是"驭、叙、辔、肆或肄"。按饶宗颐之看法,这些字意义相同,皆有"延长"之意。"双牸"二字常见于康丁时期之甲骨文中(见《综类》202—3,202—4)。帝乙、帝辛时期有一新词出现:"征牸"(参看《前编》2.28.4[按:原文如此,实际应为3])。此处"征"字即有"延长"之意,这有助于证明"双牸"乃"延长禧福"之说法。

---

① 我不同意雷焕章关于B133片上包含双字构成的短语的看法。该片上的可识之字仅有三个,它们是:贞、其、叙。

这个双字构成的短语中的第二个字是一个有历史延续性的字（HCC），即"釐"或者"釐"（整理、治理）。但是根据《广韵》（上平），它还有另外一个读音"xi"，表"裂开"之意。这个意思可追溯到《说文》，在《说文》（3下）中，"釐"被解释为"坼"。另外《说文》对"釐"（xi）还做出了这样的解释："家福也。从里釐声"[《说文》（13下）]。段玉裁（1735—1815）在这个词条的解释中同意颜师古（581—645）的看法，认为"釐"是义为"福气"的"禧"的假借字。显然，这是雷焕章排除其他可能性而作此选择的原因。例如，"釐"还有另一个读音lai，该字还被写作"赉"（给与）（在上古汉语中，"赉"与"釐"几乎是同音词）。正如段玉裁说，这个用法见于《诗经·大雅·既醉》，诗曰："其仆维何，釐尔女士"（高本汉[Karlgren 1950：204]对这两句诗作如下理解："What are those followers?（Heaven）gives you young ladies and young gentlemen（那些仆从是些什么人呢？[上天]要将年轻的女子和男人赐给你）"）。由此可见，"釐"的读音不同，意思就会大不一样，一切取决于我们选择哪个读音："li"，"xi"，还是"lai"。例（6）的整体文意将起着决定性作用。

在探讨"釐"字之前，我们先来看第一个字。"𢼸"是一个无历史延续性的字（HDC）。雷焕章采用李学勤和彭裕商（1990：41）的隶定，认为这样更符合原字。他着眼于甲骨文到"准楷书"的演变过程，认为这样隶定比隶作"㪴"或"肆"要好一些。之所以要说是"准楷书"，是因为本来就没有"𢼸"这样一个楷体字。然而原字中的那些垂直的小笔画并没有在"𢼸"这个隶定形式中表现出来，这些小笔画在《欧洲所藏》（B132）中有两个，在其他例子中有时是三个或者更多，通常写在该字形体的中间。此外，在《甲骨文编》（390）、《综类》（202页.3）以及《类纂》中还发现了这个字的其他变体，它们有一个小小的像流苏一样的构件，这个构件位于那个面朝后看的人形的脚下，比如："𢼸"（《佚存》147）。由此看来，那些没有这一构件或垂直小笔画较少的形式可能是简略形式。因此，把这个字写成"叙"或"叙"可以更好地反映其原貌。直接隶定"是用现代笔画对古文字的各个部件进行转写"（巴纳 Barnard：1996：xx）。我们可以把转写后的形体与该字的小篆形体进行比较，它们都有回转的头、手、流苏状的构件、小点这类成分。我们知道，毛公鼎上的字形"𫊣"后来发展为"肆"，这个字的古文形式《说文》（3下）写作"𫊣"。令人感兴趣的是，许慎在解释这个字时一反惯例，不是先给出小篆再给出古文，而是先给出古文再给出小篆体"𫊣"。小篆的左边和古文的右边结合起来就成了"肄"，"肄"有"练习、辛苦、剩余"等意思。对以上所论概括图示如下：

𠂤或𠂤+(丶)+𢎨 =𦘒或𦘒(DT:叙) → 𨽸 → 隶 (DT:隸) → 肄
　｜　　　｜　　｜　　　　　　　　　　｜　　　　　　｜
　可能的声符　饰笔　义符　　　　　　字形重新分析　字形重新分析

在这个演变方案中，有五个有关特征描写及过程的假设，两个由现在还难以确知的原因而引发的字形重新分析过程，这两个字形重新分析过程发生于两个不同的时期（也可能是不同的地方）。这两个字形的分析过程是"𦘒"或"𦘒"被看作无历史延续性的字（HDC）的原因。对于无历史延续性的字（HDC），有时候进行一次字形重新分析就足够了。

另一方面，如果古文的形体特征得以保留下来，我们就可以得到以下演变过程：

𠂤或𠂤+(丶)+𢎨 =𦘒或𦘒(DT:叙) → 𨽸 → 𨽸(DT:肄) → 肄
　｜　　　｜　　｜
　可能的声符　饰笔　义符

以上方案不需要我们假设任何过程，假设的特征描写也只有三个（可能的声符、饰笔、义符）。① 因此，大家会觉得这个方案比前一个方案更为简单可取。然而，这不是为理解卜辞而应该采取哪个解释的问题，因为"肄"和"肄"是同一个词的变体。真正的问题在于为这个词确定一个意义。前面我们已经揭示了这个词三种可能的意义："练习、实行"（《说文》）、"辛苦、艰难"（《诗经》）、"剩余"（《左传》）。（参考《大汉和辞典》9.239）

下面我们继续进行下一步的考释工作。我们有这样一些词："肄"（练习、实行、辛苦、艰难、剩余）、"𨽸/釐"（治理、裂开）、"禧"（福气）、"赍"（给予）。在这些词及其意义中，究竟应该选择哪一个来作为卜辞的解释呢？我首先声明，对于这个问题我并没有明确的答案。雷焕章认为"𡆠𨽸"（我们会写作"肄𨽸/釐"）应该解释为"将会有一个永久的幸福"。我们认为这种解释是没有根据的，只是一种推测而已。正如我们所指出的那样，第二个字可以看成是"禧"（福气）的假借字。但是，在这一形体尚未跟任何词联系在一起时，雷焕章（1985：357）将"𡆠"释为"永远"、"持久"、"延续"，有什么价值呢？

---

① 尽管有兴趣探讨，但本文在此不做详尽分析，目前只把它当作假设而已。

"肄"这个词并没有"永远"、"持久"、"延续"的意思,雷焕章一定是参考了《前编》2.28.3 的卜辞。这个例子有一个比较完整的上下文,值得进行一番考查。

> (7) 戊申卜贞王田于西(?)麓,往来亡灾。兹御。获兕一犴四。其
> 征(=延)斁/釐……
>
> *Wushen* day craking, [X] tested: His Majesty will hunt in the western (?) foothills; there shall be no disaster going there and back. This [divination] was lustrated. (He) caught buffalo numbering one, and *mang*-animals, four. (We) will continue to govern (split, bless, or give?)…
>
> 戊申这天占卜,[某某]验证:王将在西(?)山脚下狩猎,往来之间不会有灾。这一(占卜)用以驱除妖魔。(他)猎得兕(野牛)一只,犴四头。(我们)将继续进行(裂开或剖割、祝福、给与?)

以上这个例子是对狩猎及其安全与否进行的占卜。究竟应该选择哪个词,是"li"、"xi",还是"lai"呢?这跟前面出现的词语有关。在这里,我认为吉德炜(1997a:44)提出的一个方法论很值得注意:

> Coherence counts as much as context. I assume that there was a logic to the narrative that the Shang diviners were concerned, for example, the rule of coherence proposes that a verification has to refer back to the charge; the Shang diviner did not divine about one ritual and record a verification about an entirely different ritual.
>
> 一致性与上下文同等重要。我想商代占卜者和卜辞刻写者所记录的事情是有逻辑的,比如,就祭祀主持者的行事而言,按照一致性的原则,每个命辞都会有相应的验辞,占卜者不会把这次祭祀进行占卜的记录错为完全不同的另一次祭祀的验辞。

尽管吉德炜所言是个常识,但是我们如果能进一步认识到一致性是由文化因素决定的,就可以把它作为一个阅读方法。在例(7)中,"斁"或"釐"的前面是动词"征"(="延"),它通常被理解为"继续、进行"。按照一致性原则,把它们理解为"继续治理"、"继续祝福"或"永葆幸福"(即雷焕章所谓"永久的幸

福")、"继续给与"都不太妥当。唯一与前面所说有一定内在联系的可能是"继续剖割",所以这个词应该是"荠"。然而,"切割"这个词指的是处置所获猎物还是占卜时骨头的开裂,这一点还不能确定。①

通过考查"荠"和"肂"一同出现的几十条卜辞——其中"肂"的意义有待于从"练习、实行"、"辛苦、艰难"或"剩余"中做出选择,我们可以看到最能说明一致性原则的是那些与狩猎、祭祀活动有关的卜辞,比如例(7)。还有一些是关系到狩猎和祭祀的天气的,较典型的如下雨、刮风等。下面我举两个代表性的例子:

(8) 庚戌卜何贞匕(=妣)辛判,其肂荠。《缀合》52

Gengxu day cracking, He tested: As for the gui-cutting sacrificial (meat) for Ancestral Mother Xin, (we) will practise the splitting (service).

庚戌这天占卜,何验证:关于对妣辛进行判祭,我们将实施"剖割"仪式。

(9) 肂荠,其雨。/王其征至于劈,亡戋。/弜(=勿)至劈,其悔。/贞冒劈鹿;毕(=禽)。《萃编》1003

If (we) practice the splitting (service), it might rain. / If His Majesty proceeds to reach to Fang (?), there shall be no disater. / Don't [try] reaching to Fang (?), for he will regret. / Tested: (His Majesty will) snare the deer of Fang (?); (they were) caught.

如果(我们)实施剖割(享祀),天可能下雨。/如果王前行抵达劈(?),将不会有灾。/不要[试图]抵达劈(?),因为他会后悔。/验证:(王将会)捕捉到劈(?)地的鹿;(它们)被捕捉到了。

注:以上卜辞是按斜线指示的从左到右的顺序进行的一系列占卜活动。从拓本来看,这片卜辞仍是残辞,没有将占卜内容完全表达出来。从最后一条占卜可以看出,事实上王的确去了劈(?)。

---

① 尽管有一些证据,却是间接的且时代偏晚。《周礼·春官·占人》有"卜人占坼","坼"的意思是"开裂"。

以上例子说明,从"肄"的诸项意义中所能做出的最佳选择是"练习、实行"。而其名词性的意义"辛苦、艰难"或"剩余"与例(8)或例(9)的意思似乎不一致。而且,在后来许多"肄"处在开头位置的双字构成的短语中,肄也表"习、做"的意思,如"肄仪"就是"举行仪式"的意思;"肄业"就是"学习课程"的意思;"肄武"就是"习武、练武"之意。它们都是动宾结构的复合词。①

在进入准则/分析 4 前,我首先介绍一个协定。通过这个协定,我们能从几个可能的读音中选出最佳的一个。这个协定如下:

> 当一个没有历史延续性的汉字(这个汉字由几部分构成,每一部分的读音都不相同)有两个或多个假定的读音时,我们应该根据隶定后该字的相应部分在整个现代汉字体系中充当义符和音符的比例来确定其读音。

为了阐明这个协定,我们来看"酉彡"这个形体,它由两部分构成,可以隶作"酚",大家一般都认可这个隶定,但是我们如何判定它的读音? 我很早就指出它应该读作"$you/*rəgw$",从词源来看和"$diao/*tjəgw$ 彫"(雕刻;伤害)这个词相关,意思可能是"进行切割祭祀"。我也已指出"彡"不是声符而是义符,表示"耀眼的光芒;明亮的、美丽的、图案式的"。(高岛谦一 1988a:681;1996:2.110—11)。在《欧洲所藏》(第 194 页)中,雷焕章反对这个意见,他给出了自己的假设:

> 就"酚"表一包括用牲之法之祭祀,有些学者认为"酉"只可能是形声的部分:"酉"="酉"= yu。但许多学者不愿接受这一观点。理由是:在甲骨刻辞中,有一大群以"酉"为偏旁的字,而其中"酉"表字义[雷焕章怎么知道,"酉"表字义(义符)?]……古人很可能有时先宰杀牺牲取牲血,盛注在大盆中;至仪式进行时,以血而不是酒倾洒于地以祭,血流之声若鼓("彡"彤)。情况果真如此,则"酚"字声符部分便不是"酉"(yu)而是"彡"($yung/σγλι ≈ ông/ι ≈ ung$)。

雷焕章说许多学者不赞同"酉"是"酚"的声符这一观点,我们对此表示怀疑,

---

① 在后来"肄"处于后面音节位置的双音词中,"肄"也表示"学习"的意思,如:"教肄",意思是教(别人)学;"存肄",意思是保持所学的东西;"习肄"就是学习的意思。

除了雷焕章之外,尚未见到其他反对意见。而且,他还用拟声法把"yong"拟作"σγλι≈ông",依据的是谁的拟构方法? 除却这些,问题的关键在于如何确定"彭"的读音。如同前面讨论的简约协定,上述协定并不一定能确保正确的答案,但它确实提供了一些严谨的方法论,这些方法论或许能让我们接近事实的真相。

起初,人们会觉得"酉"在现代汉字中常充当义符,然而在大多情况下"彡"才是义符。由于充当义符或声符的构件会随时间和地域而发生改变,因此我们需要一些有可靠来源的例子作为证明。目前,只能以《说文》的相关例子为考查对象。《说文》酉部有 84 个字;彡部有 18 个字。相关统计结果如表1 所示:

表1

字(graph)	义符	声符	不确定	总计
酉	81	2	1	84
彡	18	0	0	18

《说文》认为"酉"是"酒"和"醜"的声符。"酉"应该也是"酋"的声符,但《说文》认为是义符,对此我们不太确定。① "彡"在现代汉字中的反映,不是雷焕章所说的"yong",也不是"rong"(肜),而是"shan"(杉或衫;鼻音 *-n 应该还原为 *-m)。② 在 18 个有"彡"这个构件的字中,《说文》认为"彡"都不作声符。尽管许慎主要根据字形和字义来归纳部首,(司礼仪 Serruys1884;蒲芳莎 Bottéro 1996:65—77)但在"酉"部中至少有两个字用"酉"作声符,而"彡"部中却没有用"彡"作声符的。鉴于此,我认为"彭"应该读作"you"。"酉"和"彡"在《说文》中充当声符的比例,是我作此选择的主要原因。解决了这个问题之后,我们才能继续探讨诸如词族、词源、词形、句法和语境等其他问题。

最后我们来介绍在考释文字过程中含有最多不定项的标准/分析 4。正如我们所预料的那样,用前三个标准/分析并不能很好地解决上述例子所含

---

① 事实上,《说文》将"酋"单列一部,这很让人费解。此外,还有一些字应该也是以"酉"为声符的,比如"酎"和"酬"。然而,《说文》同样认为"酉"是义符。《说文》把"酎"分析作"从酉肘省声",让人觉得有些奇怪,因为"酎"和"肘"都是幽部字,声母都是齿音。关于"酎"、"肘"和其他词的声符"寸"的分析,参看鲍则岳(Boltz 1994:120—121)。

② 然而,"杉"和"肘"《说文》都没有收录。

的问题。这是因为我们在此所提及的古文字都是难以隶定的,进一步说,即使我们可以一笔一画地将其严格隶定成一个无历史延续性的字(HDC),但这种类型的古文字的读音仍是难以辨识的。因此,仍有许多例子只能用标准/分析4来接近真相,学者们通常不对这些字进行考释,而是直接附上原篆,在引文中把这些古文字和现代文字混在一起。从词汇学、语文学或语言学的角度来说,在这个领域有所突破之前,我们对此无能为力。

我们需要注意的是切勿"望文生义"。下面我以《欧洲所藏》S6① 中"㿻"为例来说明问题。雷氏(第325页)的看法如下:

……这个字通常用作地名或人名。但是它也可以用作动词(放在"其"之后)经常和"岁"一起出现……因为"岁"是一种特别的宰杀牺牲的方式,所以"㿻"[原文如此]可能还有把人殉的血盛在器皿中的意思……"㿻"是盆字的初文。

一个字的描写特征一般跟它所代表的词的意义有关。但是也有例外,其所描写的特征,无论多么的惟妙惟肖,也可能跟它所代表的词的意思或功能一点关系都没有,典型的例子就是假借字。比如"其"是"情态和体的助词"(高岛谦一1994,1996b),"隹"是"系动词"(高岛谦一1990;修改过的是本书第四章第一节),"我"表示"我、我们"等等。在甲骨刻辞中,这些字分别呈现的是"簸箕"、"鸟"、"斧子"的特征,但这些特征跟这些字所对应的词的意思以及它们在卜辞中的功能无任何关系。

如果我们对"㿻"进行严格隶定,可以得到盆、㿻或盨这类无历史延续性的字(HDC)。但是这样的直接隶定似乎没有任何已知的字或者语音线索与之发生联系,除了盆有可能读"yi"以外,《综览》(第156页;《甲骨文编》632)给这个字列出了四种不同的解释:浴(洗澡)、温(温暖)、益(增加)、溢(漫出)。从古文字学的角度来看,这些解释没有一个是可信的。虽然可以把其中的某些意义跟特定卜辞的上下文联系起来,但是从方法论上来说此法是不妥当的,以我们前面提出的考释古文字的最高原则(标准/分析1)为依据来看更是如此。更何况,此处也没有显示文字的重新分析。

尽管如上所述困难重重,但雷氏仍然锲而不舍,并在以下论述中"望文生

---

① 由于此片甲骨不全,在此不做引用。

义"地给出一个新的解释：①

　　《周礼·地官·牛人》提到以牲血盛尊祭祀时，它用的是"盆"字。如果"🜚"不是"温"，那么，它极可能是"盆"的初字。其实"盆"与"🜚"的字形较"🜚"和"温"的字形更近。

令人遗憾的是，这种解释并没有取得实质性的突破。将"两个小点"和"某个变体"与"盆"字里相似的人形和刀形元素联系起来，这种古文字分析法是难以使人信服的。这个存疑的甲骨文形体在《甲骨文编》第 632 页（例如🜚，我们可以清楚地看到在该形体中有四个短且直的笔画分布在人形的两侧。这个形体公认的释法是"介"（置于……之间；装甲），疑似一个无历史延续性的字（HDC）盆。② 金文的"盆"字作"🜚"或"🜚"（参看高明 1980：314），这两个字的顶部显然是个与"八"有语源关系的构件，其下部应该是"刀"，它们共同来限定"分"（分开）这个词的语义。另外，其"皿"旁则是用来限定"盆"这一语义的。因此，尽管"盆"字在甲骨文中还没有被识别出来，我们也不能将"🜚"看作一个备选项。

雷焕章指出，被我们暂时释作"盆"的，这个曾被当作人名或地名的字应该是一个动词。值得从方法论角度加以探讨的是雷氏将这个字的用法跟"岁"这个词联系了起来，并将"岁"定义为一种特别的宰杀牺牲的方式，并以此来分析"🜚"这个不完整的字形，然后推导出它的意思，即"把人殉的血盛放在类似盆的器皿中"。虽然，"岁"和"刿"之间有语源关系，都有"以某种特别的方式切割"的含义，但是作为表示年的"岁"本身并没有这样的意思，可查看"木星纪年"。③ 下面我们讨论一下雷焕章（1997：325）中的两个例子：

　　（10）甲申卜即贞匕（＝妣）刿其盆（读作盆；详见下文）。　《续存》
　　　　1.1592

---

　　① 他又将🜚释为"陷"（坠入；陷阱），却没有提供依据。这是另一种"望文生义"的做法，其问题在于，他把"臼"和"皿"混淆了。
　　② 有这种可能性，或者说将"介"作为这个形体的声符是一种更为成功的做法。但在没有找到正确的解决方案之前，我们只能暂且将其解释为地名。
　　③ "木星轮回"指大约 365 天可见到木星一次。也就是说，时间流逝可以用一种与木星相逢的方法来切分。木星出现在天空的周期是一年，因此木星被叫做岁星。这里要感谢班大为（David Pankenier）的有关天文现象的信（1998 年 3 月 17 日）。

> *Jiashen* day cracking, Ji tested: As for the *gui*-cutting sacrificial (meat) for Ancestral Mother, it might *be sufficient*. (Emphasis added.)
>
> 甲申这天占卜,即验证:关于祭祀先母用的、以刿这种方式切割的(肉),它可能是足够的。(参看下文)

(11) 辛未卜尹贞刿盇(读作盇;详见下文)。《京都》1339

> *Xinwei* day cracking, Yin tested: As for the *gui*-cutting sacrifical (meat), *it is sufficient*. (Emphasis added.)
>
> 辛未这天占卜,尹验证:关于祭祀用的、以刿这种方式切割的(肉),它可能是足够的。(参看下文)

对照以上例句的出处,可知最后一个字不作盇或盇,分别应是盇和盇。① 正如裘锡圭(1980:16;1992:23)所指出的,后面这两个字应该发展为有历史延续性的字(HCC)盇。由此可见,雷氏的说法是没有什么理论依据的。

有关盇的解释,裘锡圭(同上)指出即是"谧"(宁静、安详)。这一结论是以下面将会提到的卜辞为依据的,其中提到"不盇"(不宁静)之后紧跟着"有甾"(=谴=愆;有过错,责备):

> (12) 叀甾不盇,佳之又(=有)甾(=谴=愆)。《后编》2.3.10
>
> It should be X that is not *sufficient*; it is this that spells blame (from some spirit).
>
> 应该是甾不够充足,正是因为这个招致(神灵)的责备。

根据裘锡圭的解释,例(12)的前半句应被译作"是 X 不平静"。换言之,他参照一致性原则认为"不盇"和"有甾"同时存在时有一种相呼应的关系,用他的话叫"义正相应",即有一种同义关系。我认为他的说法是不对的,如果我们对例(10)(亦可参看例(8))中的"匕(=妣)刿"的理解是正确的话,那么例(12)中所说的祭品对商朝的人来说可能更关心的是它的质量或数量。那么一致性原则用到"不盇"和"有甾"这两个表达上就正好是相对的意思(或许这

---

① 早先我曾赞许雷氏手摹甲骨文的精美,但是在此需要指出的是,在《欧洲所藏》的第二部分,也就是评论部分的摹写缺乏技巧,明显是出自不同人之手。关于这点,雷氏并未予以说明。

就是义正对照)。因此,谧所代表的词似乎应该是"密",义为"稠密、大量、足够",并不是"宁静、安详"的"谧"。

对"盆"字,古文字学、词汇学、形态学或是语文学已无能为力,只能从句法学入手。目前为止,我只找到一个可用的例子,通过它我们可将盆理解为地名,论述如下:

> (13) 贞业(=侑)于祖丁。/贞于盆用。/贞在卩兹用。/贞于盆用。/亡灾。/亡灾。/丁巳卜宾贞燎于岳。 《前编》1.51.1
> Tested: Make an offering to Ancestor Ding. / Tested: At Jie (?) use (it). / Tested: (We) are in Jie; this was used. / There shall be no disaster. / Dingsi day cracking, Bin tested: Make a burnt offering to the Mountain God.
> 验证:为祖丁举行祭祀。/验证:在卩(?)用(它)。/验证:(我们)在卩,这个已被使用。/验证:在卩用(它)。/不会有灾。/丁巳这天占卜,宾验证:为山神举行火祭。①

由于所讨论的字在此用作专名,所以很难了解它的语义特征(这些语义特征很可能是由其字形构成的,如"盔甲"、"盆"或者"水"、"人"、"盆"所提示的)是如何构成词义的。

三、结 论

为了尽可能准确地理解和阅读甲骨卜辞,我试着建立了几条基本步骤。这些努力是基于以下认识所得的,即这些神秘难解的卜辞其实是公元前2000年中期商代文化政治中心的一种真实语言的呈现,这种语言肯定是早期汉语和古汉语的前身。后两者已在同时期的金文和西周至战国时期的传世文献中为我们所熟识。因此考释工作的一个总的条件就是这种延续性在所有分析层面上的存在。如果这种延续性在这些时期或多或少地得以保留,那么考释就容易得多。实际情况当然不会总是这样。

---

① 以上卜辞是按照斜线指示的顺序进行的一系列祭祀活动。由于甲骨原片是破损的,所以这些卜辞并没有涵盖原始系列的全部内容。

本文立足于古文字分析，如果找不到字形的延续性，就只好做一些替代假设，比如字形重新分析和语音借用。对那些就单个的古文字的结构所作的假设而言，这是一种补充，也就是说补充进去了古文字构形中的语音或语义要素。

　　《欧洲所藏》注释部分的述评，是本人对古文字释读方法所做的一次尝试。我们对雷氏的解释内容进行了逐个分析，这些分析或许有不当之处，但我的首要目的是建立一套通用的古文字考释方法。因为雷氏的释读方法是目前学界通行的做法，而且我也不能确定我过去没这样做过。

　　首先，我所提出的四个准则/分析作为一种新的框架理论是适用于任何古文字释法的，当然这个"适用"要严格控制在四个准则以内。其次，我还引用了吉德炜的一致性原则，并作了详细论述。最后，我还提出了一种用于确定多声符字读音的协定。综上所述，我认为我们不能沉溺于任何形式的"臆想词汇学"或"臆想词源学"。本书中所提出的新方法都是以运用文中所讨论的标准、原则为基础得到的。我希望这些努力对建立释读甲骨文的方法论和学习甲骨文有所裨益。

如何释读甲骨文
——对现行方法的反思①

一、前言

中国真正的金石学研究传统可以上溯至宋代（10—12世纪）。这一传统使得那些研究公元前11—4世纪的古代中国的金石学者在19世纪晚期开始了对晚商甲骨文（约公元前13—11世纪）的初步研究。近一个世纪以来，一些日本及西方学者也致力于这一新的学术领域。目前，仍有一批学者在继续致力于尽可能地准确释读甲骨文，他们的研究兴趣，从研究单个的字形或关键的字，到一串字符、短语、短句、句子，以及语言的各个方面，以便我们重建一个文化的部分历史。这样，甲骨文可以提供给我们商代当时的习俗、信仰的信息，而不会像后来的传世文献那样，会被两千多年的时光不合时宜地重新诠释，甚至其中偶尔也有被扭曲的成分。然而，因为既没有一个对商人所写甲骨文的最终权威认定，更不用说与甲骨文相关的所有细节，所以研究的任务就成了一个解释的问题。每一个个案所引出的解释，都会在学者之间引

---

① 我要感谢以下的朋友和同事，他们对我该论文的早期版本提出了一些建议和批评：Christoph Harbsmeier（何莫邪），Christoph Anderl（安东平），Françoise Bottero（蒲芳莎），Björn Wittrock，Sarah Allan（艾兰），Bill Boltz（鲍则岳），Martin Svensson Ekstrom（橡川马丁），荆志淳，唐际根，刘学顺，以及潘悟云。我于2004年9月到2005年2月期间非常幸运地被瑞典高级学术执行管理委员会任命为乌普沙拉（Uppsala, Sweden）的社会科学研究人员，在此期间我才能写出这篇论文。我想感谢学术委员会主席Björn Wittrock，以及他那些非常乐于助人的同事们，他们带给我职业生涯中难忘的一段研究生活。

起争论。本文将审慎检讨当前通行的研究方法,以期达到如下目的:A,促进多种理论的讨论;B,获得关键性的诠释。

研究中最关键的问题是如何进行解释。我们对商代社会的大部分认识基本上都有赖于对其后 3000 年间不断出土的文献的解释,①那么,我们该如何去诠释甲骨文这种语言呢?尽管近百年来对甲骨文的研究产生了数量可观的学者,但让人诧异的是,几乎没有人对方法论这样重要的问题进行讨论。看起来,多数现代甲骨学者似乎都没有在其研究生涯中对此问题投入心力。这项工作似乎是已被王国维 80 年前出版的《古史新证》这一先驱性的研究圆满地解决了,②在这部著作中,王国维提出了一种研究古代中国文明,特别是商周历史的新方法,即所谓的"二重证据法"。这种方法就是运用两种不同的资料来研究过去:一种是传世的纸质经典;另一种是出土的资料,如甲骨文和青铜器铭文。③ 在他撰写这篇颇具影响的论文时,他所谓的考古出土资料只是甲骨文和铜器铭文。但是现代学者,特别是考古学家,则利用所有相关的、典型的出土资料来研究古代中国。在考古学这一领域中,方法论是非常重要的,而且,对一个文明的理解本身就直接依赖于研究者如何去获得资料。对研究所用方法论问题的严肃讨论是不能规避的。本文中,王国维所关注的也应当是我们所关心的。我们的分析将主要限定在传世文献和甲骨金文这两方面。

上文所示,甲骨文研究成果众多。宋镇豪于 1999 年所编的甲骨学论著

---

① 自从 19 世纪末这些带有文字的龟甲和牛肩胛骨即甲骨文被发现以来,一些卓越的中国学者就认识到了这些文字对于研究商代历史和文明的重要性。这些文字的时代逐渐地被确认为商代的后期,如著名的盘庚迁都(据说是将都城迁到了商代的最后一个都城,现在的河南省北部的安阳市附近)之后的殷朝(但甲骨文中没有任何迁都的例证)。这一时期涵盖了从第 21 王,即武丁(约公元前 1230—前 1170),直到死于周克商(约公元前 1046 年)这一重大历史事件的第 29 王——帝辛。甲骨文的发现使商代从传说变成了第一个历史王朝,其存续的时间从公元前 13 世纪到公元前 11 世纪。

② 王国维:《古史新证》,《王观堂先生全集》,卷六,1925 年,台北:文华出版公司,1968 年再版。

③ 王国维的相关论点摘录如下:"吾辈生于今日,幸于纸上材料外,更得地下之材料,吾辈固得据以补正纸上之材料,亦得证明古书之某部分全为实录,即百家不雅驯之言,亦不无表示一面之事实。此二重证据法,惟在今日始得为之。虽古书之未得证明者,不能加以否定,而其得证明者,不能不加以肯定,可断言也。"(《古史新证》,2078 页)这些话有巨大的影响。

目录是迄今为止最全面的,共有 1596 页,罗列的论文和著作超过一万种。①它们被分成 10 大类,50 小类,但却没有一项是关于方法论的。② 这是很让人诧异的,而我觉得这也是甲骨学研究领域中缺乏方法论研究的表征。由于篇幅所限,在本文中要讨论甲骨文研究的各个具体的方面是不现实的。我们将集中讨论甲骨文研究的前提假设与理论问题。只有这样的理论方法被确定后,我们才可以对它们进行评论。本文将提出两种甲骨文的解释方法,一是前文提及的被广泛使用的"二重证据法";另一个是我以前所提过的"纯粹法",③这一方法,如果要与"二重证据法"作对照,可以称之为"共时证据法"。④ 即,我们应当尽可能的根据材料内在的证据来解释材料,而不是根据传世的文献及其注疏来得出结论。这看起来有些理想主义,而且,有时由于相关材料的缺乏,要获得有说服力的解释也是不可能的,但是共时证据法却能揭开某些运用二重证据法时看起来混沌不清甚至相互矛盾的情况。本文将着重讨论由王国维倡导并被其他学者运用的二重证据法的细节,并与共时

---

① 宋镇豪主编:《百年甲骨学论著目》。北京:语文出版社,1999 年。纸张大小为 180mm×260mm,16 开,2,566,000 字。

② 十个大项包括:(1)发现 (2)综论 (3)甲骨著录 (4)甲骨研究 (5)专题研究 (6)甲骨类编 (7)书刊评介 (8)其他杂著 (9)学人传记 (10)附录。暂不列出该书的小项。

③ 我已写了四篇与此主题相关的论文,其中的第 3 篇主要是在语言学和语法的说明,与本文有一点区别。

(1) "Some Problematic Aspects of the Li KUEI Inscription," Ancient Chinese and Southeast Asian Bronze Age Cultures (Proceedings of a Conference held at the Edith and Joy London Foundation property, Kioloa, NSW, 8—12 February, 1988), ed. by F. David Bulbeck with several articles edited and translated by Noel Barnard (Taipei: SMC publishing Inc, 1996c), pp. 345—90。

(2)江蓝生、侯精一:《甲骨文考释的几个基本步骤》,《汉语现状与历史的研究》,北京:中国社会科学出版社,1999 年,第 446—469 页。

(3)"Towards a More Rigorous Methodology of Deciphering Oracle-Bone Inscriptions", T'oung Pao, LXXXVI(2000):363—399. 中文修改版是本书第一编第一节。

(4)"传统及其批评家:甲骨文与尚书中的肜祭之重建"(纪念李方桂教授百年诞辰及中国语言学国际讨论会历史分会论文),西雅图:华盛顿大学,2002 年 8 月 16—18 日,打印稿第 25 页。

④ 我感谢我的学生吴可颖,她帮助我为"共时证据法"找到一个恰当的中文表达。她还用中文总结"共时证据法"的观点如下:"共时证据法包括两个方面:(1)以地下之材料补正纸上之材料——地下材料应优先考虑;(2)纯粹从地下材料中探索和发现出全新的、在以往传世文献中看不到的现象。"

证据法进行对比。

二、二重证据法

我们从上引王国维(注 3)的部分说法开始讨论。王国维认为甲骨文和青铜器铭文应当被用来讨论和纠正几个世纪以来我们用之以获得关于商周社会见解的经典文献,积极地利用这些资料,并结合新发现的文字材料,我们就可以获得新的或不同的信息,从而纠正传统的认识。根据王国维的这种说法,甲骨文和青铜器铭文的价值主要在于它们可以作为验证从传世文献中辑成的有关商周时代认识的手段。这一点,甚至在今天,也还是许多甲骨金文研究者的主要关注点。尽管这种方法本身并没有错,但是王国维的另一表述却有一系列方法论上的瑕疵。王国维运用甲骨金文"以补正纸上之材料",认为"亦得证明古书之某部分全为实录,即百家不雅驯之言,亦不无表示一面之事实",这或许是正确的,但接下来我将提出一个具体的例子来说明这一说法走得太远了,现在的学者们对此问题是需要重新思考的。

(一)关于"土"(Ω)

我所举出的这个具体的例子涉及"土"及其同源词"社"的解释等相关问题。这两个词(及其概念)在甲骨文中均由同一个字表示。加上"示"的"社"可能出现在公元前 300 年,此时期的铭刻与文本如中山王圆鼎、包山楚简、望山楚简等①,可以为证。

1. 问题概说

王国维引用若干甲骨文的例子来证明"土"就是"相土",根据《史记·殷

---

① 关于中山王圆鼎,见张守中的《中山王響器文字编》,北京:中华书局,1981 年,第 36 页。关于包山楚简,见于湖北荆沙考古队的《包山楚简》,北京:文物出版社,1991 年,第 210 页。关于望山楚简,见于湖北省文物考古研究所和北京大学中文系的《望山楚简》,北京:中华书局,1995 年,第 79—125 页。何琳仪的《战国古文字典——战国文字声系》,第一卷,北京:中华书局,1998 年,第 530 页。在这三篇中山国青铜长铭中,有"示"的"社"四次都和"稷"字组合,形成一个组合词汇"社稷"。这种二元式的表达"社稷"即"大地祭坛与粮食",意指国王管辖下的国家。这是社的经典用法。我事先把这三段青铜铭文译成了英文,作为我的论文《关于公元前 4 世纪中山国铜器铭文中的系动词及相关诸词研究》的附录部分(第二届古汉语国际讨论会论文,北京大学,1996 年 8 月 19—22 日)。

本纪》,相土是昭明之子、契之孙,是传说中的商人的先祖。① 下面征引两条王国维举出的典型例子:

(1) 贞:燎于土三小宰卯二牛沈十牛。《前编》1.24.3
(2) 贞:㝬②年于土九牛。《铁云》2.216.1

对这些例子未作任何分析,王国维就认定上举例子中的"土"就是传世文献如《史记》、《左传》、《世本》、《周礼》中出现的"相土"。而且,他还引用了一段《周礼》卷33《夏官·孝人》的注释"相土作乘马",认为这与《荀子》卷15《解蔽篇廿一》的"乘杜作乘马"的意思明显是相同的。这里,我省略了王国维所提出的其他例子的细节,但是我们可以辨识出流传在那些加工过的文献中的相土与乘杜③还在继续冲击乘马起源的真正时间与源起,它不能证明任何事情,也不能表明王国维理所当然就是正确的。出现这种情况的最根本的原因,是王国维忽视了对原始材料本身的研究。

《综览》④(365—366 页,1589 号)显示王国维的解释及方法论上的假设流传甚广,如董作宾、⑤郭沫若⑥这样著名的权威都毫无条件地接受了他的说法。另一方面,一些学者如孙海波、⑦陈梦家⑧也并不满意于王国维过于简单地将"土"与"相土"相联系,基于甲骨文本身内在的证据,郭沫若本人也在四年后放弃了这种说法。⑨ 随着这些论作的出现,这一领域里开始出现了一种

---

① 王国维:《古史新证》,第 2082—2083 页。
② 冀小军:《说甲骨金文中表祈求义的㝬字》,《湖北大学学报》(哲学社会科学版),1991年,第 35—44 页。
③ 在考古发掘出土的文献资料中,经常有不同的字形代表同一字意的情况。此处的"相土"或"乘杜"在构拟的古汉语音韵学上不可能是不相通的;前者可以被拼读为 * sjang * thagx,而后者可以被拼读为 * djəng * dagx。但注意此处齿擦音 * s 和塞音 * d-,通常是有区别的,而且主要的元音也不同。所以,认为"相土"和"乘杜"是相同的,这种说法是很危险的。
④ 见文末的简称表。
⑤ 董作宾:《甲骨文断代研究例》,《"中央"研究院历史语言研究所集刊》外编第一种(上),1993 年,见《董作宾先生全集》卷二,台北:艺文印书馆,1977 年再版,第 371 页。董作宾:《五十年来考订殷代世系的检讨》《学术集刊》,1—3,1953 年,见《董作宾先生全集》卷八,台北:艺文印书馆,1977 年再版,第 357 页。
⑥ 郭沫若:《卜辞通纂考释》,东京:文求堂,1933 年,334/69 上下页。
⑦ 孙海波:《读王静安先生古史新证后》,《考古学社社刊》1935(2),第 57 页。
⑧ 陈梦家:《古文字中之商周祭祀》,《燕京学报》1936b(19),第 116—121 页。
⑨ 郭沫若:《殷契粹编考释》,东京:文求堂,1937 年,20/8 上页。

新的倾向，那就是更加重视甲骨文本身的证据，尽管这看起来也并没有得到很好的实践。如此，就我们现在正在讨论的问题来说，我们应当研究◊、◊或◊诸形在甲骨文中的真正用法，而且所有的推论都需建立在此基础之上。鉴于越来越多的甲骨文著录书被出版，[①]实践这一方法将成为可能。对此，最好的例子当属岛邦男所做的简明而全面的研究。[②] 岛邦男认为这一字形代表"土（土方）"和"社"。[③] 岛邦男区别"土"与"社"的标准是该字形所出现的不同的语境。前者用作地名，后者则被当作神灵，与其他的神如祖先神一道，作为特定的仪式动词（如卯[＝禦]）的间接宾语或受动对象。这一点，郭沫若早已注意到，[④]例如，《粹编》20中，作为间接宾语与受动对象的"土"之前明显就有一个地名"亳"。这一点相当重要，因为它表明"土"并不像王国维所宣称的那样就是"相土"。而且，如果将"亳土"解释为"亳社"，即通常意义上的"亳地之社"似更可取。下文我们将对此作进一步探讨。

然而，要达成"亳土"就是"亳社"这样的结论还存在一个方法论上的问题，纵然这个结果本身可能是正确的。正如岛邦男所指出的，[⑤]亳土即亳社这一等式是建立于如下传世文献上的：

---

① 到1936年底，就有三分之一以上的甲骨文收藏得到了出版。
② 岛邦男:《殷墟卜辞研究》，广岛：中国研究会，1958年，第227—231页。
③ "土"和"社"字在形/词态学中是相关的，它们在古汉语中拟读为 * thagx 和 * djiagx，（尽管在词态学细节上还有其他相似的或音韵学特征上可比较的词汇），而且，"土"与"社"的意义也是相关的。社很可能是商人对土地神信仰的表征。（参见《说文》13b（由于缺乏对中国最古老的文字的古文字学知识和相信流行的"五行"说，这一晚近的作品可能并不是全都可信的）："地之吐生物者也，二象地之下地之中物出形也"，值得注意的是双关语——"土"和"吐"，以及对"二"的不合理的字形推断）。参见藤堂明保的《汉字语源辞典》，东京：学灯社，1965年，第325—326页。他举出语源学上的证据来支持他的观点。但不幸的是，Laurent Sagart, *The Roots of Old Chinese*（Amsterdam and Philadelphia: John Benjamins Publishing Co., 1999）文中并没有涉及"土"和"社"的问题，一位佚名的批评家在这篇 BMFEA 的文章中问了一个有趣的问题："我们能否宣称这种词源问题在商代确曾发生过？"我的简短的回答是肯定的，但这一问题包含的内容太过复杂，本文难以展开。这可能需要一个专题论文来解决，它首先要给"土"和"社"一个全面的发生学上的分析，还要对这对词的意义以古汉语重建，以推断出二者形/词态学上的关系。在这方面，Baxter 和 Sagart(1998)所做的研究值得钦佩，尽管他们给出的这些词，特别是其意义，还需要更好的理解及分析。
④ 郭沫若:《殷契粹编考释》，20/8上页。
⑤ 岛邦男:《殷墟卜辞研究》，第226页。

(3)六月辛丑,亳社灾。《春秋·哀公四年》
(4)师宵掠,以邾子环来;献于亳社,囚诸负瑕。《左传·哀公七年》
(5)阳虎又盟公及三桓于周社,盟国人于亳社。《左传·定公六年》

例5中周社与亳社有别,说明如果周社是指周之社,则亳社也当是指作为邦国的亳之社。① 的确,有些学者常常引用《谷梁传·哀公四年》的这段话:

(6)亳社者,殷之社也。

一般说来,甲骨学者都将例3至例6当作将甲骨文中的"㑒〇"视同亳社的证据,并认为亳社即是殷之社。② 这不但年代上有问题,而且还误导人。就算在词法这一层次上将"〇"(土)看作"社"尚可接受,③它的特性——它是如何被当时的民众所认识的,以及在民众生活中扮演何种角色——在商代的环境中与其在传世文献中相去甚远。例(3)显示"社"肯定有一个易燃的屋顶或者其他材料的结构部分。例(4)表明人也可以被用于社,而例(5)表明社是缔结盟约之所。以上所列"社"的这些特性并没有得到任何一片甲骨的证实。因此,这种现象很可能是两种异质文明间的区别,部分还当归结于商代晚期与撰写推测性传世文献的西周晚期在时间上的差距——一个延续有一千年的时间差。实际上,对此并不需要感到吃惊,因为商与周的差别并不仅仅是时代不同,而且它们整个社会、文化、宗教、经济及政治架构皆存在区别。我们首先应当根据其自身的性质进行检讨。在这一点上,我们对现代考古学家实际所做的感到欣慰。古文字学家也应更加重视那些同时代的和内在的资料证据。

---

① 但在甲骨文中既没有"周社",也没有"周土"。
② 如果将此也用到例5中,那就意味着阳虎除了和鲁公及三桓在周社结盟之外,他还要与(鲁国的)国人在殷社结盟。除非我疏忽了什么,要不然这也太奇怪了。这样一来,亳地近鲁看起来才能合理。但这一假说是与当时的甲骨文相矛盾的。
③ 也许有人反对我们设想甲骨文与传世文献存在着词汇上的对应关系(特别是〇=土,而㑒=亳),我们没有虑及这一句例。这一缺陷使共时证据法面临严峻的挑战,这值得进一步探索。我现在申明,我的假设是语言形式和意义的进化变动幅度是不同的,词汇是较不容易变化的,其他方面则依次递减:短语、分句、句子、行文。最后一项可能是容易理解的,因为它并不必进行历史进化,行文越长,我们就越容易区分其差别,甚至是在同时代的文本中。当然任何语言的词汇在历史上都发生过变化,在汉语中,我们可以举出古文字与古文献上的例子来检验这一词汇问题。例如"〇",可变成甲骨文中的土,也可变成金文中"土"、"土"(分别采自亳鼎和盂鼎),最后都变成了现在的"土"。而且,我们还可以对"土"和"社"进行语源学和形态学检验,看其是否拥有相似的发音和意义。这样的研究经常(尽管不总是如此)得益于系列谐声字的帮助。

2. 甲骨文中的证据

那么,"⊙"这一字形究竟在什么情况下用作"土",又在什么情况下用作"社"呢?这两个词(以及它们所代表的含义)是不同的,认为该字形同时代表这两个词也是不对的。上文所示,这两个词尽管在语源学上相互关联,但这不应当阻碍我们区分其本质的差别。下举例子将说明这一点:

(7a) 己巳王卜贞:[今]岁商受[年],王咸[=占]曰:吉。《粹编》907 =《合集》36975

(7b) 东土受年。同上

(7c) 南土受年。同上

(7d) 西土受年。同上

(7e) 北土受年。同上

(8) 贞:作大邑于唐土。《金璋》611=《英国》1105a

7a 到 7e 组成了一套卜辞,更准确地说是掺夹着祈愿的预测,并以"贞"(如例 7a)的形式获得神的回复。① 这种命辞中"祈愿"的因素在占辞或繇辞是非常明显的。现在,我们扪心自问:"⊥"("⊙"的变体)所指是"土"还是"社",哪种解释正确的可能性更大? 我倾向于前者,因为它指一处场所、一个地方,唯此才可能会有所"(年成上的)收获",而不会是指必须有高起的土木结构并有神居住的"社"。例 7a 提到的"商"一般都认为是商代"世界"的中心,例 7b 到 7e 显示"商"的周边都在四个主要方位上②。但有趣的是,我们至今尚未在甲骨文中发

---

① 这一表述我认为即相当于现代中文术语的"贞辞",也有学者称之为"命辞"。命辞经常(当然也不全是)有肯定的和否定的形式。贞辞和命辞常被当作同义词,但前者具有更普遍的适用性,任何辞首有"贞"的表述都可称为贞辞,而命辞则含有命令、要求之类的特别意味,意在期愿占卜过程中实加的"命令"的达成,而不仅是响应。此问题更多的讨论,读者可参见我的《殷代贞卜语言の本质》《东京大学东洋文化研究所纪要》1989 年(110):1—110。至于我对贞辞受贞者的基本论述,参见上引文的 15—21 页、142—145 页。

② 我设想"商应被认为是商代'世界'的中心",这个设想还有待进一步的工作来证实。我现在与英属哥伦比亚大学的考古学同事荆志淳教授以及中国的考古学家们正准备验证"商"可能代表着宏伟的商代复杂社会的仪式中心这个想法。对于这一设想,我已经在甲骨文中找到一些有趣的证据。这里值得一提的是,"入商"一词在王卜辞中相当常见,在近年发现于花园庄东地的子卜辞中也是如此,在皇家的占卜辞中经常出现,就像强大的"子"族徽铭文常出现在花园庄东地一样(参见中国社会科学院考古研究所:《花园庄东地甲骨》,昆明:云南人民出版社,2003 年)。

现"商土"这一表述。① 例8是在唐地修建一处大型聚落,此对"社"说提供了反证。根据这些例子,我们认为"⊥"及其变体"Ω"都应当释作"土"而不是"社"。

相反的,以下所举诸例却将有力地证明"⊥"及其变体"Ω"应当释作"社"而不是"土"。

(9a)于小丁钔。《合集》32675

(9b)于𡥉②钔。同上

(9c)于亳土钔。同上

(9d)癸巳贞:钔于父丁其五十小宰。同上

(10)贞:勿𥝢年于邦土。③《前编》4.17.3=《合集》846

(11)其又寮亳土又雨。④《佚存》928=《合集》28108

---

① 如果他们要表达的意思就是这个,那也不是不可能的,他们可能称之为"中土"(《合集》21090)。但这条有关"中土"的唯一例证的重要性并不突出,而且,因为原始甲骨的兆纹并没有兆枝,中间的主兆线也不是十分的直,"中"记录本身可能就是不对的。若此,"中土"可能是与"商"不同的一处地名。

② 有许多学者对此进行研究,参见《综览》(4418号,490—491页),收至1988年。其后还有若干研究(如:吴匡、蔡哲茂:《释𡥉》殷墟甲骨文发现九十周年国际学术讨论会论文,安阳,1989年8月;连劭名:《甲骨刻辞丛考》《古文字研究》,1992(18):62—93。)对此字形的隶定,众说纷纭,莫衷一是。但都同意它是某一神名,很可能是商人的某位祖先神。我还没有对它进行详细研究,对以上诸说暂且存疑。

③ 我暂且采信将甲骨字形"𤰈"释为"邦"的通行解释。参见于省吾主编《甲骨文字诂林》卷3,北京:中华书局,1996年,第2117—9页。在这个例子中,它用作地名。参见《综览》(802号,198页)。还有另一不太流行的说法,有一些论文(如王慎行:《古文字与殷周文明》,西安:陕西人民教育出版社,1993年,第188页)承王国维之说将其释为"封"。参见于省吾主编《甲骨文字诂林》卷3,第2117—8页。不过我还没来得及对此问题进行详细研究。

④ 这是常见的"又"即"有"问题,这两字的读音是不同的(又字为去声,而有字为上声),而这两个字在一期的宾组卜辞中是有区别的(在历组卜辞中只见"又"),在西周金文中也是如此。这可能是不同的刻手师承造成的。对此,我将于另文详加讨论。当它后面跟着另外一个动词(此例中的前一部分,又寮=有寮),就构成了表强调的动词短语——一种我早先研究过的语言学结构(参见:高岛谦一:《甲骨文中的强调动词短语》,《历史学和文献学通讯》1988(59.3),第653—94,修订本发表于伊藤道治、高岛谦一:《中国早期文明研究:宗教、社会、语言和古文字》二卷,枚方:关西外国语大学出版社,1996年,卷一,第259—288页;卷二,第90—99页)。关于动词短语"有雨"与单纯状态动词"雨"之间的区别,分析显示,前者传达了一种"获得降雨"的意味,后者则仅是"下雨"的单纯状态描述。如此,在前一短语之前常有表条件的从句,例如,它出现在如下的情境中:"如果我们如何如何,我们将'有雨',或我们将'亡雨'。"然而在例11中,尽管没有条件从句,后者(雨或不雨)却都可能发生。最后我们还需提及的是,"寮/燎"在商代是一个指向性动词,它需要一个与雨水相关的自然神作为它的间接宾语。

例 9a 到 9d 构成了一组围绕洁净与驱邪为务的"钔（禦）"祭卜辞。根据我对商代祀典语言学术语的重建①，钔是一个基本的四价动词，具体地说，它可以用作主语（一价）、直接宾语（二价）、间接宾语（三价）和工具格宾语（四价）。就此，下文试举一例来说明我的观点（对脚注 33 所引文章作了微小的改动），而后，我们再回来检视例 9a 到 9d。

(12) 辛酉……钔大水于土。《遗珠》835＝《合集》14407

例 12 中，尽管动词"钔"的主语没有出现，但我们还是可以根据其他的辞例判定那就是第一人称代词"我"或"余"（商王）。这在使用否定副词"勿"的对贞卜辞中也有体现。除了用于第二人称，这个否定副词在甲骨文中一般都用于第一人称主语，偶尔用于第二人称主语。② 目前所知，"勿"被用作一个人力"可控"动词的否定词（这最早由我自己于 1973 年博士学位论文中提出，见注②），"钔（禦）"确切无疑属于人力"可控"动词。而且，如果出现这个否定副词，则不会出现工具格名词。③ 但例 12 中有正动词，如此也显示有工具格名词。句中直接宾语是"大水"，这种悲惨的灾难被认为是由邪恶的自然神灵造成的，它需要通过驱邪仪式才能得到安抚。句中间接宾语是"社"，人们相信有特定的神在社里居住，并通过享用人间供奉的牺牲获得它的力量。一言以蔽之，根据相关的甲骨文我们可以部分重建商代的信仰体系。从语法学上来说，仪式动词"钔（禦）"是一个四价动词。（又，另一个语法学表现与它近同的动词是例 2 中"萃[祷]"；注 39 中还有更多）

---

① Ken-ichi Takashima, "Some Ritual Verbs in Shang Texts," *Journal of Chinese Linguistics* 30.1 (2002): 97—141. 中文修改本见第四编。

② 参见高岛谦一：《武丁甲骨文中的否定词》，华盛顿大学 1973 年博士学位论文，146 页往后。我们根据人力"可控的"和"不可控的"来区别 *m-词首的否定词（勿和毋）和 *p-词首的否定词（弗和不）。1973 年的这篇论作是对甲骨文语法的首次系统整理（主要是 146 页以后部分）。另见我的论文"Morphology of the Negatives in Oracle-Bone Inscriptions." *Computational Analysis of Asian and African Languages* (Tokyo: National Inter-University Research Institute of Asian and African Languages and Cultures), 30(1988): 113—133。中文修改本，请看第二编。

③ 这完全是符合逻辑的，我再举一则同样的例子：
丙午卜勿钔雀于兄丁。《合集》4116
有关否定动词短语勿钔的所有例子（参见《综类》52.3—56.2），都没有伴出任何一个工具格名词。

现在回到例 9a 到 9d，我想上文的题外话能让我们更易于理解我对甲骨文的解释。上举例子中的间接宾语是"小丁"、"𖣠"、"亳社"和"父丁"。"小丁"和"父丁"毫无疑问是这次占卜前最近去世的祖先，①这些祖先当属董作宾所说的"先王后期"。② 因其曾被纳入商代的神谱中，第二个宾语必定是某个祖先神或自然神。③ 至于第三个宾语，其中"土"则毫无疑问就应当是被认为存在于土地中的神灵"社"，它前面的"亳"则是地名。例 10 和 11 显示句中宾语是"邦土（社）"和"亳土（社）"；前者被认为能给商人带来好年成，而后者则被认为能带来受欢迎的雨水，作为焚烧人间供献的祭品的回报。在此，我们发现至少有两个社与两个不同的地方相联系，而且它们都坐落在商文化的影响范围之内。前文例 6 中《谷梁传》（哀公四年）有"亳社者，殷之社也"，学者们常据此认定"亳土（社）"就是"殷社"。但如果"邦土（社）"也是"殷社"，那这两者间会是什么样的关系？有人也许会认为它们两个是各自独立的，正如注 30 所指出的，还有其他的一些地名后也带有"土（社）"字。这是共时证据法最近提出的一个问题，但显而易见，简单运用传世文献中的传统认识并不能解决这个问题。所有这些都说明这些社都处在商文化圈内，并被当地及其附近的居民所敬畏着。

---

① 参见 David Keightley, *The Ancestral Landscape：Time，Space，and Community in Late Shang China* (ca. 1200—1045). Berkeley：Institute of East Asian Studies, University of California, 2000), 133, fig. 1.

② 董作宾：《甲骨学六十年》，台北：艺文印书馆，1965 年，图 72、73。

③ 这是普遍的看法。在诸多论述中我引用赵诚的《甲骨文简明词典——卜辞分类读本》，北京：中华书局，1988 年，第 14—15 页，其解说适当而且简练。同时，我征引它还有另外两个原因。第一，赵诚认为"这个固定的社神（指亳社）和一般意义上的土神，是否同一个对象，尚需进一步研究"。他的意思可能是我们需要谨慎对待特定的亳社与普通的土神假定为一的设想，特别是还有像邦土、夒土、中土这样的土神。他的谨慎是值得称赞的，但他对特定（他用"固定"一词）土神与普通土神的区别很可能完全是想象的，因为他也被出现在传世经典文献中的亳社误导了（参见例 6）。第二，赵诚没有对祭祀性动词"尞/燎"和仪式性动词"礿（禓）"及"㞢（祷）"的受动者进行区分，所以，引导受动者的小品词"于"必定相当于"在"的意思。他只意识到亳土就是亳社，而这被认作就是受动者。上引佚存 928 中"其又燎亳土"中"于"甚至都没有出现。我认为他被误导了，其观点方法论上的错误完全是由于将从传世文献中抽出的信息强加于甲骨文所造成的。

《南明》452 辞让人感兴趣之处在于，只出现夒，《佚存》376 辞也是如此，这说明辞中夒后缺失的"土"，必定是通当"社"的。

上文所举的例 7b 到例 8 这五个例子显示地理学概念上的"土(⌂)"作为农作物丰收与聚落建设的地方。① 例 9a 到例 12 这七个例子说明"⌂"表示"社",因为它充当语法学上的间接宾语,而人们相信它能给人间带来特定的愿望中的东西。②

3. 传世文献中"社"的问题

在上述分析的基础上,我认为,由于存在方法论上的缺陷,学者选用传世文献的实践是有问题的。这一问题在于那些学者在上文提到的商代祭典没有一个还保持着原生状态。如此,我们必须十分谨慎地对待,甚至完全抛开下文所举诸论断,它们都是建立在这段或那段经典汉语文献基础上的,而其传统注疏通常比前者更不可靠。

(13) 土疑即相土,《史记·殷本纪》:"契卒子昭明立,昭明卒子相土立",相土之字,《诗·商颂》、《春秋左氏传》、《世本·帝系篇》皆作土。③

(14)《诗·大雅》"廼立冢土",传云,"冢土,大社也",《商颂》"宅殷土芒芒",《史记·三代世表》引作"殷社芒芒",《公羊·僖公二十一年传》"诸侯祭土",何注土谓社也,是古固以土为社矣。④

(15) 此说王于《戩释》中已肯定之,案无可易。⑤

(16) 经传中社是作为对地的祭品出现的,如"社所以神地之道也"(《礼记·郊特牲》);"祀社于国所以列地利"(《礼记·礼运》);"后土能平九州故祀以为社"(《礼记·祭法》);"土发而社,助时也"(《国语·鲁语》)。《春秋》(庄公 25 年)中有"秋大水鼓用牲于社",这恰如卜辞中为消除洪灾而对⌂进行祈祷,如"辛酉……钾大水⌂宰"(《铁云》14.4)。这

---

① 在别的卜辞中"土(⌂)"还充当不同行动的目标,如至《佚存》21)、徝(《前编》7.7.4)、伐(《续编》3.9.1)。

② 除了这些例子中的三个动词"钾(禦)"、"秦(祷)"、"寮/燎"之外,另外还有一些动词与以"⌂"形出现的"社"相关连,如"求"、"宁"、"又/侑"、"告"。我在《商代文献中的仪式动词》(《中国语言学报》,2002 年(30.1))中对这些动词有详细的讨论。

③ 王国维:《观堂集林》,24 卷,1928 年,台北:世界书局 1964 年再版,9.3b/414。

④ 王国维:《殷礼徵文》,《王忠悫公遗书》,二集(1928),北京:商务印书馆,1940 年再版,第 7 页。

⑤ 郭沫若:《卜辞通纂考释》,东京:文求堂,1933 年,334/69 下。

是《春秋》里的社相当于甲骨文中的 Ω 的明证……①

(17)第十五、十六条,都是以土为社,社与方同时并祭,《诗·小雅·甫田》:"以我齐明,与我牺羊,以社以方。"毛传:器实曰齐,在器曰盛。社后土也。方,迎四方气于郊也。郑笺:以絜齐丰盛,与我纯色之羊,秋祭社与四方。②

(18)(在引述《风俗通义》和《太平御览》之后,该作者写道):这正是封土以为社神,……卜辞中亦有祈年于封土的记载,正可与典籍相互证绎:贞:勿䅳年于邦土。(前编4.17.3)③

上引例13到例18只是王国维发端的二重证据法在甲骨学者中被广泛使用的几个例子。现在,我将指出他们在运用传世经传时存在的问题。下面我将对例13到18一一做出评论,编号后加星号以作对应。

(13*)就算根据《史记》,相土作为昭明的儿子登上王位,这一记述在甲骨文中也没有清楚的记述。将"Ω"认定为相土在甲骨文里也没有确切的证据。

(14*)《诗》中的"冢土"解作土堆,从"Ω"这一甲骨文形象的历史文献学角度来说是可能的。但在甲骨文中,我们找不到"冢土"和"大社(可能写作大土)"两词。《公羊传》的"诸侯祭土",何休注"土谓社也"。但甲骨文中并没有说有商以外的民众来向社奉献牺牲。而且,尽管甲骨文中确实有动词"祭",但却不与Ω相关联。何休(129—182),作为一个尚不知甲骨文为何物的汉代注疏家,他的权威著作无力于影响这一问题。

(15*)这是郭沫若1933年的观点,四年后他放弃了这个说法。④ 这在2.1.1中已经提及。

(16*)岛邦男的陈述中有一点值得进一步考虑,那就是岛邦男曾将其与铁云14.4/遗珠835(例12)作对比的《春秋》中提到的洪水。甲骨文中确有相同的表述:"大水",也确有牺牲被贡献给社。洪水被认为是某种超自然力引起的,而不管这种超自然力是什么,通过供奉合适的牺牲,社神都可以介入调解。这样,乍看起来,文献与甲骨文证据之间就建立起了精巧的联系。然而,

---

① 岛邦男:《殷墟卜辞研究》,中国研究会,1958年,第231页。
② 于省吾:《甲骨文字释林》,北京:中华书局,1979年,第186—187页。
③ 王慎行:《古文字与殷周文明》,西安:陕西人民教育出版社,1992年,第187—188页。
④ 郭沫若:《殷契粹编考释》,东京:文求堂,1937年,20/8上。

并不是每一个细节都能密合无间。首先,岛邦男未能完整引用《春秋》的内容,它原作"秋大水鼓用牲于社于门"。岛邦男愿意我们对这一句子的理解只到社为止:"秋天,发大洪水了,(我们)击着鼓,并向社供献牺牲。"他丢弃了关键性的短语"于门",那是个介词短语。正确的理解当是"秋天,发大洪水了,(我们)击着鼓,并在社和门两处供献牺牲"。理雅格(Legge)对此句子也作了同样的解释。① 而且,这例甲骨文中还使用了仪式动词"卯(禦)",正如在2.1.2中所讨论的,是一个四价动词,它可以用于主语、直接宾语、间接宾语和工具格宾语。本人另文还有对这类动词文化层次上的更全面地讨论。② 为便于讨论,我在此简要提一下。首先,我将仪式动词定义为"传统上形成的、用在祭祀活动中以符合具有特定象征意义的仪式的动词。与此相对的,牺牲动词则包括对神(在特殊情况下还有对非神的)的奉献与敬意"。第二,仪式动词是个四价动词,而牺牲动词是普通的三价动词(即缺少四价动词独特的工具格名词)。第三,仪式动词有要求性的和仪式性的内在特征,而牺牲动词则不具备。如果我们现在将动词"用"运用于这段《春秋》及甲骨文,其句法就要求我们将其定为一个牺牲动词而不是仪式动词,因为它没有第四价工具格成分,而且,它也缺乏要求性的和仪式性的内在特征。因之,岛邦男认为"为消除洪灾而对⊙进行祈祷"是有其坚实基础的。但他宣称《春秋》中"为消除洪灾而对社进行祈祷"则并不能被证明是正确的。我们在此应该斟酌《春秋》这段完整的原文。最后,尽管甲骨文中有动词"鼓"(《综类》400.4),但却不见其与水灾相关联。

---

① James Legge,(trans.) *The Chinese Classics*. Vol. 5. *The Ch'un Ts'ew with the Tso Chuen*.(初版于伦敦,1872年;再版于台北文星书店,1966年)109页。《春秋》的这段记述还提出了另外一个问题,正如理雅格所指出的:"洪灾被多次提到,但这是第一次在这样的场合采用这种特别的祈愿活动。也许是常规的仪式现在已经不适用了。传说:'这一仪式也是不同寻常的。所有的天灾,他们都奉献强物,而不是牺牲。除非有征兆显示太阳或月亮引发的灾祸,一般并不击鼓。'(杜预,222—284年)将'门'看作'国门'无疑是正确的,但传中并没有在国门击鼓与献祭之事。《公羊》认为这是不正确的,但我不知道他这样说的理由是什么。"就算有这样的可能,《谷梁》尚能显示商代的献祭和仪式,但"击鼓并献祭于国门"都是不正确的。实际上他们是献祭于社。

② Ken-ichi Takashima, "Some Ritual Verbs in Shang Texts," *Journal of Chinese Linguistics* 30.1 (2002): 97—141. 高岛谦一:《商代文献中的仪式动词》,《中国语言学报》30.1(2002),中文修订版。

(17*)这是于省吾解释甲骨文的典型方法。他惯于引用大量传世文献,将其自己的意见附加于甲骨文。他确实是王国维二重证据法的坚定支持者。这里,他引用《毛诗·小雅》和郑玄的注疏。正如岛邦男征引《礼记》中的内容一样,我没有提及是因为所有这些都不适用于甲骨文,我们从《诗》中找不到什么,更不用说那些不合时宜的注疏了。《诗》中所使用的牺牲是"牺"和"羊",但"牺"并没有出现在甲骨文中,而"羊",经过特别饲养(即宰),在甲骨文中只与"寮(燎)"同出(《综类》172.4;参见:寮于土宰方帝,《缀合》211)。值得指出的是,如果"○(土)"就是"社",它在甲骨文中从来不用作动词,但在《诗》中"社"却是动词。也许在甲骨文到《诗》的过程中,语言发生了一些语法上的变化。这就让人难以同意于省吾所宣称的"社与方同时并祭"。① 至于郑玄对这段文字的笺注中所假想的社祭所用牺牲数量、颜色及其季节,甲骨文并没有任何依据。

　　(18*)王国维在提出他的二重证据法来研究商周史时,他对传世文献的使用限定于《尚书》(仅指部分可信的章节)、《诗经》、《易经》(不包括《十翼》)、《五帝德》和《帝系姓》、《春秋》、《左传》、《国语》、《世本》、《古本竹书纪年》、《战国策》和周秦诸子的其他作品,以及《史记》(王国维 1925:2078-9)。他相信这些文献是可靠的,如果它们能被出土文献证实的话。尽管商周史研究领域不断得到扩展,但对文献的批判却没有随之取得进展,在我看来,甲骨文与金文研究者尤甚。如我所征引的王慎行的例子(王慎行1992)。对他的全部学术作品都施以严苛的批评也许不太合适,特别是他这本著作的两篇序言是由当今甲骨学界最著名的学者李学勤和裘锡圭所撰写的,而他们都赞扬王慎行这部作品的创获。但是,他对文献的任意使用是相当混乱的。他所引用的应劭(约184年)的《风俗通义》,与王充(27—90年?)的《论衡》类似,都是根据特别设计编纂的用来"校正"民间信仰,并解释古代的仪式、神怪、音读等。②(为"校正"这些事情进行设计是不成其为问题的,问题是其基于什么进行这样的设计?)王慎行还征引了《太平御览》,该书是在宋代(977年)奉敕修纂

---

① 甲骨文中,"方帝"这一表述应当区别对待。我推测它是由意为"方向"的副词"方"和意为"缔"的动词"帝"组成的,但这种祭祀与燎之间的确切关系如何,这个问题我现在还没有推究。于省吾将《毛笺》"方,迎四方气于郊也"用于解释甲骨文,但甲骨文本身却没有任何依据。

② 近藤春雄:《中国学艺大事典》,东京:大修馆书店,1978年,第683—684页。

的。我不用引述原文,因为我认为它们对说明商代的仪式术语、实际操作和人们最初的信仰表达毫无用处。

综合上述二重证据法的倡导者与实践者对甲骨文的研究,可以说,对从传世经典文献中抽取信息进行印证的做法,我们几乎没有看到任何价值。它们与我们对甲骨文本身仔细检视后收集到的信息常相抵牾,而且,就算有恰合的,也仅限于表面的词句,在商代当时的甲骨文中,它们的用法也是大不相同的。

三、结论

对 1925 年王国维最早倡导并被许多甲骨学者付诸实践的二重证据法的检视,表明它蕴含有严重的方法论问题。它的解释大部分都是不合时宜的,曲解了商代当时真正的宗教观念、信仰和实际。我们已经从"土(Ω)"及其同源词"社"这一事例中看出这一点。我们提出共时证据法,并尝试将其运用于与"土"和"社"相关问题的研究。结果显示,尽管出现了新的问题,但大多数基于经典文献及其注疏所作的解释并不适用于商代的甲骨文。

以甲骨卜辞的布局解读甲骨文

释读古代中国文字文本的工作有几种方法,这些方法既相互关联,但也有不同。本文通过对一版腹甲卜辞布局的考查,以指导我们根据上下文理解相关的卜辞。这补充和扩大了古文字学、语文学和语言学对卜辞通常使用的研究方法。本文回顾了其他学者尤其是张秉权、胡厚宣、王宇信、杨升南、孟世凯和谢济的排序和释文。如果研究版中共有的七条卜辞(由十三个单句构成),通过它们的布局,我们可以认识到锲刻者有意识地同时使用腹甲的正面和反面(《丙编》207 和 208,《合集》11497 正和 11497 反)。本文将对这种潜在"版面布局"(page layout)进行详述,然后提出对这十三个句子排序的一组订正,希望以此能对整版卜辞有更为精准的认识。

一、简介

长期以来,刻在龟腹甲或牛肩胛骨上的卜辞的布局被认为是释读甲骨文工作的重要因素。最显而易见且值得注意的布局例子便是对贞。对贞陈述了意图、意愿、计划、预测、解释等。以"验证"、"贞测"、或者"测试"的形式对占卜的神灵发出以求得回应。这种描述所表现的即是现代甲骨学术语——"贞辞"或"命辞"。对贞通常被表述为一个肯定句加否定句,虽然这并不是绝对的。① 从诠释卜辞的角度来说，它们拥有难以估量的价值。因为它们提供了更为丰富的可用来对比的语境，和其他一些有用的提示。本文中，我们将在对贞和其他语境因素的基础上探究另外的方法，而该方法是锲刻者在刻字的时候肯定运用了的。② 这应与甲骨正反两面卜辞的布局有关，我想要阐释的是：这种方法是如何做到的，以及这种布局是怎样影响我们对卜辞的解释的。由于篇幅限制以及本文所涉及的范围有限，我们将只通过一个范例说明这个问题。

本文采用一个不太常见的论述方式。除了具备通常的脚注外，还有诸如"(4.1)"、"(4.2)"等带括号的粗体数字，它们将附在某些需要古文字学和语言学注释的特定的词之后。我设立了一个单独的章节，即第四节，来解决这些问题。因此，"(4.3)"，是指在第四节中的注释3，而非脚注3。常规脚注相对短于注释，并且我还试图提供一些背景或更充实的书目信息。因而，本文包括四个部分：1.简介；2.卜辞布局：其他学者所认为的《合集》11497的"版面布局"；3.其他学者对卜辞布局这一问题的订补——这些观点也为本文结论提供相关支撑；4.关于古文字学（词汇学和语法学）问题的注释。

二、卜辞布局：其他学者所认为的《合集》11497 "版面布局"

让我们先看下面的两个拓片：首先是龟版腹甲的拓本，然后是其背面的拓本。他们分别是《合集》11497正（"正面"简称）和《合集》11497反（"反面"

---

① 肯定句通常刻在龟甲右边（面对的是龟甲底部；从乌龟的角度看，是左边），否定句通常刻在龟甲左边。牛肩胛骨上的卜辞是从下往上刻的，对贞通常以连续成排的形式出现。大部分贞人先表达肯定句，然后再表达否定句。学者称之为"命辞"。因此，命辞即使不总是，但也经常有肯定和否定的形式。"贞辞"和"命辞"通常作为同义词使用，但前者在意义上更加广泛，因为大部分的卜辞只要以"贞"引入的，都可以称为"贞辞"。然而，"命辞"带有"命令、指令"的特定含义，意味着卜辞可作为对占卜媒介的命令，也就是"命龟"。对该问题想要了解更多，可参见高岛谦一(1989)。

② 除了对贞，我们也偶尔发现一些被称为"成套卜辞"的。它们非常相似，通常完全相同。卜辞被刻在五片单独的龟腹甲或肩胛骨上，并且从上下文提供更大的观察视角。关于成套卜辞，详见张秉权(1960)。

简称)。① 这些拓片最初来源于《丙编》207(正)和 208(反),这两者又分别来源于《乙编》6664(正)和 6665(反)。可惜,还未完整缀合的这片腹甲残缺了下半部分。这于 1936 年在 YH127 坑里发掘的时候就已经遗失了。尽管这是一个弊端,但我们仍能从中解读出一个连贯的语境。其他的腹甲也通常是这样,正面比多孔疏松的反面更清晰。以下给出的是腹甲原件的拓片(按比例缩小到适合页面大小)。下面附上张秉权给出的隶定和阅读顺序,如图 1 所示。

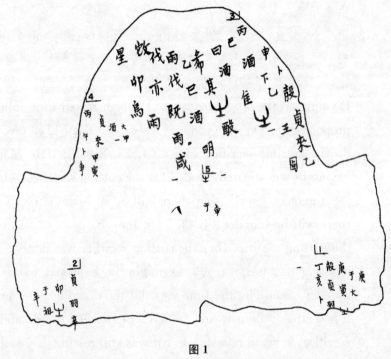

图 1

《合集释文》的著者(胡厚宣主编,王宇信、杨升南总审校,孟世凯释文,谢济互校)接受张秉权的释文。我们将其分别列出,并附有英文释义:

(1)丁亥卜,㱿贞:翌庚寅(㞢)于大庚。

Divining on the *dinghai* day [24],② Nan (㱿) tested (the following proposition):On the following *gengyin* day [27] (we will) make an offering (4.1) to Da Geng.

---

① 甲骨文拓片或摹写的略称基本上遵用吉德炜(2000:159-162)。本书所用的一系列缩写,见参考文献。

② 方括号中的数字指在始于甲子[1]终于癸亥[60]这六十天周期中的序数词。

在丁亥这天占卜,敝验证(下面的命题):在即将到来的庚寅[第27]日(我们将)供奉(4.1)大庚。

(2) 贞:翌辛卯业于祖辛。

[Nan] tested (the following proposition): On the following *xinmao* day [28] (we will) make an offering to Zu Xin.

(敝)验证(下面的命题):在即将到来的辛卯[第28]日(我们将)供奉祖辛。

(3) 丙申卜,敝贞:來乙巳酒[>彫]下乙。王固曰:酒[>彫]隹业[>有]希[>祟],其业[>有]敢[>雷]。乙巳酒[>彫],明雨,伐既雨,咸伐亦雨,攺卯[>劉]鳥[>俤?]星[>晴]。

Divining on the *bingshen* day [33], Nan tested (the following proposition): On the (coming:) next *yisi* day [42], (we will) do the cutting sacrifice (for) (4.2) Xia Yi. His Majesty, having prognosticated, said: "Do the cutting sacrifice, (but) it [= the omen] spells that there will be ancestral curses (4.3); there will be thunder (4.4)." On the *yisi* day [42] (we) did the cutting sacrifice (or: the cutting sacrifice was done); in the morning it rained [i.e., as might be expected to go with thunder], and (by the time we) did the decapitation sacrifice, it had already rained, and (when we) finished the decapitation sacrifice, it again rained [i.e., it was still raining] (4.5). (But when we) disemboweled (or displayed) that which has been split open (4.6), the weather quickly (4.7) cleared up (4.8).

在丙申这[第33]天占卜,敝验证(下面的命题):在下一个乙巳[第42]日,(我们将)为下乙举行切割祭(4.2)。王预测并宣布:"举行切割祭,(但)它(即这兆象)意味着将会有祖先的诅咒(4.3);也将会有雷(4.4)。"在乙巳这天(我们)举行了切割祭(或:切割完成了);早晨下了雨[也就是,正如所预料的伴有雷],并且(等到我们)进行斩首祭的时候,又下雨了,并且(当我们)完成斩首祭的时候,天又下雨了[也就是,天还在下雨](4.5)。(但是当我们)取出(或展示)已经被劈开的祭牲的内脏时,天迅速地(4.7)放晴了(4.8)。

(4) 丙午卜，争貞：來甲寅酒[＞酌]大甲。

Divining on the *bingwu* day [43], Zheng tested (the following proposition): On the coming *jiayin* day [51], (we will) do the cutting sacrifice (directed to) Da Jia.

在丙午[43]这天占卜，争验证（下面的命题）：在下旬的甲寅日[51]，（我们将）为大甲举行切割祭。

(5) 㞢[＞侑]于上甲。

(We will) make an offering to Shang Jia.

（我们将）供奉上甲。

下面给出的也是一个缩小了的背面拓片，见于《合集》11497 反。其后附有张秉权的隶定和卜辞顺序，如图 2 所示：

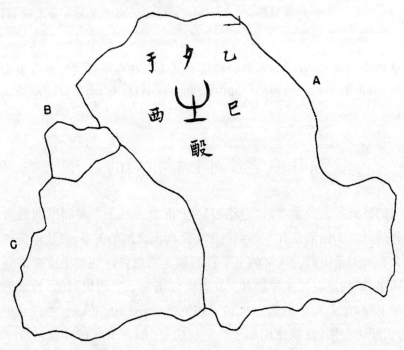

图 2

以下是反面的两条卜辞，即《合集》11497 反（《丙编》208）。依据张秉权和《合集》编著者的释文，其后是我的英文和中文释义。

(1) 己丑㞢[＞侑]上甲一伐卯[＞劉]十小宰。

On the *jichou* day [26] (we will) make an offering (to) Shang

Jia of one human victim (and) split open ten small specially reared sheep.

在己丑这一天[26](我们将)为上甲供奉一个被斩首的人牲(并且)劈开特别饲养的十头小羊。

(2)九日甲寅酒[>彫]不雨[>九日甲寅不彫雨]。乙巳夕㞢[>有]酘[>雷]于西。

In nine days, on the *jiayin* day [51] (we) did not do the cutting sacrifice (or: the cutting sacrifice did not take place) (because) it rained (4.9). On the *yisi* day [42], in the evening, there was thunder in the west.

九天以后,在甲寅这一天[51](我们)没有举行切割祭(或:切割祭没有发生)(因为)天下雨了(4.9)。在乙巳这一天[42],晚上,在西方有雷。

如方括号中的内容,有许多不同的释法。其中一些在甲骨文学者看来大概是规范的,但也有个别是新颖的。我已在第四节中对它们做了尽可能简明准确的分析。

三、其他学者对卜辞布局的订补

我们谈到了几位学者对《合集》11497正面的五条卜辞和反面的两条卜辞的释读。由于他们没有考虑到龟甲正反两面之间的关系,以致未能清楚地理解共有的七条卜辞。本文的主要目的就是通过将这些句子重新排列成正确的顺序,以纠正上述这种缺点。我想先订正一下上面提到的《合集》11497反面的卜辞,把卜辞中的第二个句子移到卜辞正面的王繇辞之后。在下文中,为了便于引用,我将使用如下约定标志:比如,"反-(2)"就是指《合集》11497反面的卜辞的第(2)条。"正-(3)"就是指它的正面的第(3)条。迄今为止,总共有七条卜辞(不必是句子)从"正-(1)"到"正-(5)",和从"反-(1)"到"反-(2)"。这种订正的原因基于正好位于"正-(3)"反面的"反-(2)"卜辞的布局,同时注意到了两条卜辞上大字体和粗字体的同时出现。一旦我们进行重排便可更加明确,这些空间性质以下面的方式和上下文达到和

谐:王占将有雷,一种凶兆,并且在乙巳这一天被事实验证是真的[42]。我们据此更正"正—(3)"如下:

> 正—(3) 丙申卜,㱿貞:來乙巳酚下乙。王固曰:酚隹有祟,其有雷。乙巳夕有雷于西。
>
> Divining on the *bingshen* day [33], Nan tested (the following proposition): On the (coming:) next *yisi* day [42], (we will) do the cutting sacrifice (for) Xia Yi. His Majesty, having prognosticated, declared: "Do the cutting sacrifice, (but) it [= the omen] spells that there will be ancestral curses; there will (also) be thunder." On the *yisi* day [42], in the evening, there was thunder in the west.
>
> 在丙申日[33]占卜,㱿验证(下面的命题):在下一个乙巳日[42],我们将为下乙举行切割祭。王预测并宣布:"举行切割祭,(但)它(即这兆象)意味着将会有祖先的诅咒;(也)将有雷。"在乙巳日[42]晚上,西方出现了雷。

在此提出"反—(2)"的第一个句子,"九日甲寅不酚雨",①应被放在命辞之后;即正—(4),"丙午卜,貞争:來甲寅酚大甲"。此订正也是由于"反—(2)"的布局而引发的,因为实际上它出现在"正—(4)"的反面。从上下文来看,它也是适合的;也就是说,丙午[45]之后的9天就是甲寅[51]。甲寅是新旬(十日)的开端。② 此外,在命辞里的动词"酚"(即切割方式祭祀)有所"回应",就是验辞"反—(2)""不酚雨"。(我们没有以切割方式祭祀,因为下雨了)所以,因为它在正面的卜辞中被重新分配到了适当的位置,原来的"反—(2)"就完全消失了。新的"正—(4)"因此而依照如下方式释读:

> 正—(4) 丙午卜,爭貞:來甲寅酚大甲。九日甲寅不酚雨。
>
> Divining on the *bingwu* day [43], Zheng tested (the

---

① 对于我改变字序而不同于其他学者的理由,参见(4.9)。

② 正如一期宾组锲刻者所实践的那样,我们需要包括计算。更多关于这方面以及有关时间指示代词(如"今、翌、来")的用法,读者可参看韩哲夫(Handel 2004)。

following proposition): On the coming *jiayin* day [51], (we will) do the cutting sacrifice (directed to) Da Jia. In nine days, on the *jiayin* day [51] (we) did not do the cutting sacrifice (or: the cutting sacrifice did not take place) (because) it rained.

在丙午日占卜[43],争验证(下面的命题):在即将到来的甲寅日[51],(我们将)为大甲举行切割祭。九天过后,在甲寅日[51],由于下雨了,(我们)没有举行切割祭(或:切割祭没有举行)。

那"反一(1)"呢?在这里我们又需要进行些改变。在这个卜辞反面我们发现了"正一(5)",如果我们比较一下这两条卜辞的话,我们就会注意到在表达上"反一(2)"更详细,表明它发生在"正一(5)"之前已被验证了。他们确实组成了对贞,这个对贞应该照如下方式呈现出来:

反一(1) 己丑出[>侑]上甲一伐卯[>劉]十小宰。

On the *jichou* day [26] (we will) make an offering (to) Shang Jia of one beheaded person (and) split open ten small specially reared sheep.

在己丑日[26],(我们将)供奉上甲一个伐(被斩首的人牲)(并且)劈开十只特别饲养的小羊。

正一(5) 出[>侑]于上甲。

(We will) make an offering to Shang Jia.

(我们将)供奉上甲。

我们可以认为龟甲卜辞的重新排序和重新分配反映出了"版面设计"(plastron design),正如商代锲刻者实际上做的那样。我们很早就知道了肯定和否定贞辞的左右布局,虽然看起来并不像肯定式和否定式,但是这些卜辞的前面(正面)和后面(背面)的布局也在空间上和语境上相关。对这种版面设计的全面研究,实际是一项多层面的研究,还没有进行。但是如果做了这项研究,它将会使我们发现更全面的语境,还会发现新线索去理解卜辞,这比以前更精确,语境上也更完整。本文已经朝这个方向迈出了一小步。

四、关于古文字学、语言学(词汇、语法学)问题的注释

既然这片龟腹甲上空间和语境的关系已经厘清了,那让我们看看是否可以借此来进一步研究古文字学和语言学(包括词汇、语法学)方面的问题。下面给出的是一些有关这两方面的重点或问题。我也提供了几点注释,这不一定与这些卜辞的空间布局有关,但却是释读卜辞的基础。

(4.1) 屮字象 ψ (牛 niu/ * ng^{w}jəg)的上半部分线条化之形,很可能它假借为读上声的 you/ * g^{w}jəgx 屮=有,也可读为去声的 you/ * g^{w}jəgh 侑,意为给予、劝。这些是标准的解释。然而,正如毕鹗(Wolfgang Behr)(在 2004 年 2 月 27 日的汉堡会议上)所指出的那样,牛的首字母的鼻音是个问题,即与 "you" 没有谐声关系。① 鼻音特征可能被认为是一种前缀,它加在音节 you/ * g^{w}jəgx 屮的前面来获得单词"牛"。但是对此可能性的进一步探究,我自己并没有把握做出明确的判断。

(4.2) 将 ▽ 释为"酒"的解释是不正确的,我们建议在这里直接把 ▽ 释为 you 酉,或许代表的是"雕"这个词,意为切分,我的理由是:
(a) 在古字学方面,"▽"这个字形由类似土罐的一种器(通常被认为是一个酒罐子、酉)和我所认为描绘太阳光线的三撇组成。这三撇在语义上典型存在着"漂亮、明亮"这样一个隐含意义。考虑到下面的例子:彦,意为"好看的男人",彩,意为"美丽的图案",彤,意为"红色的装饰"或"华丽的装饰",或,意为"繁茂的,装饰性的",彬,意为"鲜艳的",等等。
(b) 在语源学方面,▽=酉很可能和"雕"(意为切、彫)有着紧密的联系。(见下)

---

① 但是,正如克里斯·巴顿(Chris Button 2004:4)提到,毛在以非鼻音圆唇软颚音为音节之首的字中用为声符,如耗 hao/ * x^{w}áwʃ"减少"和毫 hao/ * ɑk^{w}áw"(很细或纤细的)毛发"。他提出 * ŋ-转变为 m-使毛可以拟构为 * ŋ^{w}áw(用蒲立本的拟构系统)。因此巴顿支持蒲立本最早将未 wei/ * ŋ^{w}ətʃ 中的 * ŋ^w-改变为 m-,进一步使得在 niu/ŋuw/ * ŋ^{w}əɯ 牛中非圆唇化成为 * ŋ 的提议。

(c)从语法上讲,应该指出,这个动词是一个具有方向性的词,因为商代切割祭品是为了受祭者。在甲骨文语境里受祭者就是指某个祖先或自然神。

(d)在语境方面,正如我在别的地方指出的,被释为"you/ *rəgʷ 酉"或"diao/ *djəgʷ"(即,彫、琱)"的动词"彭"是出现在一些不希望下雨的情况下,表明它是一个在室外举行的祭祀仪式,并要求它是一个"漂亮"的祭祀仪式。如果把(b)考虑进去的话,这个动词就意味着"切割(以一种巧妙的方式)"。它所解释的事实就是:此字形通常后接一些祭品(诸如牛、羊)呈现出一种动宾结构。我认为从文字学角度看"⻖",即酒的释读是不正确的,而与把酒倾倒在祭品上相比,切割祭牲的意思似乎更合理。

(4.3)甲骨字形显示一些像"𧰨"一样的动物残骸的象形文字(可能是猪或牛)。这个字形可直接释为希,它的现代读音是 yi(羊至切:《说文》卷九下曰:"读若弟。")"㣇豪兽亦曰河内名豕也",但是几个字头之后,《说文》又给出了 tuan(通贯切)的读法,在那里被定义成"豕走也"(《说文》将同一个字形分列两个字头大概是由于同音异义词)。然而,这些意义没有一个是符合甲骨文语境的。如果把字形"𧰨"解释成动物的残骸,即全部被剥离的肉体,是正确的话,同时考虑到它被用在牛或羴之前的事实,那么把这个短语解释成意为"杀死(某些祭牲)"的动宾结构是令人信服的。那就是说,这个词一定是"杀,分解","杀"是甲骨字形"𧰨"所表示的另一个词。实际上,甲骨文字形"𧰨"是"衺"的初文,意为"皮衣"。也有一些证据表明这个字形代表了专有名词"蔡"(比较《综类》:209—210)。并且人们都知道,在中国古代"蔡"字被用来表示"杀"之意。在这所有观点中,我认为郭沫若所提出的这个字形表示"祟"sui/ *srjəd,意为"诅咒,下诅咒",是一种较好的解释。因为这个词语在形态学上可以理解为与"杀"sha/ *srjət 有关。[①] 通过这

[①] 对这种关系的最初探究是我已经在日本的杂志上发表的论文(高岛谦一1991)。但是在以后,我计划重新讨论这个问题,更深入地探究像"杀"、"分解"所属的词族的一些问题。我的猜想总体上是"将整体分解成块"的意义,属于某种词族或者独立存在,这种假设的整体意义会有一个可能像 *sə 的词根。

种解释,"杀"潜在意思是"解剖,把动物等分成小块"(比较日语 barasu バラす "杀"和 barabara ni suru バラバラにする "分解,切分成小块"),"祟"的潜在意义是心理上的喻体。

(4.4) 甲骨文🈳被张秉权和《合集》主编释为"酘",但是在古文字学和语文学领域上这是很难接受的。在古文字学上,甲骨字形"酉"作🈲,这个字形左边肯定不是"酉"。这和我们在字形🈳中看到的下部突出的陶罐似的物体底部是非常不同的。而且,根据《汉语大字典》,此字读"dòu",其意义被解释为"酒再酿,the hair of the dog that bit you(即饮酒过多不适,过一段时间后再饮以振精神)",与这里的语境一点也不相符。① 对于这个甲骨文有个曾一度很流行的解释,即"设",意为"安置"。如果🈳的左边被看作🈲/🈲(言)之省,那么就可以释为设,但是这个语意与甲骨文语境不相符。正如学者们所知,甲骨字形🈳只出现在天气现象的语境中。我以前曾提议它代表词 lei "雷",这主要是由其所在的上下文语境推断出来的。文字学上,它可能被用来刻画一种鼓,这种鼓用它锥形的中心(或者鼓的架子)立在地面上来固定或使它稳固,并用手拿着杵或捣杵将它敲进地面。这个形象的解释的一个缺点是,我们还没发现一个类似那样的鼓(或其架子)。一个收藏在京都泉屋博物馆的商代青铜鼓形似日本的 taiko 太鼓,太鼓是一种重击鼓边而非鼓面的鼓。然而,鉴于实际上中国古代的一些其他乐器陆续出土,我们应该意识到这一点。另一个有关这个字形解释与吉德炜(2000:6)以及其他人(如李学勤 1999:64)认为字形🈲代表"雷"的观点相冲突。尽管需重新考证整个问题以解决这个冲突,但我的观点是将🈲释为"雷"是错误的。我在此只引用了几条卜辞,这些卜辞表明对于字形"🈳"代表"雷"的解释比另一个解释更受推崇。🈲究竟代表了什么,可能需

---

① 《汉语大字典》(1489页)原文为:"酒再酿;古人认为饮酒过多,次日须再饮方适,因称酒后再饮叫'酘'。"后一个义项在日语中是 mukaezake 迎え酒,"用来缓解宿醉的日本清酒"。因此无论是这个或是"酒再酿"的意思,都与天气现象无关(见下)。

要留待以后解决：

(ⅰ)……庚申亦虫㗊(=雷)，虫鸣鸟。疫围羌肇。《缀合》36
… on the *gengshen* day (57) there was also thunder, and there were birds singing. The Qiang captured by You were freed (?).
……在庚申这一天(57)也有雷,并且鸟儿正在歌唱。被疫抓住的羌人被释放了(?)。

(ⅱ)……昃亦虫㗊(=雷)，虫出虹自北,[饮]于河。《叕存》35
… in the late afternoon there was also thunder, and there arose a rainbow from the north [to the south] [dipping] into the River [water].
……在黄昏仍有雷鸣,一条由北到南的虹升起,从河流[或水]中[饮水]。

以上例句(ⅰ)表明,雷电过后,天气可能会好转,鸟儿啼叫,这是一种正常的自然现象。雷阵雨过后彩虹的出现也是正常的自然现象,此现象商人似乎在例(ⅱ)中已描绘过了。彩虹的字形,"*hong* 虹",呈现一拱形的彩虹形状,两端犹如想象的动物或生物张开的两口饮水："㲿"。这个词经常跟在动词 *yin* "歒(=饮)",即"饮"之后,后接方位短语"于河"即"从河水里"。这反映了商代人相信彩虹是一种由想象出的动物或生物在河里饮水而导致的大气现象。

(4.5)将甲骨文 释为既是没有问题的,然而,在它意义的解释上仍有一些分歧。一些学者认为"既"在甲骨文的语言中有一种副词性的"充分地,完全地"的意思。大概这在一定程度上是由古文字字形结构决定的:字形左旁是"盛在器皿里的食物",右旁为"一个跪着的人形吃东西以后,把头转向食物的另一边"。这些暗示了一种"满足、丰富,或完成"感。虽然仅仅依据图形来获得一个单词的意思在语言学的方法上是不妥当的,但为了作为论据,我们在这里应该继续考虑这种意义。① 就语义的发展来讲,把"满"和"已经"的意义连接起来并不太牵强。然而,这里它所修饰的动词是雨"to rain",并且下大雨"fully

---

① 即使我们应坚持这种在文字字形表示法的基础上得出字义的方法在方法学上是有缺陷的,但有时在甲骨文和铜器铭文之间有着惊人的相似之处。我们已经专门引用了这样的例子,例如论文中的 (既)"already"和 (雷)"thunder"。

raining"的意思(如果事实上它曾被提到)和既雨"already raining"的意义是不同的。前者可以意为"雨下得很大",而后者仅仅传达了时态或体。我选择了后一种解释,因为一个时间序列的连续似乎比雨量更重要。乙巳日为一天,在那天早上,明,会下雨(正如可能预料的发生在雷阵雨后),然后,随着进一步"已经下雨",祭品会被斩首。在这里,我已将既雨解释为一件过去的事情,因为王预测了雷,并且在乙巳这一天的早上,先下雨,到祭品斩首的时候,就"既雨",也就是,结束下雨。最终,就是之后现在的解释"咸伐亦雨"(逐字翻译:结束/斩首/也/下雨>在祭品斩首结束之后也下雨——见下)。李学勤(1997[1999]:62)把"伐既雨"解释成"进行'伐'(学者一般认为是人祭)这仪式时雨止"(at the time of performing *fa* 'human sacrifice', rain stopped)。尽管我赞同这是实际上的意思,并且把"既"解释为动词,意为"完成",对其自身可能是合乎情理的。但是,在"既"之后出现了动词"雨",因此可能把它当作副词更加自然。而且它与下面的"亦雨"相对应。也就是说,如果"亦"是状语,那么"既"也是。尽管前者是一个程度副词而后者是时间或其表"体"(aspect)的副词。这种解释("天仍在下雨")很可能是过去进行时。因为,它与接着发生的"天很快就放晴了"能更顺畅地联系起来。最后一点,"咸"这个词被认为至少有两种意思:"全部地,完全地"和"完成"。在青铜器铭文中,"咸"常常被用来描述某种宗教仪式程序已经结束,而且它的特殊性在于它单独使用,没有体现"咸十V2"这个结构。① 然而,我们在这里有"咸伐"这一结构,我已将之释为:"(当我们)完成了斩首祭"。在这里,"咸"意为"全

---

① 张光裕(2002:109)引用下面含"咸"和"既"的青铜器铭文:
甲申,明公用牲于京宫。乙丑用牲于康宫、咸既,用牲于王。　乍册令方尊
张光裕的断句体现了他对铭文的理解与我不同。我主张在"咸"处断开,"既"字与后面的动词"用"相连。因此这整个句子应释为:"在甲申这一天[21],明公在京宫用牲。在乙丑这一天[2;即42天后]他们在康宫用牲。(祭祀活动)完成,(这是因为他们)已经在王宫用牲了。"这种释文是基于"咸"字,意为"完成",在青铜器铭文中经常独立使用(如麦方尊),意味着某种祭祀或仪式程序的完成。而且,"既"这个词被当作副词来修饰其后的动词,在甲骨文和金文也有很多其他相同的情况。

部,完全"并非不可能,但是从语境上看并不成立;这里没有涉及斩首进行到了哪种程度。

(4.6) 尽管我们对"攸卯"的解释仍有不确定性,但大致同义字形𢻼、𢻼表示 shi 𢻼＝施,意为"伸展"、"暴露"和/或"开膛破肚"(即 yi/chi 胣)。形态学上,他们似乎彼此有关联,因为通过假定"暴露"这个词义是这两个词所共有的义项,＊sthjiar 𢻼和＊djiar/＊thjiarx 胣在语义上可能也有联系。根据上下文,这个意思符合甲骨语境,因为它涉及用牲之法。它常被用作动词,并且如果我们把字形𠁁(直接隶定为"卯")看做 liu 劉(意为"撕开、杀死"),那是最合乎情理的。但在这里,由于它作为"施"的宾语出现而被名词化了。①

(4.7) 李学勤(1997[1999]:64－66)已表明先前将"鸟"星释为"鸟星"或者"商星"是错误的。② 但他认为"鸟"应读作 shu 倏,意为"忽然地",亦不那么有说服力。他把部件"攸"从"倏"中分离出来,主张攸声纽在透母(＊th-)、喻母(＊gʷj-或＊r-)和定母(＊d-)之间变化,"攸"通常被认为(它自身就是一个难题)与"鸟"相关。但是鸟的声纽是＊t-(端母)而且韵(含介音)是＊-iəgʷ(幽部);此外,倏(＊drjəkʷ)是个入声词。最终所谓的语音相近可能仍旧被认同,同时由于缺乏更好的解释,我暂时接受李学勤的意见。③

---

① 更多详尽的有关大量使用名词化结构的问题和名词派生的起源,参看高岛谦一(1984a)。

② 在《合集》11501 和 11726 中,据蔡哲茂(1996)重新缀合,有一个被一些学者释为了𦫵(鸟和丙的结合的字)"𦫵"。这和"商星"是相似的,很可能指的是大辰或大火(《汉语大辞典》第二次修订版电子版)。正如李学勤指出(出处同上),这个字形的声符一定是"鸟",因为即使释"丙"的准确性是可疑的,但字形"𦫵"的右旁并不存在于短语"鸟星"出现的《合集》11497 中。

③ 或许对于这里使用的字形"鸟",有一个更好的更简单易懂的方法。在这个语境里,当"鸟"被当作副词的可能性很大时,人们就能应用原本以"鸟"字为基础的字。因为藤堂明保(1965:197－199)已经推论了,他的推论即:这个"鸟"的基本义为"某种悬挂的修长的东西"。由此可见,我们并不难将这样一个意义引申为"悬挂方式"或"延长地",因此很可能是"最终"。实际上,这是一个与李学勤的意见相反的释义。但此假设,跟李学勤的看法一样,其困难在于都没有确凿的证据来证明。

(4.8) 关于字形"✶(星)"有很多研究(参看《综览》:204, No. 835; 205, No. 836)。早先的研究都是把它释为"星",但杨树达(1954a:11)首先提出它表示"晴",意为"放晴"。后来,李学勤(1981)对杨树达的解释做了详尽的阐述。我也认为这种解释是不容置疑的。对此解释最为有力的证据是《合集》11497正,即上面例3,"鸟星"被《合集》11499正中的"大㱿,昜"代替,昜[=暘],意为"(非常)晴朗,放晴;天气好转"。《合集》11499正如下引用为:

(ⅰ) 癸卯卜,争贞:下乙其㞢鼎。王固曰:㞢鼎二佳大示,王亥亦耏酉明雨,伐[既]雨,咸伐亦[雨],敔卯鳥大㱿,昜……

Divining on the *guimao* day [40], Zheng tested: (As for) Xia Yi, (we) will make an offering of the cauldron (to him). His Majesty, having prognosticated, declared: (We should) make the offering of the cauldrons (numbering) two; it will be (to) the Great Altar and Wang Hai, [to both of whom or to the latter?] (we) will also (make an offering of) aromatic liquor… (We) did the cutting sacrifice (or: the cutting sacrifice was done). In the morning it rained. (By the time we) did the decapitation sacrifice, it (had already) rained, and (when we) finished the decapitation sacrifice, it (also:) again rained [i. e., it was still raining]. (But when we) disemboweled (or displayed) that which has been split open, the weather quickly and (greatly:) all cleared up, becoming sunny [暘].

在癸卯这一天贞人争占卜,验证:我们将鼎供奉给下乙。王预言到了并宣称:(我们应该)供奉两个鼎;这两个鼎将用于供奉大示和王亥[供奉给二者还是后者?],(我们)还要献上耏作祭品……(我们)进行切割祭(或者:切割祭已经结束)。今天早上下过雨了,就在我们斩首祭的时候就(已经)下过了,而且在斩首祭之后又下了(换言之,祭祀过程中还在下雨)。(但是当我们)取出祭品(或展示)被劈开的内脏时,乌云散尽,天一下子就放晴了[睗]。①

在这里,我们了解到,商代的锲刻者将在三种不同的场合之下的降雨观测情况进行了记录。下雨并不利于斩首祭,更何况是对切割祭了(对比上面注释4.2),但是最后当他们把斩首的祭品陈列出来的时候,天确实放晴了。

(4.9)如果我们更为仔细地查看腹甲的反面,即《合集》11497反(更好一点,就如《丙编》208的原拓片),我们注意到张秉权和其他人对酒[>酌]不雨的排序并不正确。顺序应该是"不酌雨",我们的翻译遵循这种正确的顺序。然而,它产生了一个涉及否定词的问题,在这种情况下,否定词"不"(现已被移到了动词酌之前,而不是在"雨"之前),有关否定词"不"和形成一个否定体系的其他一些否定词,对此,根据我以前研究的否定词的形态论,我做了以下一个简短的小结。

首先,我将按照声母的拟构价值对否定词进行分类:*p-或*m-。根据这种分法,*p-类的否定词bu/*pjəg(x)"不"和另一个*p-类的否定词"弗"fu/*pjət形成对比,我们即可发现除了"音调"以外,这二者的唯一不同之处是二者在古汉语中的韵尾。"不"是阴声韵(可能没有韵尾),而"弗"是以*-t为韵尾的入声字。我还在别的地方(高岛谦一1973;1988b;1996:364—382;第二章第四节)提到这种对比出现在状态动词与它相对的非状态动词之间,而这些由其所否定的动词的性质决定。状态包括"正在进行的"、"发生的",或者"已发生的事件",但在这里,行为动词"酌"(切分)是可控制的。由于《合集》11497反的例(2)是一条验辞,行为动词酌进一步具体用为"正在发生"或

---

① 根据此释文,我们观察到两个副词,"鸟"(正如已经提到的,大概是个假借字,借为"倏",意为"快速地")和"大"。这两个词的副词用法并不常见。但是将"鸟"释为"鸟星"更好,而且,一些学者曾将它和昴宿星团(金牛座中一群小型星群,通常有七个,但其中只有六个可以用肉眼看到)联系在一起。但是"昴"被确认为昴宿星团中的"昴",而且如果字形"卯"也可释为"昴"(昴宿星团),那么在结构上把"卯鸟星"释为二项式短语"昴宿星团和鸟星"就是可能的。我们在注释4.8开头讨论过,就语境而言,特别对照《合集》11499,把"星"理解为"晴",意为"明媚的,空阔的",这样更合理。

"已经发生的事情"之类的动词。因此,才要规定使用否定词"不"。① 这个声母为*p-的否定词释为"非情态"的,与之相反的是声母为*m的否定词释为"情态"的,否定词 wu/*mjəg 毋和 wu/*mjət 勿,后者有其他学者释为"弼",疑读作"bi"。② 这些*m-类否定词包含了人的意愿因素,并且一般来说否定的动词是人类可控制的(或者认为是可控制的)。在命辞语境中,绝大多数的例子都适用。因此,在验辞中,当这些可控制性动词被非情态的、表示状态的/事件发生的否定词"不"否定时,情态特征就被"中立化"了,如此以至于这种可控性特征就不适用了,从而变成了一项我们现在无法继续讨论的命题了。③ 简言之,这种*p-类的否定词具有非情态的特征,而且与不可控制性动词相联系。我刚才提出的就是一个只与否定情态直接相关部分的简明扼要的总结,且并不打算为了它的体系而将其用作一个论点。它仅仅表明了有很好的理由修订动词"酚"前"不"的顺序,并且,有关对否定词情态的更充分的讨论,请参见上面提到的著作。

---

① 这一点可能有一点难以理解,张秉权和《合集》的编者们一定对和如此规矩的动词"雨"(下雨)联系在一起的常见的否定词"不"的用法非常了解。并且,这也可能已成为他们把这条验辞释为"酒[>]酚不雨"的原因,他们没有细致地观察实际的铭文,尽管铭文不是很清楚。然而事实上,在命辞里,动词"雨"绝不会被"弗"(同样的或"毋"或"勿")否定,像酚(去切割)这种动词在验辞里被"不"所否定,而在命辞里则用"勿"来否定。但是,在此动词"酚"肯定用为验辞,所以"不酚"这样的表达毫无问题。这并非个例。

② 这种解释似乎要追溯到字形"弼"或"弼",其所从之"弓"为声符。但是在此推断之前,我们需要质疑释为"弼"的正确性,因为在古文字学分析的基础上,我要提出一种不同的释法。最初的字形写作⻗或⻗,描述一个双重的弓形。"勿"的最初形体写作⻗,包含了一个作为基本形体的"弓"和在我看来是作为简化标记的两个笔画(或右旁的重复标记)。这跟商代锲刻者经常观察到的对"基本"字形的简化或是重复习惯类似,如把"基本"字形"⻗"写作"⻗=",相当于"又又(=有祐)"。因此,⻗或⻗可以写做⻗,并且它们代表同样的否定词"勿"。

③ 我曾描述过上述的中立化过程,见高岛谦一(1989a)。附有例子的更全面的讨论,请参考本书第二章第四节。这是中文修改版。我们暂时可以获得一个关于"不酚雨"表达的更深入的理解,即释为"因为下雨所以不进行切割祭",由李孟涛(Matthias Richter)释。此释文是他严密的编辑工作(2004年10月9日和14日)的一部分。释文抓住了否定词"不"作为状态动词的本质,也抓住了我提出的中立化过程。

共时证据法之应用:商代配祀之拟构

前三节,我们通过对甲骨文本身和传世文献中的一些古代文化记述的比较,讨论了共时证据法。作为第一编方法论的最后一节,我们将更深入地阐述共时证据法。这一节中,传世文献中的一些相关用语被看作"文化记忆",而不是商代或者周代同时期的直接证据。"配祀","配享","配祭","配食"等用语很可能是秦代以后才出现的。但是,如果把甲骨文和考古发现中所谓"柄形器"联系起来看,我们有可能拟构一个商代实践的文化活动。它们所指的宗教行为以及它们依据的理念在西周或东周时代并非无法考辨。至于这种配祀礼仪实施是否在商代后期就出现,据笔者所知,至今尚未有人考探过。本文通过对甲骨文中带"宾"字和"坐"字字例的分析,并将其与1991年在安阳后岗殷墓发掘的写有"祖庚"、"祖甲"、"父辛"、"父癸"等朱书文字的"柄形器"的用途结合起来考查,提出商代武丁时期就已经实行了配祀礼仪的观点。本文还认为安阳甲骨文之"宾"字和"坐"字,与山东大辛庄甲骨文所见之"徙(㞢)"代表的是彼此相关的配祀礼仪。

一、导言

"配祀","配享","配祭","配食"通常指什么?如果我们依据诸桥辙次著《大汉和辞典》(11.351−2)来定义它们,则:配祀是"祭祀两个(以上)的神",配享是"禘祭时,国王祭奠两个(以上)的祖先",配祭和配祀相同,配食是"(用食物)祭祀两个(以上)的神"。这些定义有个共同之处:都以祭品联系被祭祀者。因此,我们有时称之为合祭或衣祭("blanket"sacrifice)①但是,它们均不是商代的,可能晚至秦代(公元前 221—206 年)以后才出现。我认为这种配祀礼仪和它们所依据的理念至少可以追溯至西周时期(公元前 1046—771 年)。相关金文的分析(未来的一项工作)很值得做。目前为止,只有先秦文献中有配祀礼仪实施的记载,下面我们只举两个例子:

(1) 先王以作乐崇德,殷荐之上帝,以配祖考。《易经·豫》

Former king svenerated virtues by making music, and play music to God on High in order to offer sacrifices conjointly to their deceased ancestors.

先代君王因此制作音乐,用来赞美功德,以盛大的典礼奉献给天帝,并让祖先的神灵配享。

孔颖达(574—648)《正义》:"配祀明堂,五方之帝,以考文王也。"

(This) relates to sacrificing at the Bright Hall to Di of the five directions as well as to deceased King Wen.

在明堂,向五个方向的天帝和已故的文王举行合祭。

(2) 敷天之下,裒时之对。《诗经·周颂·般》

"[A]ll under the vast heaven, to (the wishes of) all those lands they responded"(高本汉 [1950:253])

普天之下,回报大地。

郑玄(127—200)笺:"言徧天之下,则无有不祭,故以为众山川之神,皆配祭之。"

(This) says that under all corners of the world there is none who does not sacrifice, and thus they sacrifice to various deities of all the mountains and rivers conjointly.

普天之下,所有的人都祭祀,他们祭祀所有的山河神灵。

---

① 冒号用在主题之后介绍述题或评论之处,通常是我自己的解释。但是,如果冒号和括号一起连用,即"(A:)B",则"A 等于 B"、"将 A 释作 B",或者"习惯于把 A 阐释为 B"。"A 等于 B"差不多与等号(=)的用法相同,即"A=B"。

据我所知,目前还没有学者考探过西周之前这种配祀礼仪的实行。① 本文通过对"宾"(招待客人)和"坐"(安置牌位于祭坛上)字例之分析,提出商代晚期配祀礼仪已经有所实行之观点。虽然"坐"的意思并不是普通的"坐"(内动词,古人席地而坐),但是传统意义上的"坐下"是在甲骨文的基础上重新定义的。然而,经过讨论,"坐"字也可能不是字形🔲的最佳解释;但是,毫无疑问,"🔲"字是和"宾"字(🔲)对用的。这点我们下文讨论。

拙文分析所采用的不仅包括古文字、词汇和语法方面,而且还从考古发掘的实物中找到相关证据。这必须结合所谓的柄形器或柄形饰,尤其是1991年在安阳后岗殷墓(M3)发掘的写有祖先名字——"祖庚"、"祖甲"、"父辛"、"父癸"等朱书文字的"柄形器"。我们认为不仅安阳甲骨文之"宾"字和"坐"字表示配祀礼仪,而且 2003 年山东大辛庄出土的一片近乎完整的龟腹甲上的"徟(🔲)"字所代表的也是相关的配祀礼仪。

二、两种礼仪:方/宾(🔲)祀和咼/坐?(🔲)祀

根据古文字学,将🔲释为"宾"是没有问题的,但是释🔲为"坐"则有待商榷。但是为了方便起见,我们在下文中仍然将其读为"坐"。🔲严格隶定应为咼,它是一个无历史延续性文字(historically discontinuous character = HDC),由于年代相隔久远,我们很难知道其本来的读音和意义,因此,只能根据上下文推断其含义。

(一)宾祀

首先需要说明的是,虽然在前面导言里"祭祀"(sacrifice)和"礼仪"(ritual)这两个术语的使用很宽泛,但是在甲骨文中二者应该是有严格区别的。我将它们界定为:"礼仪"(ritual),是指遵循一定的程序,用以履行宗教、信仰或者其他流传下来的被赋予象征意义的活动。而"祭祀"(sacrifice)则是

---

① 除上文中提及的两个例子,杨坤(2008)也引用了传世文献中一些关于配祀、配祭和相关祭品的参考文献。他说:"从上引文献来看,这样一个五帝配食的系统,如果确实可以追溯到秦襄公、柱下史老聃的话,那么可能早在西周就有此祭典。而西周以前的五帝配食,是否像谷神、禘、郊、祖、宗、火星之配食,会易代而改呢?"关于配祀,他的观点和本文不同。他所引的《合集》14295 卜辞(有名的"四风"卜辞)和《卜辞通纂》398(即《合集》14255)两个例子似乎不支持他对于配祀(祭祀两个[以上]的神)包括五帝配食的分析,因为例证好像不起作用。

给神灵供奉祭品,以表达祭奠或敬重。所谓的"祭祀动词",在基本词汇中只是一般动词,只有当它们用于祭祀神灵时,才被叫作"祭祀动词"。礼仪动词不同,它们在语义特征、有时在配价数方面也有很大区别。"宾"是三价动词,其一就是带工具名词或受事名词。其他礼仪动词在深层结构上有四个配价要素(目前为止已经找到了五个这样的动词——高岛谦一[2002:116页以后];参见第四章第二节),主要是:(1)施事主语(agent subject);(2)受事直接宾语(patient direct object);(3)接受间接宾语(recipient indirect object);(4)工具宾语(instrumental object)。我们用一个例子来说明:

(1) 贞禦子央豕(＞豻)于娥。《合集》3006(1)(一期宾组)

Tested:(We should) perform the lustration ritual of Zi Yang (by the use of/with the offering of a) hog to E.

验证:(我们应该)对子央禦(供奉豻)于娥,娥是(豻的)接受对象(或:在娥的牌位)。

在甲骨文中通常没有施事主语,但是在深层结构里有些动作主体是需要的。"我们",即指代商王室,包括王和他的随从者(比如贞人)。"子央"是受事直接宾语,我们推测他正在忍受某种疾病痛苦,或者至少也正处于需要实行某种礼仪来被祓的情况之下,这是通过礼仪动词"禦"(被祓、驱邪)来表达的。"豕"(＞豻)在使用过程中没有任何标记,而接受间接宾语"娥"是由表示方向的介词"于"作标记的。相较之下,普通及物动词可以配三价,也就是上面提到的四种中除工具宾语以外的三种。所以,若将"宾"用其他祭祀动词替代,比如换成"帝"(＝禘祭)或"卯"(＝刘,咸刘)时,就没有工具宾语出现了:

(2) ……午卜方帝三豕业犬卯于土宰桒雨。《合集》12855(一期宾组)

…wu day divined:(To) the (Powers in the four) quarters, (we) will perform the *di*-binding sacrifice(禘) of three pigs and, in addition, a dog, and split open(刘) a specially reared sheep to the spirit of the soil(土＝社)(in order to) pray(桒＝祷)for rain.

……午日占卜:对于帝,(我们)将作禘祭,(用)三头猪,加上一只犬,劈分开特殊饲养的羊供给土(＝社)神(以)祈雨。

在这个例子中,"三豕"、"犬"和"宰"都是受事宾语,前两个是由动词"缔"支配的,"宰"是由动词"刘"支配的。"缔"、"刘"都是祭祀动词而非礼仪动词。

我们再来看几个礼仪动词"宾"(＝宾)的例子,我认为"宾"的意思是"当作客人来招待":

(3a) 甲辰卜穀贞翌乙巳出于父乙宰。《合集》1402(1)(一期宾组)

Divining on the *jiachen* day [41st in the sexagesimal system], Nan tested: On the following *yisi* day [42nd in the sexagesimal system] (we) should make an offering to Fu Yi of specially reared sheep.

甲辰[天干地支第41]日占卜:穀验证:在翌日乙巳[第42]这一天,(我们)应供奉父乙专门饲养的羊。

(3b) ↓贞成宾于帝。① 同上(2)

Tested: Cheng will be treated as a guest by Di.

验证:成将被帝当作客人来招待。

(3c) ↑贞成不宾于帝。同上(3)

Tested: Cheng will not be treated as a guest by Di.

验证:成将不被帝当作客人来招待。

(3d) ↓贞大甲宾于成。同上(4)

Tested: Da Jia will be treated as a guest by Cheng.

验证:大甲将被成当作客人来招待。

(3e) ↑贞大甲不宾于成。同上(5)

Tested: Da Jia will not be treated as a guest by Cheng.

验证:大甲将不被成当作客人来招待。

(3f) ↓甲辰卜穀贞下乙宾于[成]。同上(6)

Divining on the *jiachen* day [41st in the sexagesimal system], Nan tested: Xia Yi will be treated as a guest by (Cheng).

---

① 向下的箭头↓和向上的箭头↑(下文将会出现)合用,表示这些箭头标志后的命辞要合起来看,通常,它们是一组对贞卜辞。在本文中,这些箭头的使用并不一定代表着命辞都组成一组学者们界定的严格意义术语上的对贞卜辞。但至少它们是有密切关系的,应该合起来看。

甲辰[第41]日占卜,敝贞:下乙将被(成)当作客人来招待。

(3g) ↑贞下乙不宾于成。同上(7)

Tested: Xia Yi will not be treated as a guest by (Cheng).

验证:下乙将不被成当作客人来招待。

如果动词"宾"的意思是我上面所说的"招待",则"宾"似乎是一个礼仪动词,但是在上面几个例子之中没有出现工具宾语。这样就产生了一个问题:我们是否仍然能够遵循上述分类? 我认为是可以的,因为我们有很多别的例子可以说明这个问题,在此我们只举两例:

(4a) ↓丁卯卜旅贞王宾小丁岁罙父丁升伐羌五。《合集》22560(二期午组)

Divining on the *dingmao* day [4th in the sexagesimal system], Lü tested: His Majesty should treat Xiao Ding as a guest with that which has been cut (岁 = 刖) as well as Fu Ding by offering up beheaded human victims, the Qiang people numbering five.

丁卯[第4]日占卜,旅验证:王应该将小乙当作客人来招待,用所刖之物;以及父丁,祭献给他砍头的羌人人牲,数量是五。

(4b) ↑庚午卜旅贞王宾妣庚岁罙兄庚亡尤。同上

Divining on the *gengwu* day [7th in the sexagesimal system], Lü tested: His Majesty should treat Bi Geng as a guest with that which has been cut (刖) as well as Fu Ding; there shall be no blame.

庚午[第7]日,旅验证:王应该将妣庚当作客人来招待,用所刖之物,以及兄庚,将没有灾祸。

从上述对贞卜辞①可以看出,(4a)和(4b)在意义上应为主动句,而卜辞(3b)—(3g)为静态和被动句。该组中"宾"的字形作 ,而在(4a)和(4b)例中作 ,下面加了"止"形。甲骨文中常见的现象是,刻辞者常常增加一个类似的象形标记来标指行为,通常是动作,除"止"以外,类似的动作行为标记还有:" "," "和" "

---

① 严格地说,这并不是一组对贞卜辞,因为它们的日期不同。

(手持棍棒类的东西,来标示"击""打"的动作),它们是"殳"、"支"和"攵"的前身。因此在这些例子中,动词"宾"是一个表示动作的礼仪动词,并且是可控制的。然而例(3b)—(3g)中,"宾"写作"命"时,它是表静态而且被动的,我所判断的依据有两个:一是句中有非情态否定词"不",它的主要职能是否定静态动词;被动式也适用(高岛谦一1988b;1996:1.364—82;参看第二章第四节)。另一个原因是:像"成"(=成汤)(又称唐或大乙,是商朝的始祖)、"大甲"(大乙后第三位国王,下文简称三世,几世是从大乙以后算起的王位序号)、"下乙"(十二世),这些祖先不可能表达他们自己的意志,因为他们已经死了,不可能自主地作为主人来招待别的神主。因此,这个可控制动词"宾"是只能够用被动式来表达,也就是"中立化"了(neutralized)。

(4a)中的"升"是一个普通的祭祀动词,它支配的受事宾语是"伐羌五"。而在(4b)中,没有使用祭祀动词。在(4b)中的"刽"(意为"砍"),不能作为"宾"的一个受事宾语,因为它的位置被"妣庚"占用了,这使得"刽"成了工具名词。同理,在(4a)和(4b)句中没有出现接受间接宾语(recipient indirect object),也是归结于"礼仪"动词"宾"的性质,即它缺少[＋要求]这个义素。但是,动词"禦"(祓禊,驱邪)在(1)中确实有这样的性质,使得"娥"作为接受间接宾语(recipient indirect object),"贞人"从中寻找某种超自然的神奇的力量。即,"娥"本是一位神灵,她扮演介于礼仪动词"禦"的施事者和其受事者"子央"的中间人角色。因此,将"豕"(>豭)释为一个工具名词是可信的,在商代它被视为实现礼节的一种方式,这种礼节具有某种象征意义,也许带有利益目的,也就是说互惠(reciprocity)的理念。于是,礼仪便成为执行宗教、信仰,或者其他相关活动所规定的程序。如果这是真实的,那么"宾"这种招待祖先神主的活动就能追溯到商代。需要注意的还有,在(4a)中国王(祖甲)招待的对象不仅有"小丁"(=祖丁,十五世),而且有"父丁"(=武丁,二十一世),且在(4b)中国王招待的对象不仅有"妣庚"(十五世祖丁的配偶之一),而且还有"兄庚"(=南庚,十六世)。连接词"眔和(联合的意思)"的使用也非常重要,因为它列出了除紧接在动词"宾"后面的主要受事宾语(即"妣庚")之外的另一个受事宾语(即"兄庚")。

在上文的基础之上,我们进一步考察(3b)—(3g)卜辞。在(3b)和(3c)这一组中,我们看到有"成(汤)"和"帝"。"帝"有至高无上的力量,处于众神之首。"成汤"或"大乙"(在下文中使用后者)排在先王之首。董作宾(1965:表格72—73页)曾将其提到"先王前期"(下限至南庚,十六世)。在商代等级中,当然"帝"比"大乙"(一世)的地位等级高。在下一组(3d)和(3e)中,有"大甲"(三世)和"大乙"(一世)。最后一组(3f)和(3g)中,有"下乙"(十二世)和"大乙"(一世)。以上可以清楚地得出下面的模式:

    正:地位低者 ＋ 宾于 ＋ 地位高者
    反:地位低者 ＋不宾于 ＋ 地位高者

如果我们把对"宾"的解释"当作客人来招待……"用到被动格式中,我们得出以下解释:

    正:"地位较低的王将被地位较高的王当作客人来招待。"
    反:"地位较低的王将不被地位较高的王当作客人来招待。"

  我们已提到,"宾"如果带有"止"形(𩫖=宾),它的功能就是作为一个可控制的动词。例(4a)和(4b)证实了这一点,因为施事主语"王"明确出现了,他显然是宾礼之实行者。但是如果等级较高的"王"以他自己的意志主动地招待地位较低的"王"就不合常理了,因为他不是活人,已在黄泉之下,故"贞人"无法知道亡人自身的意志。事实上,我们的确找不出像"＊帝宾成和＊帝勿宾成"①这样的例子。然而,在被动结构中施事者由一个介词短语表达,所以主语位置上就变成了受事。同时我们应该承认,在形而上学的层面上,"等级较高的王"(王在此是神灵)也能招待地位较低的王。我更倾向这样一种可能:活着的人(有可能是贞人)会擅自改动或迁徙祖先的牌位。也就是说,活着的人临时地移动或者重置一个神灵的牌位(神主),把它从地位较低的位置移到地位较高的位置(相反的情况参见下文2.2章),以接受被招待的礼仪。从大量的例子可以断定,"先王"就是"宾𩫖"(宾祀的执行者(《综类》276.3—277.3等;《类纂》768.1—770.1等),而活着的"王"才是人类社会的操纵者。②对于这种解释,我们将会做更多的说明。

  (二)"坐"祀

  "坐"字的字形有几种变化。一般来说,常用的形体有:𠂆、𠁥和𠂇。目前,基

---

  ① 否定词只能用"勿"(不应该),因为该动词被看作可控制动词。详细内容请参考高岛谦一(1988b;1996:1.364—82)。

  ② 这与导言中所引用的《易经》中的段落"先王以作乐崇德,殷荐之上帝,以配祖考"是一致的。

本同意❖是"草席"的象形文字,而且前两个字形可能不是同一字形的变体。其实通常把前两个字形释作"宿"或"宿"(住宿)。❖,描写的是一个人躺在草席上,尽管人形是站立的。① ❖,仅仅是在❖字形上加上"宀"形,应该是"宿"的早期字形。我已假定"❖"是"坐"字,但是从"造字意图"来说,其原始意义可能是一个人跪坐在草席上,显然和其他两个字形不同,所以我区分了❖、❖和❖。虽然《甲骨文字诂林》中"❖"字有不同的释法,但是我认为李孝定的想法比较好(《甲骨文字集释》:7.2463—4;14.4593),尽管他没有隶定此字。然而,有一点可以确定:"❖"和"❖"大多可以表示"住宿","❖"却不可以。中岛竦(1934:1.2.86b)认为把"❖"字释为"坐"(《甲骨文字诂林》出处同上)。从语义的角度来说,这个想法很好,但是缺乏古文字的证据。如果有一"❖"这样的字形,就如李孝定所说,和"坐"❖字形体有联系,但是以"土"形代替了草席。以是否有两个人跪坐在"土"形上来"证明"坐字,是不准确的。"❖"的本质特征或造字意图(如跪在草席上)能够使人自然地联想到"坐"字。除非有证据推翻我的解释,否则我坚持这一观点。依据"坐"的基本释义,我赋予"坐"的功能意义是"安置牌位于祭坛上",例证参见下文:

(5a) ↓贞祖辛坐于父乙。《合集》1779 正(1)(宾组卜辞)

Tested: Zu Xin will be seated *in situ* at (the niche of) Fu Yi.

验证:祖辛将被置于父乙。

(5b) ↑贞祖辛不坐于父乙。同上(2)

Tested: Zu Xin will not be seated *in situ* at (the niche of) Fu Yi.

验证:祖辛将不被置于父乙。

(5c) ↑[王]占曰祖辛不坐于父乙。《合集》1779 反(2)

(His Majesty), having prognosticated, declared, "Zu Xin will not be seated *in situ* at (the niche of) Fu Yi."

[王]占卜,宣告曰:"祖辛将不被置于父乙。"

---

① 这是一个普通的现象。观察以下形体,比如:❖(人躺在床上流着汗[?],"疾"字);❖("郭",指城墙上的高塔);❖(一种长着一只角的四足动物的侧面图,身体是站立的,"兕"字,即犀牛),等等。典型情况是,动物形状常常被写作这种反常的方向:比如❖(一只狗直立状,"犬"字);❖(一头被箭刺通的猪站立状,"豛"字);❖(一头大象站立状,"象"字);等等。

上文的一套卜辞中,突出之处在于"祖辛"(13世)和"父乙"(即"小乙",20世)的地位:在等级制度中,"祖辛"的地位比"父乙"高。因此,形式如下:

  正:地位高者＋坐于＋地位低者
  反:地位高者＋不坐于＋地位低者

这恰好和以前观察到的形式"宁于"和"不宁于"相反。这也表明了"坐"的词汇性质既(不管"🈳"是否释作"坐")能和"宁(宾)"形成对比,又和宗教仪式本身有联系。随着把"坐"的实用意义(functional meaning)定义为"安置牌位于祭坛上",总结如下:

  正:"地位高者将被坐于(置于)地位低者的祭坛。"
  反:"地位高者将不被坐于(置于)地位低者的祭坛。"

🈳/宁祀中,我们已经发现它的主动形态(增加"止"形)是可控制动词(如例[4a]和[4b])。我试图发现🈳/祀中的主动形态,即和表否定的施事主语"勿"(不要)连用,但是没有成功。可以确定的是,🈳和🈳常在主句中使用(《综类》301.1;《类纂》823.1－3),但是还没有关于神的名词和🈳或🈳①连用的例证。这就降低了我想要采用和"宁"祀一致的方法来解释"坐"祀的可能性:即我不能发现上文给出的被动含义的潜在意义和主动句的存在问题。但是,现在必须掌握一些具体物体——祖先牌位,以便在举行祭祀礼仪时可以同时指向两种神。尽管我们没有发现具体的例证,但是通过语法分析可以假定其主动式的存在。至少,有一点可以明确:"坐"祀中有两个不同的祖先神。

三、所谓的朱书"柄形器"

  1993年安阳考古队发表了1991年安阳后岗的考古发掘报告。发掘物中有六个玉柄形器或柄形饰。② 而且每一个上面都有两个"朱书"文字(详见下图),释读如下:

---

  ① 我们可以知道此字代表"住宿"的意思。除了《综类》和《综纂》中的例证,《屯南》2152和《花东》(6.1884中的六例)似乎也是这个意思。
  ② 《1991年安阳后岗殷墓的发掘》,载《考古》,1993年10期,第898-899页。

且庚(M3:01),且甲(M3:02),且丙?(M3:03);

父某(M3:04),父辛(M3:05),父癸(M3:06)

根据安阳考古所的一组清晰的彩照,如图3所示,可以发现它们的大小不同:长度从6.44厘米(M3:06)至8.34厘米(M3:04),宽度从1.51厘米(M3:03)最宽至2.46厘米(M3:01),厚度从0.46厘米(M3:03)至0.69厘米(M3:01)。

图3

考古学家对于这些柄形器的用途有争议。类似的柄形器在西周墓中也被发现,也许最有名的是陕西省长安县张家坡的考古发掘。① 2008年,曹楠(2008)开始综合研究这些柄形器。但是,我只讨论它们的功能部分——张长寿(1994:554)提出②这些柄形器是作为附饰的。他参考了石璋如的观点:称其为"剑形小石器"(肯定与"柄形器"同为一物),可能为"头饰"。把上文中写有祖先名字的柄形器用作配饰或头饰可能性不太大。③ 另外,考古发掘的西周和商代的柄形器已确定排除了张长寿和石璋如二位先生的观点。虽然这些柄形器都是站立的(底部是平坦的),但是有特殊之例——张家坡M302:15(198图版),出土时器身末端镶嵌两层玉条,像"栅栏"。经考古所(2007:198

---

① 《考古》,1994年6期,第554页。

② 但是,这些器物上都没有字。荆志淳——英属哥伦比亚大学的考古学家,他在中国有丰富的田野考古经验,并且很了解其他的一些玉器。他告诉我,这些器物上原来可能是有字的,由于在地下的时间太长或者在除污的过程中,字迹侵蚀掉了(个人意见,2009年2月28日)。石璋如(1973:38图版,6号)提供了1936年出土的一张柄形器的黑白照片,就有一些模糊的墨痕,表明了器物上原来可能是有字。目前还没有发现像安阳后岗出土的完整的带字的柄形器。从曹楠的文章中,我们可以看到他所谓的"柄形玉器"的详细的列表。陕西省考古所2007:第135、163、198、199—201、236、237、268—271页等。

③ 曹楠(2008:159)根据不同的原因来判断这一点。

图版)修复后的原器如图 4 所示:

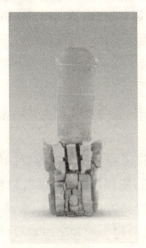

图 4

考古所(2007:37 M302:40)提供的玉器出土情况的细节图也描述了一些其他细节。张长寿认为用小玉条组成附饰的柄形器始于西周时期,[1]但是中国社会科学院考古研究所安阳考古工作队的考古学家——岳占伟,2006年在小屯正西 2.4 公里"安钢"(安阳钢铁股份有限公司)用地里的一个商代墓中,也发掘出用小玉条组成附饰的柄形器。承蒙中国社会科学院考古研究所安阳考古工作队好意,慨允公布一张未曾发表的图片,如图 5 所示:

图 5

虽然这和张长寿的意见有冲突,但是他有一点是正确的:并不是所有的

---

[1] 他说:"……用小玉组成附饰的柄形器是从西周时期才开始的。"

柄形器都有小玉条附饰。考古所(2007：37，M302)的照片表明，多数柄形器是独立的。因为张家坡的 M302：15(第 198 页)和"安钢"M22 的特殊之处，可能表明了它们的独特功能。① 其一可能就是在宾祀或坐祀中，作为祭祀祖先亡灵的主要祭祀器物。

四、带朱书文字的"柄形器"与配祀

刘钊(1995)对这个器物进行了深入的考查。他提出的新见解认为该器是"石主"，即"代表神灵的石质牌位"，②这可以解释为什么有六块玉质柄形饰上书有祖先的称谓。在刘钊研究的基础上，我将继续探讨这套六个"石主"上书有祖先称谓的原因，以及与宾祀和坐祀关联的可能性。解决的途径是：时代的确定和"石主"属性的考查。

正如刘钊(1995：625)所指出的，这些柄形饰(下文还会引用)上带有祖先称谓的宗谱，与甲骨文时期所见的商代王室的宗谱不相符。这是由于三个"父 X"(父包括叔伯)称谓中，X 位置上至少应有两个为"辛"(M3：05)和"癸"(M3：06)。同时，三个"且(祖)X"称谓中，在 X 位置上至少应有两个为"庚"(M3：01)和"甲"(M3：02)。③

且(祖)庚(M3：01)，且(祖)甲(M3：02)，且(祖)丙？(M3：03)；
父某(M3：04)，父辛(M3：05)，和父癸(M3：06)

由于在甲骨文任何时期都没有见到过这种祖先称谓的组合方式，这些石主，可能称之为"祖先牌位"，极有可能是某一家族而不是王族祭祀之物。④

---

① 关于这种"特殊"形状的柄形器，曹楠(2008：150)举出了六例西周时期的器物。
② 引号中的解释反映了刘钊本人(1995：623)对他所用的"石主"这个术语的理解(双引号中是原文的观点，单引号中是我的)。他进一步解释了"主"是祭祀祖先神灵时供奉的牌位。《说文》(1 上/3 下)有一个"祏"字，释为：祏宗庙主也。周礼有郊、宗、石室。一曰大夫以石为主。从示从石，石亦声。由此我们能推出石(包括玉)可以是"神主——'代表祖先或神灵的牌位'"。
③ 安阳队(1993：624)报告文中提到 M3：03 有且(祖)丙，但是在图片中我不能确认。
④ 刘钊(1995：625)也指出，柄形饰上的祖先称谓与商王世系不合，应该是与王室家族无关的某一家族祭祀所用之物，其性质与甲骨卜辞中的"非王卜辞"相同(王卜辞与非王卜辞)。因为 M3 是小型墓葬(安阳队 1993：891)，墓主应属于一个小家族。

关于这座墓葬以及这些祖先牌位的时代,安阳队(第900页)根据同一地点发现的青铜器的类型将时代定在殷墟三期。① 按照甲骨文断代,这相当于三期至四期,大概处于二十四世(廪辛),二十五世(康丁),二十六世(武乙)及二十七世(文武丁)这四位王统治的时期。然而,如果我们将书写风格考虑在内的话,安阳队断代的三期至五期的看法与甲骨文断代并不能很好地吻合。这表明时代可能要更早,可能早至第一期介于二十一世统治时期或者武丁时期。我判断的根据如下:

将 M3:01 中且(祖)的图片(图)* 与下面的比较:

图(《合集》1764,一期宾组)   图(《合集》1691,一期宾组)

图(《合集》19890,一期示组) 图(《合集》1649,一期宾组)

*插入的字形是我摹写的。安阳队(1993:899;曹楠 2008:146)复制的字形不是很精确。例句中是扫描的图像。下同。

将 M3:01 中庚的图片(图)* 与下面的比较:

图(《合集》19831,一期师一历组)   图(《合集》22195,一期午组)

将 M3:05 中辛的图片(图)* 与下面的比较:

图(《合集》20576,一期师组)   图(《殷契拾掇》2.400,一期师组)

将 M3:06 中癸的图片(图)* 与下面的比较:

---

① 苏伯·罗伯特(Thorp)(1981—1982:241)提出,殷墟文化的四个时期与甲骨文的相对年代对应如下(经过小的改动因为董作宾的分期中盘庚,小辛和小乙属于一期,而大多数甲骨学家不这样划分):

分期	董作宾的甲骨断代	在位者
殷墟Ⅰ(第一期)	一期	盘庚,小辛,小乙
殷墟Ⅱ(第二期)	一期	武丁
	二期	祖庚,祖甲
殷墟Ⅲ(第三期)	三期	廪辛,康丁
	四期	武乙,文武丁
殷墟Ⅳ(第四期)	五期	帝乙,帝辛

我也曾与岳占伟(2009年4月4日)讨论了青铜器类型学。他的意见是:在 M3 中发现的觚和爵均应为殷墟二期,大概处于武丁晚期、祖庚(二十二世)和祖甲(二十三世)时期(安阳队的制图,895页)。在 M33 中发现的觚比腹部比另一铜器较短而宽,而爵的柱的位置则更靠近流,这两个特征表明它们的时代应该比安阳队所断定的三期偏早。但是连他们自己也承认 M3 中的觚体现了一些早期的时代特征(900页)。岳占伟的关于这两件铜器属于二期的观点,与我下文给出的结论意见一致。

※(《合集》23712，二组出组)　※(《合集》419，一期宾组)

与甲骨文晚期的形体相比较，M3 的形体与早期的更接近，上面所列的例子就是典型代表。第一组中且(祖)的四个字形中间只有"一笔"，而一般更常见的是有"两笔"的(如※，见《合集》1517，一期宾组)，而"单笔"是早期形体的特点。至于第二组的两个形体，虽然在晚期也有类似的形体，但是它们与 M3"庚"的形体很相近。第三组很重要，因为这两个形体与 M3 所见相似，都是"朱书"，因此它们是可资比较的。这两个样例属于甲骨文最早的自组卜辞。至于最后一组中的两个形体，我们会观察到在较晚时期"癸"字形中有一个特征，就是交叉的笔画"X"上边上四笔短划通常是出头的，如※(《合集》35903，五期黄组)、※(《合集》37846，五期黄组)，等等。

可能我有点臆测(enter an caveat)，不过，因为关于甲骨文刻辞者的分组仍然存在很多问题——比如个人书刻技能和水平，甚至在同一组中书刻习惯也有区别，此外还有习刻的存在，等等。因此，上文所呈现的未必是结论性的，但是给我们的信息是，M3 中字形的时代应该是早期而非晚期的。

五、结论

上文我们已经理解了："地位低者穷于地位高者"即"地位较低的王将被地位较高的王当作客人来招待"，其反贞"地位低者不穷于地位高者"即"地位较低的王将不被地位较高的王当作客人来招待"。商代的祭祀礼仪中，也许已经有了这种行为，也可能是临时性的：把地位低者的牌位迁徙[①]至地位高者的牌位位置。所谓的迁移是从祖先神庙中的祭坛迁出，其目的是为了配

---

① 传世文献中，我们可以看到很多都涉及祖先牌位的位置，并且动词都用"徙"。例如：《左传·昭公十八年》："……使公孙登徙大龟，使祝史徙主祏于周庙，告于先君"("……[子产]让公孙登移动大龟，让主持祭祀之人记载，并把石质深红色神龛移到周庙中，告知祖先[火灾之事])"；《国语·周语一》："……夫神壹，不远徙迁，若由是观之，其丹朱之神乎"("神，是固定的，不会迁移到很远；如果你的(国王)从此(立场)出发，看待(穆王出生)问题，则丹朱担当穆王出生之神")，韦昭(204—273)《国语注》此句注为："言神壹心依凭于人，不远迁也"，即"神是独立的，和人类在一起，不会离开太远"。似乎"壹"字的解释有困难，所以在"壹"字后面附加"心"字。但是"壹"字本身就有"固定的、统一的"之意，而且其后面有"不远徙迁"与之对比，所以我把"壹"字单独释为"牢固的"之意，即"固定的，不移动的"。

祀。它的反面贞辞是解决在实践中是否要这样做的问题。与宾祀相比,坐祭完全相反:"地位高者坐于地位低者"即"地位高者将被置于地位低者的祭坛"。① 从语法的角度来说,主语应该是被动词"坐于"的受事宾语,所以其方向与宾祀相反。它的反面贞辞"地位高者不坐于地位低者",是解决在实践中是否这样做的问题。第二部分,我们看到是属于王卜辞的例子,但是 M3 中的祖先牌位是世系家族的,而非王室的。M3 的祖先牌位的明显特征是:在地位高的祖先名字前加"祖",在地位低的祖先名字前加"父"。因此,其礼仪中应该包括祖先牌位的"重新排列"。

总之,祖先牌位的"重新排列"是可能实践过的,山东大辛庄出土的非王卜辞就有类似的情况。2003 年发掘的一个近于完整的腹甲上有 18 组卜辞,有一半卜辞涉及前文分析的祖先牌位之"徙"问题。它们用"允徙"和"不徙"来表达。② 尽管卜辞中主语不明确,但是在"允徙"和"不徙"的前后有"四女(=母)"一词。

---

① 📿是否究竟是"坐"字,我们放到后面解决,但是"安置牌位于祭坛上"的实用意义不能简单地忽略,因为动词与"宾"相对,并且此字的结构也暗示了"坐下"之意。

② 参见注释 19。

第二编

甲骨文研究：词法与句法

强调动词短语

在某些短语中,有个成分通常被理解为动词或动词词组,而这个动词或动词词组又被主要动词"有/又"或"亡"名词化。本节考查的就是这种短语。本节提出的观点是,这种短语表示强调或起对比作用。我拟用卜辞中的证据来验证这个观点,进而证明可用它来解释一些特殊情况,如由特定阶层的人举行,或受祭对象为特定先祖的祭祀等。

一、引言

名词化是动词、动词词组或句子转变为名词或名词词组的语法过程。名词化词组可作话题、主语、动词的直接或间接宾语,或次动词的宾语。就概念和语义而言,名词或名词词组的主要功能是指称有生命或无生命的东西事物、事情事件、活动、过程、状态或概念,等等。但是,在"动词1+动词2"这种格式中,由"动词2"名词化("动词2"是通过依附或嵌入"动词1"而名词化的)而形成的短语减弱或失去前面提到的主要指称功能,这种名词化的短语起谓语或动词词组的作用。因此,有的学者不承认"动词2"是被名词化,认为它是一个动词了。但是,因为"动词2"所支配的深层名词价(valent)指称特定阶层的人,或受祭对象为特定先祖等等,本文采取"动词2"还是名词化的观点。

名词化短语的具体意思无法一一列举,在特定的语言背景中,它们可以表示任何数量或种类的事物。但是,有两大类的意思与名词化有联系。第一类表示强调、对比、突出特点或解释等意思。第二类表示诸如人、对象、活动、时间、处所或条件等更明确而细微的意思。对于后者,指称功能是重要的。

在甲骨文语言中,第一类(又可细分为两个小类)有清楚的标记,第二类(可分出五个小类)则没有标记。

第1类的一个小类的格式是,动词或动词词组前有动词"有"或"亡"。另一小类的格式是,动词或动词词组前有"描述系动词""隹"或对应的否定词组"不隹"或"非";或者,前面出现规定或推定系动词"惠"及最常见的对应否定词组"勿隹"。①

第2类的五个小类都没有标记,它们是由动词、动词词组或者部分句子的句法位置来决定的。用和它们相对应的古代汉语语法术语来表达,它们可称作准"者"型、准"所"型、准"之……(也)"型和关系从句型。在最后那个小类中,中心名词由前面的从句修饰,从句中的动词没有确指主语或宾语,它们常常由中心名词指示。

这一节仅讨论第一类名词化短语的结构。即在短语中,动词、动词词组或部分句子的前面出现动词"有"或"亡"。我还没有系统研究准"之……(也)"型和关系从句型,仅在其他论文中作过一些评论。

二、有/又或亡+动词或动词词组

本小节讨论的名词化短语起动词词组或谓语的功能。它们的格式是"动词1(有或亡)+动词2",其中的"动词2"必定是基本信息的载体,而"动词1"表示是否要进行某种活动的意思。这和用"有"来肯定断言存在或所有、而用"亡"断言不存在或没有的情况形成对比。

让人好奇的是,无论是否用"有"或"亡"(即动词1),商人显然能够表达相似意思。就它们的言外之意而言(illocutionary meaning),是否使用动词"有"或"亡"似乎不影响动词词组的意思。然而,果真如此,他们到底为什么会不厌其烦地使用它们呢?下面的例子将说明这个问题:

(1) (a)丁巳卜贞王宾日不雨。《卜辞》535

丁巳日占卜,验证:在国王迎接太阳时,天将不下雨。

↓(b)贞帝有宾。《丙编》457(7)

---

① 见第四编对后者的研究。

验证：妇/有/举行迎接宾客的礼仪。

↑(c)帚亡其宾。同(8)

妇/亡/其/举行迎接宾客的礼仪。

（关于宾的字形结构区别，参见注10）。

例1a使用一个动词"宾"，而b则使用"有"和"宾"组成的动词词组。例c使用和"有"对应的否定动词"亡"，其后跟着所谓"情态助词""其"。① 这表明，在语法上，b和c的主要动词不是"宾"，而分别是"又"和"亡"。它也说明，"有"不表示"侑（'奉献'）"；果真是"侑"，否定词必定将是"勿"。下面再引一对例子：

(1)↓(d)王其往逐麀获。《前编》3·32·5

如果商王前往捕逐麀，(他)将猎获(麀)。

↑(e)戊午卜𣪘贞雀追亘有获。《丙编》304(7)

戊午日占卜，验证：如果雀追亘，(雀)将有抓住(亘)。

尽管商人对猎物用"逐"而对人用"追"，但两者都用"获"来表示抓到追逐对象。虽然例1d和1e不是对贞，并非最理想的例子，但仍然会让人思索一个问题：为什么动词"有"见于1e而不见于1d?

例1b和1c中，动词"宾"与例1e的动词"获"能够名词化的原因是它们内嵌于"较高层次"的动词"有"和"亡"。学者们对这一语法分析的总轮廓框架不会有多少争议，但对这一结构的准确语义解释可能会因人而异。我在此提出的看法是：这一结构表示"强调"或"对比"；这种语言现象表达"要完成某活动"(performative)的意思，没有一般的"指称"功能；也就是说，"有"或"亡"用来突出后面的动词或动词词组，命辞表达了特别的肯定或否定的语气色彩。这可能使语法上与后面动词相联系的名词之间形成对比。我将在下文证明这个看法并解释它的含义。

---

① 所谓"情态助词""其"与动词"亡"搭配使用时，出现在"亡"后面而不是它前面，即词序是"亡其"，而不是"其亡"。在《丙编》中，这样的词序仅有两个例外，即47(8)[贞其亡来齿；拓本不太清晰]和77(2)[王占曰吉隹其亡工言惠其值]。由于"亡其"后可跟名词，例如[《丙编》286的(2)，引用在下面的(4)(A)d和e]，我们比较难以解释"其"的管界管辖的范围(scope)，这当然建立在是以我们仍然维持"其"是"前动词"型情态助词为的分析基础上的前提。换言之，作为一个动词词组，"亡其"似乎在语法与语义上都紧密结合在一起。对此现象有必要加以解释，但令人满意的答案似乎并非唾手可得。我将在别处对它以及相关问题作更全面的讨论。

三、垫词"……的机会"

我们已经观察到,例 1b 和 c 的主要动词是"有"和"亡"。它们后面跟有其他动词时,我们可以把后面的动词视为依附或内嵌于它们的成分。这类名词化的语义动机也许能初步从动词"有"("有/存在")和"亡"("没有/不存在")的基本意思中求得。

我曾提议(高岛谦一 1973:50—53 页),把这些动词译为英语时,可在它们后面增添一个垫词"机会"或"情况"(即在"有/亡 VP 的机会/情况"的格式中)。英语中要求必须用此词(occasion, chance, case)来连接它们与后面的动词。如果我们有英文"It is a pity that…","It"代表一个"傀儡主语"(dummy subject),但是我要的是"dummy object",不是"傀儡主语"。所以我在此采用了"垫词"这个术语,正如邓琳给我的建议(2011.7.28)。虽然这样的垫词在汉语中是不必要的,但这个建议有助于说明下引句子措辞上的显著不同:

(2) ↓(a)戊寅卜㱿贞㞢㞢其来。《丙编》28(1)

↓　戊寅日占卜,验证:㞢㞢可能来(或者:……㞢㞢大概碰巧会来)。

↑(b)贞㞢不其来。同(2)

　　验证:㞢大概不会来(或者:㞢大概碰巧不来)。

↓(c)乎目于河有来。同 503(5)

↑　乎令目[禘祭①]河神,他/她将有机会来(暂译如此)。

↑(d)贞亡其来。同(6)

　　验证:(目)大概没机会来(暂译如此)。

这些卜辞措辞上的不同是,尽管四个句子都有动词"来",a 和 b 用"其"字而未用"有"或"亡",c 和 d 则用"有"或"亡"。

我以前的研究(高岛谦一 1980:84—86 页;95—96 页)和周国正的比较详细的研究(1982:136—141 页)已经证明,在某些上下文中,动词"有"和

---

① 尽管我在这里补充的是"禘"字,但是,依据《丙编》502 及其反面 503 上的卜辞上下文,残失的动词也可能是动词"往"。无论是哪种情况,周国正的研究(1982:100—116 页)显示:"于"字前需要补充一个动词,不能假定"于"是一个表示"前往"的完全动词。

"亡"最好解释为在意思上比"有/没有"更强的主动及物动词。周国正(同前:136—137页)认为它有"获得、得以"的意思。对其观点在细节上稍作修改,还是可以接受的。用它来解释例2c和2d,将分别导致下列意思"(目)将不得不来"和"(目)大概不会必定来"(我在这里用"大概"来表达商代贞人使用"其"字所暗示出的不确定性)。

从"不得不来"可能引申出"能够来"的意思,表示动作是可能发生的。因为这是据英语译文推论出来的,所以,把它将之引入商代语言,措辞本身可能有一定危险。但为了避免过早抛弃有可能正确的答案,让我们来考查一下卜辞中的证据。

首先,并非全部格式为"有/亡+动词/动词词组"的例子都表示可能语气的意思。① 例如:

(2)↓(e)甲申卜宾贞雩丁亡败。《丙编》61(5)

甲申日占卜,宾验证:雩的士兵②将不会(<没有机会)被击败。(暂译如此)

↑(f)贞雩丁其有败。同(6)

验证:雩的士兵将(<有机会)被打败(暂译如此)。

参照其他卜辞(《综类》170.4),可清楚地看到,"雩"是一个商人同盟者的名字。卜辞有一条总原则,即举行有关不幸或灾难性结果的占卜,总和不友善的势力有关,因此,商人关于"雩"的士兵大概"能"被击败或将不"能"被打败的占卜,从它的上下文考虑,显得很不寻常(在英语中,"get"后跟及物动词的过去分词时有"被动"的意思,但它和我们正讨论的"有"和"亡"的语义含义无关,尽管"败"在此处的意思既可视为"主动",也可视为"被动")。例1b和1c中自主动词"宾"的出现,更使认为"有"和"亡"表示可能语气的解释显得奇怪,因为是否执行这个动词所表示的活动,在通常条件下(将在后文讨论)是依赖于商人的意愿的。

其次,卜辞用"克"("能够,可以;战胜")来表达可能语气。"克"字在下例中和"又"搭配使用:

(2)(g)惠小臣永克又戋永王。《甲编》1267

---

① 我将在第三节第五部分分析动词"有"和"亡"后面跟另一动词却不能视作结构为"有/亡+动词/动词词组"的情况。

② 关于释"丁"为士兵的考证,参见裘锡圭(1983:23—24页)。

应该是小臣永将能有机会给永的国王以伤害性打击。①

这是一条三期卜辞,对它的分析可能不同于一期卜辞的例 2e 和 2f,但例 2g 中的"克"已经表示出可能语气,"又"不太可能用来再表示附加的可能语气。

"来"的字面意思是"得到某人的到来"或"某人有(机会)来",也可译作"得②来",甚至也可能"赉"的意思。从"得来"这种解释还可推论,动词"有"及其对应的否定动词"亡"实际上表示强调。这个看法的主要根据是我在卜辞中发现的证据,而我之所以用它们作证据是因为这类名词化可能常常在古代汉语中表示强调。③ 在高岛谦一(1973:53—57 页)中,我不拘泥于一种格式,用"实际上"、"毕竟"或"肯定"等词语来翻译。根据这些线索,人们可以把上引相关卜辞翻译如下:

(1)(b)"妇真地(=实际上)应该举行迎接宾客的礼仪。"

---

① 这条卜辞的现代释文还不是确定无疑。对释读这条卜辞语序的另一解释,参见岛邦男(《综类》第 132 页第 2 栏)。也可参照屈万里对《甲编》1267 的考释,第 127 页。但似乎可以肯定,"克又戋"应该释作一个句法单位,这是个关键点。

② 译者按:此处的"得"读"děi"。

③ 我对这种现象还没有全面探讨。通常做法是,在"有"或"无"用在动词/动词词组之前时,就补充"者"或"所"(基本上起指代功能)来理解相关短语。这样分析适用于许多情况,但也有一类例子表明,强调似乎能够更好地解释"有"和"亡"的使用。下面举出几个例子:

(i) 志士仁人无求生以害仁有杀身以成仁。《论语》(卫灵公;哈佛燕京引得 31/15/9)有志向的读书人和有德行的人从不寻求偷生而破坏人类生活的(原则);(他们)甚至要牺牲自己的生命来成全它。

太田辰夫(1964:73 页)引用了此例并评论说,"有"和"无"的使用,不太清楚。他说:"[无求生以害仁或有杀身以成仁]指什么,即不清楚它是指行为的存在或不存在,还是指那种人的存在与不存在。"如果它们是强调结构,很可能不是指那两种情况。在这方面,太田辰夫抛弃了马建忠(1898:228 页)的观点。但马建忠至少部分理解它的意思。马氏说,"有"在此处的用法应该释为"惟有",似乎表达强调的意思。

(ii) 子曰:苟有用我者期月而已可也三年有成。《论语》(子路;前引引得:25/13/10)

孔子说:"如果有谁任用我,一年后我将使所有事情达到令人满意的状态,三年后我将有(实际)结果。"刘殿爵译(1979:120 页)

(iii) 故君子有不战战必胜也。《孟子》(公孙丑下;前引引得:14/2B/1)

因此,君子宁可不作战;但如果他作战,他必定赢得胜利。

(iv) 人之有道也饱食暖衣逸居而无教则近于禽兽圣人忧之。《孟子》(滕文公上;前引引得:20/3A/4)

普通人的生活之道是:一旦他们有果腹的食物、暖和的衣服和安逸的居所,并允许他们过游荡生活而不受教育和没有纪律约束,他们就会堕落到动物水平,圣明的国王确实忧虑此事。刘殿爵译(1970:102 页)

(1)(c)"妇大概到底不会举行迎接宾客的仪礼",或者"妇大概实际上不……"

(1)(e)"如果雀追亘,(他)肯定(=确实)将捕获(他)。"

(2)(c)"(目)大概得来",或"(目)肯定(=确实)将来。"

(2)(d)"(目)大概不是非得来不可",或者"(目)大概到底不来",或者"(目)实际上大概不来。"

(2)(e)"零的士兵将永远不会被打败",或"实际上,零的士兵将不会被击败。"

(2)(f)"零的士兵大概终究要被打败",或"实际上,零的士兵大概会被打败。"

例2g"更小臣永克又戋永王"是一条二期卜辞(出组)。应该指出,它和所有其他例子都不相同,即其中的"又"不是主要动词。相反,动词"戋"内嵌于"又",二者组成一个整体再内嵌于"克"。"克又戋"的字面意思是"能够有(机会)给予伤害性打击",动词"又"在这里用作虚词或次动词,给被包容的动词"戋"附加"强调"的意思。如此解释,例2g可释读为"应该是小臣永将肯定(或实际上)给……以伤害性打击"。下列卜辞也出现"永"字,它们支持对例2g的后一种解释,因为这些卜辞有比较宽泛的征伐敌人的上下文:

(2)↓(h)戍卫丕雉众。《佚存》5
　　戍兵卫将大规模地陈列①众人。

---

①　参照《集释》1257-1263页。《集释》所引李孝定、陈梦家和于省吾的观点似乎全都暗示"雉"的意思为"陈列"。我此处即采用这种观点。吉德炜(1991:161,417,131,182页)提出另一解释。他认为"雉"的意思是"丧失",言外之意是此字的意思与丧相同,二者的不同是,前者是一个"更'平民化'"的词。

吉德炜提出这样的新颖解释,某种程度上和他的"国王不想雉他的众"(482页)的看法有关。然而,这并不是最后结论。下面《合集》35347上的一条卜辞显示雉众也被视为吉利的事情:

其(=雉)众吉
大概要部署王室的众人。(国王释读卜兆后说),"吉利"。(或者:也许如果部署王室的众人的话,这将是吉利的。)

关于例2h中的字形,一般释为否定词"不",我想建议,它可能代表"丕"字,其意为"伟大,宏伟"。在此处的上下文中,它似乎用作副词。《类纂》666页第1、2栏显示,用于否定"雉"的否定词是"弗",这暗示"雉"是一个"成功动词"(译者按:我的理解是,此类动词指示的动作的结果可以用成功或失败来衡量),即部署王室的众人必定涉及领导者方面的技能,因此,部署的成功完成可以确保胜利。最后,吉德炜(同前:431页)释为"搏"("搏击,捕获")。我难以接受这个观点,部分是由于语音方面的原因,即偏旁↓肯定是中的异体,而后者很明显是"在"字。

(i) 戍亡戋。同

卫兵最终将不(能)给(王)伤害性打击,或者:……(我们)实际上将

不(能)……

(j) 叀永又戋。同

应该是永将肯定(＝实际上)给(永王?)灾难性打击。

↑(k) 叀贪财雋又戋。同

应该是雋将肯定(＝实际上)给(永王)伤害性打击。

注意,从例 2i 到例 2j,卜辞焦点有所转换。它先是占卜不能给予伤害性打击的可能性;之后占卜,如果"永"或"雋"参与其事,能够给予敌方打击的可能性。

在一期卜辞中,"卫"是商的敌人。我们还不能确定一期的"卫"与二期卜辞例 2g 和 h 中的"卫"之间有什么关系。由于他或它("卫")所出现的命辞不使用"有"或"亡",因此可以假定,在这种情况中没有要强调的意图:

(2) ↓(l) ……酉卜敝贞我戋卫于悖。《殷墟》37

……酉日占卜,敝验证:我们将(能)在悖给卫伤害性打击。

或者:

……给卫甚至给悖伤害性的打击。

↑(m) ……敝贞卫不我戋。《卜辞》690

……敝验证:卫将不(能)给我们伤害性的打击。

四、强调假说的推论

在进一步提供证据来支持关于"有/亡＋动词"格式表示强调的假说之前,让我们暂且考查一下这个假说的推论。

尽管我检查了尽可能多的卜辞,但并没有发现很多相关例证。这在一定程度上是个好消息:例子太多将使强调变得毫无意义。如果"有/亡＋动词"格式表示强调性,它的使用应该仅限于某些特殊情况。判定这些特殊情况的

本质当然不是一件容易的事,①但我不相信这不可能办到。

让我们再看一下例 1b"贞帚有宾"和例 1c"帚亡其宾"。这组对贞卜辞已经分别翻译成"妇应该真的(=实际)举行迎宾礼"和"妇可能到底不举行迎宾礼"(或:妇大概实际上不……)。② 最让人感兴趣的例 1b 和 c 的特征是动词"宾"③的主语是"帚",这是一种称号、地位或某种亲称。④ 查看岛邦男的《综类》(第 275 页第 1、3、4 栏;第 276 页第 4 栏及第 277 页第 1、2、3 栏)可知,所有包含

---

① 这种"特殊情况"也许很多。吉德炜(1988 年 5 月 23 日的信函)建议,特殊情况有下列可能性:1. 具体的贞人和或锲刻者;2. 媒体;3. 坑位;4. 卜辞的时期。下面逐一简要评述:

第 1 种可能性属个人的习惯用语,即其中的"有/亡+动词"格式没有语义动机而只是个人风格问题。我认为这不太可能。假定例 5a 的发话人是"𢓜",例 5e 的是"争"。例 5e 是午组卜辞,例 1b 和 c 属宾组卜辞,根据它们的锲刻者不同这一事实来看,这一格式的使用可能与某锲刻者有关,而与"贞人"实际上所说话语无关的看法似乎不可能正确。

第 2 种可能性:"媒体"指占卜的媒介,或者是龟腹甲,或者是牛肩胛骨。但是,例 1 的 b 和 c 见于龟腹甲,而例 5 的 i 和 j 见于卜骨。

第 3 种可能性:"坑位"问题大概可以和包含所讨论的格式的卜辞联系起来,它还与贞人组和分期断代(这本身是上面建议的第 4 种可能性)问题紧密相关。例 1b、c、e、k 和 l 出土于一期的 127 坑,而例 5b 和 c,可判断为二期和三、四期卜辞,它们不可能出土于同一坑位。总之,种种非语言学分析表示,格式"有/亡+动词"似乎是一种普遍现象。

② 有一种可能性不能被我们完全排除,即这些句子中的"帚"字可能是动词"宾"的直接宾语,把它提前意在强调它。然而,这些句子的主要动词是"有"和"亡",没有把它们前面的名词视为其直接宾语的例子。有关详细讨论,参见第六部分"自主动词御"的第一个问题。

③ 商代锲刻者维持"宀、宀、宀、宀、宀"和"宀"之间的字形区别,前者包含偏旁足,后者则没有。他们这样做可能在于要维持这两个字所可能表达的不同意思。关于字形的严格性,参见吉德炜(1983:第 25 页及 42—43 页的注 17)。他的部分论述如下:"……有一种情况几乎总是正确,即'国王'(明言或暗示)'宾'的时候,出现偏旁足;这个规则几乎没有例外。"事实真是这样。但如果扩大字形范围而包括其他字形,这一区别就必须修正:在《综类》第 275 页第 3、4 栏,甲骨文宀(至少有 8 例﹡)和宀(1 例)表面表示的意思与宀相同。因此,"宾"("宾客;招待宾客")的严格字形区别因此应该理解为字形"宀"、"宀、宀、宀、宀"与字形"宀"间的区别。但是,还不清楚共有的宝盖头下各偏旁的重要性。

﹡可能总共有 14 例。为谨慎起见,且鉴于吉德炜(同前:43 页)的评论,我没有计算宀前有否定词的例子。他说:"……因为就否定命辞的本质而论,它不涉及国王的活动,锲刻者可能会认为在这样命辞中锲刻偏旁足是多余的。"(然而,这种看法似乎可疑)

④ 参照松丸(1970:77—79 页);也参见周鸿翔(1970);王、张和杨(1977);严一萍(1981);张政烺(1986);和张秉权(1986)。根据及其他如陈梦家(1956)、岛邦男(1958)、《综类》等研究成果,可能最终会对"妇"的本质有较好理解。我只在此列举出这些比较旧的资料,以便那些对此感兴趣的人使用而已。

"宾"的卜辞的主语都是"王",仅有两个例外,我们接着要讨论它们。不仅如此,例 1b 和 1c 中的"宾"被动词"有"和"亡"名词化了。在我看来,它名词化的原因正是由于提议"妇"而非"商王"本人来举行这种礼仪的特殊情况所致。我们以前已经提出强调假说的特点是,"'有'或'亡'突出后面的动词或动词词组,命辞也表达了特别的……语气色彩"。这一点现在可以提炼成:商代"贞人"使用"有/亡(其)+动词(这里是宾)"的格式,因为他们知道,这会暗示,"尽管不同寻常,'贞人'还是将提议'帚'为迎接宾客礼节的执行者",而且,对于其对应的否定命辞,"很可以预见(最终),'贞人'将提议'帚'不要举行迎接宾客的礼节"。动词短语"有/亡+宾"表达的强调意味已经从动词词组本身转向它们的主语。我将在下文更详细地论述,这类强调转移在语言学上并非特殊情况。以前我们判断"因为'动词2'所支配的'深层名词价'(valents)指称特定阶层的人,受祭对象为特定先祖等等,本文采取'动词2'还是名词化的观点"。在例 1b"贞帚有宾"和例 1c"帚亡其宾"里动词"有"或"亡"的主语是"帚"。但同时"动词2"宾的"深层名词价"也是主语"帚"。它们是"同指的"(co-referential)。在这样的情况下,尽管名词化,"动词2"还具有动词性。

在上文提及的两个例外中,动词"宾"的深层主语"帚"暗示"宾"在特定情况下可能属于内在具有"能够"意思的特殊动词。我们很快要验证这个可能性,先让我们来讨论它们的意思:

  (3)(a)贞帚好弗其宾 X。《遗珠》523
    验证:妇好(或子)也许将不(能)待 X 为宾。《拾掇》1·296
    上的一条卜辞[见《综类》275 页第 3 栏]与该卜辞相似,只是
    动词宾后没有确指宾语)
  (b)妇井……宾……《续存》1·42
    (岛邦男谨慎提出,该卜辞也可能读作"……宾妇井")

我们已经在前文提到,"宾"通常是一个自主动词,这从学者们赋予它的"待……为宾、迎接、举行宾祭"等意思清楚地体现出来。否定这类动词一般用包含语气色彩的自主否定词"勿"("不要,不该")(参照第二章第四节),但在岛邦男给出的四个例子中——上举例 3a,《拾掇》1·296,《库方》2178 和《前编》7·27·4——否定词却是没有语气色彩、非自主和非状态的"弗"("将

不,没有")。① 在有"确指主语"时(四例中有两例),主语是"妇好"(或"子")。如果例 3b 中的"妇井"确实可视作动词"宾"的主语,我们将得到另一例主语是"妇"而不是"国王"的卜辞。我们知道,"得"、"攻"和"获"等"成功"动词的一个特点是:它们照例由没有语气色彩的"弗"否定。因为动词"宾"在例 3a 中被"弗"而非通常用的"勿"否定,这暗示它在主语不是"王"而是"妇"的例外情况中,也可释为"成功"动词,这就是我们将例 3a 和 b 中的"宾"译为"(能够)待……为宾"的原因,它暗示着"妇好"或"妇井"能成功完成迎宾礼,尽管她们的参与可能是特殊情况。

强调假说的另一推论是,如果这种假说正确,卜辞的命辞和占辞似乎最好视为感叹陈述句(exclamatory declarative)或祈使句(optative/imperative),而不是问句。② 我们可以在这里简要指出,商代"贞人"常常在"非自主"或"成功"动词的例子前使用强调性的"有/亡"。上文已经举出几个这样的动词,其他还有"罗(?)、禽、古、败、弋、正、及、受生、宠、至和雉(见注7)"。我想可以证明,多数这些动词都暗示有利于商的事情。像动词"败",如果主语是商或其同盟,它就暗示一种不希望的结果,会用"亡"来强烈地否定以显示他们的倾向(参见例 2e 和 2f。也要注意正命辞例 2f 中的"其"字,司礼仪神父[1974:25 等页]认为它的用法是表示"不情愿")。这些动词被强调是因为商人想使所盼望的好意思变为现实,而不想让所不情愿的坏意思成为现实。

从这种意义上说,商卜辞不会只是在无偏颇心态下占卜未来的记录,吉德炜一再强调这一点(1972,1984,1989,1991)。这种占卜因而不符合字典对"占卜"的定义:"占卜的行为或习俗;通过超自然的或神奇的手段预言未来事件或发现隐蔽而模糊的事情"③。它们不是对已然被决定的命运的估测,相反,它们是祈祷之类的记录,意在左右未来;可见,"未来"应该是必定被视为会受影响且未预先决定的。果真如此,商人并不要求卜龟或牛骨的神灵转达

---

① 岛邦男(《综类》275 页第 4 栏)引《龟》2·1·12 为句中否定词是弗的例子,但审视拓本证明,这是错的。

② 参照吉德炜(1972;1978:29 页,注 7;1991)、司礼仪(1974:21—24 页)、李学勤(1980:39—42 页)、倪德卫(1982,1989)和裘锡圭(1988)。我还没有完全同意李学勤和裘锡圭的结论,他们承认命辞中真有问句。在高岛谦一(1989,2010:1.56—71)中,我详细检讨了这一问题,认为他们所释的疑问词应该释为名词。

③ 《牛津万能字典》,牛津:牛津大学出版社,1955 年,第 543 页。

任何具体信息,他们要求它去影响商代世界的事件进程。现引吉德炜的恰切评论(1988:372页)于下:

> 我认为,所有关于来旬、来夜或整个来日没有不幸的日常占卜都具有强烈的神奇因素,是用来禳除可能出现的麻烦的仪礼性咒语。这些命辞不是对未知的初步探索,也不是真地试图探明会不会有灾祸,而是意在确定将不会有灾祸发生。

在此要注意,命辞不是问句,而应该是如何回应问题的恰当的判断陈述。贞人和商王寻求的不是"言辞"上的回应,而是"行动"上的呼应。如果对命辞本质的这一初步勾勒可以证明是正确的,关于"有/亡"的强调假说将很容易与命辞作为感叹陈述句或祈使句的特点共存。另一方面,它和视命辞为问句的传统观点很不兼容。

五、伪有/亡+动词格式

在选择合适的"有/亡+动词/动词词组"格式的例子时,必须排除下面三类表面上相似的情况:

(A) 在"有/亡"与后面的动词之间发现有句法停顿的卜辞,这使它们与本节讨论的格式完全不同。

(B) 主要动词"有/亡"的主语和后面动词的主语不同的卜辞,尽管后者的主语没有确指。

(C) 主要动词"有/亡"的宾语是确指一个人或一种情况的名词词组(即准者型名词词组)的卜辞。

上面的(A)类涉及句法分析问题。有些例子能够说明,动词并没有被"有/亡"内嵌。例如:

(4)(A) ↓(a) 王其有(=侑),用入禽。《丙编》183(4)
如果国王侑祭,(他)应该用贡入的捕获品。

↑(b) 王勿用。同(5)
国王不应该用(它)。

与正命辞(4)(A)(a)后面的反命辞(4)(A)(b)中没有使用"亡",而使用了

"勿"。显然可知,上面(4)(A)(a)中的"用人禽"是主句,其中的"用"是主要动词。它前面的"王其有"则必须视为条件从句,其动词应该释为"侑"("奉献")。如果这是正确的,商代贞人陈述命辞"王其侑用人禽"的时候,在"侑"与"用"之间可能有停顿,如(4)(A)(a)中用逗号表示的那样。因此,不能将(4)(A)(a)视为验证有表强调的假说的例子。

还有一类卜辞也不能用作验证强调假说的证据,下引(4)(A)(c)即是代表:

(4)(A)(c)王占曰之有,获麃一豕一。《丙编》287(2)

商王预占卜兆后说,"(田野东边)将有(麃)。"(我们)捕获一头麃和一头野公猪。

乍一看,上文的"有获"似乎与例 1e 的"有获"的结构相同,都属"有+动词"。但是,在同版龟甲的正面发现两组卜辞,我们引用其中的一组来说明为什么不能视(4)(A)(c)中的"有获"为一个句子成分:

(4)(A)↓(d)野(?)于东有麃。《丙编》286(1)

田野(?)的东边将有麃。

↑(e)贞野(?)亡其麃。同(2)

验证:田野中可能没有麃。

(4)(A)(c)的指示代词"之"可能正好指我暂时释为"野"的那个字。依照我的看法,动词"有"应该视为谓语,而不是与"获"一起构成一个动词词组。尽管把❉隶定为"野"也许不正确(张秉权[《丙编》,考释:第 351 页]隶定此字为楚①),但它肯定是一个地名。此外,"获麃一豕一"显然是验辞,可以预料强调时要用副词"允"字而非"有"字。②(果真如此,"允"和强调性的"有"之间必然有意思上的区别,见第六部分第 4)。

(B)类涉及一些相当凝固化的句子。在深层结构上,这些句子的主要动

---

① 楚一般写作❉,如三期卜骨《粹编》1547。张秉权的释文可疑,因为在几乎全是收集一期(或宾组中期)的龟腹甲的《丙编》中,他如此隶定的仅有一例。

② 例子很多。在《丙编》中,验辞内出现词组"允获"的就有以下诸例:86(4)、87(5)、323(5)、(14)、(16)和 546(3),但验辞中却没有出现"有获"。这暗示,贞人陈述命辞中的"有获"时,它是"将来时态"。

词"有/亡"的主语不能和后面的动词共指相同的主语。例如:

(4)(B)↓(a)庚申卜𣪘贞我有乍祸。《丙编》104(3)

庚申日占卜,𣪘验证:我们有(由帝)降下的灾祸。

↑(b)庚申卜𣪘贞我亡乍祸。同(4)

庚申日占卜,𣪘验证:我们没有(由帝)降下的灾祸。

大概可以放心假设,"乍"("制造,引起")的深层主语是"帝",正如"帝其/弗其降祸"(《佚存》36)或"帝其/弗其乍王(祸)"(《乙编》4816,1707)等例子那样。这些例句支持对上文(4)(B)(a)和(b)的释读,同时也显示,"我"在语义上不能视为乍的"施事者"。① "我"是一个"受事者"。下面卜辞中出现的"受事者"是"兹邑"(它不能是施事者),证实了这一分析的正确性:

(4)(B)↓(c)戊戌卜宾贞兹邑亡降祸。《丙编》326(5)

戊戌日占卜,宾验证:这个城邑将不会有(由帝)降下的灾祸。

↑(d)贞兹邑其有降祸。同(6)

验证:这个城邑将有(由帝)降下的灾祸。

这些凝固化句子的特点是,商人没有用不用"有/亡"的选择。因此,必须把它们排斥在验证"有/亡"表示强调的假说的证据之外。下面再举几个这样的例子:

(4)(B)↓(e)甲申卜争贞王有不若。《丙编》501(1)

甲申日占卜,争验证:国王有(帝)不同意的事。

↑(f)贞王亡不若。同(2)

验证:国王没有(帝)不同意的事。

↓(g)辛未卜宾贞王有不正。《乙编》7773

辛未日占卜,宾验证:国王有不正当的事。

↑(h)贞王亡不正。同

---

① 我们相当肯定,"我"在这里不是部族名或贞人"×"(参照饶宗颐 1959:705—713页),"我"也不能视为动词词组"乍祸"的施事者。饶氏(同前著作)和岛邦男(《综类》352—356页第1栏)引用的例子显示,"我"对商很友善。事实上,"我"在此处可能只不过是指"我们"——商人自己。

验证:国王没有不正当的事。

这样的句子还很多,有的甚至有语法变异。① 但上面的例子足以说明,出现在"有/亡"后面的名词词组,即(4)(B)(a)和(b)中的"乍祸",(4)(B)(c)和(d)的"降祸",在(4)(B)(e)与(f)的"不若",在(4)(B)(g)及(h)的"不正",确实有指称功能,它们都是指某种明确状况。但由"有/亡＋动词"组成的强调动词词组没有这样特别的指称功能。对比之下,"有/亡＋动词"组成的强调动词词组所有的指称功能是不同的。我们已经说到"动词1"和"动词2"的"深层名词价"(valents)是同指的(co-referential)主语。

(C)类也牵涉到指称某人、某事、某种情况或某种条件的名词词组。这些名词词组就是我在别处提到的准"者"型。它们用作动词"有/亡"的直接宾语,所以,它们不能包括在强调动词词组的群体内。例如:

(4)(C)↓(a)贞其有来。《丙编》296(1)

验证:可能快有(人)来了。或:可能有人所赉。

↑(b)贞亡其来。同(2)

验证:可能没有(人)快要来。或:可能没有人所赉。

上例的"来"和古汉语中"来者"("来的人")的意思有可能是相同的。这样解释的根据是下列卜辞:

(4)(C)↓(c)八月癸酉卜羌贞有来自西。《丙编》94(1)

八月。在癸酉日占卜,羌验证:有(人)从西方来。或:……有人从西方赉。

↑(d)亡其来自西。同(2)

可能没(人)快要从西方来。或:……没有人从西方赉。

↓(e)见入九以。《丙编》95(2)

见贡入九(枚龟);(他亲自)送(它们)来。

↑(f)又来自南以龟。《丙编》621(6)

要有(人)从南方送龟来。或:……有人从南方赉龟。

---

① 例如,《丙编》66(3)、517(1)(2)和518(2),这些例子的"左"("错误,不正当")前面出现"有"字,但其否定用的是"不佳"而非"亡":"佳有左"和"不佳有左"。

在例c和d,贞人预测某人将从西方来。他们可能正要送来龟甲,因为刻在同版龟甲另一面的e记载"见(人名或部族名)入贡九(枚龟甲)"的纪录。① 因此,在例c、d和f中的"有/亡+来"就不能视作强调动词词组。但是,在例(4)(C)(a)—(d)和(f)的"来"字也可能解释为"赍者"("赍……的人")的意思。

六、有/亡+自主动词

我们已经在本节第四部分提到,我们很容易理解为什么贞人在使用有"合乎心意的"意义的、非自主成功动词时,用强调语气来施咒。那些咒语包括"我们将会捕获","我们将给予伤害性的打击","我们将成功地攻击","所有的事情将顺利进行","疾病会好转"等等,它们都是典型的表示强调的表达方式。这类咒语很多,却没有和它们对应的反咒语。我们已经讨论了其中的一些例子(如[1]e,和[2]e、g、i、j、k),也论述了它们所体现的商代占卜的本质。但是,我们还必须研究:在涉及人类自主活动时,是什么动机促使贞人使用强调结构。首先,我们举出"自主"动词之前使用"有/亡"的例子,然后再讨论它们有什么启示。

(一)自主动词"御"

(5)(a)癸未卜㱿贞子渔有御于娥。《续编》3·48·3

癸未日占卜,㱿验证:子渔确实将在娥(的神灵出现时)举行禦祭(或者:祭礼对象是娥)。

"子某"(此例中是一位重要商代贵族子渔)通常作动词"御"的直接宾语(语义上的受事者)(参看《综类》第53页第1、2和3栏)。这大概会让人们设想,像例1b中妇举行迎宾礼那样,这也属特殊情况。

然而,如果假定"子渔"是强调对象,且因此而放置在动词短语"有御"之前,似乎也可把"子渔"视为直接宾语而非主语。这个可能性能排除掉吗?我们已在注9指出,现在还没发现直接宾语前置于动词"有/亡"的例子。这很有启发意义,但在检查所有例子——这任务如此巨大以致无法在这里尝试做——之前,它还不能视作一条规则。除此之外,我们还有其他论据来支持

---

① 译者按:例e刻在甲桥上。如果它是甲桥刻辞,它所记载的事情必定早于例c和d。

"子渔＋又/亡＋御"的"子渔"为主语的解释。

首先,汉语是一种 SVO 语言,所以,出现在"有"前面的"子渔"最自然地要释为主语。这个总原则不能轻易地被抛弃掉。

即使暂时假设"子渔"是前置宾语,对此例的解释也将视"有"为主要动词、"御"是其直接宾语,意即"将有禳祭"。既然如此,前置的"子渔"只能是间接宾语而非直接宾语,整个短语的意思将是"＊将有受祭对象为子渔的御祭"。事实上,这是不可能的。原因有二:第一,例 5a 已经有虚词"于"引进的间接宾语"娥";第二,御祭是由活人(这里的子渔是活人)向已故先祖娥吁求。另外,释"有＋御"的意思为"将有御祭"显得很怪,即命辞成了"御祭的存在"与否。关于是否举行御祭的肯定命辞通常只用动词"御"来表达(如《金璋》415),否定命辞中则使用否定词"勿"(如《金璋》3078),这表明"御"是一个自主动词。因此,"有御"不能简单释作与"勿御"相对的肯定命辞,它是一例特殊的肯定命辞。

另一种可能性是释"子渔"为动词"有"的受益主语。从而得出例 5a 的解释:"子渔在娥的(神灵出现时)有一个御祭"。它的言外之意将是,子渔是"得到"要举行御祭的人,他既是祭祀的"受益者",也是举行者。这种解释看似更直接,但有两点理由使人相信它可能没有准确表述原来的意思。理由之一是,假定的这种领属性解释似与有所属的自主动词不搭配。我还未能找到一个例子能说明,名词化或名词派生后的自主动词必须解释成动词"有"的名词宾语。另一个理由(也许更具决定性的理由)是,动词"有"的语法属性之一就是它不能带工具宾语。下面一个例子可说明这一点:

(5)(b)丁巳卜王有御……甲于祖丁十牛。《殷·帝》80

丁巳日占卜:国王应该在……甲(和)祖丁(的神灵出现时用)①十头牛当真举行御祭。或者:……御祭……甲(和)祖丁(的神灵)。

周国正(1982;参照注 19)建议,领属性解释可能是错的,因为名词词组"十牛"清楚地属于动词"御"而非"有"。"有"在此不能释为一个完全动词,它的

---

① 关于伴随 A 类动词"御"的祭牲的研究,参见周国正(1982:188-205 页)。在我看来,他的论证很有说服力,伴随 A 类动词的祭牲应该是语法上所称"工具"宾语。我对周国正的研究提出了若干修正案,请看第四编。

作用更像是在动词前"修饰"表达基本意思的动词"御"。

根据上面的理由,从语法上讲,无论是处所名词(例如[4][A]的 d、c、和 e)、受事名词(例如[4][B]的 a 和 b),还是语义上的施事名词(如例[1]的 b、c,例[5]的 a、b 等等),把出现在主要动词"有/亡"前面的名词看作主语更能言之成理。

商王通常是御祭典礼的宾语(参照《综类》52 页第 3、4 栏的御王卜辞,我对这些例子的看法有保留)。例如,可以看出,下引卜辞包含强调动词"有",商王是"御"的施行者而非它的宾语。这条卜辞增加了上文对"有"的解释的可信性:

  (5)(c)壬申贞王又御于祖丁惠先。《南北·福》58
    壬申日,验证:在祖丁(的神灵出现时,或御祭对象是它时),国王确实应该举行御祭;这是(他)应该首先做的。

我们所作分析还不能排除一种可能性,即把上引例 5b 理解为"在……甲(和)祖丁(的神灵出现时),国王将用十头牛有一次御祭"。如果那样理解,这个句子的言外之意将是:"国王是接受这一祭礼的人",即和《综类》52 页的第 3 和 4 栏御王卜辞一样,他是受事者。但是,根据下例卜辞就可排除这种可能性。在下例卜辞中,反身代词"自"和"余"搭配使用,显示国王本人是御祭典礼的执行者:

  (5)(d)庚戌卜余自御。《乙编》5405
    庚戌日占卜:我自己将举行禳祭。

我们应该指出,除例 5d 之外,例 5c 中,从句"惠先"必定应该指国王举行御祭一事而不是指他接受该祭祀。《乙编》5405 上紧随例 5d 的卜辞是:

  (5)(e)庚戌卜朕耳鸣有御于祖庚羊百又用五十又八女……自今日。同
    庚戌日占卜:我的耳鸣;应该在祖庚(的神灵出现时用数量为)一百的羊来实际举行禳祭,并真地用五十八个(祭祀用的?)好妇女;……从今天开始。

上例的主语是国王的大臣鸣,他正被提议作御祭的举行者。此版龟甲上的所有卜辞(至少有 12 条)都与御祭有关,而且在例(5)d 和 e 中,我们可以看到,

国王正试图决定应该由谁实际举行这一祭祀。此处"有"的用法是支持我们的强调假说的力证，即例 5e 的国王的大臣鸣和例 5d 的国王本人明显构成对比。

但是，还有四条卜辞的施动者是国王却没有使用"有"。① 乍一看，这可能会削弱强调观点，然而，详细审查后发现并非如此。这四条卜辞并非真是例外，因为它们看似没有强调或对比的意图。我们在前文提到，国王是御祭礼的常见宾语。从广义角度讲，这是对的，《综类》52 页第 3、4 栏的御王卜辞（大约有七八例，《类纂》第 149 页的第 3 栏稍多几例）和注 20 提及的王御卜辞（四例包括否定命辞）的数目表明了这一点。可是，这种不均衡远不像《综类》276 页第 3、4 栏；277 页第 1、2 栏等的王宾卜辞（真的数以百计）和《综类》275 页第 3、4 栏的寻宾卜辞（仅仅几例）之间的失衡那么大。寻举行宾礼看来是如此反常，以至于商人要使用强调或对比结构"有/亡＋宾"和/或像"宾"这样的"成功"动词。御祀似乎更具有弹性。我固然还未从宗教角度对御作详尽研究，但它是由国王或其他王室重要成员——常常是子——来举行的。② 在强调性的"有"和"御"搭配使用时，它的作用在于强调或突出主语，例 5d 和 5e 为此提供了很好的上下文证据。在强调性的"有"没有和"御"搭

---

① 这个统计是依据岛邦男（《综类》53 页；55 页第 1,3,4 栏；56 页第 1,2 栏）。它们是《续编》5·5·6（《综类》53 页第 3 栏）、京都 3020（《综类》54 页第 4 栏，岛邦男误摹为 己；应该如贝冢[1960:694 页]那样是＊[且]丁）、《铁云》67·2（《综类》55 页第 1 栏：岛邦男又错了，给出一不完整的摹本——它应该是辛卯卜王御祖乙刏羊册牢）和《续编》1·28·8（《综类》56 页第 1 栏）。岛邦男也收录了《乙编》3380（《综类》56 页第 2 栏），此例的国王是御的执行者，但我没有计算它，因为他在王其后面省略了"人"字。"X（其）人御"（例如《京津》918，《综类》55 页第 3 栏，《京都》1633）这种结构可能具有特别意义，我现在还不能加以说明。

② 见例 5a。例 5e 有一个臣字。下面卜辞的第二例显示，子邕与国王之间有一种"互相"御的关系：

戊午卜王勿御子辞。《续编》5·5·6

戊午日占卜：国王不应该御子辞。

丁丑卜宾贞子邕其御王于丁妻二妣已刏羊三册羌十。《佚存》181

丁丑日占卜，宾验证：子邕可能对丁先祖（即祖丁和仲丁）的配偶即二位妣已，剖用三只羊并刺十个羌来御祭国王。

商承祚在《佚存》181/28a 页的考释说，此处的"丁先祖"指祖乙和祖丁。如果向丁先祖举行御祭具有特殊意义的话，那么下一个有妣已作配偶的候选受祭对象应该是仲丁而不是祖乙。

配时,我们可以认为卜辞没有要加以强调或突出主语的意向。

(二) 自主动词"从"

《综类》20 页第 3 栏及之后的大量卜辞显示,意思为"跟从"的动词"从"的主语是国王。"子渔"是这条规则的唯一例外,下引卜辞即是例证:

(5) ↓(f)子渔有从。《前编》5·44·3

子渔真应该跟从(某人——可以意会)。

↑(g)贞子渔亡其从。《后编》1·27·2

验证:子渔可能到底不应该跟从①(某人——可以意会)。

很清楚,我们在这里面对着一例特殊或反常情况,它和我们看到的帚行宾礼和告礼的情形类似。我们已经论述,正是这些特殊情况致使商人在那些例子中使用强调结构"有/亡+动词"。我们认为这也适用于例 5f 和 5g。换言之,通常期待"跟从"的人是国王,但此处却提出子渔作"跟从"的人。(关于"从"或"比"的问题,请看第三编第四章。)

(三) "其"和"有"的语气

根据以上论述必然可以得出一个结论,虚词"其"的语气特点和强调性的"有"不同。"其"和"有"都与动词"从"搭配使用(参照《综类》20 页第 3 栏及之后的卜辞),而且,选择使用哪个字似乎依赖于命辞的语气程度。②

让我们首先检查下面一组对贞卜辞:

(5) ↓(h)有从于河。《丙编》443(5)

如果(X)真地要跟从[>继续做],(他)将在河(的领地)内这样做。

---

① 池田末利(1964:128 页)认为,"亡其从"的词序是"＊其亡从"的倒文。一般都认为,倒文是为了强调、对比、信息跌宕等的语义目的而把正常结构变形为特殊结构的过程。但是,如注 1 提到的那样,"其亡"的词序几乎不为人所知。因此,如果"＊其亡从"的结构的确存在的话,它才是倒文,而不是"亡其从"。

② 几个使用否定词"弗"的例子,似乎会削弱"非自主动词由弗否定"的观点。对这些明显例外可能有两种解释。一种解释是,动词"从"在某种特定条件下大概可以视为一个成功动词(这一点和前面讨论的动词宾相似)。另一种解释是,"从"被"弗"否定是因为它出现在内嵌结构中。因为"从"基本上是一个自主动词,它的否定应该用＊m 型语气否定词(毋或勿),但与声母＊m 相联系的语气可能"中性化"了,从而导致在这些有语言学限定条件的例子中使用了"弗"。

(i) 其从勿于河。同(6)

如果(X)能跟从[>继续做],(他)不应该在河(的领地)内(这样做)。

"勿"所处的位置说明例5(i)不是简单句。我能做出的最好解释是,这个句子的深层结构是"*其从,勿从于河"。同样,例5h的深层结构是"*有从,从于河"。

我们已经看到,"有+动词"是强调性的,而"其+动词"则不然。作为表示不确定意思的虚词,"其"在语气上和"有"不同。这样,例5h中的"有+从"是一个表示强调的条件从句,它和例5i的弱式从句"其+从"形成对比。很明显,在例5h的深层结构"*有从,从于河"中,强调条件从句"有从"的语义和主句"从于河"相合;在"*其从,勿从于河"中,条件从句"其从"在语义上也和主句"勿从于河"一致。

我们已经提出,"亡"和"有"相对应,且也具有强烈语气。它能否用在例5i中来替代"其"呢？肯定不能。这样的替换将导致明显的语义冲突,因为第一个句子的强调条件从句有+从将和第二个句子替换出的包括亡的强调从句构成相互对立的一组句子。这将使后一句变得毫无意义:"如果(X)永不前往[河],他不应该这样做①。"虚词"其"表达一种"不肯定"的语气,使用"其"不仅避免了这种不合逻辑的结构,而且揭示了我所认为的它的真正语气特点,即"实现的可能性",这一特点在上文例5i表现为"不确定"。

(四)自主动词"用"

在例5h之外,下面的例5j提供了表强调的另一个好例子:

(5)(j) 癸丑卜㱿贞五百寇用。旬壬戌有用寇一百。三月。《京津》1255

癸丑日占卜,㱿验证:至于那五百个寇,(我们)将用他们。一旬后,在壬戌日,(我们)确实用了寇,[但]数量是一百。三月。

我认为验辞始于旬。果真如此,使用强调性"有"的动机可能是由于所卜只得到"部分或具体的证实或实现"。换言之,动词"用"在验辞中重复使用且内嵌

---

① 译注:"这样做"指到河那个地方。

于动词"有",但数量则和癸丑日占卜的不一样。与此不同,如果命辞的提议与结果符合,将使用"允"字。也就是,假使所希望的命辞完全得到证实,就用"允"字重申对整个命辞的正确性判断。在上面例 5j 中,完全证实是不可能的,因为细节上有变动,所用寇的数量只有一百而非五百。只有命辞中的动词用和受事者寇在验辞中没有改变地实现了,因此,强调结构"有+用"[①]是部分明确证实。所以,在验辞中使用"允"字时,它似乎比"有+动词词组"表达出一种更强烈、更宽泛的强调。

(五)自主动词"往"

下面的例 5k 是一例吉德炜(1978:46 页注 90)所称的"展示卜辞"(display inscriptions)。这类卜辞常常提供了比较完整的上下文。

(5)(k)癸丑卜争贞旬亡祸。王占曰有祟有梦。甲寅允有来艰;左告曰有往刍自盉十人又二。《通纂》430

癸丑日占卜,争验证:在(下)旬将没有灾祸。国王预占卜兆后说:"将有祸祟;将有恶梦般的(事?)。"在甲寅那天,的确有被侵犯的危险[②]。左(营)报告说,[③]"(他们)确实从盉地派遣武装人员,[④]数量为十二。"

展示卜辞的验辞总是证实占辞的准确性。因此,我把从"左告曰"开始的句子也视为验辞的一部分。如果这是正确的,强调结构"有往"是用来强调国王占辞的准确性的。然而,像例 5j 那样,它明确强调了短语"有来艰"。

---

① 关于"有用寇一百"中数词一百出现在"有用寇"后的语言学原因,参见第二编第二章。

② 有关为什么"有来艰"不构成强调动词短语的原因,参见第二编第一章例 4Ca-f 下面的说明。

③ 这个动词"告"不同于"告礼"的"告",区别在于这里记述了"告"的内容,此外,这个动词也不跟用作"工具"的宾语祭牲。

④ 我原曾采用唐兰的看法(1939:36 页/《集释》卷 1、218 页),释"刍"为"刍尧"之"刍",但这个意思在这里不合适。它可能指属于羌、尤、曾子、冕等族的某类武士。他们也由国王组织起来(参照该字前使用朕时的例子)。

七、结论

在本节开始,我们假设"有/亡+动词2"的动词2被"有/亡"(即动词1)名词化,它表示强调,而不具有普通的指称意义。这个观点有个基本前提,即只要表达结构不同,后面必定有某种深层语义动机。

在第二小节的开始,我们提出,从语法分析,"有/亡"是句子的主要动词。它的通行意思是"有/存在"或"没有/不存在",但表达信息的主体则是名词化的动词(第三小节)。在译"有/亡+动词2"这个格式为英语时,有必要补充一个如"……的机会"之类的"垫词"来连接起名词化作用的主要动词"有/亡"和被名词化的动词。依据卜辞语言的证据,我们尽可能考查了假设"有/亡"具有强调功能的语义推论(这个论点可能也适用于古代汉语,参照注6)。

在第四小节,我们检查了强调假说可能具有的一些推论。这样做是因为,如果对促使商代卜者使用强调性的"有/亡"的动机没有认识,它将变得毫无用处或毫无意义。在表面看属异常的情况中,如提议帚来举行通常由商王主持的迎宾礼,我们论证,强调假说可以解释"有/亡"在这种上下文中的用法。我们还证明,如果视命辞和繇辞为感叹句或祈使句而非问句,强调假说会更好地说明问题。

第五小节用来分析一些"伪有/亡+动词/动词词组"结构。在这类结构中,不管表层格式如何,"有/亡"均不能视为表示强调。

第六小节进而提供强调性"有/亡"与自主动词搭配使用的例子,而且对第四小节的一些看法又作进一步分析。在一定意义上,这个强调假说的推论比假说本身更重要(特别是对历史学家或古文字学家来说),所以,我们对商代涉及执行者和受话人的宾、御等礼仪作了上下文的分析。这一小节还分析了验辞中出现的"有+动词"格式,所得结论是:它用来"部分明确证实"前面命辞中的动词或动词词组。这和包含"允"字的验辞的意义形成对比,因为"允"是用来"完全证实"验辞前面的命辞的。

数量补语

句法上的省略总是个难题,而卜辞语言的省略要算是这个难题中的难题了。在卜辞中,动词、名词、虚词及其他成分看似被省略,却没有任何贴切而明显的理由来说明。在这一节,我们要着手分析新增信息对于已知/共享信息(new or old/shared information)的标准,它对决定某些成分的省略可能起重要作用。运用这个标准来分析卜辞的例证还揭示出一种特殊句型,即用一个句子来表达两项独立的新信息。

一、引言

在甲骨文和古代汉语中,数词和数量结构都可做谓语。在记述抓获的野味、祭牲、进贡项目等事物的数量时,商代汉语使用的名词和数词的位置有下列三种:

1. 名词+数词+(类词/量词/度量词)
2. 数词+名词
3. 名词1+名词2+数词(名词1平常代表祭牲,名词2代表间接宾语)

格式 1 的圆括号表示,可以使用类词、量词或度量词。格式 2 已在高岛谦一(1984—85)作过分析和讨论。① 在这里,我们关注的是动词+名词1+

---

① 其结论扼要重述如下:商人选择格式 1 来向受话者表示,名词和数词都提供新信息。类词、量词或度量词的用法(特别是类词)应该解释为用来突出名词的某些明显特征。我们称它为"回指型"类词(echo noun, i. e. ,"名词"和"类词/量词/度量词"一致),以与后来汉语中的"预指型"类词(classifiers, i. e. ,譬如"张"我们"预指"名词是"纸"等等)相对比。我们认为,商人选用格式 2 时,只有数词负载新信息而名词表达已知信息。因此,有时会省略名词。

名词2+数词这种格式。其中,名词1平常代表动词的直接宾语而名词2代表间接宾语。我们要对它作"功能分析"(functional analysis),焦点在对数词的分析上。它的句法行为特点能否帮助我们理解卜辞语言的一部分和卜辞语言中的省略问题呢?

二、三种不同解释

《丙编》233(7)和(8)有下引卜辞,它们体现我们所讨论的格式。相关部分已用下画波浪线标明:

↓(a)来甲午侑伐上甲十。《丙编》233(7)
　　在即将到来的甲午日献祭上甲人牲(数量)为十。
↑(b)来甲午侑伐上甲八。同(8)
　　在即将到来的甲午日献祭上甲人牲(数量)为八。

可以把"来甲午"释作时间副词,它表示所提议的完成动词"侑"的时间。这样解释没有问题。分别释"伐"、"上甲"为动词"侑"的直接宾语和间接宾语也没有什么问题。

用语义学的术语来讲,间接宾语是商人献祭人牲的对象,有时用虚词"于"来引进,下例即是如此:

↓(c)贞侑伐于上甲十有五刈十小牢豕。《丙编》381(1)
　　验证:献祭人牲给上甲(数量为)十五,并且对剖十只特别饲养的小羊和猪。
↑(d)侑于上甲十伐刈十牢。同455(2)
　　献祭上甲十个(前面提到的)人牲并对剖十只(前面提到的)特别饲养的羊。

在例d中,由数词"十"和"伐"组成的名词词组作"侑"的直接宾语,而在例c中,数词"十有五"与直接宾语"伐"则被用作间接宾语的名词词组"于上甲"分割开。这样,例c可视为包含一个跟例a和b类似的结构。对于处在(c)位置的数词,在语法上可以提出三种不同的解释:

(ⅰ)它用作主要动词,即"使(数量)是X";在例a中,X是十;在b

中为八；在c中为十五。如此解释，以a为例，它将被释读为"在/如果在即将到来的甲午日(我们)献祭人牲(给)上甲的话/(的时候)，(我们)应该使(它们的数量)是十"或"至于(我们)在即将到来的甲午日献(给)上甲的人牲，(它们的数量)应该是十"。

(ⅱ)假定它是一个完整从句的不能省略的必要成分。在例a,该从句应该是＊侑十伐上甲，整个句子的深层结构便是＊来甲午侑伐上甲，侑十伐上甲。如此理解，例a将变作"＊在/如果在即将到来的甲午日(我们)献祭人牲给上甲的话/(的时候)，(我们)应该献祭十个(前面提到)的人牲(给)上甲"。用功能语法的术语来表述，数词在深层结构上是形容性的修饰语，它在表层结构作谓语。

(ⅲ)它用作动词的数量补语，即数词放在动词后面，是表明直接宾语数量的副词。依照这种解释，例a、b和c就体现了那种在一个句子里表达两条新信息的句型。如此解释，例a可以理解为"在即将到来的甲午日，(我们)应该献给上甲人牲(数量/合计)是十[或(人牲中的)十个]"。

我们认为，在上文所列举的三种解释中，第三种最好，而且，数词"十"是深层结构"＊伐十伐"的不能省略的必要成分。

三、三种解释的分析

(一)数词用作动词

这种解释乍一看在三者中似乎最为直接明确。表面上，常常用否定词勿出现数词前的事实也似乎是对它有利的证据。例如：

↓(e)侑妣庚垂。《丙编》540(9)
　　献祭妣庚一个垂人(?)。

↑(f)勿垂。同(10)
　　不要[献祭;侑可以意会]一个垂人。

↓(g)二垂。同(11)
　　(献祭)两个垂人。

↑(h)勿二垂。同(12)

　　　　不要(献祭)两个垂人。

↓(i)三垂。同(13)

　　　　(献祭)三个垂人。

↑(j)勿三。同(14)

　　　　不要(献祭)三个(垂人)。

↓(k)四垂。同(15)

　　　　(献祭)四个垂人。

↑(l)勿四。同(16)

　　　　不要(献祭)四个(垂人)。

↑(m)勿五。同(17)

　　　　不要(献祭)五个(垂人)。

　　这些例子至少说明,数词(或概括地说数量结构)可以用作谓语。① 由于前面有否定词"勿"而把(例 h、j、l 和 m)的数词视为动词,在表层结构上是言之成理的,可这又有什么优点呢?② 在句法上,动词跟在名词词组主语的后面。因此,如果例 a 的数词"十"被分析成主要动词,就可能释"来甲午侑伐上甲"为它的名词词组主语。那些对古代卜辞语言到古代汉语的历时变化感兴趣的人,大概会觉得这一分析很有吸引力。因为"来甲午侑伐上甲"可能释为后面跟着动词"十"的"来甲午我(之)侑伐上甲(者)"。如果能够证明这样做是合理的话,它将有助于解决古代汉语的这个结构是如何从卜辞语言的雏形发展来的问题。

　　另一种释例 a 的数词"十"为动词的解释是,把"来甲午侑伐上甲"视为条件从句,"在/如果在即将到来的甲午日(我们)献人牲给上甲的话/的时候",并假设它后面跟有主要动词"十":"我们应该使(它们的)数量是十"。这个解

---

　　① 严格地说,我们应该把谓语与动词或动词词组区别开来。"谓语"指动词或动词词组的功能,但它并不必然是动词/动词词组。所谓"名词谓语"便是众所周知的例子,即名词或名词词组可用来描述或确指主语。在上面例子中,例 e 是由(多半)可意会的主语"我"与动词词组"侑妣庚垂"组成的句子。所有其他例子,从 g 到 m,也都有谓语。

　　② 动词要求有一个或多个名词/名词词组伴随,谓语却没有这样的条件,这能进一步澄清注①中提出的动词与谓语间的区别。例如,一个谓语可以与一个主题搭配,但主题和谓语间的关系,从语法上说,不像动词与主语、直接宾语和间接宾语间的关系那么紧密。有关主题与主语之间的语法上的区别,见李和汤普森(Li and Thompson 1981:15 页;85—94 页)。

释与古代汉语的语法一致,它在古代汉语中可能表达为"来甲午我(之)侑伐上甲(也)"。它的优点和前例相似,即通过补充虚词"之、也"使"来甲午(我)侑伐上甲"成为古代汉语中那种结构的原型。

在前文第二小节三种不同的解释之一,即(i)里,我们没有提到另外一种解释,即把"十"看作与动词侑按顺序排列的一个动词(serial verb)。那样,例 a 将变成"在即将到来的甲午日献祭上甲人牲并且使(他们的数量)是十"——在古代汉语中,它将表述"*来甲午我侑伐于上甲,(其)十"的意思。因为卜辞和标准古代汉语中都有同类结构,所以它可能是最简单的解决办法。这似乎再次显示出从历时句法角度把这种位置的数词视作动词的优越之处。但是,根据上引例 a 到 m,这是个合理观点吗?我不相信它是。下面我们讨论其理由。

让我们看一下与例 e(侑妣庚垂)对应的否定命辞例 f(勿垂)。从例 e 可以清楚地看到,例 f 不仅省略了动词"侑",而且省略了其间接宾语"妣庚"。这样的省略似乎由新增信息对于已知/共享信息(new vs. old/shared information)的标准所驱动。这样的省略并非必然,①但在否定词勿出现时,它也就出现了(参照高岛谦一 1973:163—171 页)。因为"勿"用来否定"自主"动词(前引著作:171—178 页;本书第二编第四章第三小节),认为它在 f 的深层结构中否定动词"侑"的看法也讲得通。另一方面,几乎无法解释它用来否定名词"舞"或"垂"(舂它不可能是跳舞的意思,跳舞用甲骨文舞来表示)。与此相似,在例 h(勿二垂)中,难以将"二垂"释为动词——它明显是由形容数词"二"和名词"垂"组成的名词词组。总之,例 j、l 和 m 中,单独的数词前有否定词"勿",并不支持视数词为动词的看法。② 它们仅仅是完整的深层语言形式的省略,在表层上是构成对比所需要的最少部分。

在卜辞"来甲午侑伐上甲"与数词中间明显不存在任何否定词"不、弗、毋"或"勿"。这也是不能释例 a、b 和 c 的数词为动词("使数目为 X")的证据。此外,还没有发现数词前有主语名词而可以按上面的意义来解释的例子。

---

① 有许多例子表明,这个标准并非必须运用于每个例子。见《丙编》1(1)(2),(3)(4),(5)(6),(7)(8),(9)(10)等等。

② 奇柯斯基(Cikoski 1970:89 等页)提出,数词在古代汉语中可用作动词,他的论述看似合理。

综上所述,我们尝试用三种方式来释 a 的数词为动词——来甲午我(之)侑伐上甲(者),来甲午我(之)侑伐上甲(也)和来甲午我侑伐上甲,(其)十,但哪种都不能准确反映其句法结构。在遇到例 b 和 c 时,它们就不再适用。

(二)数词用作谓语

本节第二小节的三种不同的解释之(ii)比(i)多少有些复杂。它的依据是两个事实:第一,卜辞语言中省略很常见。第二,数词和数量结构,包括类词/量词词组,在甲骨文和古代汉语中都可用作谓语。这种解释正如第三种解释那样,也对表层结构与深层结构之间的不同给予了应有的重视。遗憾的是,也正因为这样才难以对它做出批评。

依照第二种解释,要假定例 a 的"十"是"＊侑十伐上甲"的省略形式。例 a 的深层结构因而应该是"＊来甲午侑伐上甲,侑十伐上甲"。在这里,动词"侑"的直接宾语"伐"及间接宾语"上甲"都见于第一和第二个小句。因为这样的结构显得冗肿,所以第二种解释假定,第二个小句的动词、直接宾语和间接宾语就都在表层结构中省略了。第一个小句提供新信息,但第二个小句只有数字是新信息,因而要删去已知信息。结果就是"来甲午侑伐上甲,十"。在"十"前面用一逗号,表示句法上的停顿。

我们好像可以引用很多明显的省略句来支持这种分析,下面是两个例子:

↓(n)癸卯卜㱿贞侑于河三羌刘三牛燎一牛。《丙编》124(1)

癸卯日占卜,㱿验证:献祭河三个羌人,对剖三头牛并燔祭一头牛。

↑(o)癸卯卜㱿燎河一牛侑三羌刘三牛。同(2)

癸卯日占卜,㱿(验证):燔祭河一头牛,献祭三个羌人并对剖三头牛。

例 n 表明,由虚词"于"引进的河神是动词"侑"的间接宾语。这个间接宾语在例 o 的"侑三羌"省略了。这一省略似乎是由已知/共享信息的标准所驱动(在此例中是由"燎河一牛"来表达)。与此相似,在例 n 中由于"侑于河三羌"的出现而使"燎一牛"中"河"得以省略(即例 o 中的"燎河一牛")。

可能会有人提出异议,说上面的例子不恰当,原因是例 n 和 o 中省略的只是间接宾语"河神",而在例 a(来甲午侑伐上甲,＊侑十伐上甲,省略由下画波浪线标明)则省略了动词、直接宾语和间接宾语。① 至于动词、间接宾语和直接宾语全部被省略的例子,可参看例 e 到 l 这一系列卜辞中的例 j、l 和 m。这样,以 j 为例,我们可用例 e 来重建它的深层结构为"﹡勿侑妣庚三垔(省略用下画波浪线标明)",其中的动词、间接宾语和直接宾语全被省略,仅剩下"勿三"。

综上所论,第二种解释假定数词"十"为从句"﹡侑十伐上甲"的不能省略的必要成分,作表达新信息的谓语。但是,商人究竟认为例 a 的"来甲午侑伐上甲十"是第二种需要解释的复句呢,还是认为它是个数词作数量补语(即第三种解释)的简单句? 我们将在下一小节讨论这问题。

(三)数词用作补语

第二种解释貌似令人满意。倘若有人因此怀疑进一步探索这个问题是否明智的话,那就让我们考虑一下那种解释的其中一个弱点,同时也尝试回答上文提出的问题。

在某些情况下,第二种解释固然能较好地说明问题,但它并不能普遍用来说明所有例子。第三种解释说明的问题更多。例如,它能够为商人在例 p、q、r 和 s 中的表达方式提供理论基础:

↓(p)余有刿于祖戊三牛。《丙编》614(2)
↑(q)……有刿于祖戊牢三。同 92(2)
↓(r)燎父乙三豕侑十伐刘十牛。同 401(1)
↑(s)……燎上甲三牛侑伐十伐刘十豕。同 407(17)

即使在深层结构上,上述所有例子全是简单句,特别明显的是例 p 和 q,原因是这里只有一个动词词组"有刿"。② 在例 s 中,动词"燎"、"侑"和"刘"显然是按顺序排列使用的,而且,"侑伐十"极不可能意在引出一个完全省略了动词"侑"、直接宾语和间接宾语"上甲"的"﹡侑伐,侑十伐上甲"的完整结构。紧随"伐十"之后的"刘十豕"使这一点更为明显,其中,名词(豕和伐)与数词

---

① 确实,人们可以问,为什么商人不在例句 o 中删去动词"侑"和"刘"或直接宾语"三羌"和"三牛"? 答案必定是,如果删去这些动词,"三羌"和"三牛"也将变成动词"燎"的直接宾语。另一方面,如果删除直接宾语,那么,"侑"、"刘"可能被误释为献祭被对剖的祭品(即古代汉语中的侑所刘)。因此,这里避免省略的原因似乎不是新信息对已知信息这个标准,而是为了预防误解。

② 按照本书前文中提出的理论,"刿"字前有的用法应该释为表示强调。

(十)的语序不同。

最自然的做法是,无论是在深层结构还是在表层结构,都将例 s 释为简单句。因此,我提议,"伐十"最好解释成名词后跟数量补语的结构。用新增、已知信息对比的术语来表达,名词"伐"和数量补语"十"都是"新"的。但是,在例 r 中的"十伐"是由数字形容词"十"和名词"伐"组成的名词词组,用作"侑"的直接宾语。用新增、已知信息对比的术语来表述,数字形容词"十"是新增的而名词是已知的。例 p 和 q 可用同样方式来彰明这些区别。

在高岛谦一(1984—85),我力图说明,新增、已知信息的区别反映在两种格式的选择上,这两种格式是名词+数词+(类词/量词/度量词)和数词+名词。记着这一点,让我们在更广泛的上下文中来检查例 a 和例 b:

↓(a)来甲午侑伐上甲十。《丙编》330(5)

↑(b)来甲午侑伐上甲八。同(6)

↓(t)侑于妣己㝃(⿻)。同(7)
　　献祭妣己一个俘虏(和垂?)。

↑(u)勿侑㝃于妣己。同(8)
　　不要献祭妣己(一个俘虏)。

↑(v)侑妾于妣己。同(9)
　　献祭一个女奴隶(?)给妣己。

注意,上面例子中的直接宾语"伐"、"㝃"和"妾"都是祭祀用的牺牲,对比着使用来提供新信息。因为在例 t、u 和 v 中,数字不是关心的问题,所以就没用数字。但在例 a 和 b 中,不仅祭牲伐而且它们的数量也有变化,这导致商人用后者来"补充"前者。句中主要动词一直是"侑",新增、已知信息、对比和非对比成分都围绕着这个核心来安排。①

利用上面的理论来解释名词+数词+类词/量词/度量词与名词+数词

---

① 值得注意的是,在例 u 和 v 中,直接宾语"㝃"和"妾"紧接着出现在动词"侑"之后,与例 t 不同,其中直接宾语"㝃"置于间接宾语"妣己"之后。乍一看,这是对比直接宾语"㝃"和"妾与㝃"的一种句法手段。但是,《丙编》330 的命辞好像都是贞人般所验证的。贞人般的命辞有这样的直接宾语和间接宾语的变动;这暗示着般很可能说了方言。

此一格式间的不同,会导致假定例 a 的深层结构为"来甲午侑＊伐十伐(于)上甲"或"来甲午侑(于)上甲＊伐十伐"。卜辞中未见后者的实例,但一种相似结构见于下面卜辞:

(w)羽乙未侑于祖乙羌十人……《佚存》154

在下个乙未日,献祭祖乙十人羌……

(x)……羽甲寅酚御萑于大甲羌百羌刘十牢。《粹编》190

……在下个甲寅日,(在)举行酚祭(后),在大甲(的神灵出现时)(用)一百强徒羌族人御祭萑并对剖十只特别饲养的羊。

因此,我坚持下面的观点,即处于起始位置的羌和数词都提供新信息,而类词/量词人和羌是名词词组的一个成分,"回指"(echo)起始位置的羌。现在,让我们把上面的例子和下面两例作个比较:

(y)来甲寅侑伐上甲羌五刘牛一。《后编》1・21・3

在将来的甲寅日,献祭人牲(给)上甲,羌(的数量合计为)五并对剖牛(的数量是)一。

(z)侑祖乙伐羌十。《粹编》246

献祭祖乙人牲,羌(的数量合计为)十。

我还坚持认为,例 y 和 z 的"羌"及数词都提供新信息,仅有的差别是,数词看来起数量补语的作用,而非如例 w 和 x 那样是"数量修饰语"。在例 w 中,量词"人"用来"回指"本质为人的羌,而在例 x 中,名词"羌"用来重复或"回指"原先的羌。①

最后,例 a 中"十"所在的位置支持我们释"十"为数量补语的观点,间接宾语"上甲"隔开它和动词"侑"。如果例 a 的深层结构当真是"来甲午侑(于)上甲＊伐十伐",它的结构就近似与例 w 平行,"＊伐十伐"就是用作"侑"的直接宾语的名词词组。如果新增信息可以"左向位移",为了对比而置"伐"于"侑"后面即导致"来甲午侑伐(于)上甲＊十伐"。最后一步,相当容易的一步,是删除句末的"伐"字。有两个因素在起作用。首先,"伐"的左向位移已经使它在上下文中可以意会。其次,"伐"在语法上是由数量形容词修饰的名

---

① 如在高岛谦一(1984—85)讨论的那样,后一类型的数量名词词组是古代汉语中类词词组的原型。别的学者(比如姚振武[2009:201])也指出这点。

词。当唯一的关注点是数量的时候才使用这类结构。剩下的数词"十"的功能大致像一个副词,或者,用我偏爱的术语,像个"数量补语"。

四、结论

回顾上文,可用两套例子(例 n 及 o 和例 j,l 及 m)来支持第二种解释,但用它来解释简单句 s 太过牵强。再者,第三种解释同样能很好地说明这些例子。它们都支持下述观点,即商人使用本节开始时提到的格式 2(数词+名词)表示数词提供新信息而名词表达已知信息。换言之,使用格式 2 的卜辞的焦点是祭牲的数量。

例句 a、b 和 c 代表的格式 3(名词 1+名词 2+数词)在功能上不能分析为"直接宾语+间接宾语+直接宾语的数量修饰成分"。这样的结构不见于汉语语法。因此,对我们开始时所提问题的最合适的回答是:处于那个位置的数词要视为数量补语,①那个格式是商人用来在一个句子中表示两条新信息的手段。

---

① 这可与动词后的"处所补语"作比较。例如:
↓八月癸酉卜羔贞有来自西。《丙编》94(1)
第八月。在癸酉日占卜,羔验证:将有人快要从西方来。
A:↑……亡其来自西。同(2)
……大概不会有人快要从西方来(或赉东西)。
把上组卜辞与下面卜辞作比较:
B:王占曰其自东有来。同 33(13)
国王预占卜兆说,"(食)可能终究从东方来(或赉东西)。"
我们可以补入意会的主语是名字为食的人,因为此字刚好出现在《丙编》33(13)的反面的同一位置上。与 32(20)"食来"(食将要来/赉)对应的否定命辞是"不其来/赉"([食]可能不来/赉),见 32(21)。
A 的自西和 B 的自东都用作副词,但前者的语法行为像数量补语而后者像状语。我怀疑,其中的区别是,在 A 句,商更关注的是谁(带贡品)来,较不关注来的方向;而在 B 句,他们更关注食来的方向却较不关心来的动作本身。因此,在此例中,新增信息相对于已知信息这个标准与这些词组的句法位置可能是不相关的。但是,放在动词后的副词词组所起的功能似与动词后的数量补语相平行,由此可对卜辞语言的句法作综合描述。

带"乍"(作)字和带"史"(使)字的使役结构

本章有上下两部分。上部考查了甲骨文中 zuo/ *tsak "乍/作"一词之用法,发现它除了作为一个普通动词表示"造某物"之外,还是一个表示"使役"的标志,而并非像初期甲骨学者胡光炜(1928)和郭沫若(1933)所认为的是连词 ze/ *tsək "则"的假借字,也不像其他现代甲骨学家们所解释的那样。下部考查了甲骨文中 shi/ *srjəgs "𠀃/𠀃(使)"一词之用法,发现甲骨文中"史"(使)除了用作普通动词表示"委任;派遣从事某种任务"之外,还被用作表示"使役"的语素。这种用法在古汉语中是很普遍的,但是甲骨学家却从未提出"使"在商代语言中就已是一个活跃的构形成分。

"使"的一般意义是"促成(N)做某事(VP)",但是,它也有一种特殊的积极的意义:"提供(一种场合或机会)让 N 做某事"。这同由"乍/作"构成的使役结构正好形成对比:"乍/作"的基本意义是"造某物",语法上,根据结构不同,"乍+V"表示"引起一个动作行为(V)发生"。"乍+N+V"表示"使 N 做某动作(V)"之意,而且,这种使役意义有一种对说话人来说消极的、不希望发生的意味。

第一部分 带"乍"(作)字的使役结构

一、引言

在各语言中,使役结构都是由跟动词形态有关的变化来表示的,这是一个被广泛接受的事实。根据 Dixon and Aikhenvald(2000:33—4)的说法,使役"屈折"方式包括以下八种：

(a) 内部变化(如元音或辅音音质变化)
(b) 重复一个辅音
(c) 拉长一个元音
(d) 变调
(e) 重迭
(f) 前缀
(g) 后缀
(h) 词缀(前缀和后缀的结合)

如果不将(f),(g),(h)统归为"词缀"一类,我们或许还可以加上"中缀"这一项。而若本文所提出的关于附加于动词基(verb base)或动词根(verb stem)的 zuo/ * tsak "乍(ᗄ)/作"的理论成立的话,这也可算作另一种使动变化的方式了,因为前一个词的语义特征直接影响到了后一个词的语义特征。Bybee(1985:12)将表达单位(expression units)分为词汇表达、屈折表达和句法表达三种类型。如果 zuo/ * tsak "乍/作"正如我们所说,是用来修饰限制另一个动词的,其语义特征的表达就应当属于词汇表达或者屈折表达之类型。反之,如果"乍/作"跟动词是互不相干的,其组合就只能属于句法表达这一类型。本文将揭示"乍/作"本身是一个词项(a lexical item),或者说是一个语素(morpheme),然而,当它影响到后面的动词时,就会赋予该动词一种"意义屈折"功能。因此,我们所面对的是一种词汇表达与屈折表达的交叉。①

第二节讨论几种关于甲骨文中的"ᗄ"(乍)的不同意见。第一种意见是把"乍"解释为动词 zuo/ * tsak "作"、"制造"的基本意义,包括笔者的"使役"的功能。另一种是将其作为连词 ze/ * tsək "则"。这是一种比较旧的说法,而且还是张玉金(1994:347-8)所选择的解释。② 近些年出现了一些对第二种连词解释的相反意见,但仍均存在一些尚未解决的问题。本文将提出一种

---

① 就上古汉语的构词情况而言,"派生"表达似乎较"屈折"表达的说法更为妥当。并且,从最小词汇单位结合的紧密度来说,词项应该是最高,句法应该是最低的,而派生表达居中。(参见 Bybee1985:12;Baxter and Sagart 1998:69。)

② 然而,张玉金在 1996 年改变了他原来的看法(1996:17-23)。本文将讨论其新说法,但这个说法也有问题,因而还不能接受。

新的看法,证明将"乍"解释为具有使役作用的 zuo/ * tsak 乍(作)更为合理。

第三节通过所引实例中对参与者的数量以及参与者的语法语义角色(participant roles)的考查来剖析那些发生使役屈折变化的动词。我们发现在使役结构中的动词配价是变动的,其结果是价增(valency increase),而不是价减(valency decrease),此结论与我们提出的"使役说"的预期结果是相符的。更引人注意的是,基于不同类型的结构配价或者参与者的变化有所不同。在"zuo+N+V"的结构中,我们得到的是标准、常见的使役意义,即"使/让 NV",而在"zuo+V"中则是一种"发起"意,即"发起 V(这一过程)"。然而,后者仍可称为"使役结构"。

第四节为小结部分。①

二、有关"乍"的几个解释

将甲骨文"𠂇"字释为"乍"是没有异议的,这个字后来加上了"人"的义符来表示"制造"的意义。动词"乍"常出现在动宾组合中,其后所带的宾语大致有两类名词:一类是物理的或具体的,如"邑、王寝、宗、鼎、宾"等;另一类是心理的或抽象的,如"祸、害、艰、尤、若"等等。对这种动宾结构本文将不做重点讨论,但是,这个用法是我们关于"乍"的假说的起点。

本节所要讨论的是两种带"乍"的结构。一个是"乍+N+V",即标准的使役结构,表示"使/让 NV"的意思;另一个则是"乍+V/VP",在这一结构中我们可在 V/VP 前补上一个底层的名词,具体说明见下文。这两种结构可由如下式子表明:

$$zuò + \begin{Bmatrix} N+V/VP \\ V/VP \end{Bmatrix}$$

首先,我们将以下两组对贞命辞作为基础进行讨论:

(1a)……卜㱿贞我其已旁乍帝降若。《合集》6498(从[1a]至于[1b]

---

① 在英文的原文附论中,我讨论了上古汉语构拟问题,但是仅限于以下两方面:(1)关于广为接受的具有使役作用的前缀 * s- 的问题;(2)其他使役结构,其中包括本文所提出的由语素乍(作)构成的使役结构,以及新发现的由"使"("引起 NP+VP")构成的使役结构。我们也将谈到两者作为使役表达时有无区别的问题。关于我对这个问题迄今为止的主要发现见于已付印的论文(高岛谦一,2006)。

的今译,见第二节最后;(2a)、(2b)的解释,见下面。)

(1b)……[卜]觳贞我勿已㞢乍帝降不若。同上

(2a)……[卜]觳贞王从望乘伐下㕣受又。同上

(2b)……[卜觳]贞王勿从望乘伐下㕣不受又。同上

(1a)(1b)和(2a)(2b)这两对命辞是同一贞人所刻,而且也有上下文的关系(讨论见下文)除了对"㕣"的考释以及动词"从"是否存在使动"屈折"的问题尚有疑问以外,第二对卜辞并不难解释。[①] 这对卜辞由正反两个命辞("charge")[②]组成,正面的说王跟随军事将领望乘讨伐下"㕣"(或释为危、鑪、榕等,尚无定论),反面的则说王不这样做,然后通过以是否受神佑为托词达到生成贞问两个选择的目的。但第一对例子[(1a)和(1b)]却很难解释。虽然现在有了一些新的说法,但最频繁地被引用,而一般又不被认可的说法似乎仍是郭沫若(1933:76a)的意见。他接受胡光炜(1928:2.21)的说法,把"zuo/ * tsak 乍(作)"看作是连词"ze/ * tsək 则"的假借。所以,郭沫若把"我其已㞢乍帝降若"解释成"我如傧祀鬼神,则帝降若"。(1b)是(1a)的对贞,其中,主句的否定词"勿"(wu/ * mjət)是 * m-型情态否定词(* m-type modal negative),"不应该";[③]而"降"(jiang/ * krənws)[④]的宾语"不若"(=不诺)中

---

① 笔者就此问题进行过研究,提出从(2a)(2b)的语境看,动词"从"虽有去声的读法,在这里最好还是理解为简单的"跟随"的意义(非"比";对此问题我有一篇未发表的专文),而不是像一些学者提出的所谓使动化的"让/使某人跟随"的意思。另一方面,如果"从"前面是诸如令、乍(作)、乎这样的动词,"从"的确获得使动的意义。关于"令、乍(作)、乎"的使役作用的研究可参见高岛谦一(1990:56—61)和伊藤、高岛谦一(1996:489—494),但是,本文对于"乍"做了全面的修正。

② 命辞常常出现在动词"贞"之后,这个字我采取 Serruys(1974)的意见,译为"to test",即"验证"之意。大多数的卜辞是将命辞内容付与龟或牛的神灵来裁定,商人相信这些神灵可以以不同程度的"吉利"来回应,或者更准确地说以"确定"的程度("吉"本指"结"、"密实")予以回答。从严格的语言学角度看,这种命辞是一种陈述句,而不是问句。当然,从深层来讲应该是存在一个问句的;但这是一个更为复杂的问题。关于这个"问题"的问题,请参考高岛谦一(1989;2010:1,17—71)以及其中所提及的文献。

③ 简而言之,若是 * m-型情态否定词 wu/ * mjət 勿("不要;不应该")后面接 * p-型非情态否定词 bu/ * pjəg 不("不会"),其意义很难解释。详见高岛谦一(1988b;本书第二编第四章)关于否定词的形态学研究。

④ 本文所采用的上古音是李方桂(1971)的系统,但是将他拟构的去声 * -h 改成为 * -s,而上声 * -x 改成为 * -/。

的"不"(bu/ * pjət)是 * p-型非情态否定词(* p-type non-modal negative),"不会"。这里"不若"可视为名词性词组,而"降不若"则构成一个表原因的分句。

在郭沫若提出此说的半个世纪以后,唐钰明(1986[2002]:79-80)对"连词说"提出了异议。他指出:能确定作为连词用的"则"的用例直至西周晚期才出现,①因此(1a)(1b)中所谓的连词"则"就成了甲骨语言中的"孤证"。②这一论证削弱了郭沫若说法的可信度。况且,虽说表"制作"义的动词"zuo/ * tsak 乍(作)"假借为连词"ze/ * tsək 则"从声音上来讲并非绝对不可能,但其主要元音终归还是不同的。更重要的是,对于这个字形在甲骨文中到底代表哪个词(语素),尚有更为合理的解释,那就是本文将要提出的看法。

唐钰明(1986[2002]:80)选择"酢"作为"乍"代表的词。他举了三条卜辞中的用例,并且在一些较晚的古汉语注释中找到了将"作"训为"酢"的例子。③第一条卜辞出自《粹编》172,只有三个字:"乍大丁",唐文说就是祭祀大丁的意思。这条卜辞不完整,因而不能作为可靠的证据。第二条出自《前编》7.38.2,但引得不对。他也没有明确说明"……乍王亘于……西"具体怎么解释。④第三条出自《乙编》7310,"乍屮于妣甲正",唐钰明可能是把它理解为:"如酢而侑于妣甲,妥当吗?"这种解释似乎缺乏根据,我对该句的解释见例(9)。总的来说,我个人认为唐说不太可信。

张玉金(1996:22)谈到了我们上面提到的卜辞(1a)和(1b),他同意唐钰明的看法,认为这个序列"巳旁乍"的标点应该是"巳,旁,乍",也就是由三个动词组成的一个连动结构。这样的连动组合在甲骨语言中是十分罕见的。张玉金对这一标点的主要的论据是下面这条卜辞(张玉金作《合集》426,有

---

① 唐钰明所引的陈初生硕士论文(1981,中山大学)我没有见到。但是陈初生(1983)引兮甲盘铭文"敢不用令,则即井(刑)盈伐"为例,这确实是连词"则"的用法。

② 很明显,杨逢彬(2001;2003)并未注意到唐钰明(1986[2002]:79-80)的发现。他重复了唐的观点,但是提出了不同的解释。他认为"作"后省略了"宾",应解为" * 作宾"。杨逢彬的观点的问题在于他所说的省略似乎并没有什么语言学根据。

③ 例如,《诗经·大雅·荡》"侯"作"侯祝",毛传:"作,祝,诅也。"《尚书·顾命》"秉璋以酢"。孔安国传:"报祭曰酢"。从读甲骨文之方法论角度看,用这种较晚的古汉语注释来解释一千多年以前的材料是危险的。

④ 在拓本上我们看见一共有五条卜辞,但是,好像连一条卜辞里也没有"彡"这个字。第三行里之王字上有一个模糊字。但是,好像和"彡"或"彡"不一样。

误,应为 13526):

> (3) 甲戌卜㱿贞我勿将自兹邑齑宁巳乍[(帝降若)]。
>
> 甲戌日占卜,㱿(向卜骨中的神灵)求证(下述提议的可行性):我们不应该从这个㱿住的地方(或聚居地的供奉神灵的建筑物)齑开始向(X)献祭和举行合乎时宜的祀礼,因为(那样做)将会使帝降赐他的认可。

张玉金将"*宁乍"单独列出来作为一个词组单位,称之为"连文"。然而,他忽略了"*宁乍"中间的"巳"字。况且,据我所知,甲骨文辞例中应该没有"*宁乍"这样的序列,所以也不应该是"连文"或者连组单位。因此,作为张玉金支持唐说的材料也就难成其证了。

笔者同意杨逢彬(2001:22;2003:376)关于(1a)和(1b)中的"巳"和"宁"的分析,但是,他没有具体指明是怎么理解"巳宁"这个短语结构的,即我所认为的"动词+处所名词"。① 而且,认真地说,他所考查的《合集》13525(本文例[16])有"宁巳",而《合集》6498(本文例[1a])有"巳宁"——他认为它们之间没有任何差别,这也就意味着他忽略了根本词组单位分析。这跟唐钰明(1986[2002]:80)判断的"'巳宁乍'也好,'宁巳乍'也好"完全相同,难以令人接受。关于这点,我们只要再看一下例文(3)……"齑宁巳乍[(帝降若)]"的译文,就可知道是"齑"和"宁"相配,而没有像"宁巳"那样构成形式。

我们知道"制造"和"致使"从语义上来说是有紧密联系的,因此我们能通过动词的增价(valency increase)来鉴定其使役语素的用法。这一现象以及相关的参与者的语法语义角色(participant roles)的问题将在第三节中进行讨论。甲骨文的"𡧧(=宁)"用作名词应读为"*bin/*pjins* 宁(=宾)",就是"建筑物,某种用作迎接神灵降临的圣堂"的意思(高岛谦一 2004)。用作动词的"*bin/*pjin* 宾"(即"待为宾客")字底部常有足形,写作"𡧧"或者"𡧧,𡧧,𡧧,𡧧"等异体。可是,当"宾"用作静态-被动的动词时,可写作不加足形的"𡧧"。我把这种"宾"翻译为"被待为宾客"以表示其静态-被动的体意义。

---

① 我曾在另一篇文章中指出,"巳宁"这一序列是一个"动词+处所名词"的结构(高岛谦一 2005a:13—4)。其主要原因是"巳"在绝大多数情况下都出现在一个由"于"或者"在"引入的处所短语之前。

而且,笔者仍持以前论文(高岛谦一 2005a)中的看法,即"巳(㠯)"的字形代表动词"ci/si/＊rjəg/祀"(异体:禩),"举行一种探求,合乎神意的仪式"。"祀"这个词一般被释为"祭祀",其实,更为精确的释义应该是一种礼仪性的服务,而不是单纯给予性质的祭祀活动。① 我(2005a:15—17)曾讨论了支持这一判断的重要证据,那就是,"祀"的后面从未出现过直接宾语。② 我们可以把(1a)和(1b)从语境上与紧跟着它们的(2a)和(2b)结合起来进行考查。基于各方面的考虑,《合集》6498 的这两对卜辞应作如下的诠释:

(1a)……卜𣪘贞我其巳㝿乍帝降若。

……日占卜,𣪘(向卜骨中的神灵)验证(下述提议的可行性):我们应该在供奉神灵的建筑物宾举行合乎时宜的祀礼,因为(这样做)将会使帝降赐他的认可。

(1b)……卜𣪘贞我勿巳㝿乍帝降不若。

……日[占卜],𣪘(向卜骨中的神灵)验证(下述提议的可行性):我们不应该在供奉神灵的建筑物宾举行合乎时宜的祀礼,因为(那样做)将会使帝降赐他的不满。

(1a)和(1b)的意思大致如上所释,但(1a)、(1b)同(2a)、(2b)之间却有一个重大区别。(1a)用了情态助词"其",我认为"其"若用在人力可以控制的动词(controllable verb)前,则表示很强的意愿,"要,应该"。这里动词"巳"(＝祀),"举行神佑的祀礼"(详见下文),是一个可控制动词,所以我把"其巳(＝祀)"解释为"(我们)不要/应该举行祀礼"。在此,"其巳(＝祀)"同否定的"勿巳"构成对贞,由于"勿"有很强的否定情态语气,"其"也应该解释为与"勿"具有同等程度的语气的情态动词。"勿巳(＝祀)"我们可理解为"我们不要/应该举行祀礼"。然而(2a)"从"不是被"其"修饰的,所以"王从望乘"也就应该

---

① 参见另文之定义(高岛谦一 2002:114):"'礼仪动词'用于信仰奉献的行为中,该行为可能是出于一种满足商人伦理观念的传统,对其具有重要的象征意义。与此相反,'祭祀动词'涉及的是贡献物品给那些被触怒的、或者令商人敬畏的神衹(在某些特殊情况下甚至是非神衹。"

② 徐中舒(1988:20),张玉金(1999:178)等说《合集》2214 是个及物动词"祀"的例子(但唯一例子),可是看《合集》2214 拓本,就可发现它是个断片的龟版腹甲,不能确认"一牛"是动词"祀"的宾语。

很自然地被看成是简单的陈述句。但是,其对贞句(2b)中却出现了"勿",这是一种"零-强情态语气"的对立,其情态语气的程度势必不同于(1a)、(1b)的对贞。如果我们注意到整个句子的意思,(1a)、(2a)这两个肯定命辞表述的都是贞人所希望发生的事情(参考 Serruys1974:25)。在这一点上我们可以说两者之间存在占卜陈述中固有的疑问语气的程度差异。

三、Zuo/ *tsak 乍(作)的配价(Valency)及参与者的功用(Participant Role)

将"乍(𠂤)"释为"制造"义的"作",是标准的讲法。然而,在某些特殊的场合,我认为应将"乍(𠂤)"释为使役语素(或使役标记),而不是普通的"制造"义的动词。我们可以找到若干动词出现在"乍"之后的用例,它们对于"使役语素"的假说很有启发意义。让我们来看看以下几个用例:

(4) 辛未[贞]王乍令戉不丵。《合集》32877
　　辛未日(向卜骨中的神灵验证下述提议的可行性):如果国王应该引起颁令给戉[去征讨敌人 X]这件事发生的话,(敌人)将不会受到严惩。

(5a) 其乍丰又正[王]受又。《合集》31180
　　如果[国王]引起举行丰礼这件事发生的话,丰礼最终确实会顺利地进行,(国王)也将受到神的佑助。

(5b) 勿乍丰。同上
　　(国王)不应该引起举行丰礼这件事发生。

(6) ……王乍令狸不🕯(=困?)。《合集》4499
　　……国王应该引起颁令给狸这件事发生,因为这个命令将不会造成让人为难的情况困(?)。

(7) (贞)乍告疾于祖辛正。《合集》13852
　　(向卜骨中的神灵)验证(下述提议的可行性):(我们)应该引起(就某人的病而)向祖辛举行告礼的事情的发生,因为它(指告礼)的结果将会是妥当的。

(8) ……乍学于……若。《合集》16406

……应该引起在某地发布指令的事情的发生,因为它(指令)将得到(帝或神灵)的认可。

(9) 甲子卜宾贞乍㞢(＝侑)于妣甲正。《合集》13658 正

甲子日占卜,宾(向卜骨中的神灵)验证(下述提议的可行性):(我们)应该引起献祭妣甲一事的发生,因为它(＝献祭)的结果将是妥当的。

我们可以假设在所有这些用例中,"乍"后面被省略了一个名词,而这个名词应为同指(co-referential)"乍"字的主语。在(4)中,我们可以在"乍"后面补上"王",其底层结构遂为"王乍(＊王)令或",意思是"王致使＊王命令或",其中,第二个"王"在表层结构中被删略(delete)了(＊代表后面的内容,即"王"是"未证实的或者拟构的")。这样的删略有语言学的理据:它就是所谓的"equi-NP deletion"。下令的人必定是"王",它既是"乍"的直接宾语,又同时是"令"的施事主语。这句话也可以说成"王致使/让他自己命令或"。如果这个分析没错,我们就可以观察到"乍"的增价。"王乍令戛"跟简单地说"王令或"是很不同的。第二个"王",即底层的"王"(即写作＊王),是同指第一个"王"的。"王致使/让他自己命令戛"有一种附加的"发起性"的意义,即进入一种蓄意的行动来引起或者促使某种动作行为的发生("to set a contemplated action in motion, to initiate a course of action, or to lead to do something")。这正是笔者把这一类的结构都统一地翻译成"引起(动作行为)V"的原因。① 同样,笔者认为例(6)"王乍(＊王)令狸"中的第二个"＊王"虽在表层被删除了,其字面上的意思仍应作"王应该致使(他自己)颁布命令给狸",这句话也能说成"王应该引起颁布命令给狸"。现在,让我们利用以上的观点来考查(2a)、(2b)与下面两条卜辞的关系,他们之间唯一的区别在于动词"从"前有无"乍"字:

(10) 己未卜亘贞今载王乍从[望]乘伐下𢀛下上若受我[又]。《合集》39897

---

① 这类结构的用例基本上都是关于极其正式的行动,"乍"的施事主语不是"王"就是他的附从。我所说的"引起",是指这些正式性的行动或者计划的发起中隐含了发起人行使其职责、推动该行动计划的初步实现或者进入初始阶段的意味。既然各种行动的肇始即付之于占卜,这种发起人的"责任感"或许也就部分转移、分担到占卜这一行为上了。

己未日占卜，亘（向卜骨中的神灵）验证（下述提议的可行性）：在现今这个甲子（或今年），国王应该引起跟随[望]乘征伐下危（这一行动策略）的发生，因为下方和上方（的神）将同意（这一行动策略）并降赐给我们佑助。

(11) 贞今载王勿乍从望乘伐下🅐下上弗若不我其受又。《合集》39896

（向卜骨中的神灵）验证（下述提议的可行性）：在现今这个甲子（或今年），国王不应该引起跟随望乘征伐下危（这一行动策略）的发生，因为下方和上方（的神）将不同意（这一行动策略），也将不会降赐给我们佑助。

以上的翻译基于前面提到的底层结构中"乍"和"从"之间的同指名词"王"。而在(2a)、(2b)只是简单的SVO"主－谓－宾"结构："王从望乘"和"王勿从望乘"。其中好像没有(10)、(11)中所见的动词的价增现象。并且，在(2a)、(2b)中也没有(10)、(11)所包含的"引起一种动作行为"的意思，其原因之一就是在(10)、(11)中由使役语素"乍"引入了一个底层的新参与者。这个新的参与者跟(4)中的一样，是"乍"的直接宾语，同时又是"乍"的施事主语。因此，这应该是一个典型的兼语结构（pivotal construction）。

与此相反，我们也有这样一些例子，其中"乍"在底层结构中的直接宾语跟施事主语之间不能建立同指的关系。让我们来考查以下诸例：

(12) 己巳卜争贞乍王受［帝］……《合集》13758 正

己巳日占卜，争（向卜骨中的神灵）验证（下述提议的可行性）：（帝/神祇将）引起国王接受（帝的）佑助一事的发生……

(13) ……卜出［贞］……乍王……告……辛……《京津》3766

某某日占卜，出（向卜骨中的神灵验证下述提议的可行性）：……引起国王……举行告礼……辛

(14) 帝其乍我𩁹（=孽）。《合集》14184

帝可能要使我们受灾。

(15) 丙戌卜内我乍（🅐）基方排（🅐）……《合集》6570

丙戌日占卜，内（验证）：我们将使基方制造……

(14)是个很好的例子，这里"乍"的主语是"帝"，而"我"因为出现在"乍"之后，

所以很明显是其宾语。(15)的结构与之相同,只是很可惜,第二个"祚(㞢)"("制造")后缺字。但是,这个例子很有意思。我们可以看到这里锲刻者对使役语素"乍(㞢)"和普通动词"祚(㞢)"在字形上做了区别。(甲文㞢象手加工玉石之形)(12)、(13)中主语没有出现,但无论如何也不会是我们前面说过的同指性的"王"。我认为(12)到(15)各例都适用"使役语素"的理论,但是,我在这里并不坚持"引起一种动作行为"的解释,这个意思在(4)—(11)的"乍"中有,而在(12)—(15)中却不明显。如果此说可行,那么以下这个与本文所讨论的问题直接相关的例子就应属后一类:

(16)甲戌卜争贞我勿将自兹邑觚旁巳乍若。《合集》13525
甲戌日占卜,争(向卜骨中的神灵)验证(下述提议的可行性):我们不应该从这个(殷的故乡?)觚(或聚居地的供奉神灵的建筑物?)觚开始向(X)献祭并举行合乎时宜的巳礼,因为(那样做)将会使帝降赐他的认可。

上例应该与(3)"甲戌卜觥贞我勿将自兹邑觚旁巳乍"相比较。两者占卜的日期相同,贞人不同。(3)很明显是一条不完整的卜辞,使役作用的"乍",动词"若"没有刻出来,这也许是由于刻工漏刻所造成。相对而言,例(16)则一定是完整的。

至少从表层结构看,"乍若"跟(4)—(11)中各用例是完全相同的。"若"受到一个句法运符(grammatical operator)——使役语素"乍"——的影响。现在我们要问,在"乍"和"若"之间是否也能补上一个名词呢?回答是肯定的。这个补上的成分应该不是动词"巳(=祀)"的主语"我",而是没有出现的动词"若"的主语。很明显,这里底层的主语不可能指(16)主句的主语"我",因为"我"在甲骨材料中从未做过"若"的施事主语。因此,最可能的选择就是"帝"或其他神祇了。下面的例子就是证据:

(17a)……卜觥贞我其巳旁乍帝降若。《合集》6498
某某日占卜,觥(向卜骨中的神灵)验证(下述提议的可行性):我们应该在供奉神的建筑物中举行合乎时宜的祀礼,因为(那)将会使帝降赐(他的)认可。

(17b)……觥贞我勿巳旁乍帝降不若。同上
[某某日占卜],觥(向卜骨中的神灵)验证(下述提议的可行

性):我们不应该在供奉神的建筑物中举行合乎时宜的祀礼,因为(那)将会使帝降赐(他的)不满。

根据我们目前的分析,我认为"乍帝降若"是完整形式,而(16)中的"乍若"是省略形式。这里的"乍若"跟(3)里面的"馘方已乍"那种漏刻造成的省略是不同的,表层结构的"乍若"可能已经成了一种约定俗成的惯用表达了。我们可以用下列用例来支持这一说法:

(18) 癸酉子卜高乍不若。《合集》21826

癸酉日子占卜:高[祖?]将(或正在?)引发(帝的)不满。

(19) ……戍子卜……乍不若。《合集》21827

……戍子占卜:……将(或正在?)引发(帝的)不满。

(20) 目亡不若。《合集》21828

目其实将不会遭到(帝的)不满。

这里的"不若"应该是"若"的否定形式,而"不若"也是受使役语素"乍"限制的动词词组。既然"乍若"是一个为商代人所能接受的习惯表达,那么"乍不若"也应该同样是可以接受的习惯说法。但是,这里还有个问题:"不若"的底层主语似乎难以确定。然而,如果我们把"帝"或"下上"(如《合集》6322)、"河"(如《合集》5158)以及其他所谓自然神灵作为"若"或"不/弗若"的判断无误的话,那么(18)"高乍不若"中的"不若"的底层主语就不可能是叫"高"的人物,而应为某种神灵(比如"高祖先/自然神")。例(20)中"亡"的主语是一个叫"目"的人,但是他也不可能是"不若"的主语。事实上,卜辞确无"*目不若"的例子。

四、小结

综上所述,本文将用在动词之前的"乍"定义为一个"使役语素"。当"乍"与其后的动词之间可以添加复原一个相同的名词主语,也就是说,当"乍"的主语与其后动词的主语是同指性的时候(后者只出现在底层),"乍"表示"引起动作行为 V"的意思;而当"乍"的名词主语与其名词宾语不是同指性的,"引起"的意义就不明显了。"乍若"和"乍帝降若"的说法则应处理为构成一种结构单元(structural units),前者似乎是后者的省略形式,或者至少是"乍帝若"的省略形式。

第二部分 带"史"(使)字的使役结构

一、引言

第二部分是"带'乍(作)'字的使役结构"的续篇。虽然两篇文章关系紧密，本应并合，但形势使然，前篇首先发表了。现在，我就将修正过的"带史/使"字的使役结构"一文发表出来，其中我将理清两种使役结构的异同。就汉语史的发展而言，"乍(作)"作为使役语素似乎在西周晚期铜器铭文之后就已消失，取而代之的是"使"字的使役结构。① 然而，商代以及西周早期的汉语中，两者均出现在使役结构中，而且就意义而言，它们的分布也十分耐人寻味。

为了更好地比较两种不同的使役结构，必须总结一下第一部分中的主要观点，故第二部分第二节将提供使役语素"乍(作)"理论学说之所以成立的论据以及"乍(作)"构成的使役结构的意义。但是，关于这些问题的全面阐述，请参考上部全文。

第三节将考查几个形态上有联系的词：shi/ * srjəgs 𰀁/𰀂（使）"委任；派遣执行任务（动词）"；"使者、使节（名词）"，li/ * ljəgs 𰀁/𰀂（吏）"管理者、官吏"，以及 li/ * ljəg（理）"施加一种模式、管理"（甲、金文皆无"理"字）。② 结合以上这些词之间的关系以及 𰀁/𰀂 出现的语法环境，我提出一个假设：本义为"委任、派遣"的动词"使"跟本义为"造某物"的"作"一样是组成使役结构的语素。

第四节继续阐释以上假设，并讨论各家对有 𰀁/𰀂 出现的代表性例句的解释。

---

① 这种历时发展应该是有原因的。若要进行历时性的研究，尚需认真扎实的研究来发现其根本原因所在。本文旨在从共时的观点来看待商代汉语中的使役结构问题，故对其历史发展的原因不做无根据的揣测。

② 跟"使"在形态上有关的词当然还有：shi/ * dzrjəgs（事）"事情（名词）"或"执行一项任务（动词）"，shi/ * dzrjəg 协（士）"官员（名词）"或"从事官员的职务"（动词，仕），以及 li/ * ljəg 𰀃（里）（矢方彝，西周金文字形，其甲文未见），"村落"等等。可是，由于它们之间没有确定的形态上的联系，故对这些词本文略而不谈。

第五节是本文的结论部分。

二、у用为使役语素 *zuo*/﹡*tsak* 乍(作)的解释的论据

使役结构可由普通及物动词结构中动词价的增加看出来。需要指出,我们所指的使役结构应该是在语法上具能产性的结构。语义上的使役表达形式(并不包括在内),比如"Lisa persuaded him to go(莉萨说服他去)"(Trask1993:38)。这是跟参与者的语义角色有关的。其关键是作为施事者的名词是否被当作动作行为的直接发起者,如"Lisa makes Tim smile a lot(莉萨常常让蒂姆笑)"。假若这里的动词不是不及物的"笑"而是及物动词,我们就得到了有使役意义的"Lisa made me wash the car(莉萨让我洗车)"。现在,让我们来看几个甲骨文的例子。

(1a)……卜𣪘贞我其巳宁乍帝降若。《合集》6498

……日占卜,𣪘(向卜骨中的神灵)验证(下述提议的可行性):我们应该在供奉神灵的建筑物(宁=宾)举行合乎时宜的祀礼,因为(这样做)将会使帝降赐他的认可。

(1b)……卜𣪘貞我勿巳宁乍帝降不若。同上

……日[占卜],𣪘(向卜骨中的神灵)验证(下述提议的可行性):我们不应该在供奉神灵的建筑物宾举行合乎时宜的祀礼,因为(那样做)将会使帝降赐他的不满。

在序辞"XY卜Z贞"(XY=天干+地支,Z=贞人名)之后,(1a)的命辞部分是一个肯定的陈述。这一命辞由主句"我其巳宁"和原因状语从句"乍帝降若"组成。(1b)的命辞用了两个不同的否定词:主句是﹡*m*-型情态否定词 *wu*/﹡*mjət* 勿("不应该"),而原因状语从句"乍帝降不若"中是﹡*p*-型的非情态否定词 *bu*/﹡*pjəg*(*x*)(*s*)不("不会")。① 这里"不若[诺]"可以被看作名词化的短语作"*jiang*/﹡*krəngws* 降"(注意:韵尾﹡-*s*)的宾语。值得注意的是,在这些原因状语从句中"乍(作)"出现在"帝"前,后面跟的分别是动词短语

---

① 简要介绍一下:﹡*m*-型情态否定词 *wu*/﹡*mjət* 勿"不该",后接﹡*p*-型非情态否定词 *bu*/﹡*pjəg* 不"(will)not",看似很难解释。请参考第二编第四章对于甲骨文的否定词的形态问题的研究。

"降若"和"不降若"。其结构形式可由下式表示：

$$zuo + N + VP$$

把这一结构释为"使/让/N 做 VP"是有道理的。以下两个例子也有相同的结构：

（2）帝其乍我薛（=孽）。① 《合集》14184

　　帝可能要使我们受灾。

（3）丙戌卜内我乍（𠂉）基方柞（𠂉）……《合集》6570

　　丙戌日占卜，内（验证）：我们将使基方制造……

其中（2）是个很好的例子，这里"乍"的主语是"帝"，而"我"因为出现在"乍"以后，很明显是宾语。（3）的结构与之相同，只是很可惜，第二个"柞（𠂉）"（"制造"）之后有缺字。但是，通过这个例子，我们可以看到锲刻者对使役语素"乍（𠂉）"和普通动词"柞（𠂉）"在字形上加以区别的现象。②

我们也会看到另一个不同的结构，"乍"后所跟的不是 N，而是一个动词或动词短语。这个结构可由下式表示：

$$zuo + V/VP$$

只给三个例子：

（4）辛未［贞］王乍令戛不直。《合集》32877

　　辛未日（向卜骨中的神灵验证下述提议的可行性）：如果国王应该引起颁令给戛［去征讨敌人 X］这件事发生的话，（敌人）将不会受到严惩。

（5a）其乍丰又正［王］受又。《合集》31180

　　如果［国王］引起举行丰礼这件事发生的话，丰礼最终确实会顺利地举行，（国王）也将受到神的佑助。

（5b）勿乍丰。同上

　　（国王）不应该引起举行丰礼这件事发生。

在上述各例（例（4）－（5b））中，动词根（base verbs）都是受我所说的"使役语

---

① 关于"薛（=孽）"反面意义的动词用法的诸多例子，见岛邦男的《综类》360.1－2。

② 如果我们查看"乍邑"的例子（《综类》43.2－3），𠂉和𠂉无甚区别（20 对 24），可是，如果两者被用在同一个句子里，如（3），锲刻者明显地加以区别。

素""乍"限制的,这个"乍"是从普通的"造某物"的及物动词"乍"发展而来的。"制造"同"致使"从语义上来说是相互联系的,但这里更为重要的是"乍"充当了一种运符(operative marker),将其后出现的动词变成了使役化的动词,在句法上也影响到了各成分的价和参与者功用。我们可以假设各用例中的"乍"后都省略了一个名词,而这个名词同指(co-referential)"乍"的主语。以(4)为例,我们可以在"乍"后面补上"王",其底层结构遂为"王乍(*王)令夐",即"王致使/让*王命令夐",而第二个"*王"在表层结构被删略(delete)了。因为下令的人必定是"王",所以"王"既是"乍"的直接宾语,又同时是"令"的施事主语。这句话也可以说成"王致使/让他自己命令夐"。于此我们可以观察到动词的增价。换句话说,"王乍令夐"跟简单地说"王令夐"是很不同的。既然第二个"王",即底层的"*王",同指第一个"王",故也可以说成"王致使/让*他自己命令夐……",这跟说"王引起对夐(发布)命令"差不多。这里"引起"意指的是"进入一种蓄意的行动来引起或者促使某种动作行为的发生(to set a contemplated action in motion, to initiate a course of action, or to lead to do something)"。这是笔者把这一类的结构都统一地译成"引起(一个动作行为过程)V"的原因。

现在让我们来看下面这对卜辞:

(6)……卜敵贞我其巳宁乍帝降若。《合集》6498
　　某某日占卜,敵(向卜骨中的神灵)验证(下述提议的可行性):我们应该在供奉神的建筑物中举行合乎时宜的祀礼,因为(那)将会使帝降赐(他的)认可。

(7)……敵贞我勿巳宁乍帝降不若。同上
　　[某某日占卜],敵(向卜骨中的神灵)验证(下述提议的可行性):我们不应该在供奉神的建筑物中举行合乎时宜的祀礼,因为(那)将会使帝降赐(他的)不满。

这一对正反两辞之前半(我其/勿巳宁)的"主—谓—宾$_{间接/处所名词}$"结构,其谓语皆为很普通的及物动词,不是使役结构。① 而下面这一对与之极为相似的卜辞却形成了使役结构,因为"乍"出现在动词"从"之前。结合例(4)—(5b),我将这对对贞解释如下:

(8) 己未卜亘贞今载王乍从[望]乘伐下𠦪下上若受我[又]。《合集》39897

己未日占卜,亘(向卜骨中的神灵)验证(下述提议的可行性):在现今这个甲子(或今年),国王应该引起跟随[望]乘征伐下危(这一行动策略)的发生,因为下方和上方(的神)将同意(这一行动策略)并降赐给我们佑助。

(9) 贞今载王勿乍从望乘伐下𠦪下上弗若不我其受又。《合集》39896

(向卜骨中的神灵)验证(下述提议的可行性):在现今这个甲子(或今年),国王不应该引起跟随望乘征伐下危(这一行动策略)的发生,因为下方和上方(的神)将不同意(这一行动策略),也将不会降赐给我们佑助。

之所以做上述解释,是因为底层结构上"乍"和"从"之间有一个同指性的名词"王"。我们在"王从望乘"和"王勿从望乘"(《合集》6498)中并未见到动词的价的增加,而在(8)和(9)中却能观察到这一现象。并且,前者不包含"发起一项动作行为"、"准备待发"等义,而后者恰恰含有此义。其中的原因就是因为使役语素"乍"引入了一个新的参与者,虽说只是底层上的。这个新的参与者的功用跟例(4)一样,即底层上"乍"和"从"之间的"﹡王"既是"乍"的直接宾语,又是"从"的施事主语,从而形成一个兼语结构(pivotal construction)。

但是有些用例,如(1a)—(3),底层上"乍"的施事主语(有时并不出现)和受事宾语的同指关系并不成立。让我们来看看下面的例子:

---

① 我曾提出下面的例(8)、(9)中的"从"本身并不存在使动变化。如果"乍"字不出现"从"字之前(比如《合集》6498;见下),我们不能理解为一些学者所说的"使/让 X 跟随"(他们的根据可能"从"有去声的又读,且王作为统帅应该是领导别人,而不应该跟随别人)。我认为如果"从"前面出现"令"、"乍(作)"、"乎"等动词时才有使动的意义。关于这些似乎有使役意义的动词的研究,有高岛谦一(1990:56—61;伊藤、高岛谦一 1996:489—494)。本节对由"乍"构成的真正的使役结构作了更为全面彻底的修正。

(10) 己巳卜争贞乍王受[帝]……《合集》13758 正
己巳日占卜,争(向卜骨中的神灵)验证(下述提议的可行性):
(帝/神祇将)引起国王接受(帝的)佑助一事的发生……。

(11) ……卜出[贞]……乍王……告……辛……《京津》3766
某某日占卜,出(向卜骨中的神灵验证下述提议的可行性):
……引起国王……举行告礼……辛……

例(10)和(11)主语没有出现,但可以肯定的是这个主语一定不是同指"王"的。我认为这些例子还是可以看作使役结构,只是它们似乎没有"发起一种动作行为"或者"初始性"的意思,或者说至少没有在"乍+V/VP"中明显。例(2)、(3)亦然。相比之下,例(4)—(5b)中的"发起"或者"初始"意义却非常明显、无可辩驳。那么,下面这些例子又如何呢?它们也是属于同一类型的结构吗?

(12) 甲戌卜争贞我勿将自兹邑馘旁巳乍若。《合集》13525
甲戌日占卜,争(向卜骨中的神灵)验证(下述提议的可行性):我们不应该从这个馘(殷的故乡或聚居地的供奉神灵的建筑物)开始向(X)献祭并举行合乎时宜的巳礼,因为(那样做)将会使帝降赐他的认可。

在我看来,虽然例(10)—(11)中"发起"或者"初始"的意味没有(8)、(9)显著,但是从我的翻译看仍是可以反映出来的。"(那样做)将会使(帝降赐他的)认可"类似于说"(那样做)将会发起帝降赐他的认可,或者说把帝置于降赐他的认可的地步"。这可能是由"乍"本身的词汇特征和使役作用造成的。让我们比较(12)和下例:

(13) 甲戌卜𣪘贞我勿将自兹邑馘旁巳乍[帝降若]。《合集》13526
甲戌日占卜,𣪘(向卜骨中的神灵)验证(下述提议的可行性):我们不应该从这个(殷的故乡)馘(或聚居地的供奉神灵的建筑物馘开始向(X)献祭和举行合乎时宜的祀礼,因为(那样做)将会使帝降赐他的认可。[为了补全句子我在"乍"后加上了"帝降若"。]

例(12)、(13)占卜日相同,但贞人名不同。例(13)很明显是条不完整的卜辞,使役作用的"乍"后动词"若"没有刻出,这也许是刻工漏刻造成的。至少从表层结构看,"乍若"跟例(4)－(9)完全相同,即"乍"后跟一个动词"若",而且受句法运符(grammatical operator),即使役语素"乍"的影响。现在我们要问,在"乍"和"若"之间是否也能补上一个名词呢?回答是肯定的。这个名词应该不是动词"巳(＝祀)"的主语"我",就是动词"若"的未出现的主语。这里底层主语很明显不可能同指"我",即(12)、(13)主句的主语,因为"我"在甲骨材料中从未做过"若"的施事主语。因此,最可能的选择就是"帝"(或者某种神灵)。下面的例子是证据:

(14a) ……卜嗀贞我其巳宁乍帝降若。《合集》6498
……日占卜,嗀(向卜骨中的神灵)验证(下述提议的可行性):我们应该在供奉神灵的建筑物宾举行合乎时宜的祀礼,因为(这样做)将会使帝降赐他的认可。

(14b) ……嗀贞我勿巳宁乍帝降不若。同上
……日[占卜],嗀(向卜骨中的神灵)验证(下述提议的可行性):我们不应该在供奉神灵的建筑物宾举行合乎时宜的祀礼,因为(那样做)将会使帝降赐他的不满。

根据目前的分析,我想提出两点。其一,"乍帝降若"是完整形式,而"乍若"是其省略形式。这里的"乍若"跟例(13)的"覅宁巳乍"那种漏刻造成的省略是不同的,表层结构的"乍若"大概已经成了一种约定俗成的惯用表达了。这是我在例(12)里补充的底层形式的原因。其二,虽然例(12)－(14b)中的"发起"或"初始"意义不如(4)－(5b)和(8)、(9)明显,但也是可以体察得到的。如前所述,这应该是由"乍"本身的词汇特征和使役作用造成的。

综上所述,我们讨论了如下结构:

$$乍+\begin{Bmatrix}N+V\\V/VP\end{Bmatrix}$$

要是可以在"乍"与其后的动词或动词短语之间补上一个相同的名词主语,也就是说,当"乍"的主语与其后动词的主语是同指性的(后者只出现在底层)时候,"乍"明显地表示"引起动作行为 V"的意思。如果我们重新考虑"乍"的名词主语跟其名词宾语不同指的例子,我们发现其中的"引起"义虽尚可体察,但并不明显。而"乍若"和"乍帝降若"的说法则应处理为构成一种结构单元

(structural units),前者似乎是后者的省略形式,或者至少是"乍帝若"的省略形式。还应该指出,不管在表层出现与否,使役语素"乍"后的名词都是具有某种能力、或者施事性的成分。

三、与 shi/ * srjəgs 🐍/🐍(使)有形态关系的几个词

在藏缅语、汉藏语、上古汉语的研究中, * s-前缀是广为接受的具有使役作用的词缀。那么,在甲骨语言中两种使役表达(前文的 * s-和"乍")——如果算上"使"应该是三种——都存在吗?如果我们假设他们是存在的,价变是否能反映出来?要回答这些问题,我们要先简单讨论一下使役前缀 * s-是构词成分还是词汇表达的问题。我们已经看到,"乍"构成的使役作用之所以可以成为一种屈折是因为它直接作用于其后的动词,而"乍"构成的使役结构从整体上讲是一种句法表达,第四节将提出"使"字的使役作用也同样是句法表达。在本节我们还是先对历史语言学家构拟上古汉语系统所能采用的材料的时间问题进行简要论述,然后再回到我们的主题:shi/ * srjəgs 🐍/🐍(吏/史=使)的形态问题,以及与之形态上有联系的词的考查,进而提出一个在第四节中会加以详细论证的假设。

关于用于上古汉语构拟的材料的时间问题并非无足轻重的话题。① 上古汉语研究中所应进行的区域性、文化性因素的讨论还未系统性地展开。被普遍认定为西周时期(公元前 1050—771 左右)的传世文献经历了历代的传抄及口耳传述,不仅反映出汉代的传抄、传述或叙述,而且还有篡改,这些篡改可能是为了让这些在秦代(公元前 250 左右)就已艰涩的文献通顺而无意

---

① 许多学者认为,上古汉语大致上是周代(公元前 1050—250 左右)传世文献中使用的语言(Baxter and Sagart1998:35)。但白一平(Baxter1992:24)也提到"'上古汉语'可指早中期周代汉语的任何异体",沙加尔(Sagart1999:4—7)也曾很有见地地讨论过上古汉语的分期问题,将其分为早期上古汉语和晚期上古汉语,前者指"同时解释《诗经》押韵、谐声系列、以及中古汉语音韵系统的构拟",而后者指"兼顾谐声与《诗经》押韵特色的语言"。正如沙加尔指出的(同文:7),毕鹗的研究(Behr1996;按:他所用的材料不全是西周的)表明西周铜器铭文的韵脚与谐声分析是相符的。虽然目前类似研究还不成体系,这些材料却正能为早期上古汉语的构拟提供较为可靠的依据。在此我冒昧地呼吁对时代问题要加以重视,原因是学者用于构拟上古汉语的材料跨时千年:从商代甲骨文时期、晚周竹简文字、一直到汉代文字。关于这个问题参考张再兴(2004:130—204),他的分析采用的是比较"纯粹"的西周材料。

识地进行的。① 近来竹简大量被发掘,虽说总体上它们表现出跟传世文献的相似性,但用字上的不同,尤其是谐声声符的区别还是很惊人的。② 这两种材料(竹简和帛书)的时代相距不远,还不到 200 年。而从更早的"硬"材料(甲骨,金文)反映的上古汉语到传世文献之间的时代差距却已超过 1000 年。所以利用传世文献构拟上古汉语的声韵系统有其本身固有的问题,只是为了构拟方便而为,不过,遗憾的是,除此以外我们似乎也别无它法。

甲骨学者对他们所研究的材料的时代十分清楚:即从武丁(公元前 1230—前 1170 左右)到帝辛(公元前 1100—前 1050 左右)。不过,绝大部分的甲骨材料出土于河南安阳地区,这并不说明其反映的语言就是古代安阳的方言或其后代方言。③ 在构拟上古汉语方面可能还有别的因素让我们无法回答跟构拟有关的一些问题。这些问题会让我对于构拟上古汉语保持应有的清醒和谨慎。不过,现在让我们来考查一个相关的个案和与之有关的问题:即这些词的形态联系。

(1) *shi*/ * *srjəgs* 🦬/🦬 (使) "委任;派遣执行使命(V);④使者,使节(N)"
(2) *li*/ * *ljəgs* 🦬/🦬 (吏) "管理者,官吏"

---

① 关于这一说法的论证请参考高岛谦一(1996a,1997,1997a)。

② 举个很有名的例子:郭店文献用意符"心"和声符"身"组成的字表示传世文献中的"仁"这个词(老子,18)。白一平(Baxter1992:784;786)将"仁"构拟为 * njin(现改为 * niN?),"身"的拟音为 * hljin(现改为 * hniN?)。现在构拟上古汉语依靠的材料的时代大致属于不早于公元前 4 世纪中期的文献,材料的时代影响到我们构拟出来的系统,所以,这是个十分重要的问题。

③ 关于甲骨文材料中可能体现的方言差别,请参考高岛谦一(2000)。另外,巴顿(Christopher Button2004)的硕士论文(后来正式出版,巴顿 2010)也颇有建树。他利用甲骨文字材料对一系列有不同声旁的异形字进行了构拟。这是一项很好的研究上古汉语较早时期的情况以及早期汉字形成的尝试。关于利用甲骨材料研究上古汉语的复辅音的问题,毕鄂有一个很全面的总结(BiE=Wolfgang Behr,1994)。

④ 经典释文(1015—1023 页)列举了 250 个"使"的例子。其中 20 个陆德明给出的反切是"色吏反",而其余的都是"所吏反"。这两个读音覆盖所有的意义。然而,他对相当一部分字也给出了"如字"的上声读法,也就是通常的读音,这些应该是读为上声的。我们不太清楚上声读音的传统是何时开始的,但根据《十韵汇编》(123 页),三个版本的《切韵》,包括发现于吐鲁番、现德国柏林国家图书馆所藏的(Prussian Academy, Germany)《切韵》残卷,敦煌发现、现藏于巴黎国家图书馆(Bibliothèque Nationale)的唐写本《王仁昫刊谬补缺切韵》,以及另一个由唐兰抄写清故宫延光室影印的唐写本《王仁昫刊谬补缺切韵》,止韵都有上声读音的"使"。之后,宋代的《广韵》(1008)确立了这一传统。如果我们只依赖陆德明的注音,去声的读音似乎比较占优势。

(3) li/ * ljəg 理"施加一种模式,管理"(注:甲、金文皆无"理"字)

既然甲文🙚(异体🙚)在甲骨文中表达相似的名词和动词意义,他们应该是在形态上有联系的词。也就是说,除了音、义上的证据以外,古文字也支持这些词的形态联系。究竟应该是什么样的联系,我们将在下文中具体说明。此外,因为🙚/🙚(吏)"管理者、官吏"是去声字,它应该是由别的词派生出来的,虽然这个词不见得是"使"("委任;派遣执行使命;使者,使节")(参考脚注14)。既然"吏"在古汉语中始终用作名词(DKW2,760—8),韵尾 * -s 很可能是名词的构词成分,就像 shuai/ * srjəts 🙚(自,帅)"领导者"和 shuai/shuo/ * srjət 🙚(率)"率领"一样。①

Baxter and Sagart(1998:53)的前缀 * s- 的例子中有 li 🙚/🙚(吏)和 shi 🙚/🙚(使)的例子,引用如下:

吏 lì * (C-)rj ╲ (/)-s "文员,小官吏"
使 shǐ * s-(C-)rj ╲ (/) "(* 被作爲使者:)派遣"

这对词是他们所谓"在中古 s- or sr- 与其他辅音声母的交替中反映的藏缅语中广泛存在的前缀 s- 构成的使役"的例子。假设 * s- 确实是使役作用的前缀,通过增加这个前缀,li 吏 * (C-)rj ╲ (/)-s 很明显地变成了使役性的派

---

① 后者据 Baxter(1992:442)的拟音,前者据 Baxter and Sagart(1998:57)的拟音:
shuai 🙚(率)"率领": * srjuts,或读为 * srjut
shuai 🙚(自,帅)"领导者": * srjuts
很清楚,这里我们应该采用白一平所构拟的"率"的又音 * srjut,虽然在 Baxter and Sagart(1998)中"帅"同时用来表示动词及其派生的名词。这是受了一些传世古汉语文献写法的影响,如《易经·师》,《论语》12.17,《仪礼·士昏礼》中的写法(《诗经》中没有)。而在甲骨文中,动词和名词的写法确实是像以上列举的一样。这里古文字的证据跟这两个词的音义不同步。Baxter and Sagart(1998:57)将这对词作为名词后缀 * -s,而不是使动前缀 * s- 的例子,他们没有具体解释这样归类的原因,但他们应该是出于这两个词的意义的考虑:我们可以观察到很清楚的动词"率领"和名词"领导者"的对比,由于这两个词都含有前缀 * s-,就只能把他们归于 * -t 和 * -t-s 的对立了。根据我目前的发现,我可以断定这种形态的变化在甲骨语言中是很活跃的。字形相同并不是判断其形态上有联系的先决条件,但是,在大部分情况下却是成立的,就像 li 🙚/🙚(吏)"管理者、官吏"和 shi 🙚/🙚(使)"派遣执行一项使命"一样。在这组例子我们却看到不同的字—假(自,帅)"领导者"和率"率领"—被用来表示形态上有联系的词。我认为这类现象是同古代中国各个地区有不同的书写传统有关的。对于这个十分有趣的问题,我将在以后做更深入的研究。

生词：shi 使 $*s$-$(C$-$)rj$ ↘ (/)。可是我很怀疑这一说法是否成立。这里的后缀 $*$-s 本身具有一些构词功能，其中也包括使役作用(都纳 Downer1959a：268)，这让问题更加复杂化了。① 沙加尔(Sagart1999：70)也注意到在 shi/ $*^b$m-l ↘ k 食"吃"和 si/ $*^b$s-l ↘ k-s 饲"喂食"这一对中，很难判断"使役意义'喂食'到底是由前缀"还是"由后缀 $*$-s"形成的，因为后者也"有一些使役的用法"。

考查🧍/🧍在甲骨卜辞中的用法，我们很容易发现很多明显的用作"shi/ $*s$-$(C$-$)rj$ ↘ (/)使('派遣执行一项任务')"的例子。② 以下仅给出两例：

(15) 乙酉卜㱿贞使(🧍)人于河沈三羊卯三牛。《合集》5522 正

乙酉日卜㱿(向卜骨中的神灵)验证(下述提议的可行性)：(我们)应该派人到河(执行)沉没三只羊、刺杀三头牛的祭品(的任务)。

(16) 王勿使(🧍)人于沚。《合集》5530 正

国王不应该派人去沚执行任务。

通过上例，我们可以看出动词"shi/ $*s$-$(C$-$)rj$ ↘ (/)使"是一个普通的三价及物动词，可带施事主语、受事宾语及一个由"于"引入的目标处所。③ 如果我们想保留使役作用前缀 $*s$-的理论，那这个词的词根是哪一个呢？我认为应该是"li/ $*C$-rj ↘ /理('管理，整治')"，而不是"li/ $*(C$-$)rj$ ↘ (/)吏"。我的判断是基于对许多卜辞的细读。因为我发现它们都带有一种非常强的"管理、整治"的语义特征。其实，在我看来，把动词"shi/ $*s$-$(C$-$)rj$ ↘ (/)使"解释为"派遣"是不确切的，更为准确、传达商语言本来意思的解释应该是"派去执行一项任务，派人去管理什么事情"。这样一来，使役作用的前缀 $*s$-施加于词根"li/ $*C$-rj ↘ /ö 理"，即"管理、整治"就产生了"让/使人管理"的意义，

---

① Downer 指出"原词形表示'接受'义，而派生词形表示某种'给与'义"的有：281(C2：乞 $*$-t/ $*$-ts)，282(C5：买/卖 $*$-g/ $*$-gs)，282(C6：借 $*$-k/ $*$-ks)，282(C10：藉 $*$-k/ $*$-ks)，282(C13：受/授 $*$-gw/ $*$-gws)。

② 基于脚注 14 所阐述的观点，我倾向于将"使"的读音定为 $*s$-$(C$-$)rj$ ↘ s。

③ 若"于"后引入的是时间词，"在"是比较确切的解释，但其后跟的不一定是时间。

亦为"使"义项之一。①

四、关于甲文 🧍/🧍 为使役语素 *shi*/ * *srjəgs* 吏/史(使)的解释

如果承认上节的提法有可取之处,我们就能由此推出一个关于甲文 🧍/🧍 的某些用法的新说法,即该字形无非是代表"让/使 N 做 V"的"*shi*/ * *srjəgs* 使"(白一平拟为 * *s-(C-)rj* ﹨ *s*)。🧍/🧍 的一些用例甲骨学者们尚未读通,就是因为他们固守一套解释。让我们先来看看这些传统的说法(参见徐中舒 1988:890—2;《综览》#0004,pp.4—5):

(a) *shi* 史"史祭"(Shirakawa 白川 1955—62:1.11ff.)
(b) *shi* 史"官员"(具体哪类官员是一个颇具争议的问题)
(c) *shi* 事"事务,事情,工作"
(d) *li* 吏"文员,小官吏"(管理者,执事人似乎更合适一些)
(e) *shi* 使"信使,使节,使者"
(f) *shi* 使"地名,人名"

还没有任何人从结构上有系统地提出甲文 🧍/🧍 代表一个使役语素。② 认识到这些问题,让我们来考查一些用例:

(17) 先酚大乙🧍(=使)又(=有)正。《合集》27106
　　(我们应该)先对大乙进行酚式的切祭(*you*-cutting sacrifice),因为(**那样会**)使(祭仪)顺利地展开(=提供给祭仪恰当展开的场合/机会)。
(18) 尞岳🧍(=使)又(=有)雨。《南明》44
　　(我们应该)(向)山神岳献上烧烤的祭品,因为(那样会)使我们有雨(=提供有雨的场合/机会)。

---

① Matisoff(2003:199)将 * /-*dzəy* 作为原始藏缅语中对应于古汉语"使"的词,虽然我不清楚其声音条件上是否契合,但其意义"派遣去完成差事/使役"跟我们对甲骨文的观察是一致的。

② 一位作者很偶然地涉及这一论点,我将在下文讨论。

(19) 大乙㞢(=使)王其飨。《合集》27125(=《甲编》2038)

(献上祭品给)大乙,(那样会)让国王设宴(=提供国王设宴的场合/机会)。

(20) 乎鸣从戍㞢(=使)🈳(=导)。《合集》4722

(若/当我们)叫鸣跟随戍,(那样会)让(鸣)领导(部队)(=提供让他领导(部队)的场合/机会)。

(21) 其遘上甲㞢(=使)酚。《合集》27052(=《人文》1784)

(当我们)进行遘礼(给)上甲,(那样会)让(我们)进行酚式的切祭(*you*-cutting sacrifice)(=提供进行酚式的切祭的场合/机会)。

(a)—(f)的所有义项都很难符合例(17)和(18)。(b)很容易排除：首先,我们没有见过"*大乙史"(大乙的官员)的说法(大乙是祖先名)。其次,"又(=有)正"的意思是"让礼仪的过程顺利地/恰当地展开",这跟某种官员毫无关联。白川静提出的(a)"史祭"的独特解释不太有说服力,因为没有任何证据支持"史祭"的存在。在甲骨语言中把进行酚祭或燎祭解释为(c)"事、事务、事情、工作"也有些牵强。至少我们还没有见过把祭祀活动称作"事"的情况。出于跟(b)同样的反对理由,(d)"官吏、管事者"以及(e)"使者、使节、信使"的说法也不足信。而(f)"地名、人名"的解释跟酚祭、燎祭毫无关系,也可以排除。而且,在"X 有正"或"X 有雨"这样的结构中,把 X 当作地名也有点奇怪,跟先行词也不合。

在例(17)和(18)中作为原因子句的"有正"和"有雨"是动词短语,而"㞢(=使)"出现在这两个动词短语前。① 这种结构有利于"使"作为使役语素的解释,即"使"直接影响到"有正"、"有雨"的意义,使它们成为商执礼者所明显希望实现的事实。尤其是燎祭,我们知道进行这一祭祀的目的就是为了求雨。

对于例(19),屈万里(1961:256)解释说"史,读为事:谓祀事也",但他并没有提供任何可供我们评判其合理性的分析或原因。如果把"㞢(=使)—使

---

① 《合集》释文的编辑者漏写了"㞢",他们的释文为:先酚大乙又正。他们大概觉得有这个字会使整个句子很难读通(参考[a]—[f]所有的义项)。这是对原语料的扭曲,这个"㞢"的字形在合集的拓片以其来源《续存》1.2.1797 上很明显。还必须指出,例(21)的"㞢(=使)又(=有)正","使(祭仪)顺利地/恰当地展开(=提供祭仪恰当展开的场合/机会)"跟(5a)的"其乍丰又(=有)正","(国王)引起丰礼的举行,最终确实会顺利地/恰当地展开",形成对比。

"役"的解释用在这里,这是一个"使+N+VP"的结构,跟我们前面分析的(1a)、(1b)的"作-使役"的结构一样。① 如果这种结构上的平行具有重要意义,我们自然要问为什么商人在这些例句中选用"使+N+VP"的结构,而不是"作+N+VP"呢?我不敢断言它们在当时确切的区别,但是,我认为总体上"使-使役"表示所涉及的 VP 对商人来说是有正面积极意义的,这种正面积极的意义可由"提供一种 VP 的场合/契机/机会"来传达。这种意义在例(17)、(18)里尤为明显。相比之下,"作-使役"结构兼括积极、消极两种,但倾向于消极的意义。② 我们找不到任何"＊作有正"、"＊作有雨"的说法,这说明"引起 V 的动作过程"不适用于"使有正"和"使有雨",而"提供 VP 的场合/机会"的说法似乎合理。

就配价而言,虽然例(19)"使王其飨"的施事主语没有出现,它应该是该句的话题"大乙",而"大乙"又代指对他进行的祭祀。例(17)和(18)也可以作此解释。至于例(20),我不能确定"领导部队"是不是"鸣"所希望的。我们可以这样推理,如果"提供场合/契机/机会给 VP"正确无误的话,商语言中理应有"让、容许"使役和"使、强迫"使役的区别,前者着眼于施动者的意愿(如"我让你做这个"),而后者不管施动者的主观愿望(如"我叫你做这个")。看不出诸如"鸣"这样的人的主观意愿。可能是由于商人基本上仅表现自己的在生活各方面的繁多愿望,而不在乎他人意愿如何。我们知道的关于"鸣"的信息只是他是商朝很重要的人物,因为有一条卜辞(《合集》22099)提到他被允许执行对"祖庚"进行的"卬"的祓除仪式。这种祓除、驱邪的仪式是王室级别的特权。然而,这跟"让"跟"使/强迫"的使役区别可能毫无关系,也可能是一种未出现的施事者(或者说"引起者")。正好是先行词的情况。这是我把"那样"写成黑体的用意。

最后,我们来看看例(21),这是一条最初著录于《人文》1784 的卜辞。例(21)在贝塚·伊藤(1960:451;后者负责"释文"部分)中作"其邁上甲史酚",日文训读为"それ上甲に遘り酚せしめんか(我们应该向上甲举行遘礼、献上

---

① 这是一个标准的使役结构:N 同时是"使"的直接宾语和 VP 的主语。若将其解释为这种结构,其意义就很容易读通了。注意:这个结构跟"shi+VP"的唯一区别是,这里的 N(王)是不可预言的,而在其他的例子中底层的＊N 是可预言的。所以,我们可以说底层的宾语被删除了。

② 见例(1a)、(2)、(14b)。

祭品吗)"在我看来,他们把"⿱丷史"释作使役作用的"使"很正确,虽然我对他们的具体解释有异议。具体地说,跟伊藤将"使"的施事主语等同于"遭"礼的施事的看法不同,我认为"使"的施事主语是"当我们举行遭礼"这个条件从句。这可由下式表现:

$$话题 + 使 + (NP) + VP①$$

主题包括名词(例(19))和从句(例(17)、(18)、(20)、(21))。括号里的 NP 表示有时在表层出现,如例(19),也有时不出现。但是,我们可以补出这个 NP。譬如,例(20)中底层的被使役化"导"的主语应为"鸣",例(21)中被使役化"酌"的主语则应为"我"(我们),这是这个动词常见的主语。这样的分析跟我们在第三节对例(4)—(9)的"作-使役"所进行的讨论完全相同。我们在那里提出"引起一种动作行为 V 的过程"的解释,而这里在例(17)—(21)中其实际意义为"提供 VP 的场合"。我们注意到这里也有动词配价的增加。

下面的公式总结了使役语素"使"构成的结构:

$$使 + \begin{Bmatrix} N+V \\ V/VP \end{Bmatrix}$$

从字面上讲,上式的意思是"使得 N(N 不出现的时候,则是可由语境推出的 X)V"。但是,一般说来,这个结构表现出说话人希望所说的事情发生的意思,所以我也提出这个结构引出积极正面的"提供给 N/XV 发生的场合/契机/机会"的意思。

五、结论

对于本文主题的讨论,与其说是从结构构成上对"使-使役"结构加以分析和演绎,不如说是侧重于由"使"本身的词汇、形态做出考虑,然后将"使-

---

① 关于话题(topic)以及说明(comment)的研究很多。我这里采取的,也是我认为有帮助的是 Chafe(1975:50)的解释,他把"主题"定义为"the topic sets a spatial, temporal, or individual framework which limits the applicability of the main predication to a certain restricted domain(主题设定一种空间的、时间的、或个体的框架来将主要谓语的适用限定在一定范围之类)"。例(20)、(21)中的条件子句可以归为一种主题,因为它们与例(19)、以及(17)和(18)的主题相类。

使役"与"作－使役"结构特点进行比较而得出结论。这一方法可能与一些学者所期望采取的方式相抵触,希望不会引起很多读者的反感。无论如何,最后能做的仅仅是将"作"加上,表示在下面的公式里:

$$使/作+\begin{Bmatrix} N+V \\ V/VP \end{Bmatrix}$$

这个公式展现的就是商代汉语的使役结构。正如已经指出的,"作"基本的动词意义是"造某物",但在语法上能表达"引起一项动作行为 V"或者"使/让 NVP"这样的意思,不同的意思有不同的句法结构,前者多由"$zuo+V$"这一结构表示,而很少用"$zuo+N+VP$",并且,后者一般会带有一种对说话人来说不愉快的、负面的意思。

否定词的词法[1]

卜辞语言中的动词可以按不同的方式分类。其中最普通的分类方法是根据动词的使用方式而从语法上做出的及物和不及物的区分。然后,人们可能会留意到甲骨文中的四个否定词(不,弗,毋和勿)是如何与这两类动词相互搭配的。我们发现,"不"总体上和不及物动词搭配,"弗"总与及物动词搭配,但没有发现"毋"或"勿"的规律。另外,存在一些显然不能用"不"否定不及物动词和"弗"否定及物动词的理论来解释的例子。

在这一节,我尝试运用两个语言学上的区别来解释四个否定词的用法。它们是情态区别和状态/事态区别,即"情态"对"非情态"和"状态/事态"对"非状态/非事态"。根据李方桂的上古汉语体系对四个否定词所拟的音韵,我认为,*m-型否定词(*mjəg 毋 和 *mjət 勿)是情态否定词,而*p-型否定词(*pjəg 不[2]和 *pjət 弗)是非情态否定词;*-əg 型否定词(*mjəg 毋 和 *pjəg 不)是状态或事态否定词,而 *-ət 型否定词(*mjət 勿 和 *pjət 弗)是非状态或非事态否定词。

---

① 这是我在第 31 届日本东方学家国际大会上所宣读论文的修改文本(2011 年 8 月)。大会于 1986 年 5 月在东京召开。

② 按照《广韵》,"不"除代表"弗"("与弗同",475 页)之外,还有平、上、去声等不同声调。因此,李氏所拟古音应该写作 *pjəg(x)(h)才确切。中古汉语声调上的差异可能是外在音变(比如 sandhi)所致。果真如此,这是和词法学不相关的问题。因此,我在此不论及拟古音的声调。

一、引言

甲骨文中总共发现五个否定词:"不(⼈、$\bar{\lambda}$)"、"弗(⼯)"、"毋($\mathfrak{F}$)"、"勿($\mathcal{E}$、$\mathcal{E}$、$\mathcal{E}$、$\mathcal{E}$)"和"非($\tilde{\mathcal{F}}$)"。其中,"非"直到三四期才出现的看法是陈旧而不可靠的,因为如果我们把历组卜辞视为第一期,它们已经用"非"字表现其他卜辞的"不隹"。"非"是个合音字(即 $*pjəg + *rjəd > *pjəd$)。在考查时我们把它与否定词"不"归为一类。除"毋"之外,其他否定词都很常用。在一个句子中常常会出现两个不同的否定词,偶尔在位置相邻而常常在语境上互相关联的卜辞中甚至会发现三个不同的否定词。有的甲骨学家提出,不同否定词的使用取决于风格,即商人也许不愿意在一个句子中重复使用相同的否定词;而同一个动词可用两个、三个甚至四个否定词来否定的事实初步使这个观点显得可信。但是,这个意见事实上有问题。

这一节和我的博士论文(1973)及司礼仪神父的论著(1969,1974,1982)都立足于一个基本看法。它和上面所谓的风格论以及更不成熟的"同用"论都不一样。我们认为,否定词构成一个完整的语法和语义系统,并且可以对它作清楚的词法描述。我在下文提出的看法与以前的研究会有所不同。我相信,我现在的观点比较简洁明了,所以,希望对一些主要问题和有代表性的例子作讨论,把枝节问题留到另外场合来讨论。此节研究否定词时所用例句大部分取自一期卜辞;在五个时期商代的卜辞中,一期卜辞提供了最丰富、最有用的资料。甲骨文第二期至五期以及西周时代的否定词的系统研究仍然是未来的课题。

二、$*p$-型否定词

我在1973年提出,$*p$-型否定词——"不" $*pjəg$(暂时不去理会它读上声和去声的声调区别,见注1)和"弗" $*pjət$——所否定动词的明显特征是"非自主",即动词表达的动作超出生者所能控制的范围。下面例子将说明这一点:

(1) ↓ 贞父乙不祟。《龟》1·18·16

Tested: Father Yi is not hostile (= Father Yi does not happen to be hostile).

验证：父乙不处在持敌意的状态①(＝父乙碰巧不在不友善状态)。

(2) ↑贞父辛祟。《续编》1·34·1②

Tested: Father Xin is hostile (＝ Father Xin happens to be hostile).

验证：父辛处在持敌意状态(＝父辛碰巧不友善)。

如祟之类的非自主动词的特点是，主语实际上远离卜人和商王。

现在，让我们查看下面的例子。它们表明，另一个 *p-型否定词"弗"的用法部分地取决于非自主动词"祟"：

(3) ↓贞黄尹祟王。《丙编》104(9)

Tested: Huang Yin will (actively) be hostile to His Majesty.

验证：黄尹将处在(主动)对国王不友善的状态。

(4) ↑贞黄尹弗祟王。同(10)

Tested: Huang Yin will not (actively) be hostile to His Majesty.

验证：黄尹将不处在(主动)对国王不友善的状态。

*m-型否定词从未见用在像例1和例4之类的例子中。原因在于，商人用 *m-型否定词来否定他们所认为的自主动词(后文将证明这一点)。在例1和

---

① 人们都承认，卜辞语言中的祟指某种有害影响。它显然能以具体形式体现出来，而且，商人相信其来源是祖先神。那个字可能代表祟 sui/ * srjədh，正如郭沫若(1933:87 上)建议的那样。通常把此字"祟"译为"诅咒"，但司礼仪神父(日期为 1990 年 7 月 24 日私人信件)提出，"祟"(如果确实可以解释为祟的话)可能是"恶意对待/接受"(to treat/accept with evil response)。如果我们把它与在某种条件下代表神灵行为的动词"宾"("待……为宾客"，即"善意对待/接受")作比较，他的建议具有吸引力。但是，"宾"的主语一般是活人而不是神灵的行为。在本书，我接受安培生的建议而把此字译为"to be hostile"，但我觉得其中译"处于持敌意/(主动)敌视的状态"有一点儿怪。

有些学者倾向于认为代表"咎"("指责")。我没有采用这种观点，原因是意为指责的"咎"与代表"祟"的见于同一时期(第一期)。

② 在《龟》1·18·16 上，未见与例1对应的肯定命辞。我在此引用《续编》1·34·1作为例子说明，和例1同时而无可争议的肯定命辞可能如何表述。

4,动词"祟"或者表达一贯的状态(即例1)、或者表示在受事者看来将成为一个过程的动作(例4),而这种行为却超越了活人可控制的范围。因此,*m-型否定词从未见用在像例1和例4之类的例子中。

那么,例1的"不"与例4的"弗"之间究竟有什么不同呢?我认为它们的差别在于"不"是状态或事态否定词,而"弗"是非状态或非事态否定词。当动词从语义和语法上都可视为状态动词的时候,使用否定词"不"来否定它。① 在例1和例2中,意思为"处于敌视状态"的动词"祟"是状态或事态动词,因为主语父乙被描绘为处在对在世商王不友善的状态中。句子的焦点是要确认谁正处在那种状态中,焦点不是宾语。② 因此,在例1和例2中,状态/事态动词"祟"分别明确其主语为父乙和父辛。通过某种仪式,他们被确定正在对商王起有害影响。

与例1和例2不同,例3和例4出现了直接宾语"王"。这立刻把动词"祟"从状态/事态动词变为非状态/非事态动词。例4的"弗"有一个舌音入声韵尾*-t,它的使用看来是由状态到非状态/非事态转变的直接结果。因此,我主张,*p型否定词"不"和"弗"用在这些例子中取决于动词祟的"非自主性",二者的取舍又决定于"状态/非状态"和"非状态/非事态"的不同意思与功能。

蒲立本(E. G. Pulleyblank1991)研究了古代汉语中"于、云、曰"等的词法。他提出它们是前动词的体词的看法。他紧随葛瑞汉(A. C. Graham1983)提出了一个新看法,即这些词是从同一词根③派生来的,该词根是"去"而非人们预期的那样是"说",特别是"云"和"曰"字。葛瑞汉和蒲立本都认为 *gwjət"曰"的韵尾 *-t 和古代汉语中否定词 *pjət"弗"、*mjət"勿"和 *mat"末"的构

---

① 我先前采纳司礼仪的意见,认为"祟"是不及物动词,它在例1和2中正是如此。但是,有一些很明显的例外,其中的及物动词由"不"来否定。直到近来我都认为,状态动词从语义上讲,等于语法上所称的"不及物"动词,因此它们常称为"状态—不及物"动词。司礼仪(1982:342)也把否定词"不"的用法与"状态、不及物和被动功能"动词联系起来。它可更准确地归纳为"……状态、不及物或被动功能的动词"。

② 华莱士·切夫(1971:98)对"状态"有很好的语言学描述,我向读者推荐它。

③ 按照蒲立本的古汉语体系,词根拟构为 *w/*wa-。前者写作 *w,没有元音 *-ə。他相信,这个元音最好视作据音节划分规则以增音方式插入两个辅音之间的,它不是作为深层结构的一个音素插入的。蒲立本原本建议(1965,1973,1986 等等),*-ə 和 *-a 的取舍包含有宽泛的语义对比,他把这种对比归纳为"外向对内向"。元音的取舍现在应该重新表述为零元音对 *-a,后者据称是在原始汉语及汉藏语系的派生中起重要作用的中缀(蒲立本 1989a:3—14;1991:28)。

词后缀一样。蒲立本(1991:38—39)提出了一个很有意思的假设：

> The suggestion one would like to make is that, judging by later usage, one should regard bu and wu [毋] as the unmarked terms and define the opposition as, perhaps, non-punctual versus punctual or aoristic or as stative versus change of state. Whether such a reformulation, which seems to fit very well with the general meaning that we have postulated for the suffix *-t in Sino-Tibetan as well as for the survivals of the pre-Classical use of the *-t negatives in classical times, will work satisfactorily in the pre-Classical language must be left for future investigation.

可以做如下假设，依据后来的用法来判断，人们应该视"不"和"无"为没有标记的词语，并且界定其对立性大致是：非点态对点态或不定过去态，或者状态对状态变化。这种改变似乎很适合我们假设的汉藏语系的后缀 *-t 和古代时期 *-t 否定词的先古代用法的遗留的总意思。它能否令人满意地应用于最早期的古代汉语还须留待未来进行调查研究。

在确定应该是声母还是韵尾被视作没有标记上似乎有相当大的余地。在蒲立本的结构模式中，韵尾 *-t 是表示体的后缀，*pjət"弗"和 *mjət"勿"因此被视为与 *pjəg"不"和 *mjəg"毋"对应的有标记否定词。大体来看，这是可以接受的，但从情态来说，它未提及声母 *p-和 *m-之间所可能存在的区别。我们将在下一小节讨论 *m-型否定词。让我们先比较先前提出的状态不和非状态的"弗"与蒲立本的"非点态"或状态的"不"和"点态/不定过去态"或状态变化的"弗"。

这两个特点之间既有大幅度重叠，也有相当差别。如果"非点态"表示"持久"的话，它并没有真正描述我的想法。我对例1和2的解释不应该被理解为"父乙/辛是/不是在持续的不友善状态中"，而应该是"父乙/父辛碰巧处于/不处于不友善状态"。其意思不是持久或持续，而是状态和事件。商人关注的是发生的他们先祖处于敌意状态的这个现象。因此，如果翻译如下："父乙/父辛碰巧处在/不处于不友善状态。"可能准确地表达了例1和2中"状态"和"事件"这两种意思。同样，如果"不定过去态"的动词典型地只指动作的发生而不指称其完成或不完成、持久、或重复，并且不提示过去时间的话，这类动词由"不"而非"弗"来否定。另外,如果"点态"指示的意思不表明程度或持续的话,也可用否定词"不"来否定这类动词。

另一方面,否定词"弗"具有体标志 *-t。它否定如例 4 中的"祟"之类的非状态动词,它似乎的确有"实现"或"非事态"性的意思。如果我们接受葛瑞汉(1983:52—55)的解释, * gwjat 曰包含"实现体" * -t,我们应该也能确定 * pjət"弗"中的 * -t 也有相似作用。因为这是一个否定词,葛瑞汉(1983:66)可能把 * gwat 的"实现体"与他称作的 * pjət(和 * mjət)的"prospect-closing"功能相联系。① 如果我们可以用统一的方式来说明 * -t 的词法功能,即它使动词或否定词的本质从状态转为非状态,同时也由事态转为非事态,②问题将变得更简单一点。葛瑞汉(1991:272,274)重申了他的看法(1983:66),蒲立本也沿用了他的观点,即古代时期之前的 * -t 标志着一个"状态变化",而前动词曰的 * -t 标示事件的发生。用这个观点来分析否定词"弗"中的 * -t,"状态变化"也许能和我们例 4 的"非状态"相联系。然而,否

---

① 关于这一点,葛瑞汉(1983:68)说"……状态变化使译'不再'成为它的合适译文"。他还推测,"《尚书》中的弗可称为'prospcet closing'的否定词,它和'prospect opening'的情态词其形成对比"。这还需要作进一步研究,另外,《尚书》中有"弗+其"搭配使用的一个例子(《尚书通检》33/0223);在卜辞语言中,这样的例子比比皆是(参见高岛谦一 1985a:483—489)。因此,可以认为,即使其确实具有"prospect opening"体,它也不能与 prospect closing 否定词"弗"构成对比。在肯定命辞(特别是占辞)中可以体察到的"其"的 prospect opening 意味,与它基本上是一个体词有关。在音韵上, * gjəg(其)和 * pjəg(不)组成一对"最小对比组",我们把其中的否定词视作状态/事态且非情态的否定词。

② 葛瑞汉(1991:274)把涉及 * gwjag 于、* gwjat 曰和 * gwjan 云的前动词体标志的三个术语表述如下:

开始或持续	状态变化	展望
于	曰	云
要开始的事件	事件发生	要来临的事件

照我们的"状态"和非状态两分法来解释,"曰"将被归为"非状态"、"云"为"状态",而"于"仍将作为开始或持续体的标志。也就是:

开始或持续	非静态	静态
于	曰	云
要开始的事件	动作或过程发生	事件发生

上面的重新组合能否令人满意地运用于早期古代语言还有待将来作调查研究。但它至少与卜辞语言中 * -t 的功能确实吻合。

定词显然并没有反映"事件发生"的效果。从例3来判断（例4是它对应的对贞否定命辞），我们可以说，动词祟被明确为表示非状态和非事态体的标志，而且它是决定使用否定词"弗"的因素。这暗示，否定词"弗"的使用是体的呼应的结果，正像古代汉语的否定词"弗"和"勿"与最显著的句末体词"矣"相呼应那样。①

三、*m-型否定词

现在，让我们转向 *m-型否定词 *mjət"勿"和 *mjəg"毋"。这些否定词所否定动词的突出特点是"自主"，即它们表示的行为被认为是能由生者的意志加以控制的。让我们检查下面的卜辞：

(5) ↓庚申卜王贞余伐丕。《丙编》1(5)

Crack making on the *gengshen* day, His Majesty tested: I should attack the Pi (tribesmen).

庚申日占卜，国王验证：我应该攻击丕（族人）。

(6) ↑庚[申]卜王贞余勿伐丕。同(6)

Crack making on the *gengshen* day, His Majesty tested: I should not attack the Pi (tribesmen).

庚申日占卜，国王验证：我不应该攻击丕（族人）。

动词"伐"的施事主语是余，是指代国王的第一人称代词。他是这条卜辞中的贞人。动词"伐"指示的动词是自主的，所以商王在例6使用否定词"勿"。② 我们对与否定词"勿"相联系的主语作过广泛调查（高岛谦一 1973：176—182；另请参照 98—109）。这项调查表明，他们全在商王和贞人容易接近的范围内。在这样的上下文中，我们自然可以理解"自主"的语言学特点。如果主语不在商王和

---

① 尽管蒲立本已经放弃了他提出的关于古代汉语中否定词"弗"和"毋"的强调理论（蒲立本 1978），但他论证的"矣"常和它们有联系的观点仍然正确。有关细节可参见蒲立本（1978：122—126）。

② 否定词"勿"在古代汉语中是禁止性否定词，它所在句子中可意会的主语一般是第二人称。但在卜辞语言中，如果主语是第一人称（如此例）也无关紧要。因此，我译"勿"为"不该"而非"不要"（在多数不明言的主语是第二人称的时候，当然可能要译为"不要"）。

卜人所及的范围或其直接控制中(如例1到4),就不可能使用 *m 型否定词"勿"。这条规则还没发现例外,即 *m 型否定词从不用来否定非自主动词。

我想在这里指出,动词的"自主性"产生的另一重要特征就是讲话者的意愿。众所周知,"[+意愿]"(表示意愿的存在)或"[-意愿]"(标明意愿的不存在)和"情态"紧密相联。情态一般定义为讲话者或作者对其所说所持的主观态度。情态用一套词语来表明讲话者对所说的个人评断。在英语中,(由must,"必须"表达的)必要性(necessity)或肯定性(certainty)是用来确定情态的决定因素,它显示讲话者或作者的情态是给出必要性或预测性解释。其他可以用来确定情态的决定因素包括(由 may,"可以"表达的)允许(permission)和可能(possibility),(由 will,"意愿"表达的)意向(intention)或预言(prediction)和(由 can,"能够"表达的)能力(ability)与可能(possibility)。正如马悦然(Malmqvist1982)在对《左传》的情态词"其"的研究中所证明的那样,"诠释者"(interpretants)对情态也有影响。——"诠释者"是杜士得(F. S. Droste1968)创造的一个术语,被界定为"次要的文献或情境特征,它有助于区别语言中所指示的场合"(1968:133)。——马悦然试图明确"诠释者"和其有关,建议在包含情态词"其"的句子中,主语的人称常常作"诠释者"(1982:372)。

这个观点是可取的。我拟添加另一特征,即[+意愿]或[-意愿]。有些例子的情态离开这个特征就模糊不清。我们的解释是必要的"必须"是[+意愿],肯定的"必须"是[-意愿];许可的"可以"是[+意愿],可能性的"可以"是[-意愿];有意的"意图"是[+意愿],预言的"意图"是[-意愿]。所有这些例子中,[+意愿]或者[-意愿]是从讲话者的角度判断的。①

如果我们现在分析动词的意愿特点的话,[+意愿]与自主动词相配,[-意愿]则与非自主动词相配。因为动词"伐"是自主动词(如例5和6),且它对否定词"勿"的使用起一半作用,我们可以说,"勿"具有情态,属[+意愿]的否定词,表达了相当强烈的必要意味,即"不要,不应该"。

我们刚刚提到,自主动词"伐"对 *m 型否定词"勿"的使用起一半作用。

---

① 应该在此注意,"能"就讲话者来说是一律是[-意愿]的,不管它是指"能力"还是指"可能性"。它对讲话者来说是中性的,二元分析法对它不适用。我无法断定"能"到底是否具有情态,但无论如何,它的情态一定不像其他三者那么一清二楚。

选择"勿"的另一动机一定是动词"伐"的非状态性。首先,"伐"在攻击的意义上确实是非状态。再者,我们已经断定否定词 *pjət"弗"是非状态的,且因为它和 *mjət"勿"构成一个词法上的最小对比组,后者也应该认为具有非状态的特点。考虑到葛瑞汉(1983,1991)和蒲立本(1991)的观点,我们已经决定否定词"弗"和它否定的动词必须具有非状态和非事态的体。比如在例4,商人感兴趣的是受事宾语(此例是"王")可能怎样受已故先公灵魂的影响。动词"祟"从语义上说是一个动作,从受事宾语的角度看是一个过程。同样的观点也适用于例5和6的动词"伐",其中,商人占卜受事宾语"丕"(部族名)在遭受商攻击后可能有什么后果,而自主动词的施事主语是"余",在这里指商王本人。我认为这是选择否定词 *mjət"勿"的原因。

司礼仪(1982:342)对四个否定词有以下评论:"……不和弗构成对比;前者与具有状态、不及物、被动功能的动词搭配使用,后者和具有主动、及物、使动功能的动词一同使用;与之相平行,毋和勿以同样方式同禁止动词形成对比(in the same way for verbs in prohibitive mood;强调是我加的)。"根据这一分析,"勿"用于主动、及物、具有使动功能的动词。主动和使动是可以接受的,因为它们与我们的"勿"用来否定非状态和非事态动词的更宽泛的观点相合。可是,说"勿"用于及物动词是不正确的。下面的卜辞显示,"勿"否定不及物动词"往":

(7) ↓ 贞王往于炎京。《丙编》159(5)

Tested: His Majesty should go to Zhu Jing.

验证:国王应该前往炎京。

(8) ↑ 贞王勿往于炎京。同(6)

Tested: His Majesty should not go to Zhu Jing.

验证:国王不应该前往炎京。

许多其他不及物动词都有相似的语法现象。因此,不及物与及物动词之间的语法区别不能用作决定选用"勿"的标准;但是,动词的非状态的特点(此例的往有此特点)则可以。人们不会发现否定词"弗"用于例8之类的句子中,因为"往"在这里是自主的。还有,如果非事态动词仅与 *-t 型否定词("弗"和"勿")搭配是正确的话,这个"往"必须也解释为具有非事态的体。"往"是没有任何"过程"因素的"动作"动词。这体现了不及物性。

我们现在应该把注意力转向最后一个 *m-型否定词 *mjəg"毋"。根据我们目前的分析,我们可以预测,它应该是情态否定词,因为它有 *m-声母;它还应该是状态且非事态的,因为它的韵母是 *əg(和 *pjəg 一样)。让我们考查下面一对卜辞:

(9) ↓ 癸丑卜争贞自今至于丁巳我戋甾。王占曰丁巳我毋其戋。于来甲子戋。旬有一日癸亥车弗戋。之夕斲甲子允戋。《丙编》1(3)

Crack making on the *guichou* day, Zheng tested: From the present (day) to the *dingsi* day (= Between today and the *dingsi* day) we (will be able to) harm the You (tribesmen). His Majesty, having prognosticated, declared: "On the *dingsi* day we should not perhaps (be able to) harm them, but upon coming *jiazi* day we (will be able to) do so. On the eleventh day, *guihai*, [our ally] Ju could not harm them, but during the transitional period from that evening to [lit. when the night cuts] the *jiazi* day (Ju) did indeed harm them.

癸丑日占卜,争验证:从今(日)到丁巳日,我们将(能够)伤害甾(族人)。国王预占卜兆后说,"在丁巳日,我们大概不(能够)处于伤害(他们),但在将来的甲子日,我们(能)在这样做"。在第十一天癸亥,[我们的同盟],车(不)能伤害(他们),但在从那天晚上到(字面意思在夜晚分开的时候)甲子转变的时间内,(车)确实伤害了(他们)。

(10) ↑ 癸丑卜争贞自今至于丁巳我弗其戋甾。同(4)

Crack making on the *guichou* day, Zheng tested: From the present (day) to the *dingsi* day (= Between today and the *dingsi* day) we might not (be able to) harm the You (tribesmen).

癸丑日占卜,争验证:从现在开始到丁巳日,我们也许不(能够)伤害甾(族人)。

需要注意的是,例9和10用了两个不同的否定词"毋"和"弗",在例9中,"毋"见于商王的占辞。占辞要与命辞及验辞区分开,因为占辞被相信具有影响占卜结果的能力。贞人争在早些时候认为动词"戋"是非自主的,且是非状态性的,表示非事态的体,参见例 10 中否定词"弗"的用法。但商王则把它用为自主动词。他因此说:"丁巳我毋其㞢,于来甲子㞢。"

最后,我想对下面一条卜辞稍作讨论,其中,"毋"用来否定动词词组"其有子"(大概会有孕):

(11) 贞妇妍毋其有子。《丙编》190(6)

Tested：Lady Jing should not perhaps be having a child.

验证:妇妍也许将不能很快有孕。

如果"有子"意味着"有孕",很难说这是自主的。但,在这里有可能预言的意思,如英文的"should"有预言(prediction)的意思那样。我尚坚持认为有关状态或事态否定词"毋"的观点仍然适用。下面一类卜辞,尤其(13)的"亡子"表示状态或事态:

(12) ↓丁卯卜㱿贞❋婤有子。《丙编》429(6)

Crack making on the *dingmao* day, Nan tested：Lady Zi of X will have a child.

丁卯日占卜,㱿验证:❋的妇婤将有孕。

(13) ↑贞婤亡子。同(7)

Tested：Lady Zi will have no child.

验证:妇婤将不受孕。

在例 12 和 13 中,我们看到所谓"正常"命辞,其中的动词"有"与否定动词"亡"相对。这组命辞是简单的预测妇婤将会不会受孕。例 11 和例 12 及 13 不同,在例 11,商人显然认为他们能够对妇婤受孕产生影响。商人想让妇婤有孕,这从情态词"其"的使用可以看出。其在多数命辞中表达一种不情愿得到的意思(司礼仪 1974:25)。在"毋有子"("不该很快有孕")这个短语中,情态否定词"毋"的力量由于动词词组前使用了"其"而被削弱,从而表明,"没有怀孕"对那些关心她的人来说是一种不希望的结果。"其"的这个不希望的意思可容易地在例 9 和 10 中观察到,因为,"不对宙族人有伤害"是商人不希望的结果,这是很可以理解的。所以,我们可以坚持认为有关自主、状态或事态否定词"毋"的观点仍然适用。

(一)情态的中性化

在自主动词是过去时态或动词内嵌于"较高层次"的(在一个从句或向心

结构中)动词时,可以出现情态否定词的"中性化"(高岛谦一 1984b:82—85)。这是 *m 型否定词变为 *p 型否定词的过程,中性化的是情态。我们下面举出的例子涉及过去时态的自主动词"往":

(14) 乙丑卜王[贞]其逐麑获不往。《丙编》323(8)

Crack making on the *yichou* day, His Majesty (tested): If (we) chase deer, (we) will catch (them). (We) did not go.

乙丑日占卜,国王(验证):如果(我们)将追逐麑,(我们)将捕获(它们)。(但是我们)没有去。

如译文所示,"不往"是一条验辞,记载的是没有发生的事件。利用[＋意愿]或[－意愿]来分析,"往"是[－意愿],因此属非情态动词。我们也要注意,与 *p 型否定词相联系的"非自主性"对在例 14 中"不往"的选择没有影响。这是由过去时态实现的中性化的结果。蒲立本(1991:38)认为,"弗"与"点态或不定过去态"动词相关。这个观点看来不适合于例 14,它用的是动词"不"。"不"的使用正是我们所预测的结果,因为"往"在这里的意思是"去过",表示过去事件,是一状态,而且这也是事态。此例中的"状态"可意译为"情况是我们没有去"或"事实上,我们没有去"。这里用否定词"不"而非"弗"来否定具有"点或不定过去"体的动词。

情态否定词中性化的另外例子见下面两条卜辞:

(15) ↓ 贞王不裖示左。《丙编》98(16)

Tested: As for His Majesty not having performed the *you* libation offering, the ancestral spirits will oppose (it).

验证:至于商王不举行奠酒祭典,先祖的神灵会反对(此事)。

(16) ↑ 贞示弗左王不裖。同(17)

Tested: The ancestral spirits will not oppose His Majesty not having performed the *you*-libation offering.

验证:先祖的神灵将不会反对商王不举行奠酒祭典。

"裖"的意思暂时译作"举行奠酒祭",它的意思还不十分肯定。它在例 15 和 16 中由"不"来否定。因为 15 与 16 是一组对贞卜辞,可以肯定王"不裖"("商王不举行奠酒")是主要动词"左""反对"的宾语从句。可能为了对比，这个从句在 15 中作为话题提出，却在例 16 内嵌于在一个较高层次的动词"左"。既然如此，"祏"一般是自主动词，下面两个例子可以证明这一点：

(17) ↓丁巳卜宾贞祏于祖乙告王囧。同(12)

Crack making on the *dingsi* day, Bin tested: (We) should perform the *you*-libation offering to Zu Yi in order to make an announcement of His Majesty's illness (?).

丁巳日占卜，宾验证：奠酒给祖乙以报告国王的疾病(?)。

(18) ↑贞勿祥祏于祖乙告囧。同(13)

Tested: (We) should not (specifically:) necessarily perform the *you*-libation offering to Zu Yi in order to make an announcement of [His Majesty's] illness (?).

验证：不要特别奠祭祖乙以报告疾病(?)。

注意，在例 18 中，用否定词"勿"来否定动词"祏"。这必定反映了一个事实："祏"明确是自主、非状态和非事态却主动①的动词，和例 7 和 8 讨论的"动词""往"完全一样。因此，我们得出结论说，情态的、非状态/事态否定词"勿"不仅可以在动词是过去时态时中性化，②而且可以在动词内嵌于较高层次的动词

---

① 关于情态否定词中性化的更多例子，请参阅高岛谦一(1984:83—85)。
② 下面一组命辞表明，内嵌动词"入"不是过去时态：

A ↓乎人入于雀。《丙编》121(3)
(We) should call upon men to enter into the Qiao (territory).
呼令人进入雀(的领地)。

B ↑乎人不入于雀。同(4)
(We) should call upon men not to enter into the Qiao (territory).
呼令人不要进入雀(的领地)。
把 B 作否定移位转换将产生 C，即：

C：*勿呼人入于雀。
(We) should not call upon men to enter into the Qiao (territory).
不要呼令人们进入雀(的领地)。

C 在结构上和《丙编》177(11)、261(2)、(6)和352(2)等例子相似，因此，这样转换完全合乎语法。商人没有选择这种方式而使用 B 来表述的原因。一个可能的原因是，在例 A 和 B 中，呼令的动作已经决定，而在转换来的 C 中，它还没有决定。我相信情况必定如此，根据是 B 和 C 的言外之意(illocutionary meaning)相同。换言之，B 赋予动词"入"否定的意思，C 也一样，由此产生的信息便很相似。

时中性化。

（二）自主的转换

如果像前一部分所论，存在 *m- 型否定词的情态中性化为 *p- 型否定词的词法过程，人们大概也期待会发现相反的例证。事实上，例 10 确实是动词"戋"被 *pjət "弗"否定的一个例子。然而，在例 9 的国王的占辞中，同一动词用 *mjəg "勿"来否定。对这种现象的解释必定是，占辞被认为将对未来事件的过程产生影响。我们还有体现情态否定词中性化的反过程的例子，即从例 8 的"勿往"变为例 14 中的"不往"，词组"勿往"中的[＋意愿]转变为过去时态不往中的[－意愿]特征。在例 9 和 10 中，"我戋甾"和"我弗其戋甾"表达非情态和非自主动词中的[－意愿]，在国王的占辞中转变为[＋意愿]的特征。（我在第四章第一节第六小节中称此为自主转化，并对更多的例证加以分析）。动词"戋"现在被认为是自主动词，并因此由"毋"否定。因为"毋"是一个 *-əg 型否定词，它否定的应该理解为状态和事态动词。这种"状态性"的真正意思，也许可在英语中表达为"be＋vb-ing"，没有多少进行时态的意思，而是在更大程度上表示事态或发生态。果真如此，"丁巳我毋其戋，于来甲子戋"应该翻译为"在丁巳日，我们也许应该不（能够）处在伤害（他们）的状态，但在未来的甲子日，我们（能够）处于这样的状态"。

四、假设的验证

前文提到过明显属于否定不及物动词的例子，这样的例子实际上相当多。我们在此对它们作分析讨论。下面一组对贞例 19 与 20 即是代表：

(19)↓丙寅卜争贞今十一月帝令雨。《丙编》149(11)
        Crack making on the *bingyin* day, Zheng tested: (During) the present eleventh month, Di will be ordering rain (or: ... Di will happen to order rain).
        在丙寅日占卜，争验证:(在)现今第十一月，帝快要命令下雨。(或帝将碰巧命令下雨)。

(20)↑贞今十一月帝不其令雨。同(12)
        Zheng tested: (During) the present eleventh month, Di will

be ordering rain (or:...Di will happen to order rain.

验证:(在)现今第十一月,帝可能将不会快要命令下雨。(或:……帝将碰巧不命令下雨)。

很清楚,例 19 和 20 中的动词"令"是及物动词,但在 20 中,它被不跨过情态词"其"来否定。根据我们的分析,动词"令"应该理解成意为"将在命令状态"或"将碰巧命令"的状态/事态动词。在这类上下文中,它看来很通顺,因为帝在"现在的第十一月"间是否命令下雨确实是事件。*p 型否定词(用在这里)也是合适的,因为从商朝人的角度来看,动作是非自主的。从讲话者卜人争的立场看,否定词"不"也是非情态"和"[一意愿]的否定词。

根据上下文的要求,动词"令"还可以是非状态和非事态动词。例如:

(21)↓丙辰卜㱿贞帝令佳黾女。《丙编》521(10)

    Crack making on the *bingchen* day, Nan tested: The one whom Di will order is a woman of Min. (Or: Di will order that it be a woman of Min.)

    丙辰日占卜,㱿验证:帝命令的人是黾的妇女(或:帝将命令是……)。

(22)↑贞帝弗令佳黾女。同(11)

    Tested: The one whom Di will not order is a woman of Min. (Or: Di will not order that it be a woman of Min.)

    验证:帝不命令的人是黾的妇女(或:帝将不命令是……)。

例 21 和 22 所提的是非自主的事情,这为 *p 型否定词的使用提供了必要而充分的理由。但这里的"令"必然被明确为非状态/非事态,从而导致贞人㱿在例 22 中使用了否定词"弗"。"令"的非状态/非事态特征决定了要使用 *-t 型否定词"弗",也可从下面卜辞看出。下列卜辞使用了另一个 *-t 型否定词 *mjət "勿":

(23)[戊]子卜㱿贞王令彭河沈三牛刘五牛。王占曰丁其雨。九日丁酉允雨。同 533(1)

    Crack making on the (*wu*)*zi*, Nan tested: His Majesty should order the *you*-cutting sacrifice (to) the River God He, submerge three oxen, and cut open five oxen. His Majesty, having prognosticated, declared, "On the *ding* day it might rain [thus, the *you*-cutting sacrifice on that day is not to be performed]." (After) nine days, on the *dingyou* day, it indeed rained.

戊子日占卜，㱿验证：国王应该命令酚祭河神、沉三头牛并对剖五头牛。商王预占卜兆后说，"在丁日大概将下雨[因此，要在那天举行的酚祭将不举行]。九天(后)在丁酉日,确实下了雨。

(24) [戊子]卜㱿[贞]王勿令[酚]河。同(2)

Crack making on the (*wuzi*) day, Nan (tested): His Majesty should not order the *you*-cutting sacrifice (to) the River God He.

戊子日占卜，㱿验证：国王不应该命令酚祭河神。

在第三节第三小节中所提关于 $*mjət$ "勿"的观点预示，21、22 与 23、24 两组间的不同是，后一组的"令"被认为是情态自主动词，而前者中的"令"被视为非情态非自主动词。这一区别在语法上由 22 中用的否定词"弗"和 24 中用的否定词"勿"代表。我们已经在 19 和 20 中看到，在商人的头脑中，同一动词"令"可以是非情态非自主却又属状态/事态的动词。除非人们采用至少二元对立的特征分析，否则不可能说明动词"令"的三个不同的否定词：在 20，22 和 24 中分别用的是"不"、"弗"和"勿"。

最后，我想再举三组否定词"不"否定及物动词的卜辞：它在 26 否定"来"("贡纳")、在 28 否定"以"("带来")、和在 30 中否定"获"("抓获")：

(25) ↓甲辰卜㱿贞奚来白马。王占曰吉其来。《丙编》157(11)

Crack making on the *jiachen* day, Nan tested: Xi will be bringing white horses. (Or: Xi happens to bring white horses.) His Majesty, having prognosticated, declared, "Auspicious. May (he) bring (them)!"

甲辰日占卜，㱿验证：奚将送白马来(或：奚碰巧带白马来)。商王预占卜兆后说，"吉利,愿(他)带(它们)来。"

(26) ↑甲辰卜㱿贞奚不其来白马。同(12)

Crack making on the *jiachen* day, Nan tested: Xi might not be bringing white horses. (Or: Xi might not happen to bring white horses.)

甲辰日占卜,敝验证:奚也许将不会带白马来(或……将不会碰巧带……)。

(27) ↓ 辛丑卜宾贞旃罘敝以羌。同 178(1)

Crack making on the *xinchou* day, Bin tested: Ran, together with Nan, will be bringing along Qiang (tribesmen).

辛丑日占卜,宾验证:旃和敝将一起送来羌(族人)。

(28) ↑ 贞旃罘敝不其以羌。同(2)

Tested: Ran, together with Nan, will not be bringing along Qiang (tribesmen).

验证:旃和敝大概将不会一起送羌(族人)来(或……大概碰巧将不送来……)。

(29) ↓ 丁丑卜宾贞足获羌。同 120(12)

Crack making on the *dingchou* day, Bin tested: Zu will be capturing Qiang (tribesmen). (Or: …might not capture…)

丁丑日占卜,宾验证:足将会抓获羌(族人)(或者:……将碰巧抓获……)。

(30) ↑ 贞足不其获羌。同(13)

Tested: Zu might not be capturing Qiang (tribesmen). (Or: …might not happen to capture…)

验证:足大概将不会抓获羌(族人)(或者:大概碰巧将不会抓获……)。

毫无问题,"来"、"以"和"获"全是及物动词。但是,像20中的动词"令"一样,它们全被"不"否定。因此,"不"否定不及物的观点显然是不成立的。我的看法是,本节所引的所有例子的动词都是状态和事态动词,表示动作的"发生"体而不是非状态体或主动体。

五、结论

为阐述我提出的否定词词法,我用必需而最少数量的卜辞作例子来讨论。最后,让我们把卜辞语言中否定词的特点归纳如下:

Ⅰ、*p-型否定词

不 *pjəg 非情态、[一意愿]、状态/事态、否定"不会碰巧发生"、"不是正在发生"、"不做"和"没做"。

弗 *pjət 非情态、[一意愿]、非状态/非事态、否定"不做"、"将不做(预言)"、"没做"。

Ⅱ、*m-型否定词

毋 *mjəg 情态、[十意愿]、状态/事态、否定"不应该是正在做什么"、"不该在做什么"。

勿 *mjət 情态、[十意愿]、非状态/非事态、否定"不应该"、"不该"、"不要"。

上面的否定词同样可能区分为 *-əg 型否定词(*pjəg 和 *mjəg)与 *-t 型否定词(*pjət 和 *mjət),前者的共同点是具有状态和/或事态的意思和功能,后者的共同点是具有非状态和/或非事态的意思和功能。如果选择用这种方式表述否定词词法,那么,特征标志将是韵尾而不是声母,葛瑞汉(1983,1991)和蒲立本(1991)已经采纳了这种做法。在本节,我们同样注意到了表示情态的声母,但本节的论述也清楚地表明韵尾可以表示体。

第三编
甲骨文研究：语义与词源

商代汉语后缀 *-s 之三种功能[①]

本文拟讨论上古汉语之前的商代汉语中的形态学问题。在文章中，我们将说明何以辨识名词短语的三种构成类型，并进一步论述这些构成类型在形态构词方面的隐含意义。由于在甲骨文所呈现的语言中看不到以"者"、"之"等进行名词化的例子，因此我们可以设想：本文要讨论的名词短语的三种结构在当时可能是有标记的，也可能是无标记的。不过，在仔细研读了新近古汉语构词法方面的研究之后，我认为当时的名词短语很有可能是有标记的。本文将对此问题，即有关后缀 *-s，进行深入探讨。

一、概说

本文之意图在于说明何以辨识名词短语的三种构成类型。若此论成立，其观点将会进一步阐明早期周朝汉语之前的商代汉语在形态构词方面的一些清晰的和本质上的隐含意义。[②]

为求论说明晰，本文选择两个甲骨文字：☗和☗。它们分别对应的是四个

[①] 对梅广教授、喻遂生教授和李发博士的精深评论致以诚挚的谢意。
[②] 为使先秦汉语之分期更为可信，我们可以尝试考虑将甲骨文和殷金文（相当甲骨文第五期）一些语言上的鲜明特征作为现存文献所记录的最早期汉语—商代后期汉语（公元前13—11世纪）。随之为早期西周汉语（前11—8世纪）、中周汉语（前8—5世纪）与晚周汉语（前5—3世纪）之金文等。所谓"典型古汉语"约对应于晚周汉语。这种根据历史上政治抑或朝代改变而机械性的分期是否恰巧与同时期的语言特色相关，尚需进一步论证。

词:令/命 ling/ming 和受/授 shòu。在中古韵书,如《切韵》和《广韵》①中,第一对骈词/同源词(doublet)中的"令"字有平声(义为"使令")和去声(义为"善;命令;法令")两音;而"命"字读为去声(意为"使令;教,命令;公告,法令,生命"等),但是有人指出此字也可以读为平声(详见下)。至于"受/授"这一对骈词/同源词,"受"字为上声(义为"接受")而"授"字乃去声(义为"给与")。为易于理解,以上所论可重写如下:

令 { 平声"使令"
     去声"善;命令;法令"
命 { 平声?"?"(详见下)
     去声"使令;教,命令;公告,法令,生命"等
受   上声"接受"
授   去声"给与"

  传统读法当然不见于这两个甲骨文,但是由此推论出某些形态构词特点存在于由这两个字形所代表的四个词中却很有可能(一些异体字并不包含在内)。然而许思莱(Schuessler1985:347ff)指出,有些词例中这样的可能性并不适用。比如,他引证到:名词用法的"人"与动词用法的"仁",义为"行为上像人类,为人,仁慈",是同源词,然其词性却是由句法来决定的。他指出,在一个典型的古汉语句中,前者归属名词,而后者却在动词范畴中。司克斯基(Cikoski1976,许氏转引司氏尚未出版之书稿)将此解释为抽象动词"仁"源于具体名词"人"之演变。我认为他们把"仁"从名词"人"分离出来,使其在典型古汉语中获得一个独立的动词义"为人;仁慈"之观点是正确的。其所举"人"与"仁"之例显示了这种可能性,即:名词用为动词或动词用为名词无需任何形态上的变化。这里没有声调上的变化,因为"人"与"仁"均为平声。然这种依赖句法而出现的语词相异不在本文的考虑和讨论范围之内。相反,我们所关注的是名词短语组合牵涉以上所提到的两对骈词/同源词:令/命,受/授以及其他一些在中古汉语中留下的声调不同、非去声对去声的最小对子或

---

  ① 《切韵》为《唐写本王仁昫刊谬补缺切韵》(龙宇纯 1968;见参考文献)。此书与《广韵》一起,均收于刘复等人的汇编中(1963)。除了平声以外,中古汉语之声调可追溯至上古汉语中的切分特色。这样的假设在本质上与应用古汉语词汇和语法属性来解读甲骨文和金文非常相似,除非我们能够证明它们经历了变化。

骈词/同源词。但是,我们又将会看到,这种声调的不同常常由句法来表达。

一种广为学者所接受的观点是:中古的去声可以追溯到上古汉语的切分后缀 *-s。在这方面已有较多的对这种所谓的去声别义的研究。我们会借鉴其中若干研究,但是本文的主要意图是考察在这两对骈词和其他一些词中可以观察到什么样的去声别义,并由此推测这样的构词程序如何通过加入后缀 *-s 作为一个短语,或通过句法程序的输入来扩展词汇。

二、骈词"令"和"命"以及一些相关的问题

虽然与"令"和"命"语义相关的"命令"义在去声读法上重叠,但两种字形代表不同的词。字形上,比"令"字多一个"口"而形成的"命"字,似乎在古文字起源上稍晚一些(见下)。对这个"口"字有一些不同的理论解释,比如有从语音/音系学(包括韵律)上、语义上(包括语义化和虚化)、字形上(包括偶然的装饰或饰笔)、形态构词上、甚至词素音位上等等诠释。我们不能批判性地检查所有这些可能性,但是也不能如某些学者所作的那样过于简化地、无年代区别地把甲骨文中的字形🅐等同于"命"(如《甲骨文编》40/2.7/♯90;夏含夷(Shaughnessy1980—81:62)。但是,沙加尔(Sagart1999:79)所提出的理论值得进一步检验。其论如下:

> [一些学者]构拟了 *m-前缀,所依据的谐声字为:$jiū$"摎"(缠结。中古 ljuw)与 $miù$"缪"(联结;中古 mjiw)和 $ling$"令"(命令;中古 ljengH)与 $ming$"命"(命令,任命;中古 mjængH)。尽管这些谐声字肯定地提供了 *m-前缀的理由,但是像"令"与"命"之类在周代典籍及铭文中大量混用的词,不像是同一词族中一个带前缀一个不带的情形,更像是都带同一个前缀的轻重格和溶合变异词,分别为 *^{b}mə-reŋ-s 和 *^{b}m-reŋ-s,前者的前缀后来脱落了。

沙加尔所谓的"一个松散的附加动词前缀 *^{b}mə-"(82,84 页)对"令"(义为命令,带 deontic'义务'之意味,84 页)的适用性比《诗经》一首诗中(毛诗 235.5)的初看似乎是一个真实的义务否定词"无"$wú$/ *^{b}ma 的适用性,似乎好一些。据沙加尔,"无"$wú$/ *^{b}ma 被释为非否定词,是"松散的附加动词前缀 *^{b}mə-"(下例原引自毕鹗 Behr1994a):

(1) 侯服于周,天命靡常,殷士肤敏,祼将于京,厥作祼将,常服黼冔,
王之荩臣,无念尔祖。
(大意为:殷侯服侍于周,天命无常,殷士大夫悦人勤勉,祭神于
周朝京都;祭神之时,常着殷朝白黑刺绣之官袍和礼帽;啊,王
(=成王)的忠臣,思念你的祖先。)

最后一句"无念尔祖"存在着截然不同的解释。若照毛传的解说,此例的"无",借用沙加尔的术语,有可能被训解为"轻重格前缀",因毛传注为:"无念,念也"。但是我们若按照朱熹(1130—1200)《诗集传》的训释,"无"用为反意疑问义,即:"无念,犹言岂得无念也。"而屈万里(1983:453)却认为"无念"即"勿念",其义为"(商朝的后臣们)别再怀念你们的祖先了"。在此情形下,除非检查《诗经》全部语料中"无"的用法还有第235首诗的原文和详细训释(以及相关的诗章和其他"可靠"的原始数据),否则这里所谈的问题就无法得到完全和满意的解决。但是因为"口"字加于"令"字被证明为相当晚,即极有可能在中周时期(见高明,涂白奎 2008:229;另参刘钊等 2009:507—508;黄德宽等 2007:4.3529—3542),所以"令"和"命"这对骈词的问题都晚于我们所关注的商代甲骨文的年代和原始资料。再者,如果我们按照毛传的说法,沙加尔的"松散的附加动词前缀 *^{b}mə-"的理论以一种恰当的方法从形态构词上解释了"无"在"无念尔祖"的用法。再次,其论也跟词"命"*^{b}m-reŋ-s(沙加尔的上古构拟)中较强的动词前缀 *^{b}m-形成一个比较好的对比。所以,即使这个多加的"口"字问题是在商代甲骨文之后的金文(在早期古汉语跟典型古汉语之间的一段时间)浮到了表面,但动词前缀 *^{b}mə仍具有对"命"在甲骨文中完全不出现的解释力,这还并未涉及不同变异形式 *m 与 *p 声母在"义务"(deontic)否定词"勿" *mjut/ *mət(不要,应不)与非"义务"否定词"弗" *pjut/ *pət(不,没)形态构词的可能意义(参沙加尔 Sagart1999:84)。这是一个涉及太广而本文不能详加讨论的话题,但是沙加尔的观点在解说"令/命"这一对骈词上引人注意。

(一) 令/*C-rjing(s)/*rin(s)①的后缀*-s：名词化和施动者的标记

白一平(Baxter)和沙加尔(1998:54—59)提供了32对异形同源词,其每对中的一词读为去声而另一词读为非去声。他们指出派生的*-s后缀"最易构建上古汉语"而且"大多数的例子是后缀*-s加在形容词和动词上使其成为一个衍生的名词"(54页)。在这32对例子中,21对是这种类型。但是他们却没涉及"令"。实际上,"令"也是这些议题中的一个,本文此论依赖于甲骨文上的证据。但是什么样的词可以与"令"成双组成最小对子？最大的可能是"名"*mjeng/*meŋ(命名,名字)。许思莱(2007:387)认为"命"为动词义"命名"(这说法本身没错),但公正地说,似乎更具信服力的说法是"名"具有动词义"命名"和名词义"名字"。这与具有动词义"命令"和名词义"命令,法令"的"命"相同。尽管不利的是甲骨文中"名"的使用非常有限,但其动词功能(如:《合集》19617,《屯南》668)名词功能(地名,见《合集》9503,9505)均可看到。如此,按白一平和沙加尔的词性变化表,我们提出下面最小对子：

(2) a. 名 míng < *mjeng/*meŋ 沙加尔的上古汉语构拟 *ᵇmeŋ "命名"

b. 令 lìng < *C-rjing(s)/*reŋ(h)~*rin(s) 沙加尔的上古汉语构拟 *ᵇmə-reŋ-s "命名,命令"②

当然也许有人会质疑以上所提到的"名"和"令"这一骈词的正确性,因为上古汉语拟构不能真正地相比较。但是原始藏缅语的"名"大概如*r-miŋ(许思

---

① 除非特别指出,一般所标出的两个古汉语拟构,前一是白一平的(1992),斜线号后是许思莱的(2007,2009)。

② 在甲骨文中,"令"也用作动词"命令"。这也与《广韵》中的去声读音相符,其被注为"命也"(其他的注释如"善也"、"律也")。广韵还提供了"令"的平声读法,并注为"使也"。动词义"命名"与名词义"命名,命令"似乎在语义上可以说得通,即:"命名"是一个动作过程的动词,要求一个施动者(常不出现)和一个受事者,而名词"命名,命令"在派生的某一个阶段可以被认作是这样的动作或动词的结果("命名"要求一个受事,即:被命名/被命令>那个被命令的)。在派生过程的其他阶段,大家将会在下面看到后缀-s 也表示一个施动者,而"命名"可以通过添加后缀-s 改变其义为"那个实施'命名'动作的人"或"命名者"(详参见下)。有关派生过程中时间层次涉及四声的问题,请看梅祖麟(1980)。有意义的是,梅论证说这种去声派生(动词转化为名词)是最早的。

莱 2007:387),而许思莱也注意到"令"("命令"义)可能保存了汉藏语或原始汉语的前声母 *r-,故此 *mreŋ< *r-miŋ 形成一个原始藏缅语的"同音词" *r-miŋ"名"。许思莱与原始藏缅语 *r-miŋ"同音词"的观点,总的来说可能是对的,假如我们能够得出一种看法多于白尼迪克特(Benedict1972:115)所说的"藏缅语 *r-miŋ'名'(也是缅语 miŋ'命令');克伦语 *men'名'","名"可能与原始藏缅语中的 *r-miŋ 中的 *r-有一个接触。这里所涉及的问题相当复杂:*r-致使义的问题;"稍后"(?)添加的 *-s;《诗经》中"命"与平声字相韵(马几道 Mattos1971:309);陆德明(556—627)的《经典释文》"命"的条目下录有一个传统的变异字"明"(平声字)用在了"命"出现的地方。此处仅提到几个需要检查——如果可能的话——解决的问题。所以可能在最后的分析中,上例(2)a 中的"名"应该由"命"*mriŋ(s)/*mreŋ(h)(命令)取代。这些上面的对子是一个可能性,此可能性是更多地由本文开始的非去声/去声的变形表推论而来的。

现在让我们来看一些应是名词衍生的"令"的例子。在《合集》6155 中,我们发现三个系列卜辞:

(3) 贞:……于……令。

Tested(the following charge against the spirit of the bone):…from…order.

(4) ↓舌方于受令。①

(We) beg for [divine aid in our attack against] Gōng fāng from the one who gives orders.

(大意为:我们从授令者那儿请求神灵助佑攻打舌方。②

---

① 向下箭头↓和向上箭头↑放在一起,是指紧随的命辞应该一同考虑,因为它们常常形成一个对贞,也就是一对对立的或对比的占卜辞和句子。

② "舌方"是动词"匄"(意为"乞求")的直接宾语,但是此为"(我)伐舌方之帝佑"之节略说法。假如我们不如此理解表层短语"匄舌方"(即:省略的粗体字),此句就没有任何意义。假定对商代人来说,动宾结构"匄舌方"本身已足以理解我上面所说的意思。在他们共有的理解中,"舌方"是他们的敌人,是攻击的目标,所以"匄舌方"本身就再明白无误了。换句话说,这种省略可以如此理解的动因是缘于具有这样一个共同的知识。何莫邪(Christoph Harbsmeier)认为动词"匄"经词义特殊化以传达这样的意思(个人间的交流,2010 年 5 月 10 日)。

(5) ↑贞:于受令勹。

Tested (the following charge against the spirit of the bone):
From the one who gives orders (we) beg for [divine aid in
our attack against Gōng *fāng*].

(大意为:贞:从授令者那儿,我们请求神灵助佑攻打舌方。)

第一例句有一些缺失的字,但是第二和第三个例句是完整的。短语"受令",应解释为"授令"(更多的例子见下),一定是名词短语,因为它出现在表方向的助词"于"(从)之后。例(4)是名词的句法顺序(主)+动+直宾+于+间宾,而例(5)短语"于受令"出现在动词"勹($gài$,请求)"之前,可能是聚焦意图。很清楚,例(4)和例(5)中的"(受:)授令"是名词短语。如果用典型的古汉语来表达,应该是授令者。① 另一个同样结构的例句见于《合集》19563:

(6)……酉卜宾贞:告罙受令于丁三宰箙一牛。

Crack making on the … *yǒu* day, Bīn tested (the following charge against the spirit of the bone): (We) will make a ritual announcement about Bi (to) the one who gives orders (and:) as well as to Dīng with three specially reared sheep, (and) cut up (箙=䐝) an ox.

(卜辞大义为:我们应该用三只特殊畜养的羊并宰杀一头牛对授令者和武丁宣布一个有关罙的礼仪公告。)②

---

① 现代汉语则为:"下达命令者"。
② 动词"告"(报告)当用为一个礼仪动词时,即:具有[+礼仪]的词汇特色,在潜在的层次上是一个四向动词(高岛谦一 2002)。一个完整的这种动词应该有一个施动者的主语(常省略),一个受事的直接宾语,一个接收者间接宾语,还有一个工具宾语。如果表"到"义的助词"于"与"告"同用,出现在接收者间接宾语的前面,而工具宾语的引介没有任何标记。(在典型古汉语中,工具宾语往往出现在"以"或"用"之后)。"于"也可用作连词,(高岛谦一 1984—85:284—288),即使它不出现在"受令"之前,如它出现在例(4)和(5)那样。"于"用在"丁"(祖先)之前,可能是指最近故去的"武丁"。所以这里的结构上的模糊性应该得到认可,也就是说,"于"是一个方向性的和关联性的助词,意为"而到"。

至于字形的具体诠释,我已彻底排除"受"(接受)的解释,因为没有其他的例子含有"从武丁那里接受命令公布有关罙的礼仪公告"这样的意思。换句话说,商朝人似乎不从祖先的神灵处接受"命令"。

虽然上面例句"令"中的后缀*-s可能一般带有等同于名词化和施动者标记的特征,但是我们应该注意到"令"是在动宾结构中,即:(受:)授令。在(4)和(5)中,这个动宾结构出现在意为"从"的助词"于"之后。在(6)中它出现在同样的助词之前和动词短语"告皋"之后("授令"用为间接宾语)。这表明后缀*-s具有把动宾结构作为一个整体名词化的功能,而不仅仅是名词化动词性的语根"令"本身(假定成为"名"),或将后缀*-s视为一个名词的派生物。这样的功能十分类似于典型古汉语的"者"。由于"令"在动词短语中是个名词而动词是"授"(授予),故把名词"令"解为字面意的"命名/命令的动作"而非"命名/下命令的人"似乎较优。前者可能是"命名/命令"的完成(naming/ordering),而后者是"命名者/授命者"。所以短语"授令"中"令"的后缀*-s表明了一个"授令者"(下命令的人,即:命名/命令)的意思。这就是说,它有跨词或词组的名词化功能。同时,若考虑到不是跨词而是词内部,同样的后缀*-s具有由动词产生派生名词的功能。这属于"名词的派生",但是不必指出施动者,而是"令"本身的一个动作。

如此节开端所提及,白一平和沙加尔(1998:54—59)提供了32对例子(64个词),其中每对中的一个读为"去声"而另一个为"非去声"。在这64个词中,42个词后缀*-s加于形容词和动词上使其衍生为名词。但是在他们所列的例子中,只有一词"帅"*sruts与通常的结构"V+-er"相符。① 在这点上,很有意思地注意到:在甲骨文中有两个字形可被看作动词"帅"*srjut/*srut(s)(扎营,而非白一平和沙加尔的"率领")和名词"帅"*srjut-s/*sruts(率领者;士兵)的先行者,前者甲骨文写作𠂤;而后者写作𠂤。其底下的横线使得此词具有动词与名词的不同用法(有例外),后者似合理地有后缀*-s,而前者没有。但是白一平和沙加尔(p.57)所提出的纯语义词性变化表,动词"率领"和名词"率领者",似乎不适用于甲骨文卜辞(参S440.3—442.3)。这

---

① 还有另外一个词"鸷"zhi/*tjits<*tjip-s/*təps?,白一平和沙加尔所给的解释是"(抓住)猎物鸟(的人)",但是"抓住的人"和"猎物鸟"并不与大多数的例句相符,它们可以使得我们生成动词"执"zhi/*tjip/*təp(抓,拿)的名词派生词"那个被抓的,被拿的"(即:可用"所"表达:所抓,所拿)。这不同于在例(4)、(5)和(6)中相当于典型古汉语"者"的名词化和施动者标记。"执"写为𡥈或𡥈(一个跪着人被束缚的手或脚的图形),虽然此词的去声派生词在甲骨文中的写法是一样的,但上下文常常可以决定此字形是用为动词或名词"挚"还是贽/鸷"那个被抓的"。

也就是说,学者们最有可能不会把"率领"这样的意思,反而会把与甲骨文中相配的"扎营"指定给ᔕ。对ᔕ来说,"率领者"义也许可以接受,尽管它常常被训释为"军队"。这在原文中也能解说得通。但是难确定ᔕ是指个体还是整个群体。

在谈及另外一种后缀 *-s 的名词衍生词之前,我们也应该考虑一下字形ᔓ,此字形可以直接转写为上声的"受",义为"接受"。但是如在173页脚注②结尾所提及,"接受"义不适合我们所考虑的例句(4,5,6)。鲜有疑问的是此义乃 shòu/ *dju(□)-s/ *duh+s/h-后缀的外转"授"(给予)。所以,正像白一平和沙加尔(58页)所指出的,"受/授"这对异形同源词展现了不同的去声派生过程,一种从及物动词产生出双及物的或致使动词的程序(许思莱的"s/h-后缀外转")。这种去声派生在甲骨文中不受限于"受/授"这对异形同源词。其他的例子包括ᔒ=有 yǒu/ *wj□□/ *wə□(拥有,有)与ᔒ=侑 yòu/ *wj□(□)-s/ *wəs"(致使有:)侑;来 lái/ *C-r□(k)/ *rə 来(前来)与来/赉 andlài/ *C-r□(k)s/ *rə(k)h"(使得……来:)送(贡礼),奉献等等。由于"来"不是一个及物动词,故似乎可以很合理地将此类派生法解读为"致使化"。

总括如下:我们证明了后缀 *-s 的两个不同功能。其一是与动词短语"授令者"有关的"名词化和施动者标记"。这是类似于典型古汉语中"者"的跨词或短语型的名词化。在词内部上,同样的后缀 *-s 具有从动词滋生派生名词的功能。这是一个含有动作(动名词如"命名","命令"等)或施动者(V-er 如"领导者","授予者"等)的"名词派生"型。但还应指出的是名词短语分析的真正动力是例(6)中助词"于"作为"从"和"到"的使用,尽管被省略了。所以还不能完全确定是其中的后缀 *-s 抑或其词本身促成了名词短语的形成。还需更多的例句来验证(参下 2.2)。我们所证明的后缀 *-s 的第二个功能是"致使化"一个及物或不及物动词,此点应可肯定,因为有更多的语境上的证据。

(二)令 *C-rjing(s)/ *rin(s)后缀 *-s:名词化和被动标记

除了与短语"于受令"(从授令者)中后缀 *-s 有关的"名词化和施动者标记"以外,我们还可以证明另外一种涉及同样一个词"令" *C-rjing(s)/ *rin(s)的名词短语构成,这种构成方式也易受其产生的环境影响。但是由字形"ᔕ(令)"所代表的词之前有一个显著区别就是在表面上"ᔕ(令)"的特指施动主语是"帝"。例如：

(7) ↓丙辰卜甴贞帝令佳娛。《合集》14161

Crack making on the *bingchen* day, (Diviner) Dùn（甴＝盾）tested (the following charge against the spirit of the bone)：The one whom Di（names：）orders will be Lady Mǐng.

大义为：帝所令（命名）者将是娛夫人。

(8) ↑贞帝弗令佳娛。（同上）

Tested (the following charge against the spirit of the bone)：The one whom Di does not (name：) order will be Lady Mǐng.

大义为：帝所不令（不命名）者将是娛夫人。

例(7)和(8)是一个对贞，前者是肯定，而后者为否定。然而值得注意的是在肯定和否定命辞之后的短语"佳娛"是完全一样的。如果用早期古汉语来表述，此短语相当于"维娛"而在典型古汉语中应是"娛也"。但二者之义皆为"她是/将是娛"。如此，动词短语之前的部分即可解读为主题或主语。如用典型古汉语表达，肯定命辞则是"帝所令者"，而否定命辞则是"帝所不令者"。[①] 如果在 2.1 中我们所讨论的"令" *C-rjing(s)/ * rin(s)的后缀 * -s 可诠释为使动宾短语"授令"名词化并作为施动者标记的观点是正确的话，我们可以对例(7)和(8)持有同样的诠释。然施动者标记则明显不可，因其已清楚地由"帝"来表述。相反，我们在"帝令"和"帝弗令"里发现一种内在的受事成分。如果在表层没有任何施动主语，"*令佳娛"之义就应该是"*令者娛也"，而"*弗令佳娛"之义应为"*不令者娛也"。我们实际上并未发现此类例句之事实，盖由政治、社会等因素引起而非语言学之因。

通过使用所谓主题标记"者"构成的名词短语和名词化在商代汉语中尚未见到。那么这个词如何一出现就成为早期古汉语中的典型是一个相当有趣的课题。虽然我们不能深入讨论这个问题，但是可以很合理地推测出在典型古汉语之前一定存在着某种语音、语音学上的包括韵律和形态构词的实

---

① 用现代汉语来表达的话，前者为：帝向其下达命令之人；后者为：帝不向其下达命令之人。

体,因为"者"不可能凭空出现。①

此题稍后再议,我们先考虑下面另外一种涉及加在动词上的后缀 *-s 的名词构成类型的卜辞：

(9) ↓ 癸酉卜岳贞㞢贵自西。《合集》7103

Crack making on the *guiyou* day, (Diviner) Yue tested (the following charge against the spirit of the bone): There will be someone bringing (tribute) from the west.

大义为：将有人从西方带来贡品。

(10) ↑ 亡其贵自西。同上

There might not be anyone bringing (tribute) from the west.

大意为：可能无人从西方带来贡品。

(11) 王固曰其自东㞢贵。《合集》914 反

His Majesty, having prognosticated, said: There will be someone bringing (tribute) from the east.

大意为：大王占卜说：有人将从东方带贡品来。

以上之例句在主要动词"㞢(=有)"和"亡"*wú*（或 *wáng*,没有）之前皆无主语。由于此种结构不同于例(7)中的"帝令"和例(8)中的"帝弗令",我们不能把上面的例句等同于典型古汉语的肯定结构 *S 所 V 者和否定结构 *S

---

① 有一个值得考虑的可能性是字形𦎧(S186.1)的使用,它是后来汉字"者"的一部分(根据小篆的字形,缺少下面那部分;《说文解字》(4a/9a)隶定为"白"而不是"曰")。此字形常出现在"者畓"的惯用法中。由于"者"在金文中常用为"诸"(全部,多样),而"畓"可用为动词,意为"打击,穿入"(如：王畓X,王其畓X,王往畓,乎多尹往畓,戍畓羌,等等),很可能"者(=诸)畓"在字面义为"攻击者"中的本义是"名词化标记+动词"。当然,其句中位置是一个问题,但考虑到这样一个事实:早期古汉语的"隹"和典型古汉语中的"也"作为系动词的位置是相反的("隹"出现在短语开头,而"也"在短语的结尾),这样的假设需要对这种句子组合变化作进一步的研究,并结合音位和词形构造的检验—参考"者" *tja□/ *ta□ 被证明与"之" *tj□/ *tə(= *tiə?)的必然联系;而"之"为现代汉语"的"的原型,用为名词化的标记。假设这些看法成立,同样的分析可能适用于"诸侯"当"候"(读为去声,源于"侯")义证明为"观测,侦查"时。如:在《左传》中,"诸侯"的原意是"众多观察者"。但是,不幸的是,𦎧(者侯)没有出现在甲骨文中。这样,当"诸侯"出现在典型古汉语中时,"诸"的典型义"多样,许多"被采用了。关于这个问题,可以参阅许思莱(2007:221)。

所不 V 者。相反，它们可以解为"有赉自西者"和"无其赉自西者"，其中之"者"是名词短语主词的一个代词性替代词，即："赉自西"者。① 这个名词短语此时即用为主要动词"㞢(＝有)"和"亡"的宾语。在拙文(1984a)中，我把同卜辞中的字形"✿"解为不及物动词"来"，但此例并不适用所有的情形。商代的卜辞所关注的是一些很具体的事件，一些人的来往通常负载着附加的和实用的价值，通常之解释应是送某物至朝廷或者给权贵阶层，而不仅是某人"来"之简单动作。更重要的是下面相关的卜辞表明"赉 *lài*"之诠释义高于"来"：

(12)↓㞢赉自南以龟。《合集》7076 正

There will be someone delivering (tribute) from the south; (he) will be bringing turtles.

大意为：有人将从南方带贡品来；(他)将带(神)龟来。

(13)↑不其以。同上

(He) might not bebringing (turtles).

大意为：(他)将不带(神)龟来。

在例(12)，动词短语"以龟"与其对贞中的否定对应语"不其以"相配，尽管直接宾语"龟"省略，也不会误解。在"不其以"前名词短语"㞢赉自南"也省略了。若用典型古代汉语表达，应是"有赉自南者"(合乎商人包括占卜者和说话人的意愿)。在翻译中，我们在应加的地方直接加上了"他"。这段卜辞的意思是：尽管预测可能有人送贡品，但是他可能没有带龟(不合乎商人包括占卜者和说话人的意愿)。如果这是正确的，字形"✿"一定代表的词是"赉" *lài*/ ＊C-r□(k)s/ ＊rə(k)h(给/送［贡品］)。后缀 ＊-s 可被诠释为名词化和施动者的标记。但是这里 ＊-s 不是跨词性延伸，其作用与动宾短语"授令"

---

① 或许有人愿意把"赉自西"等同于"＊有赉者自西"，进而争论道："自西"是一个动词，结构义为"从西边开始"。可是在甲骨文中，含"自"短语的功能通常为状语，只有少数例子也许可以表面上支持这种动词短语的分析。比如：贞勿彰自上甲至下乙(《合集》419 正)，但是在这个对贞相对的肯定卜辞中，"自"前的动词"彫 *you*(切割,整齐地切)"省略掉了。另一个例子：王固曰其自高妣己(《合集》438 反)，但是这是一个对观察到的对贞命辞的预测：戊辰卜争贞敊羌自妣己；贞敊羌自高妣己(大意为"(我们)将宰杀羌人以祭祀由己开始的高祖)。例(11)也表明状语短语"自东"修饰"㞢赉"。

(意为"授令者"),也与主谓短语"帝令/帝弗令"(意为"帝所令者/帝所不令者")并不相同。出现在"赍"前的动词是"虫"(=有)和"亡"(wú 或 wáng)。将动宾短语"有赍"(有机会带东西来的人)和否定的动宾短语"亡其赍"(没有机会带东西来的人)名词句化;若如此,将使人感觉颇为不自然。因为我们一定得把例(9)和(10)中的"自西"作为动宾短语,这种解释是我们所扬弃的(参脚注12)。例(11)清楚地显示出"虫赍"是一个动词短语。所以在"赍"中的后缀 *-s 只有词内的作用,从动词滋生出一个派生名词。这是一个名词化的派生,而且在此情形中,它表明是施动者(V-er 如"贡献者","领导者","给与者"等)而不是动作(动名词像"命名"[naming]、"命令"[ordering]等)。

我想讨论的最后一个例子也是一个对贞,字形"󰀁"出现于其中。这个字形刻画了一只手拿着一个像装武器容器的对象(假设一个"󰀁"符号,一个执行官员)。① 它是"史/使 shǐ"(特使)跟"吏 lì"([军队])官员)的早期字形,出现在如下例中:

(14)↓贞在北吏/史虫获羌。《合集》914 正

Tested (the following charge against the spirit of the bone):
The military officers/envoys in the north will in fact capture Qiāng tribesmen.

大意为:驻在北部的军队官员/特使将实际②抓获羌人。

(15)↑贞在北吏/史亡其获羌。同上

Tested (the following charge against the spirit of the bone):
The officers/envoys in the north might not (have occasions to >) in fact capture Qiāng tribesmen.

大意为:驻在北部的军队官员/特使可能不会(有机会)实际抓获羌人。

毫无疑问,"在北吏/史"是一个名词短语(有关其结构分析详见下),其功能为例(14)肯定动词短语"虫获羌"和例(15)否定动词短语"亡其获羌"的主语。

---

① 古字学家对字形"󰀁/󰀁"的解释有不同看法,但是无任何一个解释可以独秀于林。参阅《诂林》4.2933/2947—2961 页。

② 关于虫(=有)/亡+V 结构相伴一个强调重要性(即:使得主要与主要动词虫[=有]或亡的施动者-主语有关的 valents"价位"突出)的研究,请参阅高岛谦一(1988a)。

问题是我们怎么能够正确地理解🀀(吏/史)？有两种可能性，一是可被解释为基本上是一个动词(shǐ"使"，甲骨文写作🀀/🀀[史])，但被名词化为[所使者]；二是可理解为如同名词化派生的，和其本身就是一个名词[吏 ＊(C-)rj□(□)-s/＊rəh 或使 ＊s-(C-)rj□(□)s/＊srəh(参许思莱 2007：350)]。有鉴于此，白一平和沙加尔(1998：53)提出了下面最小对子：

(16)a. 吏 lì＜＊(C-)rj□(□)-s/＊rəh"职员，地位低的官员"(据白一平和沙加尔的释义)

b. 使 shǐ＜＊s-(C-)rj□□/＊srə□"(＊被作为使者：)遣使"(同上)

尽管"吏"是去声字，白一平和沙加尔并未包括在 64 个字之内(如前所示，其中 42 个字有后缀＊-s 加于形容词和动词之上使其成为派生的名词)。这是受制于他们的观点而认为这些字是藏缅语的语料，其中前缀＊s-用于"致使结构"中。① 即：前缀＊s-加于"吏"前衍生出"遣派"义之"使"。许思莱(2007：350)同样这样认为。② 此并非不可能，但是，因为"使"(典型的写法为🀀，🀀，🀀，🀀)已经在甲骨文中用为"派遣"义了，③我所主张的变通解释见于下面派生的初始原型：

(17)a. 理 lǐ＜＊(C-)rj□□/＊rə□"to regulate；put…in order"管理；定……顺序

b. 吏 lì＜＊(C-)rj□(□)-s/＊rəh"military(regulator：)officer"(管理人员：)官员

虽然我们还不能确定"理"在甲骨文中是否具有以上所说之义，然而其名词化之派生词"吏"却绝无可能排除在外。从词源上来说，如果"吏"(军官)与"理"

---

① 他们宣称："在早期汉语中存在着其他类似前缀的痕迹。中古汉语 s 或 sr 与其他声母的交替使用使人联想到藏缅语中很常见的致使结构前缀 s-"。

② 他说："'大使'《左传》(都纳 Downer1950：285)。动词'遣派'《礼记》后来派生于'大使'。"此处所言"后来"有问题，因"遣派"义在甲骨文中已可见到。

③ 出现于命辞的典型例子：使人于 X(X＝处所名)。"使"之字形写作🀀/🀀或者🀀/🀀。多数的"使人于 X"解释为"派遣人至某处"(主要是军事行为，尽管可能不完全是这样)。动词"使"的否定用法是"勿"＊mjut/＊mət(不要，不应该)，否定人可控制的(或思想控制)的动作动词。

(管理;排……顺序)配对,则似乎稍胜与"使"(遣使)相配。① 但在任何情况下,我倾向摈弃"￼(吏/史)"基本是动词(＝使)而后产生了一个名词(吏)的说法,而愿选择其与名词一样和本身就是一个名词的诠释。但是从派生构词法上看,它是由"理"而非由"使"名词化派生而来。这种观点基于以下之卜辞:

---

① 大多数学者将原本的甲骨文字形(见前脚注)作为"史"(使者),而我个人在以前却坚持这个解释。胡厚宣(1985;《诂林》4.2933/2947－2961页)证实此字形被用来代表武官。以下之例可供进一步思考:

……卜王其延公吏……《合集》30770

Crack making: His Majesty will continue on (what) the duke's military officer…

大意为:王将延续公侯的武官……

把￼释为"公吏"(武官)比"公史"(使者)似乎好一些。再看下面其他例子:

立须为吏其奠。《合集》816反

(If we) set up Xū to act as military officer, (he) may (be able to) stabilize (奠＝镇) (the situation).

大意为:(如果我们)立须为武官,(他)也许(能够)平定(这个情形)。

贞立明吏。《合集》7075正

Tested: (We) should set up Míng as military officer.

大意为:(我们)应该立明作为武官。

↓癸亥卜敵贞我吏￼缶。《合集》6834o

Crack making on the *guihai* day, (Diviner) Nan tested: Our military officers will (be able to) harm (or: smite) the Tao (缶＞陶).

大意为:我们武官也许能够伤害(或重击)陶(族)。

↑癸亥卜敵贞我吏毋其￼缶。同上

Crack making on the *guihai* day, (Diviner) Nan tested: Our military officers might not (be able to) harm (or: smite) the Tao (缶＞陶).

大意为:我们的武官不能伤害(或重击)陶(族)。

↓癸未卜㱿(＝盾)贞黄尹保我吏。《合集》3481

Crack making on the *guiwei* day, (Diviner) Dùn tested (the following charge against the spirit of the bone): Huang Yin will protect our military officers.

大意为:黄尹将保护我们的武官。

↑贞黄尹弗保我吏。同上

Tested(the following charge against the spirit of the bone): Huáng Yǐn will not protect our military officers. 大意为:黄尹将不保护我们的武官。

事实上,陈梦家(1956;520;《诂林》4.2933/2949页)总是把这原本的甲骨文字形(见前脚注)解释为"吏"。有些学者将￼释为"帝使"(帝之信使)。我不能肯定此是否为原意,尚有待于进一步之研究。

(18) ↓庚子卜争贞西吏召亡祸盥。《合集》5637 正
Crack making on the *gengzi* day, (Diviner) Zheng tested (the following charge against the spirit of the bone): The Western Military Officer, Shao, shall have no misfortunes, and (will be able to successfully) manage [the king's business 王事].①

大意为:西方武官,召,应该没有坏运,(将能够成功地)管理(王事)。

(19) ↑庚子卜争贞西吏召其㞢祸。同上
Crack making on the *gengzi* day, (Diviner) Zheng tested (the following charge against the spirit of the bone): The Western Military Officer, Shao, might have misfortunes.

大意为:西方武官,召,可能有坏运。

在上面的对贞中,"西吏召"是一个同位名词短语,其功能为例(18)动词短语"亡祸盥"和例(19)动词短语"其㞢祸"的主语。与例(14)和例(15)中的"在北吏"相比,其本身之证据是"在北吏"构成了一个定语结构,其中"在北"修饰主词"吏",义为"在北边(驻扎)的军事官员"。另外,在下面的卜辞中我们还发现"东吏"(东边的军事官员):

(20) ……卜亘贞东吏来。《合集》5635
Crack making on the … day, (Diviner) Xuān tested (the following charge against the spirit of the bone): The Eastern Military Officer will be coming.

大意为:东边的武官将要来。

在这些例句中,没必要致使化或名词化"使" *shǐ* < **s-(C-)rj*□□/ *srə□ "(*使成为使者)派遣",进而成为"(被遣者)使者,特使"。名词性的派生

---

① 字形屮/凸是古,但正如郭沫若(1931;亦见《诂林》1.729/699 页)所指出:它在甲骨文和早期古汉语(如《诗经》)表示的是一个动宾合成词:盥王事(很好地管理王的事务)(我的定义是根据另一个独立的研究)。"王事"特指战事(戎)(为古代中国君王的戎和祀这两个主要活动之一)。

词"吏"*li* < *(C-)rj□(□)-s / *rəh*（来自"理"）已很好地解说了这些例句。

三、结论

假设中古汉语去声的重建为上古汉语后缀 *-s，本文鉴定了此后缀的三种主要功能：(1)与动宾短语"授令"(授令者)有关的名词化词和施动者标记；(2)与"受＞授"(给与)有关的致使标记；(3)与短语"帝令"(帝所命令之人)和"帝弗令"(帝所未命令之人)有关的名词化词和被动者标记。本文还指出一些词如"帅"(𠂤)(军队)，"赉"*lài*(送贡品者)，贡献者(和动词义[致使……来]送)，还有"吏"(武官)皆为带有同样后缀的名词化派生词。所有这些发现都是根据商代甲骨文的实际用法，所以后缀 *-s 这些形态构词的功能属于公元前13世纪这一历史时期的汉语。

祭祀：中国古代"祭"和"祀"新辨

第一部分：名为"祭"的祭祀

我所说的共时证据法是一种宽泛的研究方法。早期汉语某些文化与语言学的因素未必传承到了古典文献中，这些因素就可用共时证据法来探求和发现。本文尝试运用这种方法来考查涵盖了一些与"祭"和"祀"这两个词相关的句法、构词法、词源学、古文字和词汇学等方面的问题。众所周知，由这两个词组成的双音节词"祭祀"，一般在英语中翻译成"sacrifice"（祭祀）。通过对上述那些语言学分支研究的综合，本文提出一种新假说：甲骨文代表的语言——约公元前13世纪到公元前11世纪——是可确定的最早的古代汉语；在这种语言里，"祭"这个词既可以用作一个动词，表示"把肉切成碎片"的意思，也可以用作一个名词，表示"切碎的肉"的意思。

一、绪言

就研究方法来说，本文运用的是我在2005年提出的共时证据法。[①] 我使

---

① 在第一编中我提出这个方法。吴可颖博士把"synchronic evidential approach"译为"共时证据法"挺合适，对此表示感谢。她还把我在2005年提出的这种研究方法总结如下："共时证据法包括两个方面：(1)以地下之材料补正纸上之材料——地下材料应优先考虑；(2)纯粹从地下材料中探索和发现出全新的在以往传世文献材料中看不到的现象。"

用的这种研究方法和王国维在1925年提出的二重证据法不同。① 绝大多数学者都心照不宣地运用二重证据法,但是这种研究方法也存在一些严重问题,因为从传世古代文献中显示的信息常常会有时代错误或被扭曲,我在2005年的那篇论文中试图说明这些问题。在本文中,我们也将看到,如果用"祭"或"祭祀"的传统释义来解释可确定的最早的古代汉语的话,我们将遗失商代汉语或早周汉语原本要表达的意思。

正如记在开头的目录,本节分两部分:第一部分展示对词语"祭"(*tsiats)的研究,第二部分是对词语"巳/祀"(*sljəg□)的研究。在第一部分的开始,我对使用词语"祭"的句法结构进行分析,然后,根据一些和它在构词法上相关的词来审视"祭"的词义。当然,某个词语是否在构词法上和它相关会因人而异;每当必要时,我将在适当时候把这一点儿解释清楚。我尝试确立"祭"所属的词类,在这个过程中,我探明了一些它的词汇学方面的特征。接下来,我提出一个主要和它的词义相关的假设。对此假设,我们用最早的年代可确定的古代汉语(本文关注的主要是甲骨文)加以验证,验证的结论是:"祭"是由动词派生的去声词;作为动词,它原本有"把(肉)切成碎片"的意思,由它派生出的名词的意思是"切成碎片的肉"。这个意思似乎得不到任何古代文献资料的验证,尽管如此,它却得到了甲骨文资料的验证,某些甲骨字形中的小点就可能被解释成"切成碎片的肉"。

---

① 王国维(1925:2078)的研究方法,可表述如下:"吾辈生于今日,幸于纸上材料外,更得地下之材料,吾辈固得据以补正纸上之材料,亦得证明古书之某部分全为实录,即百家不雅驯之言,亦不无表示一面之事实。此二重证据法,惟在今日始得为之。虽古书之未得证明者,不能加以否定,而其已得证明者,不能不加以肯定,可断言也。"他呼吁使用甲骨文和金文来"补正"传世文献中的材料。同时,王国维也在这段话中宣称,"这些传世文献中的材料的某些部分可能被证明是真实纪录,即使是在古代中国的黄金时代的百家思想中那些看起来不雅驯的言辞有时也可能包含事实的一个方面。只是在今天我们才能依据二重证据法来研究古代历史。因此,即使传统文献中有些部分不能被证明为真实纪录,我们也不能否定;纵然仅有些部分得到了证明,我们必须判定它们是正确的(也就是说,如果它们被二重证据法证明了,我们得把它们作为真实的材料来接受)。这是没有疑问的"。在古代中国的研究领域中,王国维的二重证据法依然还有巨大影响。

二、"祭"的句法和它的词汇种类问题

甲骨文分作五期,也可按不同的贞人组来分类。① 在五个时期的甲骨文中,使用"祭"的例子差不多有 300 个。在金文中,相关例子的统计不像对甲骨文中的例子的统计那样准确,使用"祭"的例子大概只有 12 个。甲骨文和金文中"祭"的比率大约是 30 比 1。与此形成对比的是,词语"祀"在甲骨文中大约出现了 100 次,在金文中大约出现了 90 次,比率是 10 比 9。在金文中,"祀"的使用次数比"祭"多(像前面提到的那样,"祭"大约仅 12 次)。总的趋势是,随着汉语历史的发展,"祭"的使用变少,而"祀"的使用增多。② 这暗示,"祭"和"祀"原本是不一样的,使用的方式也不同,只是后来它们才被合在一起组成一个双音节词。最可能的原因是,随着时间的推移,这两个词在词义上产生了一些相近的意思。

(一)对甲骨文中数例"祭"的初步分析

(1)……午卜宾贞:翌丁未登曡来祭于……曾用……。用。《合集》4064(Ⅰ—宾)③

……在(丙)午(第 43)日灼兆,④宾(向这个龟甲的守护神)验证(下述提议以求得明智决定):⑤在第二天丁未(第 44)日(我们)奉献曡带来的"祭"给……(这里省去的可能是一位先祖的名字;参见后文)(的时候),曾将用……(这次灼兆的结果是这个提议)被采用了。

---

① 贞人组的数量因各学者采用的分类系统而异,贞人组的数量少的 10 个左右,多的达 30 个左右,这大致就是贞人组数量的范围。本文采用的分类系统属于数量简约版中的一个,具体说,它有 11 组:第一期的宾组、师组、历组、午组、子组和花东子组;第二期的出组和行组;第三期的何组;第四期的无名组;第五期的黄组。

② 像曾昭聪(2005:79-85)对几本古代文献中"祭"和"祀"的分布所作统计所显示的那样,"祀"的使用增多这个总历史趋势和其在从甲骨文到金文中的使用的趋势是一样的。

③ 对于甲骨著录的简称,我沿用吉德炜(2000:159-162)使用的简称,如果论著不见于吉德炜的那本书,我采用甲骨学者通用的简称。甲骨著录简称和甲骨著录号的后面,我在括号内用罗马数字Ⅰ到Ⅴ标明所引卜辞属于第几期,罗马数字和破折号后的汉字表示它所属的贞人组。这样,"Ⅰ—宾"表示的意思就是:《合集》4064 是一片属于一期的宾组卜辞。

④ 括号内的数字是括号前干支日期在干支表中的位置。

⑤ 我在括号内补充的是依据共时证据可从现存卜辞得到的信息,就像我已经在高岛谦一(1989:15-21;142-5;2010a:22-25)所示范的那样。

(2)……祭其酚……侑于……其……《合集》15023（Ⅰ—宾）

……祭,（我们将）举行名为酚而需要切割的祭祀……向（某先祖神）奉献……其（根据后面的动词可把这个词译为"将"或"也许"）……。

上面例(1)提供了足够的上下文让人们看清楚,在那个从属结构中,"祭"是中心词,"曡来"是它的修饰语。这样分析是没有疑问的,因为我们知道,词语"登"(奉献)是一个三价动词,"曡"是一个人的名字,也许还是一个名为"曡"而与商王室友好的方国的首领。例(2)不幸缺失了数个字形,难以分析。但是,下面的这条卜辞可以提供一个线索来澄清例(2)与(3)中"酚"和"祭"之间的句法关系。

(3)庚午卜𡆥贞辛未其酚祭于……其以有……《合集》25956（Ⅱ—出）

在庚午（第7）日灼兆,𡆥（向此龟的守护神）验证（下述提议以求得明智的决定）:在第二天辛未（第8）日（我们向某先祖神）举行名为"酚"而需要切割的祭祀的"祭"或者举行名为"酚"而要切的祭祀和"祭"（的时候）,（X）可能亲自带来（他）或许有的……（注意:此处译文中到底用"的"还是用"和"是个尚待决定的问题。）

在例(2)中,我们看到"祭其酚",但在例(3)中,三个字的次序成了"其酚祭"。看上去,"祭"的位置倒换了,但"其酚"是固定在一起的。这样,"其酚"在语法上就是一个结合成整体的单位。对于"祭其酚"有两种合理的解释:一种是把"祭"当成放在动词词组"其酚"前面的话题,充当它的受事主语或语法上的宾语。由于这种结构还有其他例子,①这种分析是合理的。这和例(3)中英语译文中"of"（的）所代表的从属假设没有不同。这样分析,"祭"就是一个名词。另一种解释把"祭"看成一个动词,它由上面英语译文中的"and"（和）所暗示的假设作为代表。因为这种结构也还有其他例子,②它也是一种合理的分析。问题是哪种解释对呢?

我选择了后一种解释,也就是把"祭"看成一个动词的分析。我这样选择的依据是动词"酚"的直接宾语看起来局限于活祭牲,如宰（特别饲养的羊）、小宰（特别饲养的小羊）、牛、豭（公猪）、豕（豪猪）、羌（羌人）和伐（人牲）及𢦏（俘

---

① 例如,《合集》6947（Ⅰ—宾）和《合集》6953（Ⅰ—宾）。
② 例如,《合集》10292（Ⅰ—宾）,《合集》10401（Ⅰ—宾）,《合集》28067（Ⅳ—无名）。

胯)。① 这一点具有重要意义,而且,我找不到任何证据表明作为名词(用黑体表示强调)的"祭"在类似例(1)那样的语境中可以被解释为一种活祭品。我们将用[－生命]这个特征来表示这一特点。这样解释的话,在例(1)中出现在"祭"后面的介词"于"必然与动词"登"(奉献)搭配,而不是和"祭"搭配。与此相对,在例(3)中,"祭"用作动词,跟在它后面的介词"于"必定和它搭配。如果这样理解正确的话,我们就需要承认动词"祭"具有[＋方向性]这个特征,换言之,人们是向某受祭者,或者说为了让受祭者受益而举行"祭"这种活动。但是,如果把"祭"理解为在某地举行的一种活动的话,它可能被释为具有[－方向性]特征的一个词。果真如此,"其酯祭于……"就必定表示"在某地举行名为酯而需要切割的祭祀"的意思。我们将在后文就"祭"的准确解释给出一个建议。至于例(2),我在这里已经排除了把"祭"视作名词的解释,因为如上文提到的那样,它不能充当动词"酯"(切割)的直接宾语。既然如此,人们也许会问,该怎么对待把它释为动词"侑"(奉献)的直接宾语的可能性呢?对于这个问题,我的回答是这种可能性相当小,因为在大约300个使用"祭"的例子中,我只能找出一个包含"侑+祭"这种动宾复合结构的例子(即《合集》6653,Ⅰ—宾)。如果"祭"是"侑"的直接宾语的可能性大的话,我就会期待发现很多的例子。同时也应该想到,这类例子如此罕见,必定有某种特别原因,这种原因值得进一步探索。

(二) 用作动词的"祭"

既然我们已经在这部分的开始确认了"祭"有名词和动词两种用法,我们将在这里尝试确立动词"祭"的配价。然后,我们将转而对动词"祭"的构词法进行思考,之后对"祭"用作名词作进一步的考查,在那里,对例(1)及更多附加例子加以讨论。

(4) ……祖辛祭哉牛亡祸。《合集》23000(Ⅱ—出)

……祖辛祭红牛,②将没有灾祸。(参见下文对"祭"的详细分析)。

(5) ……卜旅(贞)翌丁亥先祭哉……《合集》26003(Ⅱ—出)

在……日灼兆,旅(验证):在次日丁亥(第24)日,(我们)将先祭红……(参见下文对"祭"的详细分析)。

---

① 参见《综类》391.3—395.1和《类纂》1044—1045。

② 甲骨字形ᅟ被隶定为"哉",它除了在这里被释为"炽"(红,红色)以外,它也可以用作名词"臓"(干肉)。这两个词必定有联系。

把"戠牛"释为一个表示"红牛"的名词词组是标准的解释。这就表示它前面的"祭"是一个及物动词。与此相似,在例(5)中,尽管"戠"(红)后面有些词失去了,它修饰的词最可能是"牛",这样的话,此例的"祭"也是个及物动词。从语义上说,它应当是一个动作和过程动词,跟在它后面的是一个受动者。因此,它就有三个配价。结合"祭"是个被确定具有[-生命]特征的名词这个发现,我们可以说,动词"祭"在这里的作用就是把一个具有[+生命]特征的名词转变为具有[-生命]特征的名词。这是归纳动作和过程动词"祭"的另一种方法(即完成"变"这个动作,名词就经历了把其状态从有生命变为无生命的过程)。然而,实际上,我们手头上有更多"祭"用作及物动词却没有任何宾语的例子,① 而且,像例(3)那样,它后面跟着处所(在这里也是方向性的)介词"于":

(6) 甲戌卜行贞翌乙亥祭于祖乙亡害。《合集》22931(Ⅱ—出)
　　在甲戌(第11)日灼兆,行(向此龟的守护神)验证:在第二天乙亥(第12)日,(我们)向祖乙"祭",将没有灾害。

(7) 甲辰贞祭于祖乙有升刿。兹用。二牢。《屯南》1131(Ⅰ—历)
　　在甲辰(第41)日(向此龟的守护神)验证:(我们)将向祖乙"祭",用已经被"刿"切的祭品。这个(提议)被采用了(即,"祭"或"刿"切的物品)是两头特别饲养的牛。

例(6)中没有出现直接宾语,而且,因为这条卜辞刻在一片残缺卜龟上,难以补充原来可能存在的宾语。可是,在例(7)中,值得注意的是商代锲刻者把"二牢"(两头特别饲养的牛)刻在了卜辞的末尾。对于这类事后添加祭牲的记录,有两种合理解释。一种是它和动词"祭"搭配:果真如此,"祭"在这里所做的就是把特别饲养的活牛变成那些应该"被处理"过的具有[-生命]特征的祭品;另一种解释是,它和动词"刿"(把那两头特别饲养的牛切成大块儿的肉)搭配。在其他使用这两个动词的卜辞中,它们的宾语正是这类祭品。因此,难以在两种解释中做出选择。至于动词"祭",我们已经在例(4)中看到它的宾语是"戠牛";对于动词"刿",我们只从众多例子中选出一例列举在这里:

---

① 动词"占"(预占)也展现了相似的句法特点。它出现的时候,最常见的是没有任何宾语,但其底层的宾语"卜"(兆纹)偶然也会出现,就像《合集》900反那样。"占"的英语译文"prognosticate"(预告)相当好地体现了上面观察到的这种句法特点。

(8) 丁丑贞其有升刿于大戊三牢。兹用。《合集》34165（Ⅰ—历）

在丁丑（第 14）日（向此龟的守护神）验证：（我们）确实将向大戊奉献刿切过的三头特别饲养的牛。（与这条兆纹相关的）这个（提议）被采用了。

在例(8)中，"三牢"毫无疑问是"刿"的直接宾语。因此，没有决定性的证据可以用来对上面给出的两种解释做出选择。我们看来只好把这个问题搁置起来了。然而，我认为，根据例(4)、(5)、(6)和(7)，把"祭"看成一个三价及物动词是没有问题的。至于其他没有公开出现直接宾语的例子，直接宾语显然在当时可以被人理解，因此就省略了。简而言之，在以上对"祭"的句法分析中，我们已经探明，"祭"作为名词具有[－生命]的特征；作为动词，一个三价动词，它内在地具有[＋方向]的特征，但是，这个动词拥有"变具有[＋生命]特征的名词为具有[－生命]特征的名词"的能力，结果，它可以使名词呈现[－生命]的特征。

（三）"祭"的构词法

我们将在这里比较在构词法上与"祭"相关的几个词语，通过这个途径来达到更好理解词语"祭"的目的。"祭"的上古汉语拟构是 * $tsjats$。① 许思莱最近出版的著作《简明上古汉语和后汉汉语》（许思莱 Schuessler 2009: 244）把它的读音拟为 * $tsats$ 或 * $tsets$。② 但是，"祭"还有另外一个读音，它的声母和中古汉语"皆韵"一样，指向一个类似 * $tsriats$ 的上古汉语反映音值。对于前者，字典给出的字义是前面已经提到的宽泛的"sacrifice"（祭祀），对于后者，字典给的字义据说是"一个姓"。沈兼士（1944: 568－9）列举了 18 个用"祭"作声旁的字，③下面列出的是其中的几个，它们的声母包括 * ts-, * tsh-, 或 * s-, 韵母属于同一部，分布于中古汉语的入声和去声：

A: ca/ * $tsrat$ 擦 "刮擦"   D: ji/ * $tsiats$ 际 "交点"④

---

① 这个拟音主要基于下述事实：声母是中古汉语的舌擦音精母，三等韵，属于上古汉语的歌部去声（月部）。

② 许思莱把其书稿中的上古汉语拟音称为"简约上古汉语"，这种拟音综合了自高本汉 1957 年出版《汉文典修订本》以来为众人大体接受的提议。

③ 然而，如我们将要看到的那样，这个声符只是在古文字（包括小篆）使用之后的时间（我称之为后古文字时期）才变得富有成效。之前，仅几个字使用"祭"作声符，但等演变到隶书和楷书之后，字形"祭"就成了一个流行的声符。

④ 我觉得广泛为人所接受的"际"的上古拟音 * $tsjaps$，尤其是 * $-ps$，是有问题的，参见下文。

B:*cha/ * tshriat* 察 "考查"　E:*ji/ * tsjats~ * tsriats* 祭 TBDP①
C:*xie/ * sriat* 㡣 "碎丝片"　F:*xie/ * sriats* 㡣"碎丝片"

初看起来,这些词的传统字义似乎互不相关。但是,这可能只是表面现象。也许,我们还没发现原始而重要的东西。首先,我们看到,那些创造这些字的人都用了同样的声符"祭"。② 因此,我拟建立这样一个假设:它们在构词法上是互相关联的。在进行一些认真思考后,我想验证的假说是:它们的词源可能由动作及过程动词"擦"(刮擦,磨损,磨擦)代表着;我将启发性地运用和这个基本动作紧密相关的意思。下面是对前面列举的词语可能如何加以解释的一个摘要,但在解释它们之前得说明建立这个假说的理由。

A:*ca/ * tsrat* 擦(刮擦,磨损,磨擦)

如果我们要假定词语"擦"存在于可确定的最早的古代汉语中,那就得面对一件不幸的事:当时并不存在这个字形。它在汉代之前的文献未出现,甚至也没在《说文》里出现。它确实是一个后古文字时期的字(参见注17)。这也算事出有因。正如我们将在下文全面讨论的那样,它的字素包括甲骨文的"肉"(金文〓)和甲骨文的"右手"(金文〓)。在甲骨文之后,字形〓(>金文〓)因故不再富有成效,它就由金文的声符〓取代了,这个字形的读音是 *sha/ * sriat* 或 *shai/ * sriats*,这个词素的现代汉字是"杀"。③ 至此,我们对这些字形代表的那些词在早期历史阶段的更替有了短暂感受。作为被"擦"*ca/* *

---

① TBDP(To Be Determined as Precisely as Possible)代表的意思是"有待尽可能准确地界定"。

② 但是,我们应该牢记注③所指出的那种情形。另外,我们也不能总是运用其他所有含有同样字素的字来发现深层或重要的意思,无论这样的意思是词源方面的还是构词方面的。这些字的创造并不是在同一个时间完成的,有些是在后古文字时期创造的。

③ 我觉得,构建这些字形从甲骨文〓>金文〓>古文〓>篆文〓>楷书𢼊的演变没什么困难。高本汉《汉文典修订本》(319a,b,c)错了,从这些古文字形到楷书字形"杀"没有任何字形上的连续。这些字形的楷书一清二楚地是𢼊,根据不同的上下文,它原本读作"祟","sha 杀"或"shai 杀"。最早被证实的"杀"的字形一般认为在相当晚的战国时期(即侯马盟书;参见高明 1980:305),可是,这很可能错了。简而言之,我现在和张亚初(2001:439)持相同看法,他把西周晚期的攸从鼎(《殷周金文集成》5.2818)上出现却被重建的金文字形〓隶定为杀。然而,拓本并不完全清楚,因此这并不是一点问题也没有(尽管它的意思看来很通顺)。张亚初还把出现在春秋晚期的庚壶(《集成》15.9733)上的另一字形隶定为"杀",这肯定是正确的,因为它清楚地写作〓,这是〓(="杀")的一个前身。

tsrat 替代的候选词,意为"磨擦,打磨"的词语"磋"*cuo*/ *tshrar 可能在"擦"问世前被使用着。① 也可以假定,在甲骨文中,"磋"被写成未经美化的光秃秃的"左"〔,但这个字形被用来表示"左,反对"和将要说明的"砍,杀"等意思。这一点很重要。但是,在我们详细考虑这些之前,先把我认为的这些字形/词语的典型形式(和它们的词义)可能经历的演变途径列在这里:

字形:甲骨文 → 金文 → 古文 → 篆文 → 楷书 希
  ≶   ‖
{词义:"杀"……"长毛动物"(《说文》9下/15下;不见于文献)
  //   ‖
字形:甲骨文 → 金文 → 篆文 → 楷书 殺
字形:甲骨文 ～ 金文 → 篆文 ～ 楷书 擦
         ‖   ‖
{词义:"切,杀" ～ "磨擦,打磨" ～ "刮擦,磨损,磨擦"
              ‖
字形:甲骨文〔～金文 ～金文 (差) ～ 篆文 → 楷书 磋
(注意:箭头符号→表示演变,虚线……表示不连续,双竖线‖或双斜线≶、//表示相关,波浪线～表示关系。)

上图展示了可能发生的甲骨文 、 和〔的古文字演变过程。其中,第一个甲骨文是一个被剥了皮的动物骨架的象形,第二个像右手拿着"切成碎片的肉"的形状,第三个只是左手的象形。在演变过程中,它们常常获得附加的、说明性的元素来标明某具体的读音或词义,我用波浪线来显示这种情形。在此我想做的是通过古文字学、词源学和构词学的交叉运用来解释上图。

卜辞显示"左"〔*zuo*/*tsar□用来表示一种处理祭牲的方法,下面就是两个典型例子:

(9) 贞王左三羌于俎不左若。《合集》376(Ⅰ—宾)
   验证(下述提议而从此龟的守护神求得明智决定):如果国王在祭案上左(=砍)三个羌人,(帝)将左(=不反对)(而)将赞同。

---

① 这是一个古文字时期的字形,尽管只有"磋"的篆文字形被保存至今。

(10)庚寅卜……贞并左宙辛卯用。《合集》4392（Ⅰ—宾）

在庚寅（第 27）日灼兆，（某贞人）验证：关于并已左（＝砍）（好的献祭），（我们）应该是在辛卯（第 28 日使用它）。（注意：用古典汉语来表述的话，"并左"就是"并所左者"。）

我已经在其他论著详细讨论了有关"左"的解释。① 简单地说，我把它释为在构词法上和动词"槎"（砍树）相关联的动词。动词"槎"原本可能并未受限于仅指砍树。这个词也和"剉碓"（切饲料的铡刀）的"剉"$cuo/*dzuar\square \sim *dzuats$ 有关系。如果例(9)和(10)中对"左"的翻译是正确的话，我们应该问这样一个问题：它和前文分析过的例(4)、(5)、(6)和(7)中的"祭"有什么区别？ 第一，处理这些祭品的方法，具体的"砍/切（或杀）"，必定有所不同。第二，这也是个假设，也就是，它必定指一种砍/切的方式，而这又不知怎么地和"擦"及"磋"的"刮擦，磨损，磨擦；打磨"等意思有关联（见上图）。然而，这些意思却相当晚，只是在传世文献中被证实，看起来也不适用于最早的年代可判定的上古汉语。在甲骨文中，"祭"是动作和过程动词，我们已经在早些时候将其特点归纳为"把具有[＋生命]特征的名词转变为具有[－生命]特征的名词"，我们怀疑它的意思是"把（肉）切成碎片/碎肉"。这类动作用于牛肉很适合。我们将在下文用例子来对此事作更多说明。

B:$cha/*tshriat$ **察（考查）**

我们来分析一下这个词的定义：《尔雅》（《释诂下》）："漠察清也（澄清不清的东西）；察审也（察意指审查）。"《尔雅》对"察"的解释所反映出的意思是，通过"刮擦掉不清"（按字面意思理解），我们就澄清了某事物；如果从那个事物的角度来看问题，它是得到了澄清。许思莱（2007:179）指出："'考查，觉察'是把区别理清、选择的过程。"他所说的"把区别理清，（注意："差"$cha/*tshrar \sim *tshrats$ 这个带有区别之义的词）"和"刮擦掉（切掉）不清（包括礼仪方面的不纯）"相近。另外，王力（1982:539-40）提出"荐"（奉献）和"祭"（祭祀，意思有待准确界定）是阳入对转，并且引用了几种古典文献，说明在这些文献中"荐"与"祭"、"祭祀"和 $jin/*tzien$（王力的上古音拟构）"进"（奉献）紧密相连。可以认为，王力所作的词源分析潜存于动词"祭"的实际运用中，

---

① 参见高岛谦一(2010a)对《丙编》96 英译注释 6 的注解。

果真如此,这一特定意思就可以和我们已经在前文所作句法分析中探索出的动词"祭"的[＋方向性]特征相连接。白一平和沙加尔(1998:62—3)讨论了中缀-r-的功能,他们主张,就动作动词而言,它暗示着"努力"。从"察"(考查,审察)来看,他们的观点看起来令人信服。我们将用下文要讨论的其他例子来进一步验证这个看法。

C: *xie/ ＊sriat* 襈(碎丝片)

这个词的字形是个晚期古文(参见注17),《说文》(7下/21下)对它的字义解释是"残帛也。"徐铉(916年—991年)就这个词的读音给出两个不同的反切:"先擦切"和"所例切",前者是入声,后者是去声。或许有人会认为读去声的那个词是从读入声的派生出来的。但是,两个词的字义却是一样的。王筠(1828[见《说文诂林》:3416B])对《说文》给这个词的定义"残帛也"作了以下阐述:"谓已经残破之帛也"(它指已经被毁坏的丝帛)。我认为,他在这里使用"残破"这个词来表达是个关键,因为在词语"襈"的深层有动词性的意思"破裂;撕,撕碎"。这个词如果不是和上古汉语的"杀"完全相同的话,它们也是紧密相关的,它们不只是字音相同。沈兼士(1939)建议"杀"和"祭"同源。在我看来,他的这个观点是不容置疑的。在传世文献中,"杀"和"祭"通用强有力地支持着这观点。为节省篇幅,我不在此引用例子,但张儒、刘毓庆(2001:629)从《尚书》、《左传》等文献中收集了例子(参见"杀通祭"的相关资料)。许思莱(2007:452)简单地把"杀"注释为"kill"(杀)。我更进一步,给出它的深层意思:"使具有[＋生命]特征的名词成为碎片"。注意,这并不是"剥夺生命"的意思,尽管"剥夺生命"事实上就是"使某些有生命的东西成为碎片"的最终结果。由于这个原因,我认为,藤堂明保(1965:565)用日语对"杀"作了完善注解:*barabara ni suru* バラバラにする(撕成碎片)。有一件事和我们这里的讨论很有关系:"杀"的一个读音是去声 *shai/ ＊sriats*,其意思是"削减,减少,缩减",这显然与"杀"*sha/ ＊sriat* 紧密相关。白一平(1992:406—7)说:"蔡,一个国名。""蔡"字的时代晚,在金文中这个词写作,这个字形在《说文》中被列为"杀"*sha/ ＊srjat* 的一个古文字形。"蔡"当然是一个后古文字时期的字,但只是草字头添加得晚,"祭"( )在甲骨文中就已经用作一个诸侯国名了(参见《综类》91.3)。不仅如此,金文字形 在甲骨文中还有一个写作 的前身,用来代表"杀牛"或"杀羊"等词组中的词语"杀"(参见《综类》

210.4—211.3)。在所有这些字词中,我们都可以识别出用日语口语"*bara-su* バラす"("撕成碎片"的"杀")所表达出的深层意思。我们还应该在此补充说明的是,根据白一平和沙加尔(1999:62—3)的看法,动作动词"嶰"拟音 *sriat 中的中缀 *-r-暗示着"努力"。但是,因为这看来太宽泛,蒲立本(1973:118)关于 *-r-是个使动中缀的看法依然具有吸引力。然而,在这儿遇到的一点困难是拟音 *sriats 中的 *-s-也可以被释作表示使动的前缀,这个前缀广泛分布于藏缅语中。然而,如果历时现象被当作共时现象来处理的话,这个困难并不是不可克服。因此,还是难以拒绝蒲立本的解释而去接受沙加尔的观点:"动作的强度是中缀 *-r-的特征"(白一平、沙加尔 1999:63)。我们需要许多例子来作验证。至于词语"嶰"*xie*/ *sriats,它的韵尾 *-s 显示它是个从动词派生来的词(参见梅祖麟 1980:434—6)。在以上分析的基础上,我重申:"嶰"*xie*/ *sriats 原本是意为"撕(成碎片)"的动词,至于由它派生出的名词,董同龢(1944:190)认为其读音与"杀"(皆韵)相同,我据此将其读音拟为 *shai*/ *sriats。

D: *ji*/ *tsiats 际"接点,界面"(参见许思莱 2007:311)

几乎所有研究上古音韵和构词法的学者都把入声词"接"*jie*/ *tsjap(连接)和去声词"际"*ji*/ *tsiats(接点)看作一对,后者被释作前者的派生词(梅祖麟 1980:435)。由于"接"的韵尾是 *-p,白一平(1992:406)把其先《诗经》时代的古音拟为 *tsjaps,并假定通过对韵尾和声母的同化 *-ps> *-ts 改变为 *tsjats。这样做是不可信的,原因有两个。原因之一是,"接"的意思"连接"和"际"的意思"接点"只是在表面上近似;在我看来,从严格的词汇比较来看,它们是不匹配的。《说文》对"接"的定义是:"交也,从手妾声"(接意指交叉;其字形由"手"和作为声符的"妾"组成)。许多人把"交"的意思理解为"交叉,交接,连接",但是,从多少不同的角度来看,这只是"接"明显暗示的动作的一个方面。我认为,与其把读入声的"接"和读去声的"际"看成一对双式词/同源词,不如把"接"和可能由它的邻近同源词"插"*cha*/ *tsriap(插入,切入)所代表的动作"把某东西插到别的东西里去"看作一对双式词/同源词。事实上,藤堂明保(1965:851)正是这样做的,我认为这样做要好得多。我们知道,上古汉语的叶部有个对应的阳声韵部(谈部),但没有对应的阴声韵部,只有几个词例外,如"盖"*gai*/ *kaps、"内" *naps∼*nəps*、"芮" *njaps;这几个词到《诗经》时代都融合到了"祭部"。看起来,这对认定"祭"的 *-ps> *-ts 变化起了过度的影响。它应该划入上举的几个例外变化吗?① 令人怀疑。需要注意的是,在其同源词"插"∗ tsriap 的中缀 ∗-r 看起来对我们在本文正要验证的沙加尔的"动作的强度"的看法具有说服力。怀疑入声"接"和去声"祭"是一对双式词/同源词的第二个原因是,如果白一平构拟的"际"的古音 ∗ tsjaps 适用于先《诗经》时期,我们就会期待卜辞之类的资料中有一些用来支持它的证据。我们的确发现了一些主体字形,如"𠂤"(妾)qie/ ∗ tshiap 和数个假定用它作声符的字形(例如𠂤、𠂤 和 𠂤)。我们也发现字形"𠂤(祭)"ji/ ∗ tsiats 和含有肉与手组合的字形"𠂤",这个组合在这些字形中假定用作声符(例如𠂤、𠂤 和 𠂤)。然而,无论是在古文字结构上还是在刻辞的语境里,根本没有"接"和"际"之间存在关联的暗示。它们被完全地区分开来。金文中的情况也是一样。我们发现了像"𠂤"(妾)的主体字形和两个用它作声符的字形(𠂤和𠂤)。我们也发现了"𠂤"(祭),它包含一个由𠂤和𠂤组成的𠂤,𠂤可能是用作声符,但和甲骨文不同的是,它并不富有成效。金文字形"𠂤"(古文𠂤、篆文𠂤、楷书𠂤)本身代表的词语是"杀"sha/ ∗ sriat、其去声派生词"杀"shai/ ∗ sriats(意为削减,减少,缩减)和一个诸侯国名"蔡"(专有名词)cai/ ∗ srats。《金文编》(0080/37 页)中可以找到两个例子:𠂤(蔡子鼎)和𠂤(鄂君启车节)。古文字资料中完全不见可用来支持"接"和"际"是一对双式词/同源词的证据,这让我产生了这样的想法:"接"和"际"本来就不该被当作一对双式词/同源词。② 它们在构词法上不是一对双式词/同源词。

---

① 我不知道该怎么处理许思莱(2007:299;2009:236)引用的"穧"(粟)古音 ∗ tsats＜ ∗ tsaps,这一拟音看上去由藏缅语的 tɕʰap(粟)支持着。在一次私人交流(2007 年 5 月 10 日)中,他说"由于从词源上说 ∗-ts 可以从原始汉语的 ∗-ts 和 ∗-ps 衍生而来,'粟'模糊不清;它可能真的在原始汉语或早期汉语时有韵尾 ∗-p,但是,到文字成熟的时候,这些词语的韵尾都已经和 ∗-ts 融合了。所以,'粟'根本就不是这语音系列中存在韵尾 ∗-p 的证据。"

② 白一平和沙加尔(1998:59)给出了一对双式词/同源词:"'集'ji＜ ∗ dzjup(收集)和'萃'∗ djuts＜ ∗ dzjup-s(收集)(它们的区别不清楚)。"这是在上古汉语缉部中从 ∗-ps 变为 ∗-ts 的另一个例子。上古汉语的缉部和上古汉语的叶部相似,它们都有阳声对应韵部(分别是谈部和侵部),但都没有阴声对应韵部。以谐声字为基础的内部构拟显示缉部里阴声字可能比叶部里多,到了《诗经》时期,缉部的多数字都融入进了微部。但是,他们的拟音 ∗ dzjup-s 可能是对的。"集"和(没有草字头的)"萃"的字形都出现在以甲骨文为代表的最早的年代可断定的上古汉语中,然而,它们的词义却不是很清楚。如果承认后一字(注意:卒)拟音中的韵尾 ∗-s,那就创造了一种可能性:可以把它解释成一个意指"那些被率领的人＞士兵",从动词衍生而来的名词。对于这种可能性,我可能会在其他论文中探讨。

相反,如果上面的分析是正确的话,词语"际"(接点,界面)可能只是"擦"(刮擦,磨损,磨擦)的一个动词性衍生词。也就是说,"际"是一个处所名词,在那个地方东西可以互相"磨擦"或接触。如果用"状态"术语来描述,它可以被认为是东西互相碰到而接触的地方,作这样描述的正当理由可能是,从"擦"的拟 *tsrat 音中"除去"有强化特点的中缀 *-r- 就会得到"际" *tsiats。总之,我拟把"接"和"插"看作一对双式词/同源词,把"际"和"擦"看作另一对,而把"接"和"际"拆分开。这是我拒绝承认"接"和"际"是一对双式词/同源词的理由,尽管它们被大多数人承认是一对入声去声词。

E: ji/ *tsjats ~ *tsriats 祭(祭祀,意思即将被界定)

在上面的图中,我给出了与各字形相关的注释。为便于查看,把它复制在这里:

字形:甲骨文🦬→金文🦬→古文🦬→篆文🦬→楷书希

⫽　∥

〈词义:"杀"……"长毛动物"(《说文》9下/15下;不见于文献)

⫽　∥

字形:甲骨文🦬→金文🦬→篆文🦬→楷书殺

现在,从古文字学转到构词学,为了方便,我们用拟构的上古音取代那些字形:

拟音: *sriat 希　~ 　*sriats① 杀……yi/ *djits ~ dits 希

∥　∥　∥

〈词义:"切,杀"　~　"切,削"……"长毛动物"(《说文》9下/15下;不见于文献)

∥　∥

拟音: *sriat 希　~　*sriats 杀

与上面所做相似,下面先给出图的下半部,再用上古拟音取代字形:

---

① "蔡" cai/ *srats 的专有名词用法被排除在此图外。对下面的字形🦬也作了相同处理。

字形:甲骨文◯ ～ 金文 ※ →篆文 ※ ～ 楷书擦
{ 词义:"切,杀"～"磨擦,打磨"～"刮擦,磨损,磨擦"

字形:甲骨文 ⼃ ～金文 ⼳ ～金文 ⾠ (差)～篆文 ⾩ →楷书磋
拟音:＊tsjats～＊tsriats 祭   ＊tsrat 擦

{ 词义:"切,杀"～"磨擦,打磨"～"刮擦,磨损,摩擦"

拟音:＊tsar□左 ～ ＊tshrar～＊tshrats 差～＊tshrar 磋/瑳

在前文的例(4)和例(5)中,我们已经看到,"祭"用作及物动词,它的直接宾语是"骍牛"(红牛)。在前文的例(9)和例(10)中,我们看到"左"用作及物动词,它的直接宾语是"羌"(羌人),羌人是甲骨文中最常使用的人牲之一。说这两个动词都指处理祭牲的方法(用牲之法),这并没什么错。问题是它们两个有什么区别? 在回答这个问题之前,我应该首先选择哪个拟音适用于动词的"祭",是＊tsjats 还是＊tsriats? 如果我们采用沙加尔的意见,即中缀＊-r-表示"努力"和"动作的强度",那么,我们的选择就应该是＊tsriats,而"祭"的用法就应该像在前文的例(1)中那样是一个名词。不仅如此,在前文中举出的数个例子也一定是＊tsjats。如果这是正确的,我们就可以说,通过除去中缀＊-r-,我们得到一个名词性的派生词。当然,这里也牵涉着去声派生。至此,"祭"＊tsriats 和"左"＊tshrar① 这两种杀/切/砍祭牲的处理方法的区别就能从它们的直接宾语或这两个动词后出现的东西,即祭牲的种类,得到线索。正如已经看到的那样,"祭"用牛作直接宾语,而"左"用人作直接宾语。如果前一个动词与"屑"xie/＊sriat(我们已经把它重建为一个意为"破裂;撕成碎片"的动词)和"杀"sha/＊sriat(我们在前文中已经把它重建为一个意指"撕成碎片的杀"的动词)等词语相连接的话,那么,"祭"所代表的对祭牲的处理方式必定是指"把肉切碎"。对"祭牲"的这种处理方法看起来适合于牛,因为我们容易想象到牛肉末就是这样。可是,也要意识到,这样分析

---

① 关于这个动词的拟音,在＊tshrar 和＊tshrats 之间做出选择是基于这么一个判断:去声读音＊tshrats 是从＊tshrar 派生出来的。

也许有可能犯了时代错误,即把晚期的现象投射到并未存在的早期,还有,古代中国人可能并不把肉切/剁成肉末,而是切成大一点儿的碎肉。另一方面,如果"左"与前文提到的 cha/ * dzrar "槎"(砍树)和 cuo/ * dzuar□～ * dzuats 剉①(铡饲料)等词语相类似的话,那么,"左"所代表的对祭牲的处理方式必定是"劈/砍"。这种处理祭牲的方式看来允许用在人牲上,这可以从斩首或令人恐怖的肢解躯体得知。倘若这些分析都对,那么,称为"祭"的那种杀/剁/切必然曾涉及一种锐利的工具,而称作"左"的杀/劈/砍必定曾涉及一种要求包括劈砍的 * tshrar 磋/瑳(刮或磨)之类的动作。在属于三期何组的一系列卜辞中,我们发现了下述有意思的例子:

(11) 贞三宰。《合集》27223(Ⅲ—何)
    验证(下述提议以便从此龟的守护神得到明智决定):三只特别饲养的羊。

(11a) 贞五宰。同上
    验证:五只特别饲养的羊。

(11b) 癸亥卜彭贞其左小乙吕己祭于祖乙。同上
    在癸亥日灼兆,彭验证:将(左=)劈(特别饲养的羊献给)小乙(和)吕己,(但是,我们)将(祭=)把(它们)剁碎献给祖乙。

在例(11b)这条卜辞中,小乙和吕己似乎偏好羊排,而祖乙却喜欢羊肉末。比较严肃地分析,用"左"代表的方式和用"祭"代表的方式来处理祭牲"宰"清楚地形成了对比。引人关注的是,我们看到,像前面的例(3)那样,动词"祭"后面使用了介词"于"来加强这个动词固有的[＋方向性]特征。因此,对这个动词的准确注释应该是"为了(某受益人)而把(肉)切碎"。"祭"和"左"都有去声的读音,但是,我猜测和它们读去声时相连的传统词义只是它们在最早的年代可判定的上古汉语中所可能具有的词义的一部分。② 就本文而论,我拟建议"祭"ji/ * tsjats 意指"切碎的肉",它是从动词" * tsriats"派生来的,这个动词含有可能具有"强化"特征的中缀 * -r-,或者,根据蒲立本的看法,这个中缀 * -r-具有使动功能。

---

① 这篇论文不探讨有关这两个词牵涉到的声母 * dz-具有什么意义的问题。
② 它们是:祭 zhai/ * tsjats(专有名词)和左 zuo/ * tshrats(佐助)。

F:xie/ * sriats 嶰(碎丝片)

我们已经在前文的 C 部分讨论过这个词。我希望在这里重申的是：就我所能证实的而论，它既未在甲骨文中使用过，也未在金文中使用过。在金文中，我们发现了帛束/丝束、市(丝礼袍)、黹(刺绣的丝)和其他有关纺织品的词语，周王常把这些纺织品赏赐给他们的臣属。但是，嶰(碎丝片)却不可能作为他们的赐品之一出现，特别是如果它的字义真像《说文》所说是"残帛也"的话。正如已经引用的那样，按照王筠，残帛是已经被撕破的丝。如果它真被作为奖赏而给某人，那就是对那个人的侮辱。

1. 用作名词的"祭"

在前文中，我已经指出，"祭"可以用作名词，但我只举出例(1)这一个例子。我在此再举几个典型例子，其中下面的(12a)和(12)、(13)和(14)以及(15)和(15a)应该分别视作一组而一起考虑。

(12) 乙巳贞升判惠肜薑。《合集》34614(Ⅰ—历)

在乙巳(第42)日验证：(当我们)奉献那已经被判切的祭品时，和它同时发生的应该是奉献肜肉。①

(12a) 丁未贞升判惠祭薑。同上

在丁未(第44)日验证：(当我们)奉献那已经被判切的祭品时，和它同时发生的应该是奉献被切碎的肉(这种祭祀)。

(13) 乙卯卜即贞王宾报乙祭亡祸。《合集》22692(Ⅱ—出)

在乙卯(第52)日灼兆，即验证：如果国王应该(用奉献)切碎的肉来把报乙当作宾客对待的话，将没有灾祸。

(14) 乙亥卜涿贞王宾报乙魯亡祸。《合集》22693(Ⅱ—出)

---

① "肜"的传统解释就是《尔雅》(释天)的定义。《尔雅》是一部大约在公元前2世纪成书的汉语辞书。它有如下记载："绎又祭也，周曰绎，商曰肜，夏曰复胙(绎的意思是再次祭祀；周人称之为绎，商人称之为肜，夏人称之为复胙，即再进行一次祭祀)。"600多年后，孔颖达(574—648)在《尚书》《高宗肜日》疏中云："祭之明日又祭，殷曰肜，周曰绎。"(祭祀的第二天再次举行祭祀，殷人称之为肜，周人称之为绎)这个定义后来变得如此肯定以致所有研究《尚书》、《竹书纪年》(肜也出现在此书内)、甲骨文和金文的学者都在沿用这种解释。当甲骨文可以提供例证来核验它是否正确的时候，好像也没有人来检验这种解释的准确性。在高岛谦一(2002a)一文中，我用甲骨文资料检验这种解释，发现给肜的那个定义根本不管用。在那篇论文中，我建议肜指某类祭品，现在认为它指的也是肉，可能是堆起来或一块块叠起来的肉。但是，到第五期肜祭变成了一个动词。我希望能修订那篇论文并在将来发表它的修订稿。

在乙亥(第12)日灼兆,涿验证:如果国王应该(用举行)称为魯的祭祀来把报乙当作宾客对待的话,将没有灾祸。

(15)乙卯卜贞王宾报乙祭亡尤。《合集》35441(Ⅴ—黄)

在乙卯(第52)日灼兆,验证:如果国王应该(用奉献)切碎的肉来把报乙当作宾客对待的话,将没有过失。

(15a)贞王宾叙亡尤。同上

验证:如果国王应该(用奉献水果[?]来把报乙)当作宾客对待的话,将没有过失。

在例(12),我们可以发现,奉献已经被"剡切"的较大块的肉的环境和奉献"肜"(堆起来的肉)的环境是结合在一起的。从例(13)到(15a),商举行了被称为"宾"的礼仪,与此礼相伴的是各种必要的献祭:在例(13)中是"祭"(切碎的肉),在例(14)中是称为"魯"的祭祀,①在例(15)又是"祭"(也是五种主要祭祀之一)和"叙"(某种水果,或叙[枯树枝?])。除了"魯"是哪种祭祀这个问题以外,其他的看来都具有[-生命]这个特征。

三、第一部分小结

通过句法、构词法和古文字的分析,第一部分力图说明"祭"是一个三价动词,具有[+方向性]这个特征,意指"把(肉)切成碎片",作为一个具有[-生命]特征的名词,它的意思是"碎肉"。"祭"的传统字词义,即"祭祀",只是一个宽泛的意思,不能体现本部分所反映的这个词用在甲骨文中所要表现的商代词义。

第二部分:名为"祀"的礼仪

一、引言

第二部分的焦点是词语"祀",我要考查它的句法、词源、构词法和词汇学

---

① 这种祭祀的确切本质还不清楚,但在二期以后的甲骨文中,它是五种主要祭祀之一。上文中讨论过的"肜"也是那五种主要祭祀之一。

等方面的问题。这部分所做的基本上是重建,旨在恢复在英语通常赋予它的"sacrifice"(祭祀)这个意思之外的词义。实际上,英语赋予"祭"的词义也完全一样。① 这就令人起疑:这两个词之间没有什么不同吗? 共时证据法也让人对用《说文》中"祭"和"祀"的定义来释读可确定的最早的古代汉语资料的做法心生警惕。② 有这种心理是必要的,因为甲骨文和《说文》在时间上有一千多年的差距,西周金文和《说文》在时间上也有长达九百年的距离;在这么长久的时间内,语言必定经历了大变化。从共时证据法来看,尽管《说文》中的信息常常对研究有所帮助,比如说有时候,我们发现《说文》为进一步的研究提供了线索,因此,不应该绝对抛弃《说文》,但是,它还是不够资格作为主要研究工具。

通过对使用"祀"的语句的句法分析,再结合从它的同源字(包括"伺"[义:伺探])来探索其深层涵义,本文也就"祀"的词义及其宗教方面的意义提出一个假说,并用可确定的最早的古代汉语资料来检验这个假说。"祀"这个词的用法有两种:一种用作不及物动词,表示"在某地举行一种对神的礼仪";另一种用作名词,表示融有神性的"年"。英语的"providence"(神)和"providential"(神的)只是依据商人的文化大环境而作的大致翻译,这样翻译的原因将在文中做出解释。

正如在我的其他论著一样,我采用下述对"礼仪"和"祭祀"的定义:礼仪是指举行虔诚的、宗教的或者其他由传统确立的仪式,用来满足据信具有象征意义的举止得体的指定顺序;与此相对,"祭祀"需要为平息神的怒气或表示敬意而向神或偶尔在某特定情况下向神以外的其他对象进行供奉。据此,"祭"就像在本文第一部分所建议的那样是一个祭祀术语,而本文的第二部分则会清楚显示"祀"是一个礼仪术语。

---

① 《说文》对"祀"的解释是这样的:"祀,祭无已也,从示巳声,禩,祀或从异。"(祀的意思是不停地祭祀;它由"示"[祭坛]和"巳"组成,巳是声旁;[至于]禩,它由异和示组成——《说文》1上)《说文》对"祭"的定义是:"祭,祭祀也;从示以手持肉。"("祭"意指"祭祀";[它的字形]由"示"[祭坛]和手拿着肉组成。)由此看来,对于许慎,"祀"是一种持续的"祭",而"祭"则是一种体现于字形的比较具体的"祭祀"。就我所见,一般翻译为"sacrifice"的双音节词"祭祀"首见于郐公华钟的铭文(《殷周金文集成》1.245),其年代被定为约公元前6世纪中期(参见白川静的《金文通释》39.222/第482页)。在年代比此钟铭文更早的金文中,我没找到"祭"后跟"祀"的例子,在甲骨文中当然更没找到。但是,从公元前6世纪中期以后,这个双音节词就常常被看到了。

② 最早的年代可断定的古代汉语是古文字中记录的语言,包括甲骨文和西周金文(金文则要包括时代属于东周、春秋和战国时期的铭文)。

前文已经提到,在所有甲骨文资料中,大约有 100 例"祀","祭"则大约有 300 例。它们的分布规律互不相同。在金文中,"祀"大约有 90 例,数量比较多,大约比"祭"多十来倍。曾昭聪(2005:79—85)认为这样的统计数字只是表明了一个趋势:"祭"逐步让位于更突出的"祀"。我们则不同。这篇论文考查"祀"本身在甲骨文中的使用情况,从而尝试理解它的意思与界定这种意思的文化场景。

二、对甲骨文中"祀"的解释

我们拟在这一节考虑"祀"用在不同情境中的功能和意思。

(一)用作不及物动词的"祀"

"祀"的代表字形是 🈲 (胎儿或蛇的一种象形;现代汉字写作"巳")或 🈲 (用 🈲 作声符,示[祭坛]用作意符;现代汉字写作"祀")。只有后一字形用于"隹王几祀"(这是国王的第几个礼仪周期或礼仪年)这个表达方式中。这一区别如此地始终如一,必定是由于某种原因所致;例如,意为"祭坛"的意符"示"可能不只是象征性地暗示这个字的词义,这种礼仪可能实际上就使用"祭坛"这种实物。可能还有其他原因,但现在难以确定这些原因都是什么。

(16)庚寅卜争贞我其祀于河。《合集》14549 正(Ⅰ—宾)
　　　在庚寅(第 27)日灼兆,争验证:我们将在"河"边举行名为"祀"的礼仪。

(17)丁丑卜争贞乎雀祀于河。《合集》14551(Ⅰ—宾)
　　　在丁丑(第 14)日灼兆,争验证:(我们)应该呼令雀在"河"边举行名为"祀"的礼仪。

(18)……巳在山。《合集》19662(Ⅰ—宾)
　　　……在山上举办(了)名为"祀"的礼仪。

(19a)……卜𣪘贞我其巳宾乍帝降若。《合集》6497(Ⅰ—宾)
　　　在……日灼兆,𣪘验证:如果(我们应该在)名为"宾"的圣殿举行名为"祀"的礼仪,(那)将使帝降赐(他的)赞同。

(19b)……卜𣪘贞我勿巳宾乍帝降不若。　　　同上
　　　在……日灼兆,𣪘验证:(我们)不应该(在)名为"宾"的圣殿举

行名为"祀"的礼仪,(因为我们举行的话,那)将使帝降赐(他的)反对。

(20a) 辛巳卜亘贞祀羞祷来岁受年。《合集》9658 正(Ⅰ—宾)

在辛巳(第 18)日灼兆,亘验证:如果(我们在)羞山举行名为"祀"的礼仪并献上一个祷词,来年(我们)将获得好收成。

(20b) 贞来岁不其受年。　　　同上

验证:来年(我们)可能不会获得好收成。

上面的例子表明"祀"后面跟着一个处所名词,特别是例(16)和(17)两例中的介词"于"(在,对)清楚地标明了这一点。然而,由于"河"在其他卜辞中也指河神,用作一个接受祭祀的名词,我们可能会认为动词词组"祀于河"的意思是"向河举行称为祀的礼仪"。虽然这并非不可能,但是,我们看到例(18)中使用了"在",这就暗示"祀"是在一个具体处所举行的活动。① 正如很快就要讨论的那样,"祀"从不带任何直接宾语,因此,它是一个不及物动词。不仅如此,正像高岛谦一(2006;3;10—11;13—16)所论,例(19a)和(19b)中的"宾"指的是一个建筑物,② 也许是某种用来接待神灵或超自然客人的圣殿。我没有发现"宾"用作自然神的例子,这就使在这里把它看作一个处所的解释比把它视作一个受祭对象的解释更有说服力。在这里,引入处所的介词没有出现,情形和例(20a)一样。在例(20a)中,"羞"常被别人等同于"岳",③ 是一个处所名词。另一个类似的动词是"田"(田猎),它后面也跟一个处所名词,介

---

① "于"的使用看起来主要和事关未来的提议连在一起,而"在"却不是。这个问题需作进一步研究,有关"于"的这一内在特征的初步探讨,读者可参考高岛谦一(1990:36—37;本书第四编第一节)。

② "宾"bin/ * pjins 的动词用法(待某人为宾)通常写法是在字形禅的底部加上一个偏旁"足",比如𓎛,包括像𓎛、𓎛和𓎛之类的异体字形。但是,这个动词用作状态被动动词的时候,它的字形里就没有"足",写作𓎛。在这种情况下,我把它翻译为"被作为宾客招待",以便反映我认为的该动词所具有的被动这种状态。

③ 在特定处所举行名为"祀"的礼仪一直维持到时代较晚的三种礼仪文献中(《三礼》:《仪礼》、《周礼》和《礼记》。关于这些文献的引文,有一个方便查阅的清单,请参看钱玄和钱与奇(1998:418—421),其中包括下引几个典型的词语:祀户(在房子门口举行礼仪祀,见郑玄注:"春阳气出,祀之于户内")、祀行(在"行"举行礼仪祀,见郑玄注:"行在庙门外之西……")、祀门(在门旁举行礼仪祀,见郑玄注:"秋阴气出,祀之于门外……")和祀灶(在厨房/灶旁举行礼仪祀,见郑玄注:"夏阳气盛热于外,祀之于灶;灶在庙门外之东……")。

词"于"既可出现,也可不出现。处所名词和受祭对象之间的这个区别将被用作即将在后文进行的精细分析的基础。

好像有很多人相信"祀"是一个及物动词。例如,徐中舒(1988:20)和张玉金(1999:178)引用了《合集》2214上的一个例子,他们把这个例子隶定为:"……祀[祀]于父乙一牛。"由于徐把"祀"的含义释为"祭也"("祀"的意思是祭祀,这是按照徐中舒的理解作的翻译),张把它解释为"祭祀动词",可以假定他们对这条卜辞的理解是:"……向父乙祭祀一头牛。"然而,当我们审视下面这张拓片时,我们觉得这条卜辞应该像例(21)那样来释读。

图 6

(21) ……祀于……父乙……一牛……《合集》2214(Ⅰ—宾)
……(我们)将在……举行名为"祀"的礼仪……父乙……一头牛……

拓片相当清楚地显示三行卜辞都缺了字,我隶定时已经用虚线表明缺字的部分。由于"一牛"是所谓及物动词"祀"的直接宾语的看法是仅依据这一条卜辞而产生的,这种看法并不稳妥。

(二)用作不及物动词的"祀"的意思:一个假设和对它的初步验证

我拟用一个问题来作为开始:如果像在例(16)到(21)所看到的那样,"祀"的后面跟着一个处所名词,那么,"在某个处所举行'祀'这种礼仪"到底是什么意思呢?首先,词语"巳/祀"$si/*sljəg\square$和词语$si/*sjəg(s)$"伺"(询

问)是紧密相连的,①它用作动词应该意指"询问",特别是"请求"神意,而不是"祭祀"。藤堂明保(1965:119)不仅对"伺"(伺候,伺察)而且对 $ci/*slj\mathrm{əg}$(?)"祠"的语源所作讨论是有用的。对"祠"的传统解释是"春祭"(春天祭祀),但藤堂从语源方面猜测,它有"神に伺いを立てる、神意をのぞき察する意であろうか"(询问神和弄清神意)的意思。我认为这个观点深刻透彻,拟把它作为假设来加以验证。

如果用这个假设来分析例(16)和(17),动词词组"礼于河"(在河边举行名为"礼"的礼仪)的意思就是商代精通礼仪的人向神灵提出自己的疑难:为寻问或征求河神的意愿而举行"礼仪礼"这个行动是否明智。在例(18)中,这样的一种活动,如果被认为是事后记录的话,是在山上举行的,而自然神据信是生活在山上的,因此,这次举行的看来带有寻问、恳求、祈求性质的"礼仪礼"(这种礼仪本就如此)的对象也可能是山。从这种角度来理解,具体到"礼于河"这一动词词组中,河是"礼仪礼"的受益者还是处所名词就不能作鲜明区分。例(20a)的情形也与此相似,在此例中"羔"(有人把它释为岳)是处所名词和/或者是受益对象也难鲜明区分。然而,在例(19a)和(19b)中,我们可以看到名词"宀"(=宾)(圣殿),正如已经提及的那样,这个词从未在卜辞中单独用作受益对象。这样的话,我们就需要维持处所与受益对象的区分。"宾"在这里必定是一个处所名词,是自然神受崇拜的地方,也就是庙宇或圣殿之类的处所(不能说得更准确了)。跟在正命辞的"我其已宾"和反命辞的"我勿已宾"的后面的从句分别是"乍帝降若"(那将使帝降赐他的许可)和"乍帝降不若"(那

---

① 拟构的词语"巳/祀"的上古音 $*slj\mathrm{əg}$□基本上是依据李方桂(1971),但也按照许思莱(2009:99)作了调整。至于词语"伺"的拟音 $*sj\mathrm{əg}(s)$,《广韵》把它既归于平声,又置于去声(查阅《经典释文》[1.190—191]核实了这种情况,也核实声母是 s-),因此,韵尾 $*$-s 放在了括号内。实际上,汉字"伺"不见于《说文》,但"祠"(春天祭祀)见于《说文》;"祠"和"伺"有关联,这是没有疑问的。对于"祠"的拟音有一个问题(所以我在下面引用的经过调整的李方桂的拟音后加了个问号)。沙加尔(1999:30)对"祠"的同音词"词"的拟音是 $*^{b}s\text{-}l$□。在中古汉语中,我们需要声母 z-,但沙加尔认为"边根首音"是拟构这个声母的原因。这个解决方法是吸引人的,但是,我不会把"司"的拟音 $si/*^{h}s\text{-}hl$□(沙加尔的上古拟音)和它经常联系的词族(即 $zhi/*^{b}lr$□(-s)"治"[管理])相连接,因为意为"管理"的"司"可能是个假借词(参见藤堂1965:119)。因此,我将坚持现有假设的"巳/祀"的拟音 $*slj\mathrm{əg}$□与"伺和祠"的拟音 $*sj\mathrm{əg}(s)$。稍后在下文(祀指对神的礼仪年)中,有一件事会变清楚,《说文》(1 上/4 上)对"祠"的定义"春祭"(春天祭祀)可能是当时还存在的对远古的"模糊记忆"的一个例子。

将使帝降赐反对)。据此可以相当肯定,这次举行礼仪式的对象是帝,也就是商的至上神。对处所与受益对象的区分的调查在卜辞中稍微扩大一点的话,我们就会发现卜辞中既有处所和自然神双重功能的例子,也有仅指处所的例子。例如,像"我报"(我们的祖先神报/我们祖先神报的神龛,《合集》15496)和"商"(礼仪中心商/作为一个神的商,《合集》5611反)等名词词组属于前者,而"蜀"(地名,《乙编》7194)和"田"(田野,《合集》30757)属于后者。由于上面的大部分分析也适用于这些例子,我就不对它们作更多的讨论。但是,当"在"被使用的时候,它就不会允许那些词语的双重功能,它们仅仅是处所名词。

如果上面推导出的词语"巳/祀"*si/ * sljəg*□的意思是正确的话,哪个英语词语能准确表达它呢? 鉴于用英语和汉语所可表达的宗教概念存有区别,更不要说两种文化中宗教习俗的不同,翻译时难以发现对应词。尽管如此,我拟建议翻译时用"providence"这个词及它的一些派生词。《牛津英语字典》在第2、3和4项下给出以下释义:"foresight, provision, esp. anticipation of and preparation for the future," "divine direction, control, or guidance," 和 "applied to the Deity as exercising prescient and beneficent power and direction."("先见之明,预备,特别是预期将来或为将来而准备","神的指引、控制或指导",和"用来指运用预知和行善能力和指引的神")。我们需要对这些加以调整,从而使它适用于我们可以从甲骨文得到的信息。但是,作为一个宽泛的意思,看起来也相当合用。对于上文从(16)到(21)的那些例句,我们在那里把动词"祀"译为"举行礼仪祀",现在,我们要把译文替换为"举行对象为神的礼仪祀"。这样翻译的意思是商占卜在某一特定地方"举行对象为神的礼仪祀"是否明智,从而寻求神的指引、控制或指导,确切地说,是向它的预知和行善能力及指引祈求。①

(三)对那个假设的进一步验证

我们已经对上面提出"礼仪祀的对象是神"这个假设作了初步验证,在我看来验证显示那个假设有可能是正确的。在这一小节,我们将对它和张玉金(1994:187;1999:178)的另一个假设一同作进一步的验证。张玉金的假设

---

① 这种理解看似也适用于引自《三礼》(《仪礼》、《周礼》和《礼记》)的晚期礼仪祀。

是,他断定"祀"出现在否定词"弜"(我倾向于隶定为"勿"①)后面用作一个"强调副词",意思是"应该,应当"。首先,张的解释有一个严重的缺陷:他没有提出任何理由来说明词语"巳/祀"有副词的功能,而它的意思是"应该,应当"。②这两点看法并非不言而喻,而且它们也不见于对这个词的传统解释中。他就需要说这个词为什么具有这个功能。尽管他的说法具有严重缺陷,为了加以对比,我们还是将对他的解释进行考查。

下面先列举几个具有代表性的例子,然后进行讨论:

(22a)其祷王受佑。《合集》27370(Ⅲ—无名)
如果(我们)祷告,国王将受到神的佑助。

(22b)勿巳祷于之若。同上
如果(我们)不举行对象为神的礼仪祀(却)祷告的话,(帝)将同意这样做。(也可以这样理解:……向它[指代什么并不清楚]祷告,[帝]将同意。但这样理解不像另一种那样令人满意,因为祷告对象的不确定性会持续存在。)

(23a)勿巳祝于之若。《合集》27533(Ⅲ—何)
如果(我们)不举行对象为神的礼仪祀(却代之以)礼仪祝,(帝)将同意这样做。

(23b)其祝在妣辛又正。同上
我们在妣辛(的庙里)举行礼仪祝确实将正确地进行。③

张玉金把例(22b)和(23a)中的"巳"解释为副词的原因可能是基于它占据的

---

① 所谓的否定词"弜"的字形被刻成𢎨,而"勿"被刻作𠃌。就直接隶定而言,把"𢎨"隶定为"弜"是准确的。然而,并不存在这么一个否定词。如果有人把它释读为"勿",我们不会持反对意见。从古文字形来考虑,字形𢎨(弓;𠃌是)的一个简化的异体字形)内呈45度的"="是个表示重复的符号。不仅如此,司礼义(1969)已经说明,从句法分析,字形𢎨和𠃌否定同类型的动词,它们在句法上的表现是一样的,这暗示它们只是异体字形,是同一个否定词。对此,我们可以作的补充是,从甲骨文的分期和贞人组来看,这两个字形在甲骨文中的出现是互补的。

② 张玉金(1994:187)只是作如下断言:"表示必要的语气,同时有强调否定的作用,可译为'应该','应当'。"

③ 我把这里的"正"(是正确的)看作一个内嵌的动词,它前面使用动词"㞢"或又组成了一个动词词组,在使用效果上就产生某种强调,具体地说就是让例(23)中的主语或话题,即在"妣辛(庙里)举行礼仪祝"的提议,得到突出。更多细节,请读者参阅高岛谦一(1988a;本书第二编第一节)。

句法位置:在否定词"勿"(不要,不应该,不应当)之后而在可控制动词"祷"(祷告)和"祝"(举行礼仪祝)之前。正如前文中指出的那样,否定词"勿"具有的一个特征,是它允许在它和动词之间插入一个副词,尤其是表示方式的副词。① 这种情形出现的场景是,这个否定词和它否定的动词常常构成一个直接成分。因此,把例(22b)和(23a)中的"㞢"看作一个副词也不是不可能。然而,"勿"本身就是一个义务否定词,意思是"不应该,不应当"(注意:张的"应该,应当"),张也把这种意思赋予给了"㞢"。他看不到这里出现的显眼的同义反复,因为他把"勿"释作"不",就如他对例(22b)的"勿㞢祷于之若"所作现代汉语译文中所显示的那样:"即使不对他进行祷祭,也会受到顺助吗?"(即使[我们]不对它[指神]进行祷祭,[我们]还是能受到佐助吗?)在我看来,言外之意"即使"不只是从一个从句和一个主句这样的句法结构而来的,它也来自情态、义务和禁止副词"勿"(不要)。无论如何,就像已经指出的那样,赋予"㞢"的"应该,应当"等意思是从哪儿来的呢?无法回答这个问题是一个很严重的缺陷。

我自己已经思考过把"㞢"释作副词"providentially"的可能性,但是,我发现很难坚持这种看法,主要原因有三个。一个原因是我认为由词语"providence"(神)派生出的副词的准确意思并不令人信服。如果我们再次依据《牛津英语词典》的话,"providentially"的定义是这样的:"1. With foresight; providently, prudently. 2. By the ordination of divine providence. By special intervention of Providence; by special chance; opportunely, fortunately."(1. 具有预知的;未雨绸缪地,慎重地;2. 神授地。神特地介入地,机会特殊地,适时地。")让我们看看这些意思是否适合例(22b)的"勿㞢祷于之若"和例(23a)的"勿㞢祝于之若"。首先,词语"㞢"后使用的动词常是A型礼仪动词。② 在例(22b)和(23a)中,"祷"(祷告)和"祝"(祈求神助)都是A型礼仪动词,它们的施事主语是商人(如国王、贞人和他们的同事等等)。由

---

① 一个典型例子是词语"详"(㡭)的副词用法,表示"具体地,专门地"的意思。对于它的一项研究见高岛谦一(1973:389以下等页)。

② A型动词是那些在底层规定四个配价的动词,这四个配价就是施事者(主语)、受事者(直接宾语,内容)、受益者/被称呼者(间接宾语)和工具(伴随品,祭品)。就内嵌的词语特征来说,A型动词具有[+要求]和[+礼仪]的特征。在高岛谦一(2002;本书第四编第二节)中,我确认了6个A型动词:祷(祷告)、祝(祈求神助)、宁(举行抚慰性的礼仪)、御(祓禊、驱邪)、告(作礼仪性的宣告)和宾(把某人待为宾客)。

这些人来说出和上面引用《牛津英语词典》里任何定义相对等的词语，尤其是"具有预知的，未雨绸缪地"、"由神授地"、"由神特地介入地"、"机会特殊地"，都好像说不通。也就是，这些意思和 A 型动词规定的人类主语不匹配。这可能通过试着应用第一个意思来说明。例(22a)的反命辞是："勿巳祷于之若"，用第一种意思来解释就是：如果我们不具有预知的/未雨绸缪地祷告，帝将同意这样做。这句话不通顺，因此，第一种意思和这条卜辞不匹配。另一方面，有人可能有这样的想法：第一个义项中的"慎重地"和第二个义项的"适时地"或许合用。我寻找过任何可以显示使用这些词是必要而正当的语境线索，却什么也没发现。由于甲骨文少见比较完整的语境，这些意思就难以确立。但是，未在甲骨文中发现他们有向甲骨的守护神传递这两个意思的最小动机，这让我放弃了把词语"巳"释作副词的看法。

那些命辞的重点必定是验证例(22a)和(22b)中的"祷"与例(23a)和(23b)中的"祝"等主要动词的明智性及可行性。因此，对否定词"勿"涵盖的范围，我采用的解释是，它只延伸到"巳"，与主要动词"祷"和"祝"构成了反正对比。为反映这样的分析，我把例(22b)的"勿巳祷于之若"翻译为："如果(我们)不举行对神的礼仪巳(而代之以)祷告，(帝)将同意这样做。"我对例(23a)的"勿巳祝于之若"的翻译是："如果(我们)不举行对神的礼仪巳(而代之以)举行祈求的礼仪，(帝)将同意这样做。"①这样的解释可由下述卜辞来支持：

(24) 甲寅卜勿祀叀御。《合集》34446(Ⅰ—历)

在甲寅(第51)日灼兆：(我们)不应该举行对神的礼仪祀，(我们代替它的)应当是用来被禦的礼仪。

(25) 壬辰卜王余缔兹亡祀。《合集》15959 正(Ⅰ—宾)

在壬辰(第29)日灼兆，国王(验证)：我将举行一种把祭牲/东

---

① 例(22b)和(23a)的词组"于之若"的意思也可能被释作"……向+代词，(那么)它将被赞同。"张玉金(1994:188)就是这样解释它的。他说："此例里的'之'，指代某一位或几位神灵。"这种解释说不定会被证明是正确的，但我还没找到比较完整的语境可以暗示它本意究竟是要指哪个神灵。因此，就如在例(22b)的译中指出的那样，难以消除的指称不明的问题让我选择了我在译文中给出的另外一种替代解释，即"之"指代的是它前面的从句。在最早的年代可断定的上古汉语中，词组"于之"在意思上是和上古汉语中的"于之"及由此而出现的"焉"(在它里面，对它)是对等的。总的说来，代词"之"是个近指代词(参阅高岛谦一 1999a)，所以判断"之"指代的是它前面的从句是有道理的。

西捆起来的祭祀,这样就没有举行对神的礼仪祀的必要了。

由于"祀"是被"情态义务"否定词"勿"来否定的,而且,"御"是由肯定情态系动词"叀"(应该,应当)来引进的,对神的礼仪"祀"与提议的要举行以取代它的被禊礼仪"御"之间的对比是很清楚的。① 在例(25)中,国王提议"举行那种把祭牲/东西捆起来的祭祀",以确保不必"举行对神的礼仪祀"这种结果。可是,那种"把祭牲/东西捆起来的祭祀"是不是被提出来以取代"对神的礼仪祀",这并不清楚。我对用"祭祀"来替代"祀"的解释有怀疑,因为"祀"比那种"祭祀"更重要,那种"祭祀"是一个B型动词。

(四)动词"巳/祀"的更多例证

我们在论述"祀"的名词用法之前,我想再列举一些"祀"用作动词的例子:

(26a)其御……《合集》30759(Ⅲ—无名)

(我们)将举行一种用来被禊的礼仪……

(26b)勿巳御。同上

(我们)不应该举行对神的礼仪巳(而)举行一种被禊的礼仪(来替代它)。

这是一组对贞卜辞,但(26a)中的正命辞是不完整的。它们显示的对比和例(24)中的对比一样:"对神的礼仪巳"与那种用来被禊的礼仪"御"之间的对比,后者是个A型动词(参见注210页注①)。

(27a)勿巳告小乙。《屯南》656(Ⅲ—无名)

(我们)不应该举行对神的礼仪巳(而要对)小乙作个礼仪性的宣告(来作为替代)。

(27b)其告祭䜣祖辛王受佑。吉。同上

如果(我们)用祭(即切碎的肉)和烹调的食物䜣(来对)祖辛作礼仪性的宣告,②国王将受到神的援助。吉利。

(27c)勿巳告祖辛。同上

(我们)不应该举行对神的礼仪巳(而用对)祖辛作一个礼仪性

---

① 关于商代汉语中系动词的一项研究,读者可以参阅高岛谦一(1990;本书第四编第一节)。
② 关于"䜣",《说文》(3上/8上)给的定义是"欣喜也"(欣的意思是欢喜)。我在这里暂时采用的解释对《说文》的定义作了轻微改变,也就是,把这个字形释作熹,意思是"烹调的食物"。

的宣告(来替代)。

(27d) 其告叀己酘王受佑。同上

如果(我们)要作一个礼仪性的宣告,(我们)应该是在一个"己"日举行名为酘而要切(某些祭牲)的祭祀;国王将受到神的援助。

例(27a)和(27c)中被否定的动词"巳"和另一A型动词"告"之间构成了对比。我认为,这一对比在这里是有意为之。这一对比也可以用另一种方式来表达:选择被肯定的动词的意思而舍弃被否定的动词的意思。A型动词在底层要求工具名词(某祭品),在例(27b)和(27d)中,我们看到,它们在表面上出现了,即(27b)中的"祭"(切碎的肉)和"䜣"(烹调的食物)及(27d)中的"酘祭中切的某些祭牲"。

(28a) 甲午卜贞其䢼侑判自上甲。《屯南》1116(Ⅰ—历)

在甲午(第31)日灼兆,验证:(当我们)举行䢼祭(的时候,我们)应该向始自上甲的先祖奉献被判切的肉。

(28b) 勿巳侑。同上

(我们)不应该举行对神的礼仪巳(而该)奉献(被判切的肉)。

(29a) 其用。大吉。《屯南》2219(Ⅲ—无名)

(我们)将使用(X)。大吉。

(29b) 勿巳用。同上

(我们)不应该举行对神的礼仪巳(而应该)使用(X)。

(30a) 甲子卜呼贞王异其田亡灾。《合集》30757(Ⅲ—何)

在甲子日灼兆,呼验证:如果国王做异这种活动(并)进行田猎,①将没有灾祸。

---

① 按照裘锡圭(1983a)的说法,"异"和"式"是对等的,"式"是一个情态助词,意思是"应该,能够;恰当地"。尽管许多学者都采纳了这种解释,但我发现还有错综复杂的问题没有解决,以致我难以就他现在的论述程度来接受这种观点。比如,"异"在例(30a)中占据的位置不应该与"勿"相比,也不应该与例(30b)中的任何词相比。如果要比,应该把例(30a)中的"其"和"勿"相比较,在例(30a)中,"其"用于可控制动词"田"(田猎)的前面,而在例(30b)中,"勿"用来否定另一个可控制动词"巳"(举行对神的礼仪)。"异"这个词应该如何解释? 我到现在还没有机会进行研究。如果《说文》在"祀"这个条目下给的解释(禩,祀或从异,即禩是"祀"的另一种字形,它包含形符异)还有点可取之处的话,深入探求将是件有意思的事(注意:它用在一条属于三期和何组的卜辞中,可是这一任务也不能在本文完成。但是,我的初步印象是,认为字形"异"代表"巳"这个词的看法相当吸引人,因为(30a)和(30b)组成了一组正反对贞。

(30b) 甲子卜呼贞王勿巳田。同上

在甲子日灼兆,呼验证:国王不应该举行对神的礼仪巳(但应该)进行田猎。

在"勿巳/祀＋动词"这一句型中,多数动词是 A 型动词。然而,在上面三对卜辞中,即(28a)与(28b),(29a)与(29b)和(30a)与(30b),这种句型中的那个动词是 B 型动词:侑(奉献)、用(使用)和田(外出到田野中,田猎)。B 型动词是普通的三价及物动词和二价不及物动词(例如田。关于巳/祀,参见下文);可以预料,它们的数量远远超过了 A 型动词。关于这些例子,我仍将坚持认为,"勿巳"和 B 型动词之间构成同样的对比。这不仅会显得前后一致,而且这些 B 型动词在这些例子中出现还有一个深层理由。其理由就是:正如已经提到的那样,A 型动词要求工具名词,这些名词常常是祭品,它们会成为这些B 型动词的直接宾语。在(28a)和(28b)这两条卜辞中,它们是被剡切的祭牲,这些祭牲又是动词"侑"的直接宾语。在(29a)和(29b)两条卜辞中不幸的是,"用"的直接宾语没有写出,尽管锲刻着这些例子的《屯南》2219 是一版相当完整的卜骨。尽管如此,从动词"用"的其他使用情形来判断,它的直接宾语很可能是诸如牛、羊、伐(人牲)一类的祭品。至于动词"田"(外出到田野中,田猎),它是一个 B 型不及物动词,不带直接宾语。然而,如果他们去田猎,他们必定是带着捕获一些猎物的目的而去的,而且,如果他们成功地捕获猎物的话,它们是可以被用于祭祀的。"巳/祀"本身也同样是一个 B 型不及物动词,但举行这种礼仪的目的和捕获猎物没有关系,而进行田猎的目的却和捕获猎物有关,这是两者的不同。具体地说,举行"巳/祀"的目的是在某特定地方向据信居住在那里或控制着那地方的神寻求指引或指导。

最后,应该指出的是,即使"巳/祀"常常被否定,也并非总是。我们已经在例(16)、(17)、(19a)和(20a)中看到它用在肯定句中的例子。下面再举几个例子:

(31) 贞翌乙巳其祀亡蚩。《合集》15499(Ⅰ—宾)

验证:如果(国王)在翌日乙巳(第 42)日举行对神的礼仪祀,将没有灾害。

(32) [甲]子卜争贞王祀。《合集》15489(Ⅰ—宾)

在甲子(第 1)日灼兆,争验证(下述提议以从此卜骨的守护神求得明智决定):国王应该举行对神的礼仪祀。

(33) 癸酉卜𣪘贞旬亡祸。王二曰勾。王占曰龄㞢希㞢𤎆。王占曰丁丑王宾中丁𢦏陟在㝪𠂤。《合集》10405正(Ⅰ—宾)

在癸酉(第10)日灼兆,𣪘验证:在十天内将没有灾祸。国王两次宣告:将有(不足:)损失。国王预占后宣告:我(或:龄)将有一个因别人施魔法而发生的灾殃/祸患(希=祟)和一个恶梦。五天后,在丁丑(第14)日,当国王把中丁当作宾客接待并[在他的庙中]举行对神的礼仪巳的时候,① 我(或:龄)遇上了危机。② 它发生在厅(或㝪)的𠂤。

(34) 戊戌卜贞祿㲋河祀。《合集》21113(Ⅰ—师)

在戊戌(第35)日灼兆,验证:祿应该在河边举行对神的礼仪祀。

(35) 癸卯王卜贞其祀多先[祖]……余受又佑。王占曰弘吉。佳……《合集》38731(Ⅴ—黄)

在癸卯(第40)日,国王在灼兆后验证:如果(我)举行对神的礼仪"祀",许多先祖……我将受到神的援助。国王预占后说:"大范围地吉利"。这是……

(36) 庚子卜争贞其祀于河以大示至于多毓。《合集》14851(Ⅰ—宾)

在庚子(第37)日灼兆,争验证:(当我们)在河边举行对神的礼仪祀的时候,(我们)应该带上大型祭坛(的庙主)和许多后面

---

① 我隶定为"巳"的原甲骨字形写作己,和通常的字形𢀳不一样。这已经引发了几种不同的隶定(参看《综览》343/#1502;《综类》243.3)。然而,我相信"巳"是正确的隶定。在例(24)中,原甲骨字形正是写作己,只是添加了意符T(=示)。在前文提到,甲骨字形𢀳(巳)和祀(祀)之间没有词汇方面的不同。对于把例(24)中的那个字形释为"祀"是难以进行争论的。此外,在下面引自《合集》32787上的一条一期历组卜辞中,"巳"的字形被刻得像字形己的镜像:甲寅卜翌丁祀㸚(在甲寅[第51]日灼兆:[我们]应该在翌日丁日[在]X举行对神的礼仪祀。即使字形㸚是一个族徽[在甲骨文中非常罕见],它也可被确认与某具体地方同名)。对于把这里的镜像字形隶定为"祀",也难表达异议。

② "陟"的词义在这里用英语表达为"be brought to a crisis, be in crisis(遇上危机;在危机中)",然而,是否如此全然不能确定。因为没有更好的解释,我暂时采用白川静(1967:5)所建议的多少有点不可靠的解释。我说这种解释多少有点不可靠是因为他是完全基于对字形的解释而引导出这个词义,这是"望文生义"的一个典型例子。

(先王的庙主)。

(37)贞缔示若今我奏祀四月。《英国》1286(Ⅰ—宾)

验证：如果（我们）向先祖的祭坛（的神灵）举行把祭牲/东西捆起来的缔祭，这将是（他们）同意（的事），所以现在我们应该举行对神的礼仪祀。四月。

综上所述，我到这里为止所论证的是："巳/祀"是商人在某特定地方举行的一种礼仪活动，这些地方据说住着某些神灵，它们对那里居住的人或在那里从事某些活动的人具有很大的影响。它们的指引、指导、预知和行善能力应该确保了他们的生计、安全、保护和援助。这向它们祈求必定已经成为一种习俗。从语法方面看，"巳/祀"并不用作副词，它具有内在的[＋要求]的特征。如果它被否定，而后面还跟着另一个动词，这个动词通常是 A 型动词，它就是商人寻求神谕解决的选择之一，也就是，他们是否应该举行另一种活动，通常是祭祀活动。可是，因为 A 型礼仪动词在其词汇特性中也具有[＋要求]的特征（参见 210 页注①），他们向神征求举行 A 型动词的活动必定也同样重要。如果"巳/祀"被否定而后面又跟着一个 B 型祭祀动词，不管它是一个三价及物动词还是一个两价不及物动词，我们对它的解释和对它后面跟一个 A 型礼仪动词时的解释都是一样的。在这样的情形下，奉献祭品的本意是要给神灵，神灵是受事者，而它又反过来被期待以某种具体方式来回报奉献祭品的人。我们已经对 B 型两价不及物动词"田"（外出到田野中，田猎）和"巳/祀"（举行对神的礼仪）做过讨论。前者预期在田野中的某种追逐活动或捕获某些可以用于祭祀的猎物，但对后者（即"巳/祀"）来说，它不牵涉祭品。① 此外，两者之间的不同是，"巳/祀"在我看来是一个具有[＋礼仪性]的

---

① 我们判断"巳/祀"和"祠"*^{b}s-l□（沙加尔拟的上古汉语音[1999:30]，也可参见 206 页注①）是紧密相连的。如果这个判断正确，那我们观察到的下面这个现象就很有意思：祠用作动词这一语法现象一直延续到时代晚很多的《说文》(1 上/4 上)。《说文》："祠，春祭曰祠，品物少，多文词也。从示司声。仲春之月，祠，不用牺牲（用黑体字表示强调），用圭璧及皮币（春天祭祀被称为祠。这是因为祭品用得少，但[当举行这种祭祀的时候]，他们使用许多言词[这里用的是声训，词和祠是同音词]。[它的字形]由意符示[祭坛]组成，司用作声符。在春天的第二个月，当他们举行祭祠的时候，他们不使用祭牲，但是使用玉圭、玉璧和毛皮及丝帛）。"有一条原卜辞(H11:20)是这样的："祠自蒿于壴（举行祠祭，从蒿开始到壴）。"在这条卜辞中祠的后面出现了一个处所补语，就如安阳卜辞中的对神的礼仪"巳/祀"那样。

特征的动词,而"田"(田猎)却是在词义上不具有这个特征的动词。不仅如此,"巳/祀"就像它的同源词"伺"(打听)那样具有[＋要求]的特征,而"田"可能缺乏这个特征。在较早的例(16)、(17)、(19a)和(20a)以及上面的例(31)到(37)中,我们已经看到,动词"巳/祀"也可以不被否定,这暗示商人也向神请示举行这种(据说是要征求神意的)对象为神的礼仪是否明智与可行。

（五）用作名词的"巳/祀"

对于我们到现在已经讨论的所有例子中的"巳/祀"和下面要讨论的"隹王几祀"(这是国王的第几个礼仪周期/年)结构中的"巳/祀",都应该尽可能地用一个"基本"词义来解释。能做到这一点当然是很理想的情况,但是,任何词语使用于不同的上下文中,它的意思都会改变。另外,在词汇学中也有一词多义的现象。然而,秉持奥卡姆剃刀原则(若无必要,勿增实体)是件好事,而且,在有必要时,应该把这种现象和其他因素一并考虑。经过认真思考后,我产生了一个想法:"巳/祀"的动词和名词用法下面有一个潜存的意思。到现在为止,我们倾注了大量注意力在一个主题上,这个主题是:"祀"是商举行(据说是祈求神意、神的指引、指导及行善能力)的"对神的礼仪"。我们可用它来阐明祀的两个名词意思"对神的礼仪年"和"神"。

1. 意指"在某地举行对神的礼仪的年"的祀

把"祀"释为"在某地举行的对神的礼仪的年"是一种新见解,因为这超出了字典给出的"祀"的传统词义"年"的范围。例如,被经常引用的对"祀"的一个典型解释是:"载岁也,夏曰岁,商曰祀,周曰年(载的意思是岁,即年;夏人称年为岁,商人称为祀,周人称为年)。"(《尔雅》《释天》)我们知道,"载"(❦)、"岁"、"祀"和"年"这些词都在甲骨文中出现了。就"载"而论,它无疑是个时间词,可它的词义并非必然是"年"。① 其他三个词都表示"年"的意思,虽然

---

① 吉德炜(1978:78,注85)建议,不管一期甲骨字形"❦"表示的是哪个字,可用"季"作为一种实用性的译文。对于那个字形代表的词是"载"这个假设是有可能加以验证的,它实际上是指时间长度为60天的一个周期。然而,如果那个词确实表示"年"这种意思的话,有理由相信它是用来指年的最"中性"或最"自然"的术语。"载"的基本意思是"切",如果人们把这个意思运用于时间的流逝,那就意味着"切割"时间的流逝(即给时间划界),正如和"斯"(❦)字用在天干₁斯天干₂之中间一样。与它形成对比的是,关于"年"的其他词语(岁、祀和年)都是从那些词固有的本意衍生且被专门化了,那些词的本意分别是木星、周期性的礼仪祀和(基于单一农作物区域的)一年一次的收割。

衡量它们所表示的"年"的尺度并不相同(见下文)。这样的话,根据商代当时的史料来看,《尔雅》归纳出的特点是不正确的。我在绪言部分提到的共时证据法基本上是一种重建工作,旨在恢复那些我们从字典或对古典文献的各种注疏中所看不到的某些词的词义。

现在,让我们看几个"祀"用在"隹王几祀"这一表达方式中的典型例子:

(38)癸巳王卜贞旬亡𤕤。王占曰吉。在六月甲午肜羌甲隹王三祀。《合集》37838(Ⅴ—黄)

在癸巳(第30)日灼兆,国王验证:在10天内将没有灾祸。国王预占后宣告:"吉利。"在六月的甲午(第31)日,(他向)羌甲举行肜祭,(这次祭祀)在国王的第三个对神的礼仪年。

(39)……[在]二月隹王十祀又九。《合集》37861(Ⅴ—黄)

……(这是在)二月,在国王的第十九个对神的礼仪年。

(40)辛酉王田于鸡麓获大鼝虎。在十月隹王三祀叠日。《合集》37848反(参见怀履光1945:照相凹版印刷,第ⅩⅤ版,刻有卜辞的骨柶。宙51)(Ⅴ—黄)

在辛酉(第58)日,国王在鸡山脚下田猎,捕获了一头花纹类似霜花(?)的大老虎。这是在十月,在国王的第三个对神的礼仪年的叠日。

(41)癸丑卜贞今岁受年。弘吉。在八月隹王三祀。《合集》37849(Ⅴ—黄)

在癸丑(第20)日灼兆,验证:今年(我们)将有(好)收成。这是大范围地吉利。这是在八月,在国王的第三个对神的礼仪年。

(42)其隹今九祀丁未戈。王𠦪曰弘吉。《合集》37854(Ⅴ—黄)

(我们)将在现今第九个对神的礼仪年的丁未(第44)日(给某敌人)造成伤害。① 国王预占后宣布:"大范围地吉利。"

公式化的"隹王几祀"这个表达方式可能在倒数第二个商王帝乙统治时期首次出现,但常用于最后一个商王帝辛统治时期,他们的卜辞都属五期卜辞(约

---

① 吉德炜(2000:52,注46)说,这条卜辞释文中的"丁未"并非确定无疑,他指出(郭沫若的)《卜辞通纂》把那两个字形释为一个字"正"(校正)。《卜辞通纂》594的拓片不清楚,但《合集》中的这一拓片清楚得多。释为"丁未"没有错。

公元前12世纪晚期到公元前1050年)。在五期之前,对神礼仪年的记时或其他事件的记时都未使用长度超过一年的时间名词。结果,除了"旬"以外,我们不知道某礼仪或其他事件发生的其他时间。有时,卜辞记载事件发生的那旬在哪个月,但我们却不知道它在哪一年或商王统治的哪一年。吉德炜(2000:53)指出:"然而,到了王朝的末年,随着在许多验辞后更具体的记时惯用词语的增加,商人在记时上显得日益线型化。对时间的处理,就像对占卜习俗的处理一样,在最后九位国王的统治期间经历了重大变化。"我们可以问,那种公式化的表达方式"隹王几祀"为什么会开始被使用呢?下面,根据本文对动词"巳/祀"(𢁉/祀)的新解释(举行对神的礼仪)来给出一个答案。①

众所周知,所谓的"五祀"(也称为"周祭"或"五种祭祀")历经从武丁统治时期(约公元前1230到公元前1170年)至帝乙和帝辛统治时期(帝辛约死于公元前1050年)大约180年的时间才形成了时长为360天的年(吉德炜2000:48)。② 我的看法是,"岁"、"祀"和"年"这三个有关年的术语在商代同时并用是分别基于天文学、礼仪和农业等方面的时间长度:木星的旋转周期是399天,其中有39天在地球上看不到,399天减去39天就是"岁";祀是按即位先后对商王举行的五种有规律的祭祀的日程表;年则是基于某一轮植农作物一年一次的收获。至于它们是否被同步过,即一"岁"的年和一"祀"或一"年"的年所指是否相同,这个问题并不清楚,但是这些不同术语指称的一年之始很可能并不相同。无论如何,我们关注的是"祀",我们现在就转而论述这种礼仪和那种公式化的表达方式的使用有什么关系。

就如我们已经在前面的卜辞例子中看到的那样,③对神的礼仪祀是商人在某地举行的(向据信居于那里的神)寻求神意的礼仪。这些例子都很典型,它们被选出来以反映它们所属的不同时期与贞人组。多数例子属于一期宾

---

① 把"祀"释为"年"看起来好像是大家一致接受的观点,只有几个值得注意的例外,例如岛邦男(1958:506—507)和伊藤道治(1996:92)。释"祀"为"年"的观点是由董作宾(1945:1.Ⅲ,2)首先提出的,他陈述说:完成那五种周而复始的礼仪一次需要36旬,这大致是一年的长度,因此,商人把"一年"称为"一祀",而时王的纪年就表达为"隹王几祀"。就这种观点本身而言,它没什么不对,但我想超越董作宾的推断,通过解释词语"祀"的词义而对它作进一步研究。

② 关于"五祀"的一个简明却挺好的介绍,请读者参看吉德炜(2000:47—49)。

③ 具体地说,它们是以下这些例子:例(16)、(17)、(18)、(19a)、(19b)、(20a);此外,例(21)、(23b)、(32)、(35)可能也是同类例子。

组,但我们也有一例属三期何组卜辞(例[23a])。我调查后得出的结果是:正是在三期名词"祀"的前面才首次被使用了数字,但还没有出现"隹王几祀"这种格式。我把例子引用于下:

(43a)叀二十祀用王受[又]。《合集》29714(Ⅲ—无名)

如果(我们)应该是在第二十个对神的礼仪年这个时间用(某物/去做某事),国王将受到神的援助。

(43b)用十祀。同上

使用第十个对神礼仪年这个时间(去做某事)。(或者:为了第十个对神的礼仪年使用[某物]。)

大多数"数字+祀"型的词组出现在五期,而且,到那时候,它是出现在"隹王几祀"这种公式化的表达方式中。在前面几小节中,我已经说明,对神的礼仪——祀,是在某个特定地方举行的。早在三期卜辞中,它已经与时间发生了联系,尽管只有几个例子;到了五期,它就演变成了标准的记载时间的线型术语。因此,人们可以说"处所性的对神的礼仪——祀"经过了一个向"时间性的对神的礼仪——祀"的转变。这个概念上的转变容易理解,因为无论是从语言学来看还是从其他角度来看,时间和处所都有很紧密的关系。白川静有篇论述卜辞本质的经典论文,在这篇论文中(1948:34 下以下等页)他提出了一种看法:"通过被禊不祥,国王统治下对时间的控制就变得可能"(修祓によって王の時間の支配を可能ならしめる)。这和"空间和场所的不祥的被禊"(空間的・場所的修祓)的观念又联系在一起,而商王对这些方面可能有能力控制。在这里好像可以观察出相似的情况,而且,特别是考虑到本文独立提出的假设,也就是,对神的礼仪——祀被发现具有"预期将来或为将来准备"的意思,因为通过"伺"这种活动商人"预期"即将来自神意的东西。在这篇论文中,我还建议对神的礼仪——祀包含"请求神的指引、控制、指导和预知和行善的能力"这个意思,因为这是那种礼仪本身的目的(也就是,这个动词固有的[+要求]这个特征)。因此,我拟在此提出一种看法以供大家考虑:由于五期的商王使用了"隹王几祀"这种表达方式,对神的礼仪——祀,是在他或他们统治的初期开始举行的。① 我们可以考虑各种各样的可能性,但是对它们进行猜测将徒劳无功。然而,可以肯定的一件事是,最后的商王"帝乙"和/或"帝辛"的确在卜辞中对固定干支日期使用"几祀"这种记时术语。② 它可能并非只是单纯术语性的和机械的表达方式。它可能蕴含着我们在本文所展开论述的文化与宗教观念之类的东西。一句话,我提议:在"隹王几祀"这个表达方式中的"祀"的词义是"对神的礼仪年"的意思。

2. 意思为"神"的"祀"

我们希望考查的词语"祀"的名词用法的最后一个重要方面(绝不是说其重要性最低)是其被恢复的词义:"神"。这个词义如果正确不误,它将把我们所作论述的大部分综合成一个涉及语言学和宗教的完整理论。

在一期卜辞中,词语"祀"被用为一个神的名字:

(44a)戊申卜㱿貞若。《合集》2231(Ⅰ—宾)

　　在戊申日灼兆,㱿验证:(神)将同意(某个被考虑过的活动)。

(44b)戊申卜㱿貞祀弗若。同上

　　在戊申日灼兆,㱿验证:神将不同意(某个被考虑过的活动)。

(45a)……[王]往省黍祀若。《合集》9613 正(Ⅰ—宾)

　　……如果(国王)去视察和黍(相关的活动),神将同意(国王考虑过的那种活动)。

(45b)……王勿省黍祀弗若。同上

　　……国王不应该去视察和黍(相关的活动,因为如果他去),神将不同意(国王考虑过的那种活动)。

(46)祀出若。《合集》6037(Ⅰ—宾)

---

① 根据现有的学术研究状况和可以利用的资料,难以验证这个假设。刘学顺(2005:181—189)根据卜辞中的证据论证说:祀所指的时间跨度是一个长 354 天的阴历年(有闰月的阴历年长 383 天),而且祀开始于一月。如果这是正确的话,最后一位商王"帝辛"就在第一个月(正月)举行了对神的礼仪祀。如果"帝乙"恰好就在第一个月之前死去,就不会有连续性的问题。但是,我们根本不知道"帝乙"是不是就在第一个月之前死的,而且,我们也不可能知道商人死后所遵守的礼仪,如守丧、即位仪式和其他与此问题相连的细节。

② 它们是第二、三、四、五、六、七、八、九和二十祀(参见刘学顺 2005:183—185)。对此,我们根据例(23)添加第十九祀。此外,按照刘对祀谱的复原(187—189 页),固定干支日期落在癸日上(即六十甲子系统的第 10、20、30、40、50 和 60 日)。

神的确将同意(某种被考虑过的活动)。

(47a) 戊申卜丙贞祀乍王祸。《合集》16463(Ⅰ—宾)

在戊申(第45)日灼兆,丙(常被隶定为"内",我认为那样隶定不对)验证:"神将使国王有灾祸。"

(47b) 贞祀[勿]乍[王祸]。同上

验证:"神(不应该使国王)有灾祸。"

例(44a)和(44b)是一组含有正命辞与反命辞的对贞,其中反命辞使用了非情态否定词 $fu/*pj\partial t$"弗",它否定的是人类不可控制的动词(高岛谦一1988b;本书第二编第四节)。这就使动词"若"(同意,给予赞同;得到赞同)的主语肯定是一个指神的名词。我们知道动词"若"的其他主语有帝(至上神)、各种先王先祖神、下上(较低和较高的先祖神)、①河神、商和示(祭坛,神)等等。因此,"祀"必定是一个和他们相似的神。我已经根据我们在前文中的研究把它译为"神",可是,由于它和处所有联系,所以它应该是土地神。"若"可能代表着词语"诺"(赞同)。它的宾语没有出现,但它的宾语最可能是健在的人考虑过的什么活动。例(45a)和(45b)支持"祀"是"土地神"的看法。也就是,词语"黍"在这里的意思是和黍相关的活动,即在某具体地方进行的种植、收获和培育等活动。农业在中国的商代就像在其他地方一样和"丰收之神"有密切关系,他们的行善能力带来丰收(或者,如果农神变得愤怒,会带来坏收成)。在例(45a)和(45b)中,主句是"祀若"(神将同意)和"祀弗若"(神将不同意),动词"若"在这里的宾语必定是国王,他在向神请示他要进行农业视察的计划。在例(46)中,"若"的前面使用了"屮",这是一种表示强调的措辞,商人希望神同意他们考虑过的某种活动(比如,他们的祈求)。例(47a)和(47b)显示,神(也就是土地神)据信可以给国王带来灾祸。这在一定程度上可以解释为什么会有许多现有卜辞的本质是咒语,下面就是一例这样的卜辞:

(48) 庚申卜王贞往来亡祸。《合集》16525(Ⅰ—师)

在庚申(57)日灼兆,国王:在前去和归来的时候将没有灾祸。

最后,值得指出的是,在一期之后,"祀指土地神"的这种名词用法好像就

---

① "下上"可能指"能上升或降临的帝",并由此形成了后来的"上帝"(至上神)。但是,因为甲骨文中没有"下帝",却有"下乙"、"下示"等,"下上"应该是指"较低和较高的先祖神"。

不再出现了,这暗示由"处所性的对神的礼仪"向"时间性的对神的礼仪"的转变已经发生了。对此需要作进一步的研究,但这个任务无法在本论文完成。

三、结论

本文采用了共时证据法这种研究方法,第一部分考查了祭祀词语"祭"(𘁓)*ji*/＊*tsiats* 的语言学和宗教两方面的问题,第二部分考查的是礼仪词语"巳/祀"(𘁓,𘁓)*si*/＊*sljəg*□。我们在对词语"祭"所作句法、构词法与古文字学诸方面分析的基础上,重建了这个词某些明显的语义特征,这些特征不见于流传至今的古典文献及其注疏。如果用为动词的话,"祭"是一个三价动词,而且具有内在的[＋方向性]的特征。这表示商人举行这种祭祀活动是为了让受祭者受益,受祭者通常是先祖神或非先祖神(例如,自然神)。我建议,这个词的中文翻译是"把(肉)切或剁碎(以使受祭者受益)"(to cut or mince meat into pieces [for the benefit of a recipient])。如果用作名词,它具有[－生命]的特征,建议其中文翻译为"碎肉"。"祭"的传统词义"祭祀"只是一个宽泛的意思,没有体现它在甲骨文中表达出的当时的词义。

在第二部分,根据构词法方面的考虑,我们探明了"巳/祀"的语义特征,进而决定在这个词用作名词时把它翻译成"Providence(神)"。我们建议用这一翻译取代传统的翻译"sacrifice(祭祀)"。这个词也用作动词,意指"在某地举行对神的礼仪祀",它的更精细的特点可以归纳为商人向神请示在某具体地点为祈求神的指引、控制或指导和请求它的预知及行善能力而举行这种礼仪的明智性与可行性。不仅如此,"祀"用作名词,有两个意思:一是表示"对神的礼仪年",主要出现在五期卜辞的"隹王几祀"(这是国王的第几个礼仪周期/年)这个公式化的表达方式中;另一个意思是"神",具体说是土地神。由于第二个意思局限于一期卜辞(参见上文的例[43a]到[46b]),它的名词词义"神"可能是原始词义。它也在一期卜辞中用作动词,意为"举行对神的礼仪",这可能是从它的名词词义"延伸"出来的。然而,因为它的名词与动词两种用法都在一期卜辞中得到实例的证实,所谓"动词用法从名词用法'延伸'而来"就是个悬而未决的问题。最后,到了五期的初始,我们看到它已经完成了从"处所性的对神的礼仪"向"时间性的对神的礼仪"的转变。

"河"的词源学及古文字学阐释

一、引言

关于古文字学,通常的定义是,研究古代铭文和书写系统的学问。中国古文字学涉及许多的图像文字(graphic forms),而不仅仅是一套数目有限的字母或者音节符号。这些图像文字通常被称作"汉字"(Chinese characters),它们用来代表古代汉语或现代汉语的词。出于本文的目的,我们用"图像字"(graphs)这个术语来指称早期汉语—商代甲骨卜辞(oracle-bone inscriptions,英文的缩写为OBI)以及周代金文(bronze inscriptions,英文的缩写为BI)中的文字,我们用"字"(characters)这个术语来指称汉代(公元前206年—公元220年)以来发展的隶书、而后又进一步定型为楷书的文字。我们之所以做这种区分,一方面是因为这样的事实:一个古文字的直接隶定(direct transcription,英文的缩写为DT)形式,有时是一个"非历史延续性的字"(historically discontinuous character,缩写为HDC);与其相对的是"具有历史延续性的字"(historically continuous character,缩写为HCC)。对一个"非历史延续性的字"(HDC)的解释要比对一个"有历史延续性的字"(HCC)复杂得多。另一方面是因为:处理古文字的时候,"图像字"这个术语要比"字"这个术语更加合适。

我们假设,商代甲骨文出现之前(约公元前1230年),一些早期的汉语形式就已经在中原地区和关中平原使用了,前者包括河南的安阳、郑州、洛阳以及山东的大辛庄等地区,后者指陕西的周原一带。这些地方后来都出土了刻写在龟甲和兽骨上的文字。① 它们准确无误地记录着汉语,呈现着早期古代汉语的形式。到目前为止,他们仍是最早的古代汉语。

中国古文字学还涉及一个问题,这就是,"图像字"的发明者是怎样通过图像形式(graphic forms)来表达词语的? 而当这个表达词语的方式被摸索、确定下来并规范化后,一个书写系统就形成了。总的来说,商代的甲骨文字确实已是一个规范化了的成熟的书写系统。而且,进一步分析之后,我们还能看出这些文字是由不同流派的锲刻者锲刻或书写的,他们属于特定(地理分布、历史阶段,以及社会背景不同)的贞人集团以及上面提到的那些地区的特权阶层,关于这一点,甲骨卜辞自身就可以证明。②

以往关于"河"的词源讨论,通常都没有考虑到这个字的写法。这是因为学者们过多地从语言学角度的考虑,相对忽视了书写的问题,而事实上,这么做也是合理的。有很多语言没有书写系统,但是语言学家们还是可以对它们进行词源学的研究。

本文旨在试图结合古文字学方面的因素来探讨"河"的词源。在进入正题之前,我们将首先对前人提出来的各种有关"河"的词源学解释及词源学研究方法做一番回顾和检讨。

然而,这种做法——把古文字学的因素融入词源学的探讨,也许会立即遭到反对,因为我们能看到的最早古文字资料是大约公元前 13 世纪左右的,而很多词语,包括"河"的词源肯定要比这个时间早得多。另外,严格说来,在原则上,图像性质的书写系统在词源上也许是不连贯的。这是因为图像字不是拼写字母,拼写字母是用来表达词的语音的,至少在理论上是这样的,而

---

① 安阳是大多数甲骨文出土的地方。它们的数量估计有 130,000 片(孙亚冰 2006)。在郑州,出土了四片刻字的甲骨,两片是 1953 年出土的,一片是 1989 年出土的,另外一片是 1990 出土的。从 1977 年到 2010 年底,在陕西周原、河南洛阳(仅有几片)附近出土了几千片商代晚期和西周初期的刻字甲骨。2003 年在山东大辛庄又发现了 7 片(其中的四片是后来缀合的)。详见高岛谦一(2009;第四编第四节)。

② 关于甲骨文字体的分类以及断代的基本介绍,可参看黄天树(1991)、李学勤和彭裕商(1996)、王宇信(2009;160—209;478—487)。必须指出的是,郑州、周原、大辛庄发现的甲骨刻辞没有记录贞人的名字。不过他们把自己的书法作品留在刻辞上了,根据图形类型学和分类学(见下文),我们可以看出,锲刻者是跟贞人集团一道并肩工作的,这点从安阳出土的甲骨卜辞就看出来了,同时,锲刻者也是配合特权集团、或者说受特权集团领导的,就像周原甲骨反映出来的情形那样。

图像字是词的图标式近似替代,虽然拼写字母也是一种近似替代,但是表语音的拼写(无论怎样粗糙)和词的图像表现形式还是有质的区别的,后者在本质上是粗糙的。

毫无疑问,早于甲骨文产生的时代,即公元前1230年左右之前,它所记载的语言就已经在使用了,但我们不能认为从音韵学和形态学的角度构拟出来的上古汉语(Old Chinese,缩写为OC)早于甲骨文时代的汉语。上古汉语的年代,大致不晚于周代早期到中期(约公元前11世纪—公元前6世纪),但这个断代还有许多遗留问题没有得到解决。

那么,对我们来说,最好的做法是,对词源学的定义进行重新修订,即我们可以说:词源学探讨的是单个词语的基本意义,更准确地说,是单个词语在文献中的最早使用意义,以及它们跟亲属语言中相关词语的关系,而在探讨汉语词源问题时,对许多的(但不是所有的)词语来说,还需要探讨古文字学和词源学之间的交叉问题。本文试图把这两个学科之间的关系搭建起来。我们认为,尽管商代和西周早期的锲刻者不是那些文字的创造者,但他们对文字创造者留下的传统一定有所继承。有时候我们能看到他们对这些传统所做的更改。但这些锲刻者生活的时代要比汉代隶书使用者的时代早一千多年,许多甲骨文字和金文字记录的是当时的词语,反映的是当时的意义。在本文中,我们将看到,最后这个方面是怎样影响到"河"的词源解释的,这也正是本文写作的主要意图。

二、前人对"河"的词源研究

我们首先来看看最新的有关"河"的词源阐释。

(一)许思莱(Axel Schuessler 2007:274)

许思莱(2007:274)在"河"这个词目下做了以下的解释:

　　he 河 (⊗â) Later Han gai, OCM * gâi 'River, Yellow River' [OB, Shi].

　　[T]*Sin Sukchu* SR ⊗□ (平) LR ⊗□; *Menggu ziyun* Xo (平) [⊗□];…

　　[E]Three etymologies have been suggested for this northern word:

(1) cognate to TB-WT *rgal-ba* 'to pass or ford a river' (Coblin 1986), for a parallel semantic connection of 'ford' with 'river', see dù 渡. (2) an Altaic loan, cf. Mongol ? ol 'river' (Norman). (3) Derived from hú 湖 (⊗uo) 'lake' (Matisoff 1995: 71). Note also Jingpo $k^ha/^{31} < k^hak$ 'water, river', but the final does not agree with OC.

其大意如下：

河,(⊗â),后汉 gai,OCM * gâi。① "河,黄河"[甲骨文,诗经]

[转写形式]*Sin Sukchu* 标准读音：⊗□(平)又音：⊗□;蒙古字韵：Xo(平)[⊗□];……

[词源]关于这个产生于北方的词,前人提出过三个词源解释：(1)与藏缅语一书面藏语的 *rgal-ba* 为同源词,意思是"过河或涉水"(见柯蔚南[Coblin]1986),有关"涉水"和"河"在语义上的联系,请参看"渡"一词的解释。(2)阿尔泰语的借词,参看 Mongol⊗ol 'river'(罗杰瑞[Norman])。(3)从"湖"(⊗uo)派生出来的一个词(马蒂索夫[Matisoff] 1995:71)。另外值得注意的是,景颇语的 $k^ha/^{31} < k^hak$ 是"水,河"的意思,但它的韵母跟上古汉语的"河"没有对应关系。

可以看得出来,许思莱在词源学的研究上态度十分开放。上面的解释似乎给我们这样的印象：许思莱倾向于采纳第一种解释,即"河"跟藏缅语－藏语书面语的 *rgal-ba* 同源,其原义是"过河或涉水"(这是由柯蔚南[1986:59]首先

---

① 许思莱用 OCM(Minimal OC)来指"最简上古汉语",许思莱(2009:x)解释说,"这是一个相对简单的上古汉语形式,它得到大多研究者的认可,这个形式表明上古汉语并不像通常显示的那样令人费解和复杂。OCM 形式的"最简"表现在以下几个方面：它们只纳入自高本汉 1957 年发表的《汉语典修订版》(*Grammata Serica Recensa*)以来的比较为人广泛接受的有关上古汉语的见解,舍去那些推测成分比较大的意见以及与这些推测相关的比较复杂的构拟;OCM 是基于简单和不太复杂的假设之上的……;OCM 是用一种简单的形式来记录的,就跟对现代方言的记录一样……在很大程度上,OCM 是通过一些符号标志的变化把高本汉构拟的上古汉语机械地转换成白一平(Baxter1992)构拟的系统。

在词条的释义中,许思莱采用的缩写符号是这样的：OB＝OBI(甲骨文),[Shi]＝*Shījīng*(诗经),[T]＝Transcriptional forms(转写形式),*SR*＝Standard reading(标准读音,*LR*＝Left reading(另外一种发音变体,又音);[E]＝Etymology(词源学);TB-WT＝藏缅语－藏语书面语。

提出的),但是我对此不是很确信。幸运的是,我曾通过邮件亲自向他请教过相关问题。他回复我说,在以上各种有关"河"的词源的解释中,他并没有任何倾向性。①

我们通过几封邮件交换彼此的看法,其要点可以归纳如下:(1)"河"原来应该是个普通名词,如果没有任何标志的话,很难在语义上把"过河"(动词)和"河"(名词)联系起来。但对此,柯蔚南(同上)的解释是,"(藏缅语—藏语书面语)的 *rgał(过河)发展成上古汉语的 *gar>⊗â(河),一个指'黄河'的专有名词(是由于黄河是一条必须跨越的河流?)"。这里,"一条必须跨越的河流"不过是一种主观臆想,即使我们不去计较这一点,这种词源解释也是无法证明其对错的。(2)阿尔泰语借词的说法也靠不住,因为阿尔泰语对上古汉语的影响几乎是零。就连罗杰瑞(1988:20)也说:"事实上,在这个时期,阿尔泰语借词的数量是相当少的。"这里,"这个时期"指的是大约公元4世纪之后的时间,那时中国北部边境地区主要居住着说阿尔泰语的民族。如果事实如此,那么假设汉语的"河"/ *gal, *gaj, *gâi 是蒙古语⊗oλ(河)的借词就缺乏语言学和历史学的证据。② 很显然,两者在元音上是完全不相同的,而且,也没有考古学的证据可以证明黄河盆地曾经居住过说阿尔泰语的民族,因而导致那个名词被留在当地的语言中。(3)"河"是从"湖"/ *gag, *ga, *⊗uo 派生出来的观点跟前面两个一样不可靠。为什么"湖"比"河"更原始? 马蒂索夫在他 2003 年的巨著中,似乎不再坚持这个说法了,至少,他只字不提这个 1995 年的看法。

就词源学的研究方法来说,许思莱也在很多方面不同于其他学者,比如说,很不同于下文讨论到的张洪明、藤堂和鲍则岳等。简单说来,在探讨上古汉语的词源问题时,许思莱采用的是比较法,这种方法依赖于语音对应的规则,这些规则是在汉语亲属语言(例如汉藏语和原始藏缅语)的"词汇/位"(lexeme)中找到和建立起来的。除此,构词学、历史学以及考古学方面的研究也用来验证和支持这种比较法。实际上,这是一般意义上研究词源学的正

---

① 事实上,他像我一样,对以上的三种说法都持怀疑态度(见 2010 年 2 月 16 日的电子邮件)。

② *gal, *gaj, *gâi 这三个构拟形式,第一个是李方桂(1971;这里稍作了修饰)所构,第二个是白一平(1992)的,第三个是许思莱(2007,2009)的。

统路子。鉴于许思莱(2007:1—11)已经清楚地解释了他所用的方法,这里就没有必要再重复了。但为了本文的目的,在展开进一步的讨论之前,我还是想提提其中的一点。

这一点关系到上古汉语词源的时间深度(即上古汉语的词源所能追溯到的最早年代)。不仅许思莱,其他的学者,如蒲立本、白一平、沙加尔、罗杰瑞、梅祖麟等,在处理汉语词源问题时,几乎都不特别考虑年代问题,尽管蒲立本作为一个历史学家,还是尽可能地指出他所构拟的古音系统和研究的词源现象的年代问题的(如蒲立本 1973:113—114)。但总体来说,这些学者在处理各种构词法的形态问题时都是排斥断代的。就连许思莱那样一丝不苟地收集比较资料的人也不例外。就拿藏语书面语来说吧,它的断代应该不早于公元 6 世纪初(见稻叶 1971:1—2)。但马蒂索夫(2003:1)说:"汉藏语系是由汉语和藏缅语两大语族组成的,它在时间的深度上和内部的多样性方面都可以跟印欧语系(Indo-European,英文的缩写为 IE)相比较……"①而关于原始汉藏语,他说:"原始汉藏语的时间深度大概是从现在往前推 6000 年,接近比较法的时间极限(换句话说,比较法适用的最大时间范围是从现在往前 6000年)。"(537 页)许思莱提出的上古汉语的词源阐释不会早于公元前 1000 年或距今 3000 年,这是我们所能推测出来的有关上古汉语语音重构的最早时间范围。有人也许会奇怪,上古汉语和藏语书面语之间存在着 1600 多年的时间鸿沟,它们之间的比较怎么能够解释上古汉语的词源问题呢?这不是一个微不足道的小问题,但从事汉藏语研究的学者们却似乎对它不以为然、不愿费事去解释它。当然,不排除这种可能性,那就是,藏语书面语和其他汉藏

---

① 关于印欧语系语言的起源,还有一些不同的观点。它们到底是从哪里开始的,何时又移到了现代印欧语系语言所在地去的呢?有学者认为,它们是从黑海的北部或者东欧的某处开始的,然后于公元前 3000 年左右或距今 5000 年前的时候开始扩散。但是比克斯(Beekes1995:46)指出:"意大利的热米得罗—日娜尔丹(Remedello-Rinaldone)文化(公元前 3200 年—公元前 2500 年)带有印欧语文化入侵的所有痕迹,比如陶器的新风格,新的安葬仪式,社会结构的变化,武士贵族的引进,以及冶金术、马和战车的引进等等。但仍然不可能把一些语言导入到某些特定的文化里去。"如果这种看法是正确的,那么,汉藏语系的时间深度——起于公元前 3000 年或者说距今 5000 年——至少可以减去几个世纪。

语系的语言包括原始藏缅语是异乎寻常地保守的。①

(二)张洪明(1998:2—12)

张洪明不同意罗杰瑞和梅祖麟(1976:281)及桥本万太郎(1978:81—82)提出的观点,他指出,"河"并不像他们三个认为的那样,是一个来自阿尔泰语的借词,事实上,情况跟他们认为的正好相反。

张洪明考查了包括约公元100年的《说文解字》(下文简称《说文》)在内的传世文献资料以及一些蒙古语的文学作品,如《蒙古秘史》(约公元13世纪)等,又对河流名称的历史演变做了一番研究。张洪明最重要的一个观点是,我们可以确定一个借用的方向,通过他所说的"命名原则",这就是,"一个语言本身固有的词根的命名过程具有某些的共同点,它们是在一个完整严密的系统中发生的,但是外来词的借用过程不具备这些特点"(第1页)。这也就是说,作为一个语言中的固有词,一个词是被赋予了内在的语音和语义特征的,而这些特征也为别的一些词所共有,它们因而构成了一个词族。这实际上是所谓"右文说"的缩写版。"右文说"是由南宋(公元1225年左右)学者王子韶(生卒年不详)和张世南(生卒年不详)首先提出来的。这种学说认为,声符相同的一组形声字具有共同的意义,这一意义是由声符赋予的,义符只决定该字所表示的一般事类范围。因为大多数字的声符都居右侧,故称"右文说"。杨光荣在他的《词源学思想史》(2008:339—511)中把这个词源学流派叫作"释名派"。

张洪明提出,"河"是一个汉语中固有的词(汉语还有一个词也表示"河流",即"江"。普遍认为"江"是来自南亚语系的借词,但我们在本文中不讨论这个词)。他认为,"河"的原义是"大河"(这种用法已见于《楚辞·悲回风》),后来被用来指黄河。毫无疑问,"河"的声符是"可",张举了以下含有声符"可"的字:

---

① 虽然一般说来这些语言的保守性能以某种方式保持着(这是个含糊的概念),但是这里所说的这种可能性也许并没有那么引人注目。对于"用藏缅语的证据来构拟上古音是否合理"这个问题,白一平(1992:25—26)提供了一个可考的答案,他指出,只要我们做到以下几点,这么做就是合理的:(1)不混淆藏缅语和上古汉语的区别;(2)我们想要建立关于上古汉语的某些阶段的理论假设,它们处于上古汉语和某个假设的语言祖先之间的中间阶段,在这个过程中我们纳入那些来自跟汉语有亲属关系的语言的差别;(3)我们希望为上古汉语重构中的问题找到解释的方法;(4)我们希望为上古汉语在汉藏语系中的演变找到似乎合理的解释;(5)我们主要用汉语本身的证据来检验我们的假设。尽管这五个条件看起来很令人信服,但上古汉语音韵系统的断代问题以及由此涉及的词源问题依然存在。

xiā 閜《说文》(12 上/5 上)：閜，大开也，从门可声。（閜，把门大大敞开的意思。由义符"门"和声符"可"构成。）

hē 訶《说文》(3 上/15 上)：訶，大言而怒也，从言可声。（訶，大声怒吼的意思，由义符"言"和声符"可"构成。）

ā 阿《说文》(14 下/1 下)：阿，大陵也，一曰曲自也，从自可声。（阿，指高而大的山陵，又指崎岖的山坡。由义符自（山）和声符"可"构成。）

gě 舸《说文》(8 下/3 上)：舸，舟也，从舟可声。（舸，指船。由义符"舟"和声符"可"构成。虽然《说文》没有说"大舟也"，但是张在杨雄（公元前53年—公元18年）的《方言》中找到这样的解释：舟……南楚江湘凡船大者谓之舸，小舸谓之艖……。（舟，在楚国江湘一带，大船叫舸，小船"艖"……。）①

kē 柯《说文》(6 上/19 上)：柯，斧柄也，从木可声。（柯，指斧头的把柄，由义符"木"和声符"可"构成。这里《说文》没说"斧之大柄也"，但是张在《周礼·考工记》找到这个例子：车人为车，柯长三尺，博三寸，厚一寸有半。（车匠造车，斧柄长三尺，宽三寸，厚一寸半。）又引《国语·晋语14》：今若大其柯，去其枝叶，绝其本根，可以少闲。（如果把斧柄加大，砍掉枝叶，拔除树根，就有可能让百姓稍微平息下来。）不过这个例子跟《周礼》的那个例子一样，不能直接证明"柯"是"斧之大柄也"，所以不能支持张所要建立的观点。

张氏认为，"河"属于一个相对比较小的词族（即成员比较少的词族），这个词族有四个成员（"柯"不符合条件，应该剔除）。这四个成员都含有"可"*kě*/ *khal// *khaj// *khâi/这个声符，根据《说文》和《方言》，"可"是"大"的意思，"河"也含有"可"声符，所以也应该被认为是这个词族中的一员。因此，他下结论道："河"的原义是"大河"，它不是个外来语借词，因为"'河'在汉语中，

---

① 杨雄还举了其他表示船的字，这里，"舸"似乎是船的通称，否则"小舸"的说法就有点令人疑惑。华学诚（2006：1.625)也说"舸者，宽大之名"，他还引了《方言》"杯大者谓之閜"以及《说文》的"閜"和"訶"等例子，又引了《玉篇》"呵，大笑也"等例子，最后总结道："大船谓之舸，其义一也"。似乎华学诚的观点跟张是一样的，只是华学诚没做词源上的探讨。

是某个词族中的一员,这个词族中的成员因其音义上的相似性连接在一起构成了一个词汇网络"(第 37 页)。关于这一点,我们下面还会进一步地讨论。

(三)藤堂明保(1965:578—581)

在"河"的词源探讨上,藤堂的方法在某些方面跟张洪明的很相似,但是他们得出的结论却截然不同。藤堂煞费苦心地分出了共 223 个词族(用他的术语,"单语家族")并为它们一一重构了"基本义"。"河"属于他的第 159 个词族,这个词族中的词属于上古的歌、祭两部(包括入声和阴声两个"声调")。这个词族中的词在语音上都有以下共同点:都具有 *KAR 或者 *KAT 这个框架,这里 *K 代表舌根音声母 *k,*kh-,*h̥-,*-/,*h 和 *g。元音范围大概在 *-a 和 *-ă- 之间,以 *-r,*-d,和 *-t 为尾音。藤堂的拟构,更恰当一点说,是一种"理论假构"。藤堂认为,这个词族的"基本义"是"弯曲如钩"。在这个条目下,藤堂列了 22 个词,包括"河,可,歌,勾,曷,喝"等。请注意,最后的三个词并不含有"可"这个声符,而其他七个含有"曷"作为声符的字,也包括在这个词族里(这里我们省去不列)。根据藤堂的意见,一个词,只要它具有 *KAR 或者 *KAT 这个语音结构框架,又具有相关的意义,就是这个词族的成员。关于"河"Hé/ *gal,*gaj,*gâi,*h̥ar(最后一个是藤堂的构拟)的词源(即"河"的原义),藤堂的解释是"像钩子一样弯曲的河流"。这里关键的是他对这个词源所做的语义解释,他说:"弯曲如钩,水**细细地**贯穿流过钩形的河道,这就是黄河之所以被称为'河'的原因。"①显然,这个解释跟张洪明的"大河"的说法几乎无法调和。藤堂引了下面两条传世文献资料来支持他的解释:

河千里而一曲也。《公羊传》文公十二
(黄河每一千里拐一次弯。)
……导河,积石至于龙门,南至于华阴,东至于底柱……《尚书》禹贡
(为疏导黄河,大禹从积石来到龙门,又往南到华阴,然后往东到底柱,……)

的确,这些例子都多少间接地支持了他的观点。但是,我们前面已经把词源

---

① 这里出于强调的目的,我采用了粗体字。它跟"弯曲如钩"一样的重要,因为这个词族中的其他词带有"刚刚/勉强地"或者它的同义词"窄窄地"的意思。(注,"刚刚/勉强地",原文是 barely,narrowly "窄窄地",其日文的对应是"ようやく、かろうじて"——译者注)

学重新定义为研究词的基本义,或者更确切地说,词在文献中最早的使用义的学问。在许多情况下,藤堂从古代传世文献资料中征引例子,这是一种很重要的研究方法,但是这些资料的年代比甲骨文和金文的资料要晚得多,其价值也大不如甲骨文和金文。

1. 鲍则岳(William Boltz)的词族研究方法

鲍则岳的词族研究(如 1972,1992a,1994:90—125 等),几乎采用了跟藤堂一样的方法。可惜的是,他对于"河"的词源,没有提出过什么看法,因此我们无法将他的观点跟张洪明的"大河"说及藤堂的"弯曲之河"说做比较。但是,鉴于我们对词源研究的方法也感兴趣,我们下文将对鲍则岳是怎样描绘同源词的做一番介绍,看看他跟张氏和藤堂氏的做法有什么不同。这是为下一节的讨论做准备,在那里,我们将看到古文字学在理解"河"的词源问题上的作用。

我们先来看看鲍则岳(1994:95ff.)提出来的几个例子:[①]

表 2

现代汉语读音	李方桂的上古音构拟	白一平的上古音构拟	许思莱的上古音构拟	汉字	词义解释
Ān	*/an/	*/an/	*/ân/	安	和平的,稳定的,安定的
Àn	*/anh/	*/ans/	*/âns/	按	压住,使安全
Yàn	*/ranh/ */ianh/	?	*/rêns/ */êns/	晏	安静,休息,安定下来
Àn	*/anh/	*/ans?/	*/âns/	案	让肘部休息的垫凳

我们可以看到,以上这些字都含有"安"这个声符,这个字由"宀"(屋顶)和"女"构成,鲍则岳认为"女"是个不可再切分的成分,即最小构件(108 页),字形"宀"本身也起着指示语音的作用。[②]

所有这些词上古都属元部,都以喉塞音为声母。这些词的常用意义都在表中分别给出。鲍则岳认为这些词的底层意义是:"安定,使安定"或者"使人或事物安定的器具(如座位)。"不难看出有一个共同的意义连接着这些词,鲍则岳把这个共同的意义叫做"共同语义"(common semantic denominator,直

---

① 鲍则岳还建立了包含更多成员的其他词族,详见鲍则岳(1994:95—97;98—99;107—110)。

② 如果这个分析是正确的,那么鲍则岳还需要考虑,实际上,他也考虑到了,"女"(nǚ/ *nrjag// *nrja// *nra/)是个多音字;如果我们用许思莱的最简上古汉语来表示的话,它的读音就是 */an 和 *nra/。乍一看,鲍则岳关于"女"字的理论不无道理,可是这个问题最终涉及一个更大的问题,这就是,汉语的书写系统是怎样通过继续使用既有的图形和字符发展起来的(见鲍则岳1994:31—72 页各处)。关于鲍则岳理论的批评,请参看巴顿(2010:10—11;67—70)。

译为"语义公分母",英文的缩写为 CSD),跟前面提到的藤堂的"基本义"相似。鲍则岳用平方根号来表示这个"共同语义"。因为在英语中,settle(d)(安定,使安定)和 seat(座位)都可以最终追溯到印欧语的词根 *sed-,鲍则岳就把这个共同语义表示为 $\sqrt{SEDO}$。我不是很确定能否这么使用"共同语义"(CSD,"语义公分母")这个术语以及平方根 $\sqrt{}$ 这个数学符号,但是当然这不过是一套表示法而已。不过,在这种数学符号和词源学之间有一点倒是共同的,尽管只是表面上的,这就是"根"的概念。在词源学上,词根有时指"词源"(etymon,词的原义),即某个不可再做进一步切分的语音形式的最初的或最原始的意思。我想这就是藤堂的"形态基"(morphological base)(藤堂1965:62—64)和鲍则岳的"共同语义"(CSD)及根号(鲍则岳1994:97,99页各处)所要表达的。但是藤堂也好,鲍则岳也好,都不去试图解释一个词族中的成员是怎样从词族底层的"形态基"或者词根中派生出来的,[1]这是他们研

---

[1] 藤堂(63页)说:"形態基はその配下に多くの形態素を擁する親概念であり、古代人の脳中に蓄えられていた単語家族の抽象的な一つ一つの型であった。"其大意是:"形态基是一个在它属下拥有很多形态素的总概念,是储藏在古代人头脑中的单语家族中的一个个抽象的模式。"鲍则岳(1994:97—98)指出:"很有可能,'晏'*/rans(安静,休息<使安定)这个词的发音中的-r-跟表使役的中缀-r-(由蒲立本最初提出的)是同一个,它是通过插入'安'*/an(安定)这个词而得到的(换一句话,'宴'*/rans 是'安'*/an 的使役形式,是通过把使役中缀-r-插入*/an 而得到)。这个假设似乎很吸引人,但它纯粹还是个推测,直到我们看到那样的情况——在我们希望看到表使役的-r-出现的地方但却看不到——得到解释,直到我们看到这个使役中缀可以在比我们现在看到的更大的范围内运作。"他继续说:"如果我们按这种可能性来考查'安'的谐声系列,(即在上古汉语中,有些名词可以通过意义相关的动词加后缀*-s 的方式派生出来),我们会立即看到安*/an'安定'和案*/ans'凳子,座位[>供手肘休息的桌子]'是符合这个假设的完美一对。因此,我们可以把这种词族成员关系看作从某个词根通过加一个后缀-s 而派生出来的一个具体名词的关系。这个词根本身,我们可以构拟作*/an,因为这是这个词族中所有成员共有的语音成分。但是正如前面提到的使役中缀-r-的假设一样,有很多动词名词的对子并不符合这个由都纳[Downer1959a]提出的假设。"接着,鲍则岳举了几个例子说明去声为动词而非去声是名词的情况,他总结道:"所有这些都意味着,尽管好像有不少形态过程可以被识别出来,但是我们依然面对着许多无法解释的情况,而且,无论在何等程度上,我们都无法说汉语中的词族关系在结构上和形式上跟印欧语系语言具有相似性。"蒲立本(1999:159—160 页各处)使鲍则岳为自己的谨慎看法感到难为情。这个问题涉及许多复杂的问题,但近年来上古汉语形态学的研究趋势正走向发现古汉语的形态派生过程并提高这方面的认识,蒲立本(Pulleyblank1973,1991,1999,2000,2004:161—162),白一平和沙加尔(Baxter and Sagart1998),沙加尔(Sagart,1999),以及许思莱(Schuessler 2007)等代表着西方学者在这方面的努力。

究中的一个很大的问题。

找不到鲍则岳关于"河"的"共同语义"CSD的词源解释，我们仅就"安"来比较一下鲍则岳和藤堂的词源解释。尽管藤堂(1965)没有收这个很普通的常用词，但在他后来编写的规模更大的字典《汉和大字典》(1978:347)里，对"安"做了一个简明的解释。他说，

> "安是一个会意字，字形描绘的是把一个女人放在其所归属的家中的样子。它含有'按下'的意思，跟[an/＊/ans]'按'（压下）、[an/＊/ans]'案'（用于让肘部休息的垫凳）[这个藤堂的解释比鲍则岳的'座位'准确]，还有[e/＊/at]'遏'（抑制，止住）为同源词。"

毫无疑问，藤堂会把"安"放在他的第163号词族中，在他看来，这个词族的形态基具有＊KAT or ＊KAN这个框架(1965:597—601)。这个词族包括15个词，它们的基本义是"阻碍，阻止"。把这个基本义跟鲍则岳的"共同语义"，即 $\sqrt{SEDO}$ "安定，使安定"(settle(d))以及"座位"(seat)做比较，我们即刻就可以看出两者之间的完全不同：藤堂的解释比鲍则岳的更概括更抽象。藤堂这个词族有15个词，鲍则岳的只有11个。令人感兴趣的是，在藤堂的词族和鲍则岳的词族中，有6个词是相同的。① 总的来说，一个词族的语义的范围越抽象越概括，所能纳入的成员就越多。这涉及我前面对藤堂的词族的描述，我说它们是"假构"或"假建"的，不是"拟构"的，当然"拟构"也带有假设性。总之，鲍则岳的"共同语义"似乎更感性（从某个具体的、特别的意义到概括性的意义），而藤堂的基本义是高度理论化的（从概括的意义到具体的、特别的意义）。从阅读实际古代文献材料的角度来看，藤堂和鲍则岳的词源学解释都有可取之处。在前文中我已经举了藤堂引的几个《公羊传》和《尚书》的例子，尽管这些例子只是间接地支持了他的观点。我们也可以举出很多例子说明鲍则岳的词族分析对于理解古代文献很有启发，鲍则岳(1992a)就是其中一例，在那里我们可以知道他是怎样用他重构的"共同语义"(CSD)来解释具体的文献问题的。藤堂和鲍则岳所提出的词源解释，究竟谁的更接近事

---

① 这六个相同的词是：安、按、晏、案、鞍、姦。在藤堂看来，这六个词都具有"阻止"这个底层意义，而鲍则岳则认为它们都具有"使安定/座位"或 $\sqrt{SEDO}$ 这个共同语义。两人提出的词族意义很不一样。

实呢？或者换句话说,如果对一个词源解释是否更好的判断标准之一是看它对一个词族意义的阐释程度如何,那么我们是否应该再想出一个解释呢？我对这些问题的简短回答都是"不知道",它们都取决于个人偏好,或者个人对语料的解释方式。如果仅仅是怎么解释的问题,那么同样的原则也适用于评判张洪明所提出的"河"为"大河"的词源解释,然而这个解释是从年代很晚的文献资料得来,再倒推1000多年去解释"河"的词源,其实对于这个时代我们有更加第一手的原初资料可以使用,即甲骨文。在任何研究中,带有个人见解的解释都是不可避免的,但有一件事情是很清楚的,这就是,我们应该允许尽可能地考虑各种相关因素,来分析词族和重构词族。

作为本小节的总结,我们可以说,有两个方法可以探讨"河"的词源。一个是许思莱采用的——基于语音对应规则,并结合构词过程和语义关系以及考古学和历史学证据的方法。但是,他所总结的三个关于"河"的词源解释——(1)跟藏缅语－藏语书面的 rgal-ba(过河)为同源词,(2)阿尔泰语借词[蒙古语(河)的借词],(3)从"湖"派生出来——都靠不住。另一条路子是张洪明、藤堂、鲍则岳所采用的——基于汉语内部证据的路子。这条路子也无法避免有问题。"大河"说是建立在《说文》《方言》等汉代(大约公元1－2年)材料之上的,用这些材料来解释商代的汉语(大约公元前1230－1050年),从时间上看,这种做法显然不合适,因为两者之间的年代间隔超过了1000年。"弯曲如钩的河流"这个词源解释的弊端是其所提炼的基本义或"共同语义"(CSD)在范围上过于自由。换句话说,这个解释的框架太宽泛了,不能使人确切地理解词族成员之间的语义关系,更别说借此找出语音的对应关系和构词的过程了。关于这点,我们已经通过比较藤堂和鲍则岳对"安"的词源解释说明了,藤堂认为"安"所属的词族含有"按下,按住"的基本义,而鲍则岳的这个词族的"共同语义"是 $\sqrt{SEDO}$。但我或许已经提过,藤堂和鲍则岳的词源探讨方法有个优点,这就是,用缜密方法得出来的有关某个词的词源解释常常能够使这个词在古典文献中的意思明了起来。在这一点上,前一个方法应该也可以做得一样好的,但也许因为它必须依赖于对其他语言的了解程度,而那些语言缺乏像汉语那样深厚的语文学研究传统,有关它们的辞典在年代上也晚得多,所以它对阅读实际的文献资料来说就几乎没有什么帮助作用。这是在阅读甲骨文或金文时候常有的令我惊叹的感慨。

三、河的古文字学阐释

（一）导言

现在让我们把侧重点从语言学转向古文字学。第一节曾提到,中国古文字学涉及文字的创造者是怎么试图用图像来表达词语的这个问题。虽然说到了武丁（商朝的第 21 位王）时期（约公元前 1230—1170 年），词和字的关系已经基本上约定俗成并且固定下来了，但此时及后来的锲刻者一定仍然保持着原先文字创造者留下来的传统。由于古文字是图像式的，它们反映的是商周锲刻者所记录下来的词的含义，有时也揭示了文字创造者最初的设计和意图。

以此为前提，让我们来看看几个"河"字的写法：

A 类：A_1:㓞 A_2:㣤
B 类：B_1:㸪 B_2:㣤 B_3:㝕/㝕 B_4:㣤/㣤 B_5:㣤
C 类：C_1:㳄/㳄 C_2:㳄

我收集了"河"字的各种各样的写法，然后按结构特点对它们进行分类。开始，我没有太在意每个"河"字出现的卜辞所归属的贞人组以及其他所关联到的时代问题。① 我只是专注于图像字本身，试图探寻出隐藏在每个字的外形之下的造字意图。根据我的类型学分类，"河"字的写法基本上可分为 A、B、C 三类。A、C 类还可各分出一个次类（A_2、C_2），B 类可再分出四个次类（B_2、B_3、B_4 和 B_5）。可以说，用于辨别这些类别的标准可被称为"构形法"，它是基于字的结构特征的（即一个字的构成成分和笔画安排）。② 例如，就 A_2㣤 来说，其中"水"的字符没有那些短竖的笔画。这样，我们可以把 A_2 看成是 A_1 的简体。换个说法，锲刻者在刻写这个"河"字时，修改了传统的写法，因为已

---

① 虽然有时图像字的大小对判断卜辞贞人集团的归属及断代是一个决定因素，但它对字的构成成分的分析没有影响。因此，我这里给出的字在大小上基本是一样的。本文中所有甲骨文字都是从拓片摹写上复制的。

② 这也许跟"书法"（calligraphic）形成对比，"书法"是非结构的，或者说是基于审美风格的。"构形法"和"书法"之间的区别也许带有个人风格特点，但是两者结合起来，就构成一个锲刻者所铭刻的"精美作品"或"产品"了。

成固定写法的 A_1 不会因为这么改写而造成表达上的混乱。就这点而言，它是非结构性的。同样的，B_3、B_4 和 B_5 所代表的变体也是程度渐进的省略或简化体。① C_1 和 C_2 也是如此。但是有人对此持相反意见，认为这个"省略"或"简化"的假说并不正确，实际上，这些不同写法的"河"字反映的是一个"繁化"或者"增画"的过程，也就是说，它是从最简单的那个图像字开始，然后逐渐增加笔画成为最后固定下来的那个形式。不过这种观点很难解释以下这些金文字的图像字：𝌆（何父乙卣，商代），𝌇（何兄日壬尊，商代），𝌈（子何爵，商代），𝌉（子何爵，商代），𝌊（何尊，西周早期）等。也就是说，这些字的整体构成应该一开始就是目前的样子的，不会开始只是有个人身子的样子，后来再把头、胳膊、手、肩上的斧头/杆子等元素添加上去的。

（二）三种主要类型写法的背景知识

针对每一种类型的"河"字，我们在表1中列出了更多的例子，同时也把每个图像字出现的上下文提供出来（表3），希望它们有助于对问题的理解。

表 3

类型	出处（编号为合集甲骨片的编号）	贞人组/分期	注
A_1	18774 24609 8324 28207 8329	18774 宾/Ⅰ；24609 行/Ⅱ；8324 宾/Ⅰ；28207 无名/Ⅳ；8329 宾/Ⅰ	
A_2	30435 34267 536 34267 34257	30435 无名/Ⅳ；34267 历/Ⅰ；536 宾/Ⅰ；34267 历/Ⅰ；34257 历/Ⅰ	
B_1	26907 30436 30439 27203 30685 28258	26907 何/Ⅲ；30436 何/Ⅲ；30439 何/Ⅲ；27203 何/Ⅲ；30685 何/Ⅲ；28258 无名/Ⅲ；	
B_2	24420 28259 White 1420 Tunnan 2699 Tunnan 673 30430	24420 行/Ⅱ；28259 无名/Ⅲ；White 1420 无名/Ⅲ；Tunnan 2699 无名/Ⅲ；Tunnan 673 无名/Ⅲ；30430 无名/Ⅲ；[Huadong 36 in NOTE 花子/Ⅰ]	花东 36

---

① 关于肩上扛着棍子的那个人形，有一点我需要说明。这就是，B_3 类中的几个写法一定是完整的写法，其他的是省略的写法。但是由于这是一篇有关"河"的论文，所以我把带"水字符"的字排在 B_3 之前。下文中，我会从图像字上对不带"水字符"的 A 类字做出解释。

续表

类型	出处(编号为合集甲骨片的编号)	贞人组/分期	注
B_3	18971 273 275 White 961 White 962 26879	18971 自一、宾/Ⅰ；273 宾/Ⅰ；275 宾/Ⅰ；White 961 宾/Ⅰ；White 962 宾/Ⅰ；26879 无名/Ⅲ	
B_4	27220 31338 22246 31547 27844 6789 12311	27220 何/Ⅲ；31338 何/Ⅲ；22246 妇女/Ⅰ；31547 何/Ⅲ；27844 何/Ⅲ；6789 宾/Ⅰ；12311 宾/Ⅰ	
B_5	34186 33271 33277 34248 34207 30434	34186 历/Ⅰ；33271 历/Ⅰ；33277 历/Ⅰ；34248 历/Ⅰ；34207 历/Ⅰ；30434 无名/Ⅰ	
C_1	36432 36780 36894 36895 36780	36432 黄/Ⅴ；36780 黄/Ⅴ；36894 黄/Ⅴ；36895 黄/Ⅴ；36780 黄/Ⅴ [142 in NOTE 宾/Ⅰ]	142
C_2	36431 36428 36433 36897 White 1800	36431 黄/Ⅴ；36428 黄/Ⅴ；36433 黄/Ⅴ；36897 黄/Ⅴ；White 1800 黄/Ⅴ [36922 in NOTE 黄/Ⅴ]	36922

自然有人会质疑：表中这些字全都是"河"的各种变体吗？我认为它们全都是。这里我将讨论那些在一些学者看来还不确定的例子（如《诂林》GL1328，1329/2.1281—1292 页；1323/2.1279 页）并提出它们之所以是"河"的理由。这种不确定的例子有两种情况：B_3 类和 C 类中的所有例子。让我们先来看看 C 类，我们知道 C_1 和 C_2 都只出现在第五期（帝乙、帝辛时期）黄组卜辞中。这些写法的"河"都出现在"在"字的后面，指一个地名，如：

(1) 癸巳卜在〔河〕贞王旬亡㖓（＝祸）. HJ36780 黄组

Crack making on the *guisi* day, at Hé (we) tested [the following charge]: His Majesty shall have no misfortunes in the decameron.

在癸巳这天占卜，我们在〔河〕验证[以下命辞是否违背卜骨的神灵]：在下个旬中，王不会有灾祸。

(2) 辛未卜在〔河〕贞今夕自（＝师）不踨. HJ36428 黄组

Crack making on the *xinwei* day, at Hé (we) tested [the following charge]: This evening the army will not be (agitated:) disturbed.

在辛未这天占卜,我们在⿰验证[以下命辞是否违背卜骨的神灵]:今天晚上我们的军队不会被惊扰。

例(1)中的⿰是 C_1 中的一个代表,而例(2)中的⿰是 C_2 中的一个代表。因为两者出现的语法环境一样,它们可以被看成是同一个字的变体。从图像字的设计来看,怎么解释那些出现在 C_1(右边)的短竖呢? 我的看法是,既然 C 类中没有一个字是把表示"水"的短竖加到表河流特征的⿰上的,那么可以认为,这些短竖一定是被移到右边的字符去了。同样的情况在 B_1 类中也可以看到,如:⿰,⿰,⿰→⿰,⿰,⿰。我们可以对这些短竖移动的内在动因进行猜测,但是此刻我并不想涉及这个问题。至少一件事情是可以肯定的:不管是 B_1 和 B_2,A_1 和 A_2,还是 C_1 和 C_2,锲刻者都对"河"的传统写法做了修改,通过去掉或者移动那些短竖。可以想象,这些修改一定没有引起表达上的混淆,所以才会有这些省略或简化的写法。尽管《合集》和《诂林》都没给出 C_1 和 C_2 的隶定形式,但我认为 C 类诸字代表的都是"河"(黄河)(见 3.3.2)。如果我们把它们直接转成一个现代汉字的形式的话,那么它应该是"沤"。这是一个"非历史延续性字"(HDC),根据上表中 C_2 的注释栏中的⿰图像字,直接转写成"沤"是说得通的。这个字一般用作人名,如在以下的卜辞中:

(3) …… 戍卜在非贞其 …… (乎)⿰叀牛。在[十月]又一。
HJ36922 黄组/V
Crack making on the … *xu* day, at Fei (we) tested [the following charge to gain sapience from the numen of the bone]: When … [in making a sacrifice] (we) call on Hé, it should be a bovine [that we use]. It was in the eleventh month.
…… 戍这天占卜,我们在非验证(下述提议以求得明智决定):在 ……[准备祭牲]时,我们召唤⿰;应该用一只牛。时值十一月。

尽管地名和人名/族名在甲骨文经常用同一个字来指代,但有时它们的写法会多少有些不同。⿰就是一个例子,用作地名或神名的时候,它通常写成⿰/⿰(C 类)。类似的例子还有"嗀"字,这是多次出现在第一期宾组卜辞中的一个贞人的名字。作人名时,这个字一般写作⿰(13528),⿰(Zhuihé213),⿰(11649)等。但作地名(嗀的家乡?)时,就会写作⿰ or ⿰,例如:

(4) 甲戌卜争贞我勿将自兹邑㝷宾,祀乍若。《合集》17525(关于㝷,参看《合集》17529。)

Crack making on the *jiaxu* day, Zheng tested [the following charge to gain sapience from the numen of the bone]: If we do not make an offering starting from this city, Nan, and perform the hosting ritual, Providence will make it (agreeable:) acceptable [for us not to make an offering].

甲戌这天占卜,争验证(下述提议以求得明智决定):如果我们不从敵这座城邑开始供奉牺牲和举行宾祀,神会成全我们[不供奉牺牲]。①

很有可能㝷或㝷是基础、原形,而常见到的贞人名㝷,㝷等是变体。

还有一个跟地名有关的字是㝷(也是一个神、自然神的名)。有些学者把它隶定成"沈",但这是不正确的。② 这个字是 B_2 类中的一个,它既是 B_1 也是 B_3(㝷的右边被分离了)的简写。这个写法一般用作地名/神名,用作人名时写法有所不同,如:

(5) 壬戌卜(行)贞今夕亡祸。在㝷。 《合集》24420 行组/Ⅱ

Crack making on the *renxu* day, Xing tested [the following charge]: There shall be no misfortunes this evening. It was at Hé.

壬戌这天占卜,行验证[以下命辞是否违背卜骨的神灵]:今晚我们不会有灾祸。在㝷。

(6) 癸亥卜宾贞令㝷呼乎韤小臣必卒。《怀特》961 宾组/Ⅰ(有关第三期的例子,参看 B_3《合集》26879。)

Crack making on the *guihai* day, Bin tested [the following charge to gain sapience from the numen of the bone]: (When we) order Hé (and) Xuān [㝷音宣] to issue a call to Wéi's lesser servitor, it (requires do so quickly:) must be prompt.

---

① 㝷/巳(=祀)作名词,是指"神"(而作动词,意思是"举行对神的礼仪祀"),详见高岛谦一(2009a;本书第三编第二节)。

② 因为还有一个字㝷,把它隶定为"沈"是最合理的。

癸亥这天占卜,宾(向此龟的守护神)验证[下述提议以求得明智的决定]:当我们命令㝅与孚召唤辇的小臣时,一定要迅速。

还有一个很好的例子可以说明锲刻者通过在图像字上做些微小变化来区别地名和人名,但这个例子我将留到后面再讨论(在后文中,我将详尽阐述它的古文字学意义)。很可能,从第一期到第五期卜辞(甚至到西周时期)例(6)中的㝅都一直用作族名或某个特定时期代表某个群体的人名,有些学者把它隶定为"何"。裘锡圭(1992:78)已经讲到"何"的初文是㝅。关于这个字,我想指出两点。首先,结构元素跟楷书"何"完全对等的古文图像字要到战国时代(公元前403年—公元前221年)才出现。其次,㝅这个形式(B_4类中的一个)是B_3类各字的简略写法。如果我们比较㝅和㝅,我们可以清楚地看到这两个字的人头部分是个简化的过程而不是增繁的过程,即㝅是最初的形式。那么㝅应该隶定为旡+丁=㝅,而不是"何",也不是"可"。也就是说,"何"的初文应该是"㝅",正如唐兰(1976[1995]:187))指出的那样。这个最初的形式后来到战国时期就被废弃了,被"何"取而代之。① 我们也可以通过金文中的㝅(同簋,西周中期)或㝅(何簋,西周晚期)来证明"㝅"是个正确的隶定形式。毫无疑问,㝅的隶定形式是"㵎",跟"㓊"具有可比性。②

对以上的分析做个小结,我把构成"㵎"字的每个成分的演变途径列出,以显示它们的简化过程:

---

① 在战国时代的青铜器上,我们看到㝅(王何戈)、㝅(喜令戈)等字,在战国竹简中,我们看到㝅(仰天湖简)、㝅(鲍叔牙与隰朋之谏)等字。这些都是很容易识别出来的"何"字,验证了人字旁"亻"替代了早期的"㝅"中的"旡"(把脸扭向后看的人形)。我们也可以认为这个"亻"字旁是从"旡"中分离出来的,因为"亻"本身就含在"旡"里面,但是由于分离后剩余的"亾"没有什么意思,声符"可"就被加进来。有意思的是,"何"的最初形式㝅(古文作㝅)一直保留下来,在宋代的材料里,比如杜从古(约1120年)的《集篆古文韵海》还可以看到(参看徐在国2006:2.778)。我们不清楚杜从古是从哪里获得这个写法漂亮的古"何"字的,但是这个古文确实可以追溯到以上表1中的B_3类字以及C类字的右半边。但是注意,这个古文形式中的人形并没有扛着一根扁担之类的在肩上。

② 根据陈梦家(1956:344)、李孝定(1965:11.3272),以及饶宗颐(1959:662)——皆见于《诂林》1328/2.1285—1286页,这个图像字实际上并不存在。它是从㝅(30412)、㝅(30430),和㝅(20278)这几个字中分离出表"人"和表"水"的字符而合成的图像字。分离后剩下的字符"丁"后来被加上字符"口"变成"可",这么做是为了去掉语义成分而使它成为一个声符,如在"河、何、荷"等字中的作用一样。

字形"水"：〔字形〕→〔字形〕→〔字形〕→〔字形〕→〔字形〕(?)→〔字形〕

其他字形：
西部：〔字形〕→〔字形〕→〔字形〕→〔字形〕→〔字形〕 Cf. 〔字形〕 (H11:30)
〔字形〕 (H11:119)

中原：〔字形〕→〔字形〕 {→〔字形〕→〔字形〕→〔字形〕
→〔字形〕→〔字形〕

除了"水"这个字形以外，其他字形看起来有三条不同的发展途径。这里我只给出了两种："西部"的和"中原"的（第三种见下一节）。我把第一种叫"西部"，是因为以上所引字形出自周原卜辞（H11:30、H11:119）。第二种之所以叫"中原"是根据"默认"的原则。① "中原"系列描绘的是肩扛一根扁担的人形，而在西部系列中，没有描绘手臂扶住扁担上的样子，但有一个特点很突出，即人脸是向后或转向一边（这个特点很像甲骨文中的〔字形〕/〔字形〕，"无"的前身）。② 另外，在中原系列中，我在〔字形〕字之后安置了一个分岔的符号，表示这个字形后来分出两条不同的发展路径。③ 还有一点很重要，这就是，不要把这些用箭头表示的发展过程跟历史演变混淆起来。那些箭头表示的是图像字结构的简化过程，它允许有地域的、功能的、或者个体的差异存在（这些全都源于各自的传统）。这点事关如何解释这些图像字以及最终怎么解释"河"字。

（三）"河"的古文字学新阐释

在介绍了本文涉及的一些古文字的情况之后，我们终于可以言归正传了。我们将在后面两小节讨论"河"的古文字学解释，接下来的内容是本文的

---

① 安阳是晚商文明的中心地。我们暂时用"默认"（default, by default）来表示标准字体。安阳的东边是另一个年代大致跟商朝相当的文明中心地——山东大辛庄。2003年在那里也发现了甲骨文。但是出土的数量不多，不足于利用它们来做有关"河"的古文字学方面的比较研究。对大辛庄甲骨卜辞感兴趣的读者，可参看高岛谦一（2009:160-163；本书第四编第四节），这是有关大辛庄卜辞的最新、最完整的释读。

② 关于这一点的特殊含义我们还不清楚，尽管张秉权（1972:3.2.60）已指出，〔字形〕像人有所荷负而侧顾之形，但他并没有做进一步的解释。一种可能的解释是，挑担子的人转头查看身后那一头的担子是不是稳妥。假定比较重的一头在前面，那么挑担者就会往前看，如〔字形〕。而〔字形〕，则是头保持不偏不倚姿势的那种情况。

③ 也许有其他的可能性：例如，我们可以认为〔字形〕这个图像字是在商代金文图像字〔字形〕（何兄日壬尊）的基础之上首先或者几乎同时在不同的地区被创造出来的。后一个图像字说明扁担的两头负荷着东西（但人脸的方向正好跟〔字形〕相反）。

结论部分。

前面我说过"河"字有三个书写传统,上小节中,我已经谈了其中的两个,这里我想谈谈第三个。在我看来,实际上,在这第三个书写传统中,有一个字形的写法既不同于西部的传统,也跟中原的传统不一样,这就是 A 类当中的 ⟨图⟩⟨图⟩⟨图⟩⟨图⟩⟨图⟩⟨图⟩ 等图像字。从现在开始,我把这个字形叫做"可",它是"河"的右半边。如果这个看法是正确的,那就意味着我们不能把表 1 中 A、B、C 三类的所有图像字解释为同一个字,因为如果是同一个字,这些字最初的造字意图就无法得到解释。关于这一点,我们在后文中将会进一步展开讨论,下面我先谈谈一些基本的问题。

康殷(1979:441)曾提出 ⟨图⟩(可)是从 ⟨图⟩ 提取分离出来的。⟨图⟩ 正好是 ⟨图⟩(同簋,西周中期;可隶定为"浉")的上半部分。这个提取分离的理论不太可信。在甲骨文中,我们见到许多"可"的例子,与其说 ⟨图⟩ 是从 ⟨图⟩ 提取分离出来的,还不如说 ⟨图⟩ 是作为声符加到 ⟨图⟩ 中的,这种看法似乎更有道理一些。让我们来看看甲骨文中一些"可"字的写法:

⟨图⟩ HJ 29991 无名组/Ⅲ ⟨图⟩ HJ 18897 宾组/Ⅰ ⟨图⟩ HJ 30355 无名组/Ⅲ

⟨图⟩《屯南》3245 无名组/Ⅳ ⟨图⟩ HJ 18896 宾组/Ⅰ ⟨图⟩ HJ 4891 宾组/Ⅰ "HJ"=《合集》

在这些例子中,最突出的特征是每个图像字都含有一个弯曲的,稍稍有点弓图像字状的笔画,其实,加藤常贤(1970:165)、徐中舒(1988:506)、季旭昇(2001:646)等学者早就注意到这个重要特征了。这是 B 类和 C 类字中没有的。现在我们来看看表 1 中的 B、C 两类字,如果我们把人形肩上的"扁担"及上面的"担子"提取出来的话,得到的就会是:⟨图⟩、⟨图⟩、⟨图⟩、⟨图⟩、⟨图⟩、⟨图⟩、⟨图⟩、⟨图⟩、⟨图⟩ 等。在我看来,它们代表的是"扁担"的"扁"字形,跟 A 类当中的字形"可"(⟨图⟩⟨图⟩⟨图⟩⟨图⟩⟨图⟩⟨图⟩)完全没有关系。①

关于"可"字,学者们提出过各种各样的解释,我最赞同的是屈万里

---

① 这样看来,裘锡圭(1992:78)的解释(……"何"字本作"⟨图⟩"像人荷物形。后来像所荷之物的形加"口"而成"可"……)就很可能不正确。换言之,⟨图⟩ 不是"可"的字形,而是扁担之"扁"的字形。

(1961:3079/398 页)的看法,他说:"⟨斧⟩,卜辞斤字从之。按:其初谊当斧柯之形,借用为可否之可。卜辞亦有加口旁作可……。"即,在他看来,⟨斧⟩这个字最初的意义应该是"斧头的把柄,"后来假借为"可否"之"可"。甲骨文也有加"口"的"可",如可。① 如果字形"扁"(丁、冂、丁、⟨⟩、⟨⟩、冂等)确实像我所分析的,是指扛在肩上的扁担,那么造字者在它和表斧头或者锛子的"可"(⟨⟩、⟨⟩、⟨⟩、⟨⟩、⟨⟩、⟨⟩)之间是做了清楚的区别的(锛子是把柄和斧刃有点弯曲的斧子,参看注释29)。总而言之,没有必要把斧头或者锛子扛在肩上,因为这是一种拿在手中的工具,正如⟨⟩(《合集》9480 宾组/Ⅰ)这个图像字所表明的,这也解释了字形"扁"的图像字中没有一个是描绘了手形的,因为"扁"必须放在肩上来挑东西。

1. 含有字形"斤"的两个甲骨文字

在甲骨文中,有几个含有字形"斤"的字,下面我举出两个来支持 3.3 节中的分析。这两个字是:(1)"新"(应隶作:新)②和(2)"兵"。

1)新(新):

⟨字⟩ HJ 15790 宾组/Ⅰ ⟨字⟩ HJ 24951 出组/Ⅱ ⟨字⟩ HJ 22924 出组/Ⅰ

⟨字⟩ HJ 13571 宾组/Ⅰ ⟨字⟩③ HJ24950 出组/Ⅱ ⟨字⟩ HJ22073 午组/Ⅰ

左半边是"辛"($x\bar{\imath}n$/ *$sjin$)字,很明显这是个声符,因为"新"的上古音也是 *$sjin$,通常认为这个图像字所描绘的是一种凿子。"斤"也是一种用于

---

① 虽然屈万里最先指出⟨⟩像斧柯之形,但是早在 1935 年唐兰就把⟨⟩释为"斤"了(见唐兰(1935[1965]:30 下)。添入"口"使之作"可"是为了起到消减语义的作用(desemanticization);也就是说,"口"暗示"嘴"和"发音"的含义,而不是"斧子"或者"锛子"的意思。可字中之"口"表示用为"发音"这个看法是和可/⟨⟩/⟨⟩也可用作专名(《合集》27991,27990)或用作动词表示"被许可,允许"的意思(《合集》18888,18889,18897)都合适的。

② 将这个甲骨字释为"新"是比较可靠的,请参看朱骏声(1834[1966]:坤部 16/747 页)对此字的解释。

③ 乍一看⟨⟩的右半边像是⟨⟩的错写,因为⟨⟩是乙,干支中的第二位。不过,这也许并不能简单地看作是个笔误,如果我们留心这个图像字想要传达的意图的话。因为声符⟨⟩(辛)是完完整整地刻写着的,那么刻写者对义符部分是怎样想的必是清楚的,知道它是一个像斧柄或锛子柄那样弯曲的东西,就像在其他⟨⟩的图像字里一样,而写成⟨⟩,也许是为了要传达一些别的意思。关于这一点,请参看 247 页注①。

劈、砍、削的工具,所以它们在语义上是有联系的(同义词)。① 这么分析显然是合理的:1是斧头或锛子,甲骨文的⟨斤⟩上面的箭头具有一种"指示"功能,即指示斧刃所砍的目标。有意思的是,斧柄或锛子柄的上部分是弯曲的,略微弯向斧刃的方向,而斧刃也是往内偏向把柄的,这种形状和角度一定是为了达到某种功用而设。根据季旭昇(2001:646)的报告,1957年中国考古学家在河南信阳长台关的楚墓中发现了一把铜斧,有着弯曲的漆木把柄。他说,"这把铜斧的形状——通过一个长方形的穿孔(銎)固定在斧柄上——跟甲骨文中的⟨⟩字简直一模一样。"②

上面列出的"新"(新)字,均用作形容词,修饰"邑"和"寝"等名词,我是特意挑出这种用法的"新"字的。当它用作人名时,锲刻者会稍稍改变它的写法,把表示手的"又"添加上。记得在前文中,我们曾举过几个例子来说明锲刻者为了表示不同的用法将一个字的写法稍作改变,如地名的⟨⟩/⟨⟩和人名的⟨⟩/⟨⟩;地名的⟨⟩/⟨⟩/⟨⟩和人名的⟨⟩/⟨⟩/⟨⟩。同样,当"新"用作人名时,则写作⟨⟩,如下面的例子:

(7) 乙酉卜御⟨⟩(新)于父戊白豭。《合集》22073 午组/Ⅰ

Crack making on the *yiyou* day:(We) should perform the lustration ritual over Xin directed toward Fu Wu with (the offering of) white boar.

乙酉这天占卜:我们应该为新向父戊举行禦祀典,用一头白豭作为牺牲。

---

① "辛"的上古拟音是 *sjin,但是"斤"的上古拟音是 *kjən。两者的声母和韵部都不同,不是同一个词。

② 季旭昇没有给出这把斧子出土处。我就此请教了社科院考古所的岳洪彬教授(2010年3月16日),问他是否知道这把斧子是在何处出土的。他立即就告诉我,这把斧子出自信阳楚墓(见河南省文物研究所1986:65,图73)。但是季旭昇把这个出土工具叫"斧子"(斤)不够准确,它应该叫锛子。另外,它的把柄也没有他的描述让我们想象的那么弯曲(虽然有可能这种工具的样子已跟当初为这种工具造这个字时的样子不太一样了)。《信阳楚墓》的编者认为这可能是当时的一种书写竹简的工具。把柄长度为28厘米,把柄的横截面直径为2.1—2.4厘米左右(大约跟日式锛子[*chōna* ちょうな]的大小差不多。在日本这种工具用于削平木头的表面,造出一种表面粗糙的风格而不是用刨子刨出的那种光滑效果)。据说信阳出土的那把锛子的刃锋很利。本文末尾附有这把"锛子"的图片(是原物大小的五分之一)。本文中,我用"锛子"一词指称小尺寸的斧子。

如果🗡是"斤"(斧头，锛子)，那么添加"又"(手)变成🗡是很合理的。注意这里锲刻者对🗡、🗡、🗡等图像字所做的改动(🗡从右边移到了左下角)。

(2)兵：

🗡 合集 7204 宾组/Ⅰ　🗡 合集 9468 宾组/Ⅰ　🗡 屯南 942 无名组/Ⅲ

🗡 合集 9469 宾组/Ⅰ　🗡 合集 7205 宾组/Ⅰ

在上面这些例子中，当中的"斧头"——比锛子大一些和笨重一些——是用双手把握的，这些图像字形象地描绘了"斧头是一种用双手举着挥砍东西的工具"或者"挥舞斧头砍东西"这个动作。① 但是如果🗡(斤)是比斧头小的锛子，跟信阳楚墓发现的那把大小一样(柄长 28.0 厘米，柄直径 2.1—2.4 厘米)，那么用一只手来把握操作就可以了，如🗡(合集 9480)字表示的就是这个意思。但是，在甲骨文卜辞中，以上被释为"兵"的字是一个名词，意思是"武器；士兵"，例如：

(8a) 贞出🗡(兵)若. *HJ* 7204 宾组/Ⅰ

Tested〔the following charge to gain sapience from the numen of the bone〕：(If we) dispatch soldiers, it will meet with approval (of Dì 帝).

验证〔下述提议以求得明智的决定〕：如果我们出兵，我们会得到帝的许可。

(8b) 贞勿出🗡(兵). *HJ* 7205 宾组/Ⅰ

Tested〔the following charge to gain sapience from the numen of the bone〕：(We) should not dispatch soldiers.

验证〔下述提议以求得明智的决定〕：我们不应该出兵。

(9) 贞易(赐)黄🗡(兵). *HJ* 9468 宾组/Ⅰ

Tested〔the following charge to gain sapience from the numen of the bone〕：(We should) give Huang weapons.

---

① 由于字符🗡经常用来表示"供奉"、"献上"的意思，就像在"🗡"(登)等字中的作用一样，也许"献上一把锛子"是造字者在创造🗡这个字时想要表达的。但是，把这个字的意思理解为"斧头是一种用双手举着挥砍东西的工具"或者"挥舞斧头砍东西"似乎更合理。在甲骨文的实际用例中，它多是作名词，如在例(8a)、(8b)和(9)中的用法。

验证[下述提议以求得明智的决定]：我们应该赐给黄武器。

2. A、B、C 类字的进一步分析

在前文中，我根据表 1C_2 行的注释栏中的 ⚇（合集 36922），把 C_2 类中的所有字都解释成"洲"的变体。我这么解释还有另外一个原因，这就是，所有的 C 类字，不管是 C_1 还是 C_2，都是表示地名的名词（典型的用例是前面加个"在"字），而 ⚇ 多用作人名，就很值得我们注意，换句话说，表示人名时，锲刻者便对 ⚇ 和 ⚇ 等的写法做一些修饰和改动，把 ⚇ 中表示"扁"的字形 ⚇ 的左半边替代成表示手的 ⚇。① 前面说过，"扁"字形 ⚇ 描绘的是一根两头荷着"担子"的扁担。从 ⚇ 的图像字来看，这似乎是唯一可能的解释。所以我认为，这种改动说明 ⚇ 和 ⚇/⚇ 是同一个字，尽管 ⚇ 用作人名，后来又用作地名。毫无疑问，表示"水"的字形 ⚇ 是个义符，而 ⚇ 是人的侧面轮廓，脸朝后看，或把脸扭开（⚇/⚇（旡）的初文）。这个特点像是描绘人挑担时回头查看后面担子的样子。如果我们隶定 ⚇/⚇ 的话，就会是"洲"，这等同于"洲"、"洞"和"河"。

重新审查 A 类字（包括 A_1 和 A_2）之后，我们更确信它们跟 B、C 两类没有什么共同点（除了都含有"水"这个义符以外，但这点不在我们的考虑范围内，可以忽略不计）。A 类字，既没有人的形象，也没有扁担的样子。所以，我们可以比较有把握地判断，A 跟 B、C 两类在图像字的设计上有着根本不同的意图。我已经多次解释了 B、C 类字的造字意图，那么 A 类字的造字意图又是什么呢？字形"可"（⚇）的直接隶定形式是"丁"，② 但不同于甲骨文的"可"字（⚇、⚇、⚇、⚇、⚇），A 类中的"可"没有"口"这个字符。这个始终如一的特点非常重要。我们前面说过，添加"口"是为了消减这个字原有的语义

---

① 除了这个例子以外，还有很多字有地名和人名之间的对立，比如例（4）的 ⚇/⚇ 和 ⚇/⚇ 的对立（这样的例子俯拾皆是，这是该领域中的常识），还有例（6）中 ⚇ 和例（5）⚇，也是这类的例子。但是 3.3.1 节（1）中的 ⚇（3.3.1[1]）和例（7）的 ⚇ 不是地名和人名之间的对立。所以，更准确的说法是，这些图像字上的区别表示的是非人名和人名之间的对立。也就是说，当人名用的图像字具有特殊的标志。

② 仍有一些《说文》的追随者相信"可"是"丂"（读若呵）的反文。但除了传统认为的读音以外，"丂"的篆文形式"⚇"不能作为依据来分析甲骨文的"⚇"字形。另外，在《说文》中，"可"的小篆形式作"⚇"，跟"⚇"不同。也就是说，⚇ 和 ⚇ 在图像上不一样，所以我持怀疑态度。而且在读音上，丂（=丁）是幽部字，苦浩切（*khəgw/），这也不同于 hē/*hal, *haj, *hâi 呵或者 Hé/hé/*gal, *gaj, *gâi 河。

(desemanticization),使其成为一个声符。既然没有"口",那么 A 类的"可"(𠃌)的语义成分就不应该是被减掉了的,而是相反的情况。我们之前采用了屈万里(1961:3079/398 页)对𠃌的解释,认为这个图像字描绘的是斧子或锛子弯曲的把柄。如果这种解释是正确的,那么,造字者在创造"河"字时选用"𠃌"这个字符,一定是有所用意的,那就是,要把"斧子或锛子弯曲的把柄"这层意思渗透进去(参看 3.3.1[1]𣂪/新(新);3.3.1[2]𠂇/兵)。

最后,我们再来看看 B、C 类字中那个肩上扛着东西的人形,他肩上扛的是什么呢? 对此,学者们提出过两个似乎同样合理的解释。但是其中一个能解释更多的甲骨文例子。到目前为止,我们都把人肩上扛着的那个东西解释成一根一头或者两头都有担子的扁担,我们把它分析作字形"扁"。但是还有一个解释,是由郭沫若(1937:111a)首先提出来的,这就是,这个字形描绘的不是一根"扁担"而是一把"戈"。郭沫若把𠂇隶定为"浇",并把其中的𠃌解释为"戈"。这种看法得到于省吾(1940-43:三编,7 下-8 上)等学者(如姚孝遂《诂林》:1328/1291 页)的赞同。为了支持这种观点,于省吾举出了𠂇、𠂇、𠂇、𠂇、𠂇、𠂇这些例子(表 1B₄ 类中的大多数图像字),他认为这些字"均象人荷戈形"。我觉得这种看法可以商榷,在我看来,B₄ 中的𠂇和𠂇可以看作 B₃ 中的𠂇和𠂇的简化形式,后两个图像字中的𠂇或者𠂇所描绘的是"扁担"末端的"担子"。同样,𠂇、𠂇(见《合集》27843)及𠂇可以看作𠂇和𠂇的简化形式(后者也见于表 1,B3 行),总之,这里的𠃌和𠃌看起来一点也不像"戈"。

但是,甲骨文中确实有一些图像字"象人荷戈形",除了前面所引的出现于商代青铜器上的𠂇(何父乙卣,商代)以外,①下面这些甲骨文字与这个金文图像字也具有明显相似的构形特点:

$\quad$ 𠂇 *HJ* 30926 何组/Ⅲ $\quad$ 𠂇 *HJ* 29730 何组/Ⅲ
$\quad\quad$ 𠂇 *HJ* 7001 宾组(自历间?)/Ⅰ $\quad$ 𠂇 *HJ* 6789 宾组/Ⅰ

前两个在第三期卜辞中用作贞人的名字,后两个用作人名或族名。但所有这四个形式都用作人名,这使我们有必要重申对前面提到的观点,即"标志性特

---

① 金文中肩上扛着一把戈的图像字似乎比甲骨文中的要多。王心怡(2007:103-105)列出了 20 个出现在商代和西周青铜铭文中的图像字,它们都清楚地显示人肩上扛着的东西是一把戈。

征在人名中很常见,而且这种标志是以图像的方式来实现的。"(参看注 31)

根据以上的分析,我们似乎很有理由做出假设:("河"字)在当时有两种书写传统,一种可称为"铜器铭文"的,另一种可称为"甲骨文"的。① 这种假设最终能否站得住脚,不是本文所要回答的,但是从第五期甲骨卜辞中和同时期的晚商铜器铭文中存在的构形上的和书法上的区别来看,这种假设不无道理。

关于第 3 节的简短小结,见第 4 节结论中的第二段。又见第 1 节引论中的最后一段。

四、结论

通过前面的分析,我们已经看出以往提出的有关"河"的词源解释都存在严重的问题。从语音对应规则、语义关系以及考古学证据上看,"河"跟藏缅语—藏语书面的 rgal-ba(过河)为同源词的假说,以及"河"是蒙古语⊗ol(河)的借词的假说,都缺乏可信性。

而基于传统训诂学的"河"的词源解释也存在很多的问题,主要表现在以下两个方面:"大河"说是建立在年代很晚的汉代材料《说文》和《方言》(大约公元 1－2 年)的基础之上的,"曲河"说——尽管黄河之形的确"弯曲如钩",称之为"河"确实名副其实——所提出的"基本义"或"共同语义"太过宽泛,即,它的解释范围过大,正如"安"的词源解释所反映的那样。这一点对"大河"说也适用;"弯曲如钩,河水勉强流过那个钩子"的说法跟"大河"说是互相矛盾的。

由于很难在音韵和形态重构的基础之上来确定上古汉语词源学的时间

---

① 除了当时有两种书写传统——"金文"传统和"甲骨文"传统——这种假设以外,也许还有一种可能性,这就是,商代有些戈的尺寸很大,柄长可达 2.8 米,但它们多是用在仪式上,而不是实用的工具。但是根据杨泓(1977:87)的报告,在西周有一种更大的戈,柄长达 3.14 米,是在春秋时期的墓葬中发现的,他推测这种戈大概是在战车上对打时使用的。西周时期大多数的戈都比较小,柄约长 1.2 米左右。但是不论长短,戈的横刃重量都不超过 1 公斤,一般在 500 克到 900 克之间。我感谢社科院考古所的岳洪彬教授向我提供这些信息(见 2010 年 2 月 28 日还有 3 月 23、25 日的通信)。如果是比较小的戈,那么就比较容易拿在手中而不用扛在肩上。很多族徽铭文描绘的都是这种比较小的戈,如 ᛏ(父癸觯)、ᛏ(父辛甗)、ᛏ(且丁尊)、ᛏ(瓠文)等(参见王心怡 2007:112－116)。

深度,我们将汉语词源学重新定义为:运用语言学和古文字学的证据来研究词语的最早使用意义的学问。这里提出的最基本的假设是,商代和西周初期的锲刻者也许是通过体现着造字者的设计和意图的图像字来记录他们所写的词的(也就是说,商周时代的汉字,在图像字的图像结构上,依然保留着汉字初创时的设计和意图)。表 3 中的形态学分类表明"河"的写法可分为 A、B、C 三类。我认为 A 类跟 B、C 两类是根本不同的。虽然这三类图像字所代表的都是同一个词:/ * gal, * gaj, * gâi 河,A 类图像字的图像设计是选用了字符"水"(㇀/㇁)作为义符,以及字符"可"(㇉/㇊)作为声符,同时也表达"锛子把柄的弯曲形状"的意思,即 * kal, * kaj, * kâi "柯"。我们已经从古文字学以及考古学的证据来证明了这点。如果这是正确的,那么黄河之所以被称为"河"就是因为它的形状看起来像锛子的把柄。这也可以用过命名法(nomenclature)获得,但是它不同于藤堂的"弯曲如钩"的理论,也不同于他所重构的"形态基",他的重构导出了"弯曲如钩,河水仅仅、将将地从钩子中流过,这就是黄河之所以被称作'河'的原因"的结论。至于其他两类,我认为它们所含有的字形㇀/㇁/㇂应当释作扁担之"扁"而不是"戈",其图像字"均象人荷扁担形"而"不象人荷戈形"。B_3 类中的全部以及 B_4 的多数都是 * gal/, * gaj/, * gâi/"荷"(负荷的意思)的初文。这个词的发音和"河"很接近,因此可以用来记录表黄河的"河"以及指河神。但是用作人名/贞人名时,商代的锲刻者会在图像字上做一些图形标志。他们从来不在字符"可"上做标志,而是在 B_3 的图像字 (㇀、㇁、㇂、㇃、㇄、㇅)和 B_4 的图像字(㇆、㇇、㇈、㇉、㇊、㇋)上做标志。虽然这些图像字都是扛着扁担的人形,但是有时也会是肩上扛着一把戈的人形(如㇀、㇁、㇂、㇃等)。我暂且把后者描述为"金文"传统,与之相对的是"甲骨文"传统。

第三编　甲骨文研究:语义与词源　251

图7　锛子的形状(河南省文物研究所 1986:65)

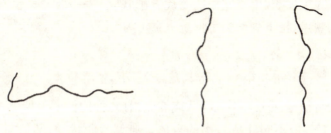

图8　黄河从河津,潼关到清河集的形状

参看:子可戈:🦴(春秋时代铭文)

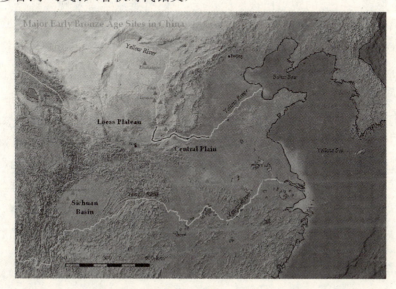

图9

释"比"、"从"

自林沄先生发表《甲骨文中的商代方国联盟》①一文以来,已有不少学者接受了他的观点,将下列两类字形统一隶定为"比"。

A 类:𠤎𠤎 𠤎𠤎 𠤎𠤎 （包括其翻转字形𠤎𠤎,𠤎𠤎,𠤎𠤎）
B 类:𠤎𠤎 𠤎𠤎 𠤎𠤎 （包括其翻转字形𠤎𠤎,𠤎𠤎,𠤎𠤎）

A 类字形的特征是两个人排成一队或彼此相接,且他们的手臂下摆。B 类字形与 A 类相似,但不同处是 B 类的身体呈典型弯曲状,肘部勾曲手上扬(详见下文)。林沄先生认为,这类释为"比"的字形是"亲密联合"之义。虽然将这类字形释为"比"的观点已被广泛接受,但已有少数学者发现其解释并不一定适用所有的情况。② 我试从逻辑、古文字、语义、语言学等方面对林先生的解释进行考查,结果表明,林先生的说法似有可商。

判定是"比"还是"从"这一问题的关键在于"匕"和"人"字形的严格区分。"匕"("妣"字所从,如妣甲、妣乙、妣丙等)有如下三种写法:𠤎,𠤎,𠤎(按照在卜辞中出现频率降序排列)。在宾组卜辞中,"从"的典型写法是𠤎、𠤎,当然还包括他们的翻转字形(亦见林文 70 页)。他并未着重提及𠤎,𠤎,𠤎描写什么,但或许遵循了字形的标准解释,尤其是后两类字形𠤎和𠤎,其状更似"匙匕"而非"人"形(有学者认为是"妇人")。如是,上文中被视为"身体佝偻,肘部勾曲,双手上扬"的 B 类字形的特征将是不能成立的了。其实,𠤎与𠤎的形体(即匙

---

① 林沄:《林沄学术文集》,北京:中国大百科全书出版社,1998 年,第 69—84 页。
② 李宗焜:《卜辞中的"望乘"——兼释"比"的辞意》,《古文字与古代史》(一),台北:台湾"中央"研究院历史语言研究所,第 117—134 页。

匕)与容庚所说的"体微凹锐末而柄曲"是相符合的。① 基于此,字形𠨍,实际上等同于"人"的,可能是"匙匕"速记或部分的省简。不管怎样,容庚提供了极似匕本身的实物。②

以上是从古文字的角度检验了相关字形,也许这表明了林沄先生把𠨍(像人侧形)和𠨍(像匙匕侧形)区分开是有一定道理的。如果我们接受这种释法,就能理解把𠨍释作"比"字,而非"跟从"之"从"字。但是,问题并非如此简单。

首先,林沄先生的字形区分似乎有些"理想化",我们还要从语用层面来考虑,譬如,卜辞中的实际用法,造字意图等等。下面,我们来看一些相关的卜辞文例:

贞王勿𠨍沚㠯。《丙编》12(4)

Tested: His Majesty should not follow Zhi Jia.

辛酉卜䊷贞王勿隹㠯𠨍。《丙编》12(6)

Crack making on the *xinyou* day, Nan tested: It should not be Jia whom His Majesty follows.

乙卯卜䊷贞王𠨍望乘伐下危受屮又(佑)。《丙编》22(1)

Crack making on the *yimao* day, Nan tested: His Majesty should follow Wang Cheng to attack Xia Xi (危＞𦏰?), (for) he will receive abundant assistance [from Di].

乙卯卜䊷贞王勿𠨍望乘伐下危弗其受又(佑)。(2)

Crack making on the *yimao* day, Nan tested: His Majesty should not follow Wang Cheng to attack Xia Xi (危＞𦏰?), (for) he might not receive assistance [from Di].

贞王𠨍望乘。(3)

Tested: His Majesty should follow Wang Cheng.

贞王勿𠨍望乘。(4)

Tested: His Majesty should not follow Wang Cheng.

---

① 容庚:《商周彝器通考》,北平:哈佛燕京学社,燕京大学,1941 年。1.372;2.21.408 图版。

② 容庚:张振林、马国权摹补《金文编》,北京:中华书局,1985 年,第 576 页/1368,第 800 页/1965。

贞王叀沚戛𠂤伐[巴方]。(11)

Tested: It should be Zhi Jia whom His Majesty follows to attack the Ba *fang*.

贞王勿𠂤沚戛伐巴[方]。(12)

Tested: His Majesty should not follow Zhi Jia to attack the Ba *fang*.

叀戛𠂤。(13)

It should be Jia whom [His Majesty] follows.

勿隹戛𠂤。(14)

It should not be Jia whom [His Majesty] follows.

从《丙编》12(6)和《丙编》22(1)和(2),(11)和(12)例子中,可以清楚地看到字形都如同"两个人形"并列,而在《丙编》12(4),22(3)和(4),22(13)和(14)的卜辞中,这个字形写得像"两个匕匕"并列。《丙编》21(1)和《丙编》22(1)来源于同套卜辞。林沄先生将《丙编》21(1)和《丙编》22(1)、《丙编》22(3)作了比较,得出结论:"比"字既可以写做𠂤,也可以写做𠂤,所以两字都表示"比"字。从古文字角度考虑,如果认为𠂤不是人形,而是匕匕的部分象形,那么林沄的这一解释显然比释"从"的说法更为可信。然而,我们都知道"人"字标准的写法是𠂉(例如:[羌]𠂉𠂉𠂉=[羌]十人又五'羌族有十五个人'——《合集》26916)。因此,𠂤可以释作"从"。进而,我们可以合理地做出与林沄先生相反的解释。以上是从简单的逻辑角度确认上述卜辞中的𠂤、𠂤和𠂤、𠂤是一个字。此外,我们还需要考虑"两个匕匕"并列的造字意图。从某种意义上说,两个人并列或排队的造字意图是"跟从"或者"排队",但是两个匕匕并列或排列的造字意图却难以做出合理的解释。考古发现中,我们尚未找到成对或者复数形式的匕匕;并且,在古文字中,也未发现以多个"匕"形组合的汉字,就像"林"、"森"、"众"等字一样。

按照这种解释,我们可以或部分或全部地反对林沄先生把这个字释作"比"字的观点。首先,来看下面的一组卜辞:

业 𠂤 于河。《丙编》443(5)

(If we) indeed follow, (we should do so) from/to the River.

其𠂤 勿于河。《丙编》443(6)

(If) we should follow, (we) should not (do so) from/to the River.

"比"字的基本意义是"与……比较"或者林沄先生所说的"亲密联合",但是在上面的对贞卜辞中,这些义项都是解释不通的,所以 ⁀⁀ 不能释作"比"字。⁀ 字形不是匕匕的部分象形,而是生动勾勒出一个头部笔画舒展的人形,这一点是很重要的。这可以和 ⁀ 形成对比,⁀ 分开来看,可以看做人的头部,身体和手臂。意思是,⁀ 字形的笔画是从头部开始,在脖子处停止,略向右弯曲,然后向下到身体。尽管从语用学的角度来看,⁀ 确实是用作"匕(妣)",但是从文字学的角度来看,不应该把 ⁀⁀ 释作"比"或者把 ⁀ 释作"匕"。就后一种字形而言,⁀ 表示的是"人"或"匕"的双层意义。

次之,在《丙编》中共有 149 例释作"从"的字形(或依林说释为"比")。我依次考查了它们的写法。其中有 10 例字形因不能确定它们的准确写法,故不在考虑范围之内。余下的 139 例字形可分为两组:一组释作"比"字(例如 ⁀⁀、⁀⁀ 等);另一组释作"从"字(例如 ⁀⁀、⁀⁀ 等)。我已发现有 16 例属于前者,120 例属于后者,还有个有趣的例子的是《丙编》156(3),它混淆了 ⁀ 和 ⁀。① 这可能是锲刻者当初也不能确定"从"这个字到底是从 ⁀ 还是从 ⁀。这两组字形出现的比例是 1∶7.5(即后一组约占 86%)。同时,值得注意的是在《丙编》一书中,所有的前一组字形是以相同的主题出现在相同的语法环境中,而后一组字形则以不同的主题出现在不同的语法环境中。林沄先生建议把"比"释作"亲密联合",在后一组中似乎并不完全适合。②

从语言学的角度看卜辞实例,把上述字形释作"跟从"之"从"也要比释作"联合、连接"之"比"更合适。总的说来,其字形有如下几种:

⁀⁀,⁀⁀,⁀⁀,⁀⁀,⁀⁀,⁀⁀

李宗琨先生已经意识到把"王勿 ⁀⁀ 沚戛伐巴方"解释为"国王不应该联合沚戛来攻打巴方"是有问题的。沚戛和望乘都是我们熟识的商王的军事将领或强大的方国,首先他们是没必要亲密联合的。基于此,李宗琨先生虽然接

---

① 在《丙编》16(4)和《丙编》312(8)中,有两例"手臂"和"匙匕"的部分丢失。
② 例如:《丙编》157(1),(2);《丙编》409(3);《丙编》443(5),(6);《丙编》463(2)。更详细可参看拙文《殷墟文字丙编研究》下册:注释·古文字语言学新探。台北:"中央"研究院历史语言研究所,2010 年,第 519 页。

受了把"𝒃"释作"比"的意见,但在此句中训为"辅助"之义。需要注意的另一个事实是,在已确认的与征伐有关的传世文献中,没有使用"比"字的。而且,林沄先生也未能从典籍中找到同样语境的相关的例证。相反,却有大量"从"的例子。下面略举数例:

蔡人从之伐戴。《左传·隐公十年》

The men of Cai followed them (= the armies of Song and Wei) to launch an attack against Dai.

公曰君谓许不供,故从君讨之。《左传·隐公十一年》

Duke (Yin) said, "Since you, Sir, mentioned that the State of Xu was not loyal to Zhou, I followed you to chastise them.

秋蔡人卫人陈人从王伐郑。《春秋·桓公五年》

In autumn the men of Cai, Wei, and Chen followed the king to attack Zheng.

有趣的是,上引《春秋》的"从王伐郑",《公羊传》和《谷梁传》都做了注解。《公羊传》:"其言從王伐郑何。從王,正也"(What is the significance of "followed the king to attack Zheng"? "Followed the king" was the correct course of action);《谷梁传》:"举从者之辞也,其举从者之辞何也,为天王讳伐郑也……"([The *Chunqiu* gives a description about the king's followers [i. e., men of Cai, Wei, and Chen]. Why does it do so? It is because of Sovereign's exacerbation that they attacked Zheng…)值得注意的是,上面的引文中表示"跟随"义的"从"可以和表示"袭击"义的动词"伐"连用,并且在上引《左传》的第二个例子中,"从"也和表示"惩戒"的动词"讨"连用。这些都和征伐类活动有关。反之,在《左传》中,大约有30例"比"字是不和"伐"、"讨"搭配使用的。

此外,我们发现在西周中期的"班簋"铭文中,"比"出现在征伐的语境中:

王令吴(虞)伯曰以乃师左比毛父;王令吕伯曰以乃师右比毛父;遣令曰以乃族从父征。

The king ordered Elder Yu declaring, "Lead the left battalion of your army to join with Patriarch Mao"; the king ordered Elder Lü declaring, "Lead the right battalion of your army to join with Patriarch

Mao"; Qian ordered (them) declaring, "Lead your lineage groups to follow Patriarch (Mao) to launch a punitive expedition (against the enemy)."

上面的例子有两点值得注意,一是"比"写作〵〵,"从"写作 ,表明了"比"和"从"在字形上不同,词汇意义上也有分别。另一个是"比"的意义。我已将之译为"连接,结合",因为它传达了一种"成双成对组合"的潜在意义。(朱骏声释为"两相并故为合并")。① 在甲骨文卜辞中,我们尚未发现适用于这种解释的例子。但是,我们应该注意到,在上举的青铜器铭文中,"从"写作 ,包含像"比"字形 ——这清楚地表明了"从"的演进过程。很明显的是西周时期,增加了形符"辵"以把"比"区分开(>从>从)。此外,"从"可以和动词"征"——一个真正意义上的军事战争类动词——搭配。② 这和上文提到的"伐(袭击)"和"讨(派遣军队惩戒、镇压)"相似。在甲骨文中我们已经发现"从"可以和"伐"搭配了,例如《丙编》中的 22(1)、(2),(11)和(12)。

总之,完全从字形上区分开"匕"和"人"是过于理想的。从逻辑层面,有人可能持完全相反的意见。尽管,"比"类的字形仅占有 14%,而"从"类字形占有 86%,但在语用上却表明,他们之间的区别并不是那么严格。从字形上看,恐怕也很难诠释二匙匕并列会"配成双或加入"之义。相反,狀二人并排之形,似乎很容易让人联想到"跟随"的意思。从语义和语言学角度看,"从"常常与战争军事一类的词搭配使用,"比"却很少有这样的用法。我们已在青铜器铭文(班簋)中发现"比"字使用的一个佳例,但是却没有和伐、讨、征这类动词一起出现。

---

① 朱骏声:《说文通训定声·履部》,台北:世界书局,1966 再版(1834 年第一版),第 517 页。

② "从"和"征"搭配的例子还有很多,此举一例:唯三月丁卯師旂衆僕不從王征于方……

第四编

甲骨文研究：系动词与其他文字和文化

系动词研究

一、绪言

本节的主题是关于卜辞语言中的"隹"和"㞢/叀"(以下用"惠"字)的语法与语义。我们首先要探讨涉及"隹"和"惠"等上古拟音的音韵问题,然后再转向它们的构词法。去声派生有数种形式,而从形容词派生的动词特别暗示出要牵涉到"外动"(extrovertive)过程。以此作为基础,再结合司礼仪(Serruys)、雷焕章(Lefeuvre)、马蒂索夫和昆斯特(Matisoff and Kunst)的研究成果,我们拟提出一个观点并加以验证:"惠"作为去声字可能是从表示"依从或服从神灵/上帝的意愿来考虑某事"的形容词派生来的。最后,我们将讨论古字形问题以及它和所代表的词之间的关系。

完全令人满意的对"隹"和"惠"的论述要包括对它们的音韵、语法、语义及古字形的系统描述,同时,也要探讨它们的词源与构词法。但是,就我们现有的知识状况而论,对后者的理解相当贫乏。这主要由下列事实所致:不管在高本汉的《中国音韵学研究》(高本汉 Karlgren:1926;亦见高本汉 1954;GSR)之后出版了的多少著作,现在还没有被学术界普遍接受的上古汉语(约公元前 600 年)的拟古音系。我们的切身问题还在于没有人尝试系统构拟商代汉语的音韵。

马蒂索夫(Matisoff1985)和昆斯特(Kunst1985)汇为一册出版,使用很方便。前者研究汉藏语的系动词,后者研究《易经》中的"维"和"惠"。昆斯特(同前:68 页)依据高本汉对"维"($*di \approx wər$)和"惠"($*g'iwəd$)拟古音及他本人对《易经》文字的研究明确提出,两个字间有紧密联系:如果接受它们[指卦文 29.0"有孚维心享行有尚"和卦文 42.5"有孚惠心勿问元吉有孚惠我德"]结构平行且确实是系动词,这就是一条有用却迄今未加注意的支持佳和惠在音韵与语义上都有紧密联系的证据,它也支持如下论点,卜辞中常见的系动词"叀/惠"可以演变为某些传世文献中的"惠"字,所加部首"心"可以与惟所加部首"心"相类似。

马蒂索夫(1985:58 页)引述了本尼迪特(Benedict)对高本汉的"惟/维"拟古音 *di≈wər 的修改。本尼迪特根据谐声把它修改为具有两个前缀的原型 *s-g-wəy。迟早有人会想去验证汉藏语中这种单一原始系动词的存在。但我相信,在大胆构拟这种形式之前,必须充分考虑下面引用并讨论的最早汉语书面语证据。

在这里发表的关于佳与惠的研究,在一定程度上是由马蒂索夫和昆斯特的著作促成的。在此我想把以前发表的有关这些字的研究成果(高岛谦一1973:237—253 页和1990)加以提炼。这恰恰说明,要构拟先汉藏语中那唯一的系动词有多么困难。

二、音韵问题

表 4 列举了几种有代表性的古代汉语的拟古音,它们或是取自作古音拟构的学者们的描述,或是我据他们的系统而拟构的。

表 4

出 处	A 佳(＝惟,维)	B 惠
高本汉(GSR:575o/p. 153;533a/p.；另参照 1954:299—302 页)	* di≈wər	* g'iwəd
藤堂(1965:参照 680 页;723 页;另外参照 1957:243 等页)	* diuər	* huə☐d
李方桂(1971:36、49 页)	* rəd	* gwidh
周法高(1974:101、250、101；另外参照 1969:126—131 页)	* riwər	* gwer
蒲立本(参照 1977:202 页；1982:208—209 页；1985;1989)	* wjə⇑▷ * -ə⇑j	* wə⇌js
白一平(1992:452;764)	* wjij	* wets
许思莱(2009:293;)	* wi	* wîs
白一平·沙加尔(2011:55;134)	* Gʷij	* Gʷçij-s

所有"佳"(＝惟,维；表 1 的 A 栏)的拟古音都反映出一个事实,即它属

脂韵,合口,三等,它的声母在上古或中古属以母,源于传统所谓古代汉语的脂部微部。对于惠(表1的B栏)的韵部现在有不同观点,这将在稍后讨论。对于"隹"字,没有这种异议,把它归为脂部是没有问题的。

(一)隹

作为谐声声符,"隹"用于许多汉字:推、虽、椎、谁、睢、锥、堆、帷、唯等。这些字在中古音中属灰韵、脂韵(合)、支韵(合)和皆韵(合),其声母相当多样,从端母(t-)到匣母(⊗-),包括心母(s-)、来母(l-)和禅母(dz-)等。重要的是,"隹"字从不作为声符用于齐韵字,它们真正是古代汉语的脂部字(参见董同龢1944:69页;罗常培和周祖谟1958:29页)。我们也应该指出,"隹"字与真正的微部字(如非)有紧密关系。"非"是"隹"的非情态否定词,由"不"(之部,声母为 *p-)和"隹"(*-jəd)的混合(fusion)发展来。也就是:*p + *-jəd > *pjəd。它也和"微"相联系,"微"是"隹"的古代汉语的情态否定形式,它是从"毋"(之部字,声母为 *m-)与"隹"的混合发展来的。①

有关表1中A栏的拟古音的理论说明,我不在这里复述。但对蒲立本(Pulleyblank1989:8—9)②所拟古音中声母的复杂性似乎有必要作些说明,因为它的最终版本尚未正式发表,关于白一平·沙加尔(Baxter and Sagart2011),他们只有拟构,并没有讨论理论。蒲立本所作"隹"的拟古音的

---

① 毋传统上划为鱼部,但应该修正为之部。见穆尔德(Mulder1959:252—3页)和高岛谦一(1973:60—61页),我指出了穆尔德处理卜辞资料时所犯的一些错误。关于这个否定词的论述见第二编第四节。

② 我就这两个字的拟古音谘询过蒲立本(Pulleyblank),他还没有完全理清他的古代汉语声母系统。他假定二十二个天干地支代表辅音,蒲立本(1985;1987年3月27日的谈话;1989:6页)构拟了古汉语音节的声母与韵尾。他的整个体系见表5。

表5

*k 庚 kajŋ	*x 己 k/	*ŋ 午 ŋ□/	*⊗ 巳 z/
*kw 甲 kap	*xw 丑 trhuw/	*ŋw 未 mujh	*w 亥 ⊗əj/
*kj 子 ts/	*xj 辛 sin	*ŋj 寅 jin	*j 乙 /it
*kʲ 癸 kwej/	*xʲ 戌 swit	*ŋʲ 卯 maw/	*l 西 júw/
*t 丁 tejŋ	*R̥ 申 xin	*n 壬)im	*l 辰 d)in
*p 丙 piajŋ		*m 戊 mouwh	

表中各字后的拟音是根据蒲立本(Pulleyblank1984)拟构的早期中古汉语读音,其中融合了他在下述论文中对原拟音的修改:蒲立本1989(第3页注1),1991a(第52页)和最近要提交给《古代中国》的《对作为表音符号干支的校订》(1991年8月27日的谈话,但尚未出版)。

基础是,"隹"与"鸡"与"鸟"(应该读作 diao,由于它是性图腾而被修改,藤堂 1965:198 页)间可能存在词源联系。比如:

鸡 * $q^{(w)}a\Leftrightarrow j$(1987)→ * $k^wjə\Uparrow l$(1989:8 页)>$kjɛ$(据说它是藏语 bya 的一个同源词,尽管柯蔚南[Coblin1986]没有把它列举为同源词)。

鸟 * $q^wjə\Leftrightarrow ®$/(1987)→ * $k^wjə\Leftrightarrow |$/(1989:9 页)>$tjə\Leftrightarrow w$/>$tɛw$/

隹 * $q^wjə\Uparrow l$(1987)→ * $k^wjə\Uparrow I$(1989:9 页)>$tXjwi$

惟,维 * $®^wə\Uparrow l$(1987)→$wjə\Uparrow l$>jwi

(根据蒲立本[Pulleyblank1982:208—209 页],如果声母 * $®^w$ 是与 * q^w 对应的浊小舌音(uvulars),隹的拟古音将是 * $wjə\Uparrow l$,正如他在 1989 年用小舌音替换圆唇软颚音和用圆唇软颚音替换舌面圆唇软颚音那样。)

再回到表 1 的 A 栏,各例对"隹"字的声母和韵母特点(合口,三等)的音韵解释稍有区别,但总体说来,除蒲立本外,所拟古音还是相似的。他们都同意"隹"字的韵腹元音是 * -ə。值得注意的是从 1992 年以后,白一平(Baxter)、许思莱和最近的白一平·沙加尔(Baxter and Sagart)所拟古音的"隹"字和"惠"字的韵腹元音都是 * -i-。尤其是白一平·沙加尔的 * G^wij(隹) * $G^wɕij$-s(惠)预示这两个词最好解释为同源的。我们现在不知他们的音韵学根据,因为在甲骨文中"隹"和"惠"的用法有着非常密切的关系,所以我现在只能注意到他们的拟构音值而把这个问题留待将来进一步讨论。

在泛泛讨论中,马蒂索夫(Matisoff1985:54 等页)建议汉藏语言的系动词应该拟为 * way/ * ray,把它们视为同一词族中的成员。他积累了许多据称语义上有联系的藏缅语的押韵字。主要依据景颇与书面藏语-ai(/ai,rái,rài,rài/)及拉祜语(g↘,ve,v↘)同源作基础,他说,汉藏语系动词的元音原形是 * -ay(马蒂索夫 1985:55,57,59 页)而不是本尼迪特(Benedict1976:190 页)和色古德(Thurgood1982)构拟的 * -əy。若非有此区别,马蒂索夫的 * ray/ * way 似将分别与"隹"和"惠"相匹配——事实上,在蒲立本的拟古音和本尼迪特/色古德的拟古音中,其和谐性引人注目。我们将在下面详细审查"惠"的韵母,但试图将隹字的韵腹元音构拟为与 * -ə 不同的元音将使我们的拟古音与大家都不相同。再者,我也不能肯定这种新设想将能提供更令人满意的拟古音。因此,我们将采用拟微部韵腹为 * -ə 的通行做法。

(二)惠

"惠"的拟古音更是众说纷纭。古代汉语去声的音韵解释是造成分歧的原由之一,由此引出关于韵腹的四种建议:*-ə、*-ə□-、*-i-、*-e-和î。我们在此将首先考虑元音之间的区别问题,因为它不仅与卜辞语言的押韵有关,而且可能与"隹"和"惠"之间的词源联系有关系。我们将在下面分析去声各方面的问题。

"惠"的拟古音的声母固然全是"合口",但把它划归古代汉语的哪个韵部上存在着根本不同的观点。高本汉和藤堂采纳清小学家如王念孙(1744:2卷3上等页)和江有诰(1814—1831:谐声表,9下页)等确立的传统韵部划分,把它归入微部(传统的脂部)。因此,高本汉认为"隹"与"惠"的韵腹元音相同,藤堂也认为两字韵腹元音近似。然而,其他学者采用的是现在广为流传的最早由王力(1937:528—534页)提出的方案。王力把传统的脂部(等于高本汉 Karlgren 和藤堂把惠划归的微部)一分为二:有所削减却保留原有名称的脂部和新微部。① 韵部划分的问题很重要,因此,在讨论"惠"所属韵部之前,我们必须首先解释一下王力的观点。

董同龢(1944:67—72;104—108 页)已经对第一个问题作通盘审查,他很有说服力地论证,有大量的证据支持脂部和微部间的区别。具体论述可以参看董氏的研究,我仅在这里指出,其间的区别就结构与分布而言是很重要的。分别与脂部、微部对应的阳声韵是真部与文部,入声韵为质部和物部(王力 1937:518—527 页;董同龢 1944:68 页;罗常培和周祖谟 1958:29 页;丁邦新 1975:2—3 页)。因此,内部的拟音暗示这一区别是必要的。

但很遗憾,这一区别在《诗经》韵部中并不明确,尽管可合理地相信"惠"属脂部。它在《诗经》中总共出现 19 次,在两首诗(毛诗第 191 首和第 264 首)中与其他六字押韵,这样就总共有七个押韵关系。另外,"惠"字用作"穗"字的声符,"穗"字在两首诗(毛诗第 65 和 212 首)中与七个其他字押韵,这就

---

① 甚至藤堂也接受王力的方案,但他解释惠的意思是"施惠<*环绕并保护",把它归于微部,因为他认为它是与"怀"("持有<*环绕并保护")是紧密相连的某字词的部分(藤堂 1965:715 页)。按照董同龢(1944:59,242 页),"怀"是缉部字。尽管它在《诗经》时代可能与微部混同。藤堂认为"怀"在构词法上与回完全相同,后者是一个真正的微部字,其意思被界定为"环绕"。

又有了七个押韵联系(见表6)。①

除《诗经》的两例交叉押韵外,认为"惠"和"穗"属于古代汉语脂部的看法是公平的。这与"佳"不同,它一贯与属于微部字押韵,而且如上所论,它充任微部字的声符。有两个例外是"违"和"醉"(分别与"惠"和"穗"押韵),它们可能是由于古代汉语中两韵的早期相混所致。我们将论述如何利用这些例外作证据来证明脂部与微部有相同元音,就像蒲立本(Pulleyblank)和白一平·沙加尔(Baxter and Sagart)所做的那样。

三、词法问题

(一)基本争议

如果根据上文的论述而接受"佳"和"惠"属于不同韵部的观点,那么,它

① 表6

上古汉语韵部	中古汉语韵部	与惠押韵的次数	与惠或穗押韵的字
脂部	齐韵	3	戾(霁;191), 妻(齐;212), 穧(霁;212)
	脂韵(多数为开口)	5	夷(脂;191), 祁(脂;212), 私(脂;212), 穉(至;212), 利(至;212)
	皆韵(多数为合口)	2	届(怪;191 和 264)
	支韵	0	
	质韵	1	疾(质;264)
屑韵		1	阕(屑;191)
		总计	包括阴声和入声字
微部	微韵	1	违(微;191)
	脂韵(多数为合口)	1	醉(至;65)
	皆韵	0	
	韵	0	
	灰韵	0	
	戈韵	0	
	支韵	0	
		总计 2	只有阴声字

在表6中,括号内先指出各个押韵字在《广韵》中的韵部,然后再列出它在毛诗的篇数。

们似乎并不相似,这可从李方桂和周法高的拟古音很清楚地看到。严格地讲,高本汉或藤堂的拟古音看上去也不是很相似,因为它们的声母(*d-/*g-;*d-/*h‿)的发音部位并不相同,而韵尾(*-r/*-d)的发音方式也有区别。只要r是抖音,它和d听起来就相似,但*-r和*-n之间的偶然押韵及谐声关系使这显得不太可能。当然,声母的差异可以通过构拟复声辅音来避免。有些证据指示了这样做的可能,特别是"隹"和"惠"都有前缀*s-。①

只有蒲立本(Pulleyblank)和白一平·沙加尔(Baxter and Sagart)的拟古音可视为在构词法上是相对的。按照他们的意见,"隹"和"惠"中的韵腹元音相同,但在古代汉语中,两个韵部(微部和脂部)之间维持着清楚的区别。这通过构拟不同的韵尾辅音即腭音(蒲立本1977:187—194页;1982)来表示。它们并非真与齿龈音相似,尽管"隹"/*wjə⇑l与"惠"/*wə⇔js中的*-l与*-j具有响音这个共同特点(乔姆斯基和海尔1968:303,307页)。马蒂索夫(1985:54)论述说,所谓的"wittle wabbit syndwome"可引起辅音r和w的发音及听觉的相似性。我们可能反过来提出,"yittle wabbit syndrome"强调y(=j)和l之间的语音相似性,即响度。事实上,辅音r和w相似,正如j和l相似那样:r与l是流音,它们与延续音j和w都具有响音的特征。再者,把脂部的韵腹及韵尾分别拟为元音*-ə-及腭音可以解释我们指出的《诗经》中惠和穗交叉押韵的现象。

我们已经用共时着眼评析了j与l的相似性,但从历时观点看,演变的方向通常似乎是从l到j,假定它是流音特征消失而响音特征得以保留的缘故。

---

① 例如,就"隹"而论,让步连词"虽"可作这方面的论据。它的声母可能与使动性的*s-同源,马蒂索夫(Matisoff1985:60页)把它归纳为"藏缅语中已经充分验证的语素之一"。它似乎已附加于系动词"隹",意思"尽管"是从*"使它如此,让它如此"来的。这与祈使相关联,祈使不仅表示条件(叶斯泊森Jespersen1924:314—315页;胡(朱)丝Joos1968:156—157页;塞勒Seiler1971:81页),而且表示让步(例如,Make him go away, and he'll soon come back to…"让他走开,但他不久就将回来"; Hurry or interrupt him [= although you make him hurry or interrupt him], and he will show himself anything but the man for a crisis "催促或打断他[=尽管催促或打断他],就将表明他不是个能处理危机的人"。试比较,用过去时态来表达就是, Hurry or interrupt him [= if you make him hurry or interrupt him], and he will show himself anything but the man for a crisis "催促或打断他[如果你催促或打断他],他将显得……")。至于"惠"的谐声字,有"穗°"和"繐°",它们的意思分别是"流苏,边饰,谷穗"和"松散的东西"(《汉文典》GSR533i;也参照诸桥卷8第1175页),这些意思所可能有的派生还需作进一步研究。

果真如此,微部字(如佳)经过演变而在汉代与脂部字(如惠)相混,而不是相反(蒲立本:1977:188页)。①

当然,关键问题是这一相似性是否与构词法或同源词有联系。我不相信现在可以对这个问题做出明确的回答,但这种相似性确实超出确立词族关系时通常采用的标准:即如已经指出的那样,"佳"和"惠"属于两个不同韵部。就元音参数或元音相对而言,这两个词都不构成对比。② 最后,"佳"和"惠"的清音和浊音声母无法改变。这样,学者们用来确立词族关系所使用的一般标准都不适用于这两个字。

总之,在没有更多证据的情况下,看来比较难假定"佳"和"惠"之间的语音的相似性(或差异性)有什么构词法上的意义。下面,我们将测查相关问题以便明确是否存在着这种证据。

(二)声调问题

寻找"佳"和"惠"在构词法上关系的一个着眼点可能是这两个字的韵尾。我们首先要把注意力集中在确立词族关系时广泛接受的一个标准上:去声派生。

1. 去声派生

如果从随声调变化而出现意思变化来着手分析,词与词之间在构词法上的关系常常会变得清楚。大家普遍接受去声字源自非去声的本词,而且,这样两个词之间的语义关系通常明显易见。下面是一些很著名的例子:

王("国王")＞王°("当国王")

张("张开")＞帐°("膨胀;帐幕[＜"被张开的东西"]")

塞。("堵塞")＞塞°("塞子;边境")

监("监视")＞监°("监督者")

受("接受")＞授°("授予")

买("买入")＞卖°("卖出")

---

① "佳"在古代汉语之前就是系动词,而"惠"似作系动词用法仅散见于《易经》,也可能见于《诗经》。可参见昆斯特(1985:68页)。

② 元音交替,特别是在元音＊-ə-(按照蒲立本 Pulleyblank[1989;1989a]是"零元音",它可以根据音节规则而插入)和＊-a-之间的交替,时常体现在蒲立本所谓的"定性元音交替"(qualitative Ablaut)(蒲立本 1973)词族关系中。

借。("借入")＞借º("借给")

学。("学习")＞学º("教授")

在都纳(Downer1959)、周法高(1962)、王力(1982)和许思莱(Schuessler1985)可找到更多例子。我在高岛谦一(1984b)集中论述名词派生,讨论了30多例,建议名词派生的类型有工具型或施事者型、①位置型或结果型。

在有些例子中,去声派生字是动词。在其他例子中,这种派生会影响动词却不改变它的语法类别。所有这些例子,人们大概可以用颇为有用的方式来总体归纳相关语义关系上的特点。例如,何福斯(1984)分别把受和授的特点归纳为"内向('接受'的受益者为主语)"和"外向('给予'的来源是主语)",这是条可作更广泛应用的基本规律。

假设古代汉语的去声呈现 *-s 的形式。如果我们能够确定"惠"/ * wə⇔js 的 *-s 加在哪个字的话,我们应该能够给出它的准确语义特点。遗憾的是,这在现阶段似乎不可能做到②(当然,除非本字是隹/ * wjə⇑1 本身)。③可是,如果暂时把构词法的问题搁置一下,就可能看出"惠"具有主动且外向的意思。我将在下面第四节详论这一点。但它的外向意思似乎很清楚不会是授体现的那种外向。"受"和"授"表达双方之间的一种互相交换,"买"和"卖"、"借"(入)和"借"(去)也一样。在各组字中,讲话者的立场决定使用用其中的哪个字。但如我们将要看到的那样,这样的分析似乎不适用于"隹"和

---

① 这个类型属于何福斯(Herforth1984)宽泛划分的"外向"类。按照这一观点,外向特征既可应用于动词也可用于名词,它也表现于如"授受"之类的反训动词组或从"监视"而来的"监视者"之类的名词派生词。

② 如表2所示,"惠"在《诗经》中与平声字押韵五次,与去声字押韵七次,与入声字押韵两次。因此,除读去声外,它当时可能还有现已失去的某种或多种读音。

③ 果真如此,这个去声派生可能在一期卜辞(约公元前1230年)之前就已经完成。然而,我有点犹豫把"隹"看作"惠"的非去声本字。"惠"的本字可能是一个形容词(我会很快讨论这个问题),而"隹"的用法与意思都不是形容性的。此外,还有"音调"(accent按照蒲立本Pulleyblank)不同的问题。在认真提议"隹"是"惠"的非去声本字之前,必须考虑到这些反面证据。

"惠"。而且,外向化过程必定仅活跃于古代汉语的某些阶段。①

2. 形容词的动词派生

下面例子体现的去声派生看来在汉之前的古代汉语中就在起作用,而且,有些例子甚至延续到现代汉语中,至少就其结果而言是这样的:

。轻("轻微")＞轻。("认为轻,轻视")

。好("良好")＞好。("喜好")

恶。("恶劣")＞恶。("厌恶")

。远("遥远")＞远。("疏远")

。下("下面")＞下。("放下")

。后("后面")＞后。("放到后面")

。近("附近")＞近。("接近")

。环("圆环")＞撌。("环绕,穿上")

足。("充足")＞足。("补足")

。齐("平齐")＞齐。("整齐,相等")

。善("好")＞缮。("修缮")

。阴("阴暗")＞荫或廕。("使阴暗庇荫")

。和("和谐")＞和。("使和谐")

。永("长,永久")＞咏。("缓诵,吟唱")

渴。("躁渴")＞渴。("渴望")

。喜("欢喜")＞喜。("喜欢")

上面所举的字在语义上实际上包括两类:一类表示"认为或评价 X 为 Y"的意思,另一类有更主动的"使动"意思。前一类的例子有。好/好。、恶。/恶。、。远/

---

① 何福斯(Herforth 1984:13 页)在讨论乞(入)("乞求")和乞(去)("给予")的时候说,两个动作不是相反而是一种顺序、因果关系。他建议,这类去声派生仍然在汉朝出现。让人怀疑的是,这种顺序、因果派生是否牵涉到同时发生属真正互相对立的如"买"和"卖"及"接受"和"给予"等去声派生。我相信,尽管因果型派生植根于外向这种可包罗一切的总特征,但它是从已存在的韵尾 *-s 演变来的新功能。就此意义说,如泣 *khljəp 对泪 *gljəbs＞ *gljəds(经修正的李方桂的拟古音)等名词派生的形成可能晚于乞 *khjət 和 *khjəds。前者使用全然不同的字形(泪甚至不见汉以前的文献),这个事实就是有力证据。这当然是由于可以体验到的语音变化而导致了不同汉字的使用。去声在构词法的发展中的所起作用看来具有历史复杂性,各类型必须分开作单独研究。

远°等等,其中去声字体现为强烈的主观反应。例如,"喜爱"是视某事物"好"的结果,或更准确地说,它是那种情感进一步发展所达到的阶段。这就存在一种强烈的主观反应——"喜爱"并不只是"认为什么事物好"(也参照蒲立本Pulleyblank1972:11页)。同样分析也适用于轻和恶。后一类的例子有°下/下°、°环/擐°、足°/足°和阴°/荫°等等,其中去声字的意思不属强烈主观反应的范围,它暗示在外面世界中客观形成的情形。两种意思都可纳入更广泛的"外向化",即人们的注意转向形容词限度之外而从这类活动中获得"喜悦"(主观反应),或使形容词描述的性质得到客观实现的行为(客观行为)。我把主观反应意思与使动意思区别开来是因为后者更具使役性。

这两种意思在语法上与及物动词有宽泛的对应关系(参照第四节第一小节)。然而,我们也必须对下列例子做出解释:°上("上升")对上°("上面,顶部")、高("高大")对高°("高度")、°广("宽广")对广°("宽度")、长("长")对长°("长度")、°厚("厚")对厚°("厚度")、卑("谦卑")对卑°("谦卑者"),其中的派生字是名词。① 因此,去声派生的历史显示了各种意思及功能的混合,其方式与现代英语中后缀 *-s 的演变近似(参照谢偶之 Shields1980)。

(三)一种假设

据以上所述,能证明的"惠"的读音只有去声;假设它与°好/好°、恶/恶°同属一类似乎是不可靠的。另一方面,《诗经》用"惠"表示如"亲善、良好、依从、服从;偏好"等意思。此外,如在注9指出的那样,"惠"(与其谐声字穗)固然在14个押韵例子中有7例与别的去声字相押韵,其他7例则包括5个平声字和2个入声字。最后,"惠"("亲善")是个状态词;它并不描述如"买"和"卖"一类的双向行为,后者表示的真实行为取决于立场和行为的方向。因此,所有这些都表明,声调为非去声的"惠"可能是形容词性的,而读去声时,它变成表示"认为某事物亲善、好;依从或服从"的动词。司礼仪(Serruys1974:115页;1981:352页)释卜辞中的"惠"为"考虑,假定;使它像"时强调了这种意思的一个方面。可是,如果希望保存从卜辞语言到早于古代"传世文献"(如《诗经》)的语言的连续性,

---

① 关于动词派生的名词简表见高岛谦一(1984b:第四节第五小节)。也参照包拟古(Bodman1980:49等页)对汉藏语中这类情况的对比研究。我原本将°卑字归入"强烈主观反映"的类型,与轻("轻微")>("认为轻,轻视")、好("良好")>("喜欢,喜爱")相同。但是,陆德明在《经典释文》《礼记音义之三·祭统》)对所谓"自卑至贱中卑"的注音是必利反。由此看来,去声卑似属意思为"谦恭的人"的名词性派生词。

我们也许应该强调此字的主要意思"亲善、好、依从、服从"。

雷焕章(Lefeuvre1985:292页)提出了关于"惠"字的新解释:"因为它由神灵引起成为这样>它应该是"。"惠"的"应该是"的意思与我在高岛谦一(1973:250—251页)中的看法一致,尽管我在那时候还没有猜想到有任何神灵方面的因素。雷氏的新解使"惠"有"根据神的命令它应该是"的意思(it should be by divine fiat),这与马蒂索夫(Matisoff)的《神与汉藏语的系动词》中的 * ray/ * way 相合(但根据的理由完全不同),尤其与后一形式符合。因此,人们可能倾向于认为惠有"神圣的"意思,而我们提出的去声派生即意味着"认为某事物依从或服从于神灵/帝的意愿"。如果这是正确的,"应该是"的意思应该通过一个世俗化的过程来完成,而雷氏坚持这一过程并未在卜辞语言中发生。因此,我在下面测试的假设是其他学者提出的种种不同想法与我自己推想的混合。在下一节,特别是在第四节第十小节第二个问题,我将用卜辞语言来验证它。

倘使去声后缀 * -s 与汉藏语的使动前缀 * s-的构词法功能不同,明确它们的区别将不无益处,尽管对比一种语言的后缀与另一语言的前缀具有内在危险性。包拟古(1980:45页,56—72页)正确指出,在汉语中难以发现使动与非使动意思组成的最小对比对,因此 * s-的构词法功能一定被虚化了。[①] 他还讨论(49—53页)了汉藏语的 * -s,指出藏语的-s 固然在某些动词中作为完成态后缀出现,它也见于某些动词的现在时态,而且在由动词派生的名词中相当清楚地起作用,但它在汉语中的用法却无法轻易识别出来。可他也认为,它的最后一项功能还是可以从汉语中识别出来并引用了数个例子(其中的一些在高岛谦一[1984b:第四节第五小节]已作初步分析,下面会作一步分析)。

正如我们在上面所指出的那样,汉语有许多形容词和动词组成的最小对比对,它们可用"内向"或"外向"来解释。这似乎可以弥补汉语中的一个遗憾,即汉语罕见与前缀 * s-的出现相联系的使动、非使动组成的最小对比对。汉语的韵尾 * -s 和汉藏语中的使动前缀 * s-甚至可以说处于互补的分布状态。这是否反映了它们有相同或相似的来源呢?内向和外向的特点与分析惠(假定它有后缀为 * -s)是否相关的问题也将在下面从构词法的角度作探

[①] 蒲立本(Pulleyblank1972:12页;1973:117—118页)提到一个可能属 * s-或 * -s 的例子,即 * slək("喂")或 * sləks("食物")对 * lək 食("吃")。

讨,这种讨论将在第四节第十一小节第三个问题就使动对外向的区别适用于卜辞语言所作分析的过程中充分展开。

四、甲骨文中的隹和惠

(一)内向/外向与自主/非自主的界定

"内向"的语义特点,就语法而论,由不及物动词表现;"非强势"名词也许也表现这一特点。另一方面,"外向"特点则由及物动词和"强势"①名词来表现。但是,对于如受/授、买/卖、借ₒ/借ₒ和学/斅等词义相反的动词,内向动词和外向动词显然都是及物动词。这意味着不及物/及物这个区别不能解释词义相反的动词组中的各动词之间的重要不同,而内向/外向的区别则可以做到。试以"受"和"授"为例,前者表示"接受",受益者是主语;而后者表示"给予",施惠者为主语。因此,在谈论最早期的古代汉语中的动词时,我们也许最好只使用内向/外向这个区别。不过,既然不及物/及物的区分已广泛使用,特别是当涉及动词的伴随词和动词对宾语的自动要求的时候,所以,我们将继续使用这个区别,尤其是在作语法分析的时候。

谓语形容词或状态动词也在语法上表现了内向的特征。如果它们外向化就会变为及物动词。"隹"和"惠"属于一类特殊动词,既非不及物动词,也非及物动词,而且它们具有使名词摆脱正常 VO 语序而前置的独特功能。②"隹"和"惠"与一般状态动词的不同还在于它们要求两个名词之间有联系,至少在深层结构上是这样;一般状态动词却只要求一个名词。因此,它们的句法行为与一般状态动词很不相同,它们同样清楚也不是形容词。我认为,把它们视为系动词最保险。

外向与内向还有一个重要区别,前者表现出讲话者的主动且外向的意愿,人们不会对此作错误判断。就讲话者而言,这个主动意愿与自主情态相对应,它的欠缺则与非自主情态相照应。

---

① 译者按:高岛谦一教授(1999 年 8 月 3 日的电子邮件)认为,所谓"强势"名词是指有能力影响其他事物的名词。如风,它能造成损害,带来疾病,或以某种方式影响你。日是另一个例子,它能带来如干旱等灾祸,也能带来丰收等等。

② 把这个功能本身看作外向也属可能,但这样的话,外向就仅适用于一种明确功能。我希望用更准确的方式来使用外向这个术语。我将在下文更全面地讨论它的使用方式。

(二)否定词"不"和"弗"

第二章第四节已经对否定词作了比较全面的说明。在这里,我们仅重申一些相关论点,并对它们与系动词的关系加以探讨。为方便起见,再把两组对贞卜辞(1)—(2)和(3)—(4)引用如下:

(1) ↓贞父乙不祟。《龟》1·8·16

　　验证:父乙碰巧不怀有敌意。

(2) ↑贞父辛祟。《续编》1·34·1

　　验证:父辛碰巧怀有敌意。

(3) ↓贞黄尹祟王。《丙编》104(9)

　　验证:黄尹将(主动地)对国王怀有敌意。

(4) ↑贞黄尹弗祟王。同(10)

　　验证:黄尹将不(主动地)对国王怀有敌意。

"祟"字被否定词不否定时,如例(1),是状态/事态动词,表示"怀有敌意"或"持敌对态度"。与例(1)对应的肯定命辞不见于《龟》1·8·16,但依据例(2)可把它复原为父乙祟。在这些卜辞中,动词没有带任何受事宾语,因为它是"内向动词"。同一动词由否定词"弗"否定时,如例(4),它必然带一个施事主语和一个受事宾语。此例的语序是SVO,弗字用在S和V之间。此例有和它对应的肯定命辞,语序也是SVO,如例(3)。这个动词是"外向动词",且因而是一个及物动词,即"(主动地)对(某人)怀有敌意"。所有这些例子的主语都是先祖神,商人相信他们有持敌视态度的能力;在某些情况下,他们对作为受事宾语出现的生者的敌视态度极明显地表现出来。

我在高岛谦一(1973)中已经详细论述,$*p$-型否定词(不和弗)使用时,主语总不是生者,它的能力超出生者的控制范围。这一规则有些很明显的例外,但对它们通常都可做出解释。有的看起来是由于动词的过去时态所致。动词为过去时态时,就主语的意愿而言,它是中性的。情态一般都理解为讲话者所表达出的希望、怀疑或类似的心理或主观态度,它们不见于"我们没去"或"我们没祭祀"之类的验辞。① 其他例外的出现则或是因为动词内嵌于较高层次的动词(见第二章第四节第三小节第三部分),或是因为讲话者的情

---

① 这一章有过去时态的自主动词彭("举行彭祭")被不否定的一个例子,见例(72)。

态比较隐晦(modality unmarked)。

我已经建议,例(1)—(2)和(3)—(4)中的动词从商人的角度来看是非自主动词;否定词"不"和"弗"是不具有情态色彩的否定词。"不"和"弗"的区别在于,前者和非规定的状态/事态动词搭配,而后者与非规定的、非状态/非事态动词搭配。从这个角度考虑,它们可能被视作具有"体"的否定词。果真如此,那么,我们所发现的不仅和"隹"搭配使用的事实意味着,"隹"字具有下表A栏的所有属性,但不具备B栏的所有属性:

表 7

A	B
内向	外向
非自主	自主
非情态	情态
非规定	规定
状态或事态	非状态或非事态

以上归纳的这些特点要和雷氏的假设一起考虑。雷氏认为,系动词表示"按照神的指令它应该是"的意思。它们构成了我们在下文对系动词"隹"和"惠"进行研究的基础。

(三)句子成分的"左移"与系动词

在下面例(5)和例(6)中,受事宾语放在动词前面,以便达到强调或对比的目的。① 这是许多语言在使用系动词和/或名词化时常见的语法现象。它有

---

① 为完整起见,我应该提到,把名词从正常 SVO 语序中前置的现象也发生在宾语是我或余等人称代词而否定词是不或勿的时候,但在否定词是弗时,名词前置的现象并不出现:

↓己未卜争贞王亥祟我。《丙编》3(1)

己未日占卜,争验证:王亥将处于(主动)敌视我们的状态。

↑贞王亥不我祟。同(2)

验证:王亥将不处在敌视我们的状态。

这样的宾语前置可以称为"cliticization"(也参见例 110),而且可与商代汉语(如例 5 和 6)及英语中的分裂句区分开。"祟"在从语义上明确为内向时,它在语法上即成为一个名词。例如:

↓壬寅卜有祟。《丙编》297(2)

壬寅日占卜:将有敌意(有害的影响)。

↑王占曰有祟。同 620

国王预占卜兆后说,"将会有敌意(有害的影响)"。

时称为"左移",反映了从英语由左向右的书写习惯。动词"祟"的受事宾语伐("被斩首者")的左移见于下面例5和6,它们使用了"隹"和"不隹"。应该把它们与例3和4作对比,在后者中同一动词的受事宾语(即王)出现于动词后面。

(5)父乙隹伐祟。《丙编》197(12)

父乙对(献)人牲怀有敌意。

(6)父乙不隹伐祟。同(13)

父乙不对(献)人牲怀有敌意。

这里无论采用哪个"伐"的已知名词性意思(人牲或俘虏)都是无关要旨的,如果释例5和6的意思是"＊父乙是/不是伐怀有敌意"的系动词句,简直就不通顺。

我从前说,在卜辞中没有简单对等句子(高岛谦一1973:239页)。如果这是正确的,它将是和视"隹"和"惠"为系动词相矛盾的论点。然而,我错了:卜辞语言中确实存在简单对等型句子。下面是明显的例子,"隹"和"惠"字各举一例,至于更多的例子可参看高岛谦一(1984b:第四节中的C4d和B5a)。

(7)王其伐若乙丑允伐右卯罙左卯隹匕牛。《丙编》153(10)

如果国王大概举行伐祭,那将会被同意。在乙丑那天,(他)确实伐祭,在(祭坛?)右(侧)劈开的和(即"合起来")[①]在(它的)左(侧)劈开的是一头母牛。

(8)壬寅贞伐卯惠羊。《粹编》500

在壬寅日验证:在举行伐祭时被劈开的应该是一只羊。

支持释"惠"为系动词的最有力证据是,除从未被否定之外,它的语法行为在每个细节上都与"隹"完全一样。这是很重要的一点,必须分开加以讨论(参看本节第十小节),但总的说来,如果"隹"是系动词,"惠"也是。

"隹"有几个特征,其中之一是它具有强调或对比后面的名词的能力。在肯定/否定词组隹/不隹中,对比是不言自明的,正如我们在上面例5和6中看到的那样。这类例子真的是数以百计,我们在这里只引述一些包含"隹"或没使用"隹"而由简单名词词组组成卜辞,它们既互相关联,又互相对比。

[①] 关于商代三个连接词"又"、"罙"和"于"在意思上有区别的讨论见高岛谦一(1984—85:278—294)。

(9) ↓ 侑于妣甲十艮。《丙编》187(2)

　　献祭十个俘虏给妣甲。

(10) 五艮。同(3)

　　五个俘虏。

(11) 六艮。同(4)

　　六个俘虏。

(12) 隹妣己。同(5)

　　这是(给)妣己的。

(13) ↑ 隹妣甲。同(6)

　　这是(给)妣甲的。

例(12)和(13)的当然是在两位先妣(即妣己和妣甲)之间作对比;"隹"本身只不过是引介她们。这使人们想起了传统中国学者常用来描述"隹"的一个术语"发语",之后还常伴随"无义"的注释。这可大致意译为"没有中心意思的介绍性虚词",这是对系动词的较好描述,用它做什么来描述比用它是什么来描述更好。在例(10)和(11)中,五艮与六艮之前没有"隹"字,但其对比仍然明显。因此,我认为,"隹"在例(12)和(13)中具有强调的效果。看来,商代贞人在例(9)原本提议妣甲为祭祀对象,之后又把她和妣己作对比来进一步确证她是合适的。在例(9),妣甲作为受祭对象性是间接宾语,虚词于说明了这一点。可在例(13),它是语法上的受事补语,因为它前面有系动词"隹"。然而,它要表达的意思仍然清楚:两位先妣之一将接受五个或六个俘虏的祭祀。

我在(高岛谦一1973)识别出了"惠"字的对比功能,其他学者如韩耀隆(1972)、①司礼仪(1974)、吉德炜(1978)、伊藤(1981)和雷焕章(1985)等也意识到了它的这个功能。这实在是它作为系动词的引申。它并不像有些学者断言的那样是个内在具备对比功能的语法词。② 它也不是一个实词,传统学者孙诒让(1904:17页——"抓获")、郭沫若(1933:14B;16B页——"攻击;马

---

　①　韩耀隆不能说完全识别出了这个对比功能,因为他只是说提前(5b和10a页)而没有申述此提前功能的意义。

　②　伊藤(1981)"提起"(2、3、4页)或"提示"(5、6、8、9页)来分析,这两者都不能释为"对比"。伊藤的概念也许更接近于"揭示"或"主题化"。我们使用术语"对比"是因为他所举例子和所作讨论的方式显示之后"选择"(8页)。

嚼子")、叶玉森(1934:46A 页——"拴起来;一种祭祀;明确地;抓住")和池田(1952:11 页——"劈")提出它是实词的看法。我们已经在例(8)看到"惠"用作系动词,同时"隹"在例(7)以同样方式使用。下面所举的一些例子说明了"惠"在一系列的相关卜辞中的用法,这些卜辞几乎可和使用"隹"的例(9)—(13)作直接比较:

(14)↓侑于上甲十伐卯十牢。《丙编》455(2)
　　献祭十个人牲并对剖十只特别饲养的羊给上甲。

(15)小牢。同(3)
　　特别饲养的小羊。

(16)一牛。同(4)
　　一头牛。

(17)↑惠小牢一牛。同(5)
　　应该是特别饲养的小羊(和)一头牛。

这些卜辞与(9)、(12)、(13)之间仅有的不同是,这里的焦点是祭牲的种类与数量,而不是受祭对象。它们可以直接比较,例(14)的"牢"是受事直接宾语,而在例(17),它是受事补语。在这里确实有祭牲,这与例(12)和(13)中的受祭对象不同,但下列卜辞表明,这一区别不重要:

(18)其又小丁惠羊。《粹编》287
　　如果(我们)献祭小丁的话,它应该是羊。

(19)惠子。同
　　它应该是一个孩子(?)。

(20)惠妣庚。同
　　应该是(给他的配偶)妣庚。

(21)惠小乙。同
　　应该是(给)小乙。

(22)惠小丁。同
　　应该是(给)小丁。

例(21)与(22)特别有意思,因为它们和(12)与(13)正好相似。
　　让我们现在作一小结。第三小节根据"隹"和"惠"的左向位移能力、它们的连接功能和它们的强调及对比功能论述了它们是系动词,也强调了"隹"与"惠"的句法相似性。下面,我们将开始把焦点转移到它们的不同上。

(四)外向而自主的"惠"和中性的"隹"

我们把例(8)、(17)及(18)—(22)的"惠"翻译为"应该是",意在说明商朝人在决定他们献祭的适当受祭对象或要用适当的祭牲时是主动参与的。其意愿因素(element of will,即[＋will])在下列一组卜辞中更容易看出,其中的施事主语分别是"王"和"我"("我们",即国王及其臣属)。

(23)↓辛酉卜㱿贞王惠沚戛从。《丙编》16(5)
  辛酉日占卜,㱿验证:国王跟从的人应该是沚戛。

(24)↓辛酉卜㱿贞王勿隹沚戛从。同(6)
  辛酉日占卜,㱿验证:国王跟从的人不应该是沚戛。

(25)↑我惠七麋逐。七麋不𠂤。同323(3)
  是七头麋我们应该追逐的。七麋没有(从牠们的)𠂤(?)。(或:
  七麋没有被陷获。)

(26)↑丁亥卜王我惠卅麋逐。允逐,获十六。一月。同(4)
  丁亥日占卜,国王(验证):是卅头麋我们应该追逐的。(我们)
  确实追逐(牠们)并捕获十六头。第一月。

让我们审查一下使用"惠"、"隹"及否定词"勿"的例(23)与(24)。司礼仪(Serruys 1982:352 页)对它们有如下评论:

> 惠是隹("是")的使动动词,其否定形式自动地转回到格式勿隹,这指示其使动作用不是由动词[隹]来体现的,而是由否定词勿来担负。

说"惠"是"隹"的使动词是个先验性的假设,但是"勿隹"构成"惠"的否定形式总体上正确,尽管存在着重要的例外。我们将在第七小节及第九小节中讨论这些例子。可是,司礼仪观察到使动作用(我们将修正为自主和/或外向特征)可以追溯到否定词"勿",这完全正确。我们可以比较例(23)、(24)与例(6)。例(6)用的否定词是"不",一个非规定、状态/事态 *p 型否定词。在例(5)与(6)中,"隹"和"不隹"构成一组对贞,看不到人的意愿因素;在(23)与(24)中,"惠"与"勿隹"构成一组对贞,其中绝对表现了国王的意愿。巧合的是,在这一意义上,司礼仪解释惠的意思为"考虑 X 为 Y"是可以成立的。然而,其主要词义可能是"亲切、美好、依从、服从"让人感到困扰。此外,其否定形式"勿隹"也有问题。在这里,司礼仪视"隹"为系动词(在我看来是正确的),而不把它视为在《诗经》中可以证明的意思为"想"的动词"惟"。①

我们得出的结论是在卜辞中"隹"本身就自主对非自主及外向对内向等两分术语而言必须是中性的。只有这样,我们才能解释(24)中的"勿隹"是自主的,而例(6)中的"不隹"则非自主的事实;说"勿隹"自主的原因在于"勿"是个 $*m$ 型的非指规定的主动禁止否定词;说"不隹"不是的原因在于"不是"是非规定状态/事态的 $*p$ 型否定词。与"不隹"对应的肯定形式基本上只是"隹"(参照第五小节),但与"勿隹"对应的肯定形式则不能是"隹",因为那会使两个词组间的区别模糊不清。相反,与"勿隹"对应的肯定形式是另一个系动词"惠",其特点因此可以归纳为外向、自主和规定性。

在例(25)与(26)中,要作的对比不在"惠"和"勿隹",而在提出的受事宾语"七鹰"与"卅鹰"之间。应该指出,例(25)及(26)在句法上与使用"隹"的例(5)近似。两者都在"惠"及"隹"前面有施事主语,后面先跟受事宾语,再跟动作过程及物动词。它们的区别在于"惠"是自主和规定性的,例(5)的"隹"则是非自主与非规定性的,这就是为什么例(6)使用"不"的原因。还要指出,例(25)与(26)中的"惠七/卅鹰"与例(12)和(13)的"隹妣己/甲"相似,"惠"是情态系动词,而"隹"是非情态的,但因为两者都是系动词,为了强调、对比和选择的目的,两者都能引入名词词组——分别是"七鹰"和"卅鹰"、"妣己"和"妣甲"。

---

① 如果我们视"勿隹"中的"隹"为"惟"(想),把"惠"视为表示"认为 X 为 Y"的动词而非系动词的话,将导致下面难以解答的问题:

a) 在卜辞中无标记情态否定词不与非自主、状态/事态内向动词搭配使用,为什么用它来否定自主而且被推测是外向动词的惟?

b) 为什么不见"$*$弗惟"? 其中"弗"在卜辞的绝大多数情况下与非自主但却是非状态/非事态的外向动词相搭配。

c) 为什么没有用来否定"惠"的否定词(我们将在第十小节回答这个问题)?

d) 为什么没有"$*$其惠"("$*$其考虑 X 为 Y")的例子? 其中"其"是情态词,意为"也许",起副词作用。

e) 如果不把"惟"和"惠"视作系动词,有没有别的字可标为系动词? 或者人们要把商代汉语看作一种没有系动词的语言?

如果接受"隹"和"惠"是系动词而不是意思为"想"和"认为 X 为 Y"的普通动词,这些问题将会消失。

(五)解释/说明性的"隹"和非解释/说明性的"惠"

系动词"隹"的言外(施为行为)意思(illocutionary meaning)似乎是提供评论或解释。"隹"的这一功能正和其强调或对比名词词组的用法一样广泛。上面例(7)就是个好例子,其中的主语"右卯罙左卯"(在右侧被剖开的和在左侧被剖开的)被解释为"匕牛"(雌性的牛＞母牛)。下面再举几个这类例子:

(27) ↓……[贞]雷隹祸。《丙编》504(1)

……(验证):雷①是(＝意味着、表示)一个不吉利(的预兆)。

(28) ↑……寅卜屰贞雷不隹祸。同(2)

……寅日占卜,屰验证:雷不是(＝不表示)一个不吉利(预兆)。

(29) ↓癸亥卜永贞兹雨隹若。《乙编》2285

癸亥日占卜,永验证:这次雨是(＝表示)(帝)赞同的一个(征兆)。

(30) ↑贞兹雨不隹若。同

验证:这次雨不是(＝不表示)(帝)赞同的一个(征兆)。

我们在此看到的格式是 NP＋隹/不隹＋N。似乎很清楚,"隹/不隹"引入关于由 NP 指明的自然现象的判断或解释。另一方面,不存在"隹/不隹"被"惠/勿隹"取代的平行格式。但是,我们的确发现了格式为 NP＋惠(但不是勿隹)＋V/N 的例子:

---

① 甲骨文⽅被不同地隶定为"叺"、"酘"、"沫"及其他字形,但不能赋予它们读音或意思。依据下面的上下文和古文字上的证据,我认为它代表"雷"字:

(1)如吉德炜(Keightley1978:80页)提到的那样,它在下面卜辞中指一种自然现象:王占曰丁丑其有⽅不吉;其隹甲有⽅吉,其隹辛有⽅亦不吉。《丙编》19(9)

国王释读卜兆后说,"(如果在)丁丑日有雷,将不吉利。(如果在)甲日有雷,将吉利。(但如果在)辛日有雷,也将不吉利"。

(2)它与云的形成及彩虹有关:

……㫃亦有⽅出虹自北[饮]于河。《掇存》35

……在下午也有雷;还在北方出现从河中(饮水的)彩虹。

王占曰有祟。八日庚戌有格云,自东贯母;㫃亦有出虹,自北饮于河。《菁华》4

国王释读卜兆后说,"将会有敌对性的影响"。八天后,(在)庚戌日,有云从东面过来……? ……下午也出现在北方从河中饮水的彩虹。

(3)甲骨文⽅最好解释为一只顶部正被手持鼓桴敲击的鼓的象形字。我隶定它为"雷"字。但是,"雷"的铭文字形作 ⰺ、ⵊ、ⴾ、⨯、䨻 等,显示它与甲骨字形之间没有连续性。

(31)辛丑卜即贞兹旬惠雨。十月。《续存》1·1474

辛丑日占卜,即验证:(在)这旬内,(我们得到的?)应该是雨。第十月。

(32)辛未卜内贞日惠羊。六月。《丙编》116(1)

辛未日占卜,内验证:(在)白天,(我们用来祭祀的)应该是羊。第六月。

要指出的是,在上面例(31)与(32)中,"惠"的使用不涉及判断或解释。这同样适用于例(8),在那条卜辞中名词化的动词"卯"(=刘,"被切开的东西")后面跟有"惠羊"("应该是羊"),"惠"也看不出解释的语调。相反,这句话倒有一种必须履行的提议,这导致最终要做出选择。

我们也发现一种与NP+隹/不隹+N非常相似的格式,其中,描述某状态或动作的小句代替了NP。它后面跟"隹/不隹"小句,进一步解释前面句子的意思或含义。

(33)↓王有梦隹祸。《丙编》201(14)

国王有一个恶梦;它是(=表示)一个不吉利的(预兆)。

(34)↑贞王有梦不隹祸。同(15)

验证:国王有一个恶梦,它不是(=不表示)一个不吉利的(预兆)。

下例卜辞中有个"隹/不隹"小句,作为独立预言:

(35)乙丑卜㱿贞甲子夕乙丑王梦牧石麋,不隹祸隹又。《丙编》96(1)

乙丑日占卜,㱿验证:(大约在)甲子日即将过去而变为乙丑日的时候,国王做个放牧石鹿(?)的恶梦;这不是(=不表示)一个不吉利的(预兆),(而是)一个好(兆头)。

我们称"不隹祸隹又"为"预言"是因为,意欲表达的意思可能指代将来而非过去。如果这是正确的,很自然要视"隹/不隹"小句为表示可能含义的小句。

但是,在"隹"用于过去时态时,它评论或解释过去而不是着眼未来(假设"不隹"也一样)。下面举出一例:

(36)甲申卜㱿贞妇好娩嘉。王占曰其隹丁娩嘉;其隹庚娩弘吉。旬

有一日甲寅娩不嘉,佳女。《丙编》247(1)

　　甲申日占卜,敵验证:妇好(或子)要生小孩,(这)将是好运。国王预占卜兆后说,"如果她在某丁日生小孩,将是好运;如果在庚日,将极其幸运。"在第十一天甲寅,(她)生了一个小孩,这不幸运:她是一个女婴。

另外,"佳/不佳"小句还常常给出与前面句子或短语相关的理由或原因:

(37)↓贞王梦佳大甲。同212(5)

　　验证:国王做个恶梦;这是因为大甲(或:国王的恶梦是由于大甲)。

(38)↑贞王梦不佳大甲。同(6)

　　验证:国王做个恶梦;这不是因为大甲(或:国王的恶梦不是因为大甲)。

比较例(33)—(38)中"佳/不佳"的用法与下面卜辞中"惠"的用法将很有意思:

(39)癸酉卜出贞侑于唐,惠羽乙亥酚。六月。《续存》1·1490

　　癸酉日占卜,出验证:献祭唐;(我们)应该在下个乙亥日举行酚祭。第六月。

(40)贞侑于示壬妻妣庚牢,惠黎牡。《丙编》205(5)

　　验证:对示壬的妻子妣庚献祭一只特别饲养的羊。[相反]它应该是一头黑公牛(?)。

我们再次看到,"惠"小句既不解释前面句子的意思,也不解释与它们相关的理由。

1."不佳"及相应的肯定词语

在大多数对贞卜辞中,与"不佳"对应的肯定词是"佳"。然而,也有几个例外:

(41)↓贞祖丁害王。《丙编》217(6)

　　验证:祖丁将妨碍国王。

(42)贞不佳祖丁害王。同(7)

　　验证:将妨碍国王的人不是祖丁。

(43)祖丁弗害王。同(8)

祖丁将不妨碍国王。

(44)↑隹祖丁害王。同(9)

将妨碍国王的人是祖丁。

根据上下文,例(41)—(43)及(42)—(44)显然构成两组对贞。然而,它们的锲刻位置暗示它们不是对贞。这样的例子并非只此一例,《丙编》71(1)—(2)与(3)—(4)就是另外两例。但是,我们知道在卜骨上面(41)—(43)和(42)—(44)这样的对贞也存(比如《合集》37408)。所以,按照文例,(41)—(43)和(42)—(44)形成对贞。按照锲刻位置,例(41)—(42)及(43)—(44)可以说是两组对贞卜辞。我们认为,例(42)的"不隹"及(44)的"隹"主要是为了强调,以便使前面的名词更明显。同时,在(42)与(44)中可以体验到一种解释性语调,但在(41)与(43)中则体验不到,它们是简单的SVO陈述句。这些例子中的名词的作用是施事主语,因为受事宾语王紧接着出现在动词"害"(包括"妨碍,阻碍"之义)的后面。

另外,在(42)和(44)中,"隹/不隹"的前面没有名词词组或主语,相反,句中出现一个"意义自明"(self-explanatory)的动词词组"害王"。此处的句式是"∅+隹/不隹+N+VP"。我们可以说,VP弥补了一个NP/S的缺失。在该句式"∅+隹/不隹+N+VP"中,"隹/不隹"的解释的范围或解说的意思(scope of explanatory or explicatory force)延展到句尾;但在"恵/勿隹"这个对比性词组出现在同样句式中的时候(即∅+恵/勿隹+N+VP),其情态范围虽也延展到句子结尾,却没有解释或解说的意思:

(45)↓丁卯卜宾贞勿隹王从望乘。《遗珠》185

丁卯日占卜,宾验证:不应该是国王去跟从望乘。

(46)↑贞恵王从望乘。同

验证:应该是国王去跟从望乘。

我们在此看到,整个句子有一种约束或劝告的意味,包括否定命辞例(45)与肯定命辞例(46)。我们将在下一小节探讨为什么会在否定词"勿"及其否定的动词中读出这种约束或规劝的意思。

(六)否定词"勿"与自主转换

我们在本小节的开始重申下面论点:用"勿"否定动词和它们是否"本质上"是状态或主动不及物动词或者主动及物动词("intrinsically" stative or active-intransitive or active-transitive)无关(高岛谦一 1973)。然而,它的使用总是由讲话者或主语的主动意愿[＋will]所驱使,他相信他可以控制动词表示的状态或动作。这样,与"勿"对应的肯定就只是零,即不使用它。下面是使用了自主动词"伐"的两例卜辞,它们可说明这一点:

(47)↓庚申卜王贞余伐丕。《丙编》1(5)

庚申日占卜,国王验证:我应该征伐丕族人。

(48)↑庚[申]卜王贞余勿伐丕。同(6)

庚申日占卜,国王验证:我不该征伐丕族人。

下面三条卜辞表明非自主动词"害"在例(51)的验辞中经历了一个自主转换过程:

(49)↓贞祖乙害王。《丙编》176(1)

验证:祖乙将妨碍国王。

(50)[贞祖乙]弗害王。同(2)

验证:[祖乙]将不妨碍国王。

(51)↑王占曰吉勿余害。同(3)①

国王预占后说,"吉利,(对神灵或附着于龟甲而用作中间人的神灵说)不要妨碍我"。

动词"害"在可控制性(即自主性)的转变是通过使用非规定、主动、禁止否定词"勿"来实现的。还要指出,人称代词"余"被提到了动词前面,这是所谓"cliticization"导致的现象。这应该和含有"佳/不佳"与"惠/勿佳"对比性词组的分裂句区别开来。例(51)的意思暗示,验辞不是普通预示未来事件的占卜,而更像咒语。作为预占者,国王似乎在这里用"勿"作为驱除灾难的神奇咒语的一部分。同类例子还有。②

---

① 例 51,《丙编》176(3)不是紧接例 50 后锲刻,它有自己的界划。安培生建议,在这个例子中,命辞 49 和 50 可能都没有求得令人满意的结果,例 51 代表欲从龟甲得到所想的最后一次尝试。如果是这样,那么,"吉,勿余害"可能理解为"吉利,(先父乙)将肯定不妨碍我",其中禁止性否定词"勿"的使用反映了国王在两次不利占卜后无疑会感受到的不安全感,而整个词组"勿余害"是一个解释性的预占,通过明确说出怎样才"吉利"来使国王安心。

② 《丙编》334(3);45(2)和 46(1);176(2)、(3);202(4)、(5);438(1);477(1)和 505(5)就是许多例子中的几例。

(七)"惠"和相应的对贞

学者们会常常留意到,与勿隹对应的肯定词语是惠。事实确实如此,在勿隹出现的时候,肯定词语通常是"惠",但也有一些例外,它们将在第九小节讨论。但反推这条普遍规则绝对不正确,即"与惠对应的词语不是勿隹"。检查此类例子不仅有助于理解否定词勿与情态系动词"惠"的功能与意思,也有助于理解许多其他词(包括于和其)的功能与意思。我们就用包含后两字的例子来开始讨论。

1. 于和惠

下面的对贞极为重要,因为它能够告诉我们"于"与"惠"在语法("于"是时间/方位词;"惠"是系动词)之外的更微妙的差别:

(52)↓ 贞惠乙酉酹。《丙编》344(2)

验证:(我们)应该是(在)乙酉那天举行酹祭。

(53)↑ 贞于来乙巳酹。同(1)①

验证:在即将到来的乙巳日举行酹祭。

韩耀隆(1972:6下—7下页)在引用此例与几个"惠"、"于"后跟时间名词的例子后得出结论说,"于"与"惠"表示同样意思(故""""义同于"于",当无疑也)。如此草率的比较常使传统学者走入歧途,韩耀隆又在这里重犯同样错误。卜辞所显示的活动日期足够清楚:在例(52)是乙酉,在例(53)是乙巳(晚 20 天)。可是,前者由系动词"惠"引入的,后者则由虚词"于"引入。比较明智的做法似乎是寻找它们可能表示着什么不同意思,而非假定它们表示同样的意思。

我注意到,在"于"被使用时,它引入的时间比"惠"引入的更晚一些,反之亦然。② 试考虑下面的例子:

(54)↓ 祷惠今日酹。《人文》1863

在祈祷的时候,(我们)应该在今天举行酹祭。

(55)↑ 于羽日酹。同

---

① 这版龟腹甲上的最可能的占卜日期是乙亥日,如例(5)中所记载的那样。因此张秉权对(52)和(53)的安排顺序可能有误,(53)应该在(52)之前。果真如此,中间的间隔时间就是 20 天。

② 这是我在 1985 年撰写第四编第一节的原稿(高岛谦一 1986a)时的一个发现。

在将来的日子举行酌祭。

(56)↓癸酉卜㱿贞雀惠今日戠。《丙编》263(7)

癸酉日占卜,㱿验证:雀应该在今天攻击。①

(57)↑癸酉卜㱿贞雀于羽甲戌戠。同(8)

癸酉日占卜,㱿验证:雀应该在下个甲戌日攻击。

在例(54),今日由"惠"引入,而在例(55),来日(羽日)由"于"引入。例(56)与(57)应该对"惠"引入的日期比"于"更早的问题提供决定性证据,因为两例都在同一天占卜。在例(56),由"惠"引入今日是指癸酉,而在例(57),由"于"引入的羽甲戌("随后的甲戌日")指癸酉的次日。②

还应该指出,当所占卜的是地点时,"于"完全不用在对贞中。相反,在一系列选择地方的占卜中使用的是"惠"字(例如《明》B2008)。

这自然不是偶然现象。我们拟建议,卜辞中"于"字很清楚有"将来"的意思。这个看法可用它的同源词往作证据。因此,在翻译例(52)到(57)的时候,应该把"于"译作"将是在"或"在将到来的(<字面意思去)"。在"于"与"羽"("下个")或"来"("将来")搭配时,这极为通顺。此外,于+NP结构也用作时间副词,如在例(53)、(55)和(57)中就是这样。

作为系动词,"惠"的主要功能是判断。这和我们赋予"于"("未来")的意思没有关系。由例(52)、(54)和(56)代表的用来表示确定和对比的小句(cleft sentence=分裂句)从不以这种方式使用虚词"于"。由"惠"确定和强调的日期可以有副词性的意思,如例(52)、(54)与(56)那样,但出现这种情况的原因是由"惠"及其补充成分组成的整个从句作状语,有副词的功能。③

需要澄清的另一点是,"惠"与"于"似乎都具有未来的意味,特别是在"惠"译为"应该是"的时候。然而,我们必须把"惠"的未来意思与"于"的未来意思区分

---

① 我暂时采用张秉权的考释(《丙编》考释第 335 页)。

② 我们还有更明显的例子,例如《通纂》259(丙寅贞惠丁卯酌于尧和丙寅贞于庚午酌于尧)、《人文》2256(庚午贞射𠦪以羌用自报甲惠甲戌)和《粹编》81(庚午贞射𠦪以羌用自报甲于甲申)。这里省却了对这些例子的译文,但很清楚,前组的丁卯要早4天,后组的甲戌比甲申早11天。

③ "惠"也可引入直接宾语,如(25)与(26),"隹"也一样。当然,它们还用来引入其他语法功能成分如主语,甚至间接宾语。关于它与主语搭配使用的例子见例(46),关于它与间接宾语搭配使用的例子见例(21)和例(22)。

开。前者的未来性,如第一和第四小节所论是由情态语义结构"将"的出现和通过"外向化"获得的。因此,"惠"和"于"是从完全不同的来源获得未来性意思的。

这也就难怪我们虽然发现"惠于"的例子,却从不见一例"＊于惠"。部分原因是由于"惠"的情态所致,它管辖于及它后面的字,而于本身没有特定情态。下面列举一个使用"惠于"的例子:

(58)丙午卜惠于甲子酚飘。《甲编》795

丙午占卜:(我们)该在甲子举行酚祭(并)献祭(?)食物。

事实上,这主要是由于"惠"是一个系动词,"于"字词组才可以跟在它后面,因为我们还发现于出现在系动词"隹"后面的例子:

(59)有犬于启五日隹于龚。《丙编》443(3)

在启有犬(戎);①五天后它们将在龚。

但正如我们预期的那样,也没有"＊于隹"的例子。我们在上文指出,"惠"用于一系列选择处所的占卜中。容易设想,在提出这些命辞时,商人可能省略"惠＋于＋方位名词"结构的于。这就是为什么会有《明》B2008(上文引用了它的几段卜辞)之类例子的原因。这样,在使用于例(58)和(59)的时候,它分别用来强调时间与处所。

2. 其和惠

韩耀隆(1972:10下—11上页)假设,如果两个成分出现在相似的语境中,它们必定具有相似的意思。这两个词为他再次沦为那个不妥假设。因为"其"与"惠"确实出现在相似的语境中,韩氏便再次得出它们表示同样意思的结论。另一方面,伊藤(1981:2—8页)花费了相当精力来区分两者,他收集了一些很有用的例子,但我并不认为他的分析或结论完全准确。伊藤决定不使用一、二期甶的例子,相反他的注意力集中在三期与四期的叀。总的说来,

---

① 卜辞只说"有犬在启"。但是,在卜甲反面有另一条卜辞,"癸未卜宾贞周□犬延"(《丙编》442(13))即"癸未日占卜,争验证:周将擒获犬并直接前往作河"。这似乎显示犬是指某个政治实体。考虑到周的地理位置及它与商的敌对性,把这里的犬作为犬戎最自然。另一种可能是,犬指犬侯("犬地(犬方也见于卜辞)的统治者"),而且也可能是指犬戎的统治者。犬戎与商之间的关系似在盟友与敌人之间不断变换,而在这条卜辞占卜时,他们可能对商怀有敌意。特别有趣的是,我们看到他们正被周攻击,但大约7个世纪后,犬戎联合其他部族在公元前771年推翻了西周王朝。

他努力从历时角度来考查,值得称赞,但不幸的是,他所选择的材料没有多少希望:这两个字形实际上是同一个字。池田(1952)已经证明了这一点。而且,比较一期例子(52)、(53)与三、四期例子(54)、(55)也可证实它们是一个字。事实上,从一期到五期,"惠"在句法与语义方面没有明显区别。伊藤由于自身的限制使他得出结论说,"其"字的"从属功能"到五期已经削弱(同前:5页)。然而,周国正(1982:159—170页)清楚地证明,"其"的这种"从属"功能从未在任何时期存在过(也参照高岛谦一1977)。

正确理解"其"与"惠"将对了解商代卜辞语言、祭祀习俗和体制结构提供相当有价值的帮助。让我们先来检查一些使用"其"与"惠"的对贞例子:

(60)↓今日其省噩田。《明》B1942
今天大概省视噩田。

(61)↑惠孟田省。同
［相反］(我们)省视的应该是孟田。

(62)↓癸卯卜刿其牢。同 B2408
癸卯日占卜:我们将切割的大概将(是一头)特别饲养的牛①。

(63)↑惠小牢。同
［相反］应该是(一只)特别饲养的小羊。

在许多对贞例子中,与"其"对应的对贞命辞是"惠"(参见韩耀隆1972;伊藤1981)。我们认为这是相反情态的对比:意志或怀疑对义务或劝告。贞人对例(60)提出的活动日程(省视噩田)显然有相当强的意志。另一方面,例(61)提出了一个对他们更有吸引力的选择且以强制情态占卜。与此相似,例(62)提出的使用一头牛的选择让他们明显怀疑,同时例(63)将用一只特别饲养的小羊来替换它,再次通过使用强制性情态来强调这是他们所偏爱的。司礼仪发现(1974:25—27页)"其"在某些情形中表示一种"不希望"的意思。如果这适用于(60)和(62),它将暗示,它们实际上是商人不希望被同意的提议,但另外某些因素迫使他们把这些提出来以供神灵们斟酌。

(八)"惠"与否定词"勿"

第四、六小节已经讨论了由"惠"引出的强制性或劝告性情态(obligative

---

① 关于补充系动词"是"来理解词组"其牢"的论述,参见(高岛谦一1984a:68—69页)和第二编第四章第六节第三部分第四个问题。

or advisory modality)。与此有关的更多证据见于下面例子。在这些例子中,"惠"与对贞卜辞的禁止否定词"勿"相对应:

(64)↓贞王惠沚戛从伐[巴方]。《丙编》22(11)

验证:国王跟从征伐(巴方)的人应该是沚戛。

(65)↑贞王勿从沚戛伐巴[方]。同(12)

验证:国王不该跟从沚戛征伐巴(方)。

(66)↓惠噩田省不雨。《明》1900

(我们)省视的应该是噩田;天将不下雨。

(67)↑勿省噩田其雨。同

不要省视噩田(因为)天大概会下雨。①

在(64)—(67)中"惠"和"勿"是对比的。这基本上是一种语法上的反比,即肯定与否定。然而,我们认为,"惠"和"勿"具有同样的情态,即确切肯定的强制性情态。

在下面一组对贞卜辞中,"惠"与"勿"对比出现于该组的第二条卜辞,即例(69),这表明,它们有相同情态的看法是正确的:

(68)↓羽乙巳侑祖乙牢又牝。《丙编》317(7)

下个乙巳日,献祭祖乙一只特别饲养的牛和一头母牛。

(69)↑贞勿侑牝惠牡。同(8)

验证:不要献祭一头母牛(但我们献祭的)应该是一头公牛。

可以看出,例(68)在(69)之前提出,因为后者只是占卜与前者一部分相关的细节,即检查可否用一头公牛来替代一头母牛。

如果"勿"和"惠"情态相同,这就能解释"﹡其惠"、"﹡勿其"和"﹡勿惠"缺失的原因。关于前两者,"其"的"合适与否并不确定的可能性"与"惠"及"勿"的"明确而肯定的强制性"在语义上自相矛盾,因此不相兼容。至于最后一例"﹡勿惠",第一个字是强制/禁止性的,后一词字是强制性的肯定系动词,从语法及语义上说都是奇怪组合。我们将在下面第十小节进一步详论这一点。

(九)勿隹及相应的肯定词语

让我们考虑下面的对贞卜辞。"勿隹"的肯定对应词不是"惠"的对贞相

---

① 关于其雨为原因从句的解释,参见周国正(1982:171—187页)。也参照吉德炜(Keightley1978:66页注44),他解释的一个句子的句式与例(67)相似。

当罕见,下面两组对贞即属这类例子:

(70) ↓ 贞于羽辛丑燎。《丙编》97(14)
验证:在下个辛丑日举行燎祭。
(将要作比较的部分下划波浪线,后文同。)

(71) ↑ 羽辛丑勿隹燎㘡。同(15)
(在)下个辛丑日不该是燎祭(我们)举行(因为国王有病? 因为恶神?)。

(72) ↓ 乙卯卜㱿贞来乙亥酚下乙十伐有五、卯十牢。二旬又一日乙亥不酚,雨。五月。同197(3)
乙卯日占卜,㱿验证:在即将到来的乙亥日酚祭下乙十五个人牲,(并)切割十只特别饲养的羊。二十一天(后,在)乙亥那天,(我们)没有举行酚祭,(因为)下了雨。第五月。

(73) ↑ 勿详隹乙亥酚下乙十伐又五卯十牢四……同(4)
(我们)不必①要在乙亥日酚祭下乙十五个人牲,(并)切割十只特别饲养的羊,四……

在例70中,动词燎("燎祭")单独使用而没有被"惠"名词化,"惠"通常应该是与例(71)中"勿隹"对应的肯定词语。商人在此例中名词化自主动词"燎"必定有一些特别的理由。因为,同一腹甲上所刻几例较早卜辞是比较规则的对贞命辞:

(74) ↓ 羽庚子燎。《丙编》97(5)
下个庚子日举行燎祭。

(75) ↑ 羽庚子勿燎。同(6)
下个庚子日不要举行燎祭。

例(74)与(75)的"庚子"是例(70)及(71)中所记"辛丑"的前一天。它们在时间上接近,必定与国王正遭受先祖作祟及恶梦有关系。这是该版腹甲正反两面记载的许多卜辞的特点。②

尽管对字形㘡代表何字尚需作更多工作,我的初步研究及后来的反思已

---

① 关于 ✿(=详)(在这里意为"明确地""必要地")的研究,参见高岛谦一(1973:389—392页)。

② 福乐(Fowler1984)依据卜辞论证同版龟腹甲上的卜辞在内容上互相关联。

趋于得出一个结论,即它是国王的某先祖神所引起的某种不希望的状态。我因此建议例 71 的译文是"(国王)有病"或"恶神"。在国王受这种影响的时候,①对先祖的燎祭必定不灵,而且因之将不被举行。因此可以假设,动词"燎"由系动词"隹"名词化产生强调或对比效果,然后,"隹"再用情态、外向和禁止否定词"勿"来否定。② 与它不同,例 70 中的"燎"没有"隹"伴随,因此仍旧是动词。

在例(73)中,时间词"乙亥"前使用"勿"也造成相似的强调效果,只是我们在这里发现特殊副词 🔲(=详)出现在"勿"与"隹"间,并限定后者。③ 这不仅证实了我所赋予"详"的意思(高岛谦一 1973:389—392 页),而且确证了它的特别功能,即强调与对比。因为"隹"由"勿"跨过"详"来否定,这种现象大体限于这个否定词,④时间词"乙亥"明确处在贞人𠭯的自主及外向的操纵下。出现在例(72)中的"乙亥"没有被施加这种影响。再者,自主及外向否定词"勿"的文法与语义范围延展到动词"酚"。这会导致更常见的对贞,下面举出一例:

(76)↓贞羽乙卯酚我宫伐于寍乙卯允酚。明雾。《丙编》47(1)
验证:下个乙卯日在我们的宫殿举行酚祭(并)在廷院用人牲祭祀。⑤ (在)乙卯日(我们)确实举行酚祭;早晨有雾(即没下雨)。

(77)贞羽乙卯勿酚我宫伐于寍。同(2)

---

① 在该龟腹甲的反面,有下面一组卜辞,它们的内容很说明问题:
↓贞[王有]梦[隹]乎除御邑。《丙编》96(3)
验证:(国王做了)恶梦;这是说(=意味着)(我们应该)呼令除御祭。
↑贞王有梦不隹呼除御邑。同(4)
验证:国王做了恶梦;这不是说(=不意味着)(我们应该)呼令除御祭。
这使邑可能是御祭的原因显得很清楚。
② 有关"隹"和"惠"的名词化功能,参见下文第十一小节第一部分。
③ 我使用"特殊副词"来暗示,"详"强调(但不完全总是)使用于否定句,它们大部分属一期卜辞。贝塚茂树(1960:0002/142 页)说它从不见于肯定句不完全正确——岛邦男(《综类》106 页第 1 栏)至少给出两例(《铁云》86 · 3 和《文录》294)——但他把它描述为强调虚词则是对的。贝塚说,它是"一个强调虚词",同意饶宗颐(1956:28b 页)的观点,但事实上,详也用于肯定句,这将迫使我们也寻求限制这一用法的非语言学的(如社会学的、历史学的或礼节上的)原因。
④ 有关这个重要论点,参见高岛谦一(1973:167—171;379—380 页)。
⑤ 这是司礼仪提出的解释(1990 年 7 月 24 日的通信),我认为它比张秉权释为"宫殿的东北角"(《丙编》考释 81 页)更好。

> 验证:下个乙卯日,不要在我们的官殿 祭(和)在廷院用人牲祭祀。

这样,通过研究与"勿隹"对应的肯定词不是"惠"的对贞例子已可以看到,燎祭的日程在一期尚未完全固定下来,而且,在某些情况下,商人能够对举行燎祭是否明智可作重新考虑。这必定是例(71)与(73)中动词"燎"及有的显著名词化的理由。

(十)为什么"惠"从未被否定?

到现在为止,我们已经看到许多下述例子:在与使用"惠"的命辞的对应的否定命辞中,或者包含自主否定词"勿"(第八小节),或者包含非情态虚词"于"(第七小节第一部分),它引入的时间比"惠"引入的更靠后。我们现在要转向有关此字的一个中心问题:为什么从没有发现否定词用在它的前面的例子?

1. 雷焕章对"隹"和"惠"的意见

雷焕章(1985:292页)认为,"惠"表示"应该是",其意思为"神让它这样"或"由神命令"。如果这是正确的话,它就提供了"惠"从不被否定的一种解释。也就是,可以认为,否定具有如此"神圣"意思的系动词将会亵渎神灵。按照这一理论,"惠"是一个特别,实际上唯一的词。特别是与"隹"可用"不"、"毋"与"勿"否定的事实对比来看。然而,"惠"事实上也可能并非如此特别,而且,它在语法上只不过是这类词中普通的一词,就像和它对应的非情态的"隹"那样。果真如此,我们必须对它为什么从不被否定找到一种解释。

如果我们采纳第一种选择且赞成"惠"具有神圣的意思,那么,马蒂索夫对上帝及汉藏语中 * way/ * ray 系动词的研究当然令人兴奋。可另一方面,这不也使"隹"与"惠"一样"神圣"吗? 毕竟,古代中国存在视鸟为神圣的传统。雷氏(同前:291—292页)对"隹"和"鸟"有下述意见:

> ……隹或鸟……可能是具有语义价值的成分,它提示读者这个先祖[即王亥]是某种鸟的后代。不管怎样,胡厚宣认为卜辞证实了传统神话是正确的。对于商来说,其部落生命之源是某种鸟。

他继续论述说:

> 在晚商,世俗化过程开始了,而且隹主要用作一个系动词。但胡厚宣指出,古老神话还在流传,而且人们不能忘记语言的起源可追溯到前

世,他的看法是对的。对于相信鸟是他们部落的图腾的人们,鸟代表着生命、存在的源泉,而"活着"即融合于鸟的生命。关于系动词,高岛谦一认为,人们不能说它即"存在",因为这会使人们混淆"断言"(assertion)与"存在"(existence)。这可从抽象逻辑前提得到相当好的证明,但就卜辞来说,多数情况涉及具体事情或事件,而系动词表示一种对存在的肯定。隹字作为纯抽象断言的用法是语言后来发展的结果。

如果商认为鸟是他们的图腾,也许某些种类的鸟出现是一种吉祥征兆。在《粹编》13残片上的一条卜辞中,"正隹"的断言可能代表着与此信仰相关的古谚:它是正确的鸟>它是(与鸟在一起)的正确方法>它是正确的。无论如何,隹总是表示"是"。

雷氏认为系动词表示对存在的肯定,这与无可争辩的事实相矛盾,即在商代卜辞语言中,存在的肯定由动词"有/又"来表示,存在的否定由动词"亡"来表示。① 此外,辩论"确指"(identification)或"指称"[我没有说"断言"assertion]与"存在"间的不同可由抽象逻辑前提证实而得不到实际用法证明,就模糊了二者之间的根本语言学差别。到现在为止所举的许多卜辞中,"隹"的用法一点也不涉及"抽象",也没有任何内在的存在肯定的意思。还有一件奇怪的事:如果雷氏认为两个词最初都具有"神圣"意思的话,他却只假定"隹"有世俗化的过程而"惠"却没有。我想以这种方式看待这两个词都是错误的,在下面一节将对此作更为详细的讨论。

有些动词如此"神圣"以致不能加以否定的看法会引发一些比较普遍的问题。首先,在任何语言中这样的例子好像根本不存在。看来和一般语言习俗相抵触。② 它看来也混淆了语法上对据称"神圣"动词的否定与对神意的明显蔑视,二者是互不相关的的问题。如果"惠"确实有"神圣的"意味,那么,

---

① 专门讨论卜辞语言的存在与指称的争论,请读者参看倪德卫(Nivison1977)、高岛谦一(1978)、倪(1978)和高岛谦一(1980)。关于存在动词"有",最近余霭芹(2011)发表了详尽的论文。

② 习语化过程可以使任何语言中的否定呈特殊语法行为。此外,也有某词的情态"强"而从不被否定的例子。例如,在日语中,助动词べし("应该是,可能是")本身不能被否定。助动词まじ在平安时期被用作べし的否定对应形式,但它不是一个构词法上或词源上的变体。另一方面,某些动词表达法如かたじけない("感激你")或さえない("不幸福")则没有对应的肯定形式。さえない确实有肯定形式さえる,但它的意思不是"幸福"而是"聪明的,清醒"。

对商人来说,通过占卜发现什么不是神意与什么是神意同样重要。在商代语境中,不敬应该包括拒绝接受神的反应,而不是提出一个有否定词的命辞。

现在,看来是我们最好提出对《粹编》13 的"正隹"的解释,因为这对于理解雷氏的论断很关键。他认为应该理解为"它是正确的鸟＞它是(与鸟在一起)的正确方法＞它是正确的。"

第一,如果词组"正隹"是"它是正确的"的意思的话,其表达方式显得非常奇怪。郭沫若(1965:5 下页)在面对同一甲骨时,对它表达的意思得出了全然不同的结论。他释正代表征("纠正、进行惩罚性战役"),这是卜辞的常见用法。他认为"隹"是"淮夷"的"淮",即见于另一卜辞(《后编》2·36·6)的一个族或部落。《粹编》13 上的完整卜辞如下:

> (78)王又刿于帝五臣正隹亡雨。
> 如果国王把已经切割的献给帝的五位大臣(使者)的话,这将是正确的,而且将没有雨。

但是例(78)的"正隹"很可能起名词作用。一期卜辞证实,"隹"代表一个部落名(例如《丙编》150[8];也参照同书 155[7][8])。池田(1964:2 卷 145—146 页)已经评述了陈梦家(1956:285 页,参见鸟夷)及其他人的观点,认为我们在此所讨论的显然是一个部族名字,可能就是后来的"淮夷"。因此,例(78)可能理解为"国王将确实①刿祭已被严惩的淮族人给帝的五位大臣(使者),(因为)将没有雨"。

就我们所知[参照例(91)与(92)],释"正隹"表示古代汉语的所征之"淮夷"的意思可能会证明是正确的。然而,正("正确,合适")常见于命辞结尾,所以也可在(78)的"正"字后断句。该卜辞的最后部分将因而读为隹亡雨("它意味着将没有雨")。这是我所采用的解释,但也必须承认,隹亡雨多少有点奇怪。商朝人一般用亡雨来表示"将没有雨",其对应部分是有雨("将有雨",它见于《粹编》13 上的另一地方)。最后,还可提出"正隹"是"隹正"("它意味着……是正确")的误刻,它会是正确解释的可能性小;因为有正("一件事将合适地展开")是更常见的表达那个意思的方式。

---

① 动词有/又可导致动词的名词化并派生"实在"这种言外之意,第二编第一节已对此作说明。

我们因此看到,对《粹编》13的合适理解仍处在众说纷纭的状态,而且因为所有解释都涉及某类不寻常的惯用语,这个争论现在不可能轻易解决。然而,没有哪种解释比视"正隹"表示"正确的鸟"且由此说"它是正确的鸟＞它是(与鸟在一起)的正确方法＞它是正确的"更不合理了。

2. 验证假设

"惠"表示"应该是"(即"认为什么事情符合或服从神/上帝的意愿")的假设最初对我有吸引力。但我未能够发现任何证据来支持所谓神灵以某种方式被牵涉进来的假设;相反,大量证据似与他们的牵涉相抵触。上文已经对其中的一些例子作过讨论。可是,如果我们放弃它,我们会发现自己又面临似已很好回答过的问题:为什么"惠"从不被否定?

我拟冒昧提出,其原因正是因为"惠"(或隹)没有被赋予"神圣的"色彩。要回答此类问题,我们必须从语言本身及我们如何理解它的使用出发,而不是从迷人的望文生义的猜测开始。如已经在第十小节开始时提到的那样,由"惠"引入"神圣"命辞的对贞命辞或包含自主否定词勿;或包含表示不确定的情态词其,该词有时甚至有怀疑和否定的意味;或包含于,它引入对正考虑的活动的替换选择。这意味着,如果赋予"惠"字"神圣"的意思,那将至少确立人与神意之间的含蓄对峙,即商人对持"惠神意"论者所视为不可侵犯的命辞在不断大胆提出替换选择。我认为,假定商代贞卜是人和神竞争的竞技场不太合理。①

让我们回到卜辞来,用卜辞本身来说明问题。

(79)↓戊子卜𣪊贞帝及四月令雨。王占曰丁雨,不,惠辛,旬丁酉允雨。《乙编》3090

戊子日占卜,𣪊验证:帝将(能够)到(即能等到)第四个月命令下雨。国王预占(卜兆)后说,"(在)丁日将下雨;如果不,应该(在)辛日"。十天后,(在)丁酉日,确实下了雨。

(80)↑贞弗其及今四月令雨。同

验证:帝大概将不(能够)到(不能等到)现在的第四个月命令

---

① 关于商代占卜性质的介绍,读者可参看白川静(1948)、吉德炜(Keightley1972、1988)、裘锡圭(1988)、倪德卫(Nivison1989)、高岛谦一(1989,2010d)、陈炜湛(1994,1998)、张玉金(2000)等。

下雨。

对例(79)有两点争议。首先,国王的占辞包含小句"丁雨不惠辛"。许多学者,包括韩耀隆(1972:6B 页)、张秉权(《丙编》考释 75 页)和司礼仪(1974:115 页),都视"不惠"为一个单位,不否定的是"惠"。我相信这是个错误。在不后应该有句法上的停顿,主句应该从"惠"开始。我们可以在"不"后补充动词"雨",也可在"辛"后补充这个动词。这样,"不惠辛"读作不(雨),"惠辛"(雨),意为如果它(在丁日)不下雨,那么它应该在辛日下雨。下面的占辞的结构与见于例(79)的占辞相似:

(81) ↓王占曰戋隹庚,不隹庚,惠丙。《丙编》84(2)
国王预占(卜兆)后说,"(召可能)给(有蛊罗)伤害性打击(的日子)将是庚日;如果不是庚日,它应该是丙日"。

(82) ↑王占曰凤其出惠丁,丁不出,凤其有疾,弗其汎。同 29(2)
国王预占(卜兆)后说,"凤应该在丁日出来;如果(他)不在丁日出来,凤大概正患病(且)可能不(能从病中)康复。

这说明在不后有句法停顿并非例外。

例(79)的第二个问题涉及一个已经多少成为让历史学家头痛的神——商代的至上神帝。李方桂所拟"帝"的古音是 * tigh,蒲立本的是 * tájs,白一平的是 * tˢek-s;"惠"的古音为 * gwidh(李)/ * wə⇑js(蒲)/ Gʷɕij-s(白)。"帝"很清楚是与"惠"不相关的词,尽管二者都是去声,且因此都是派生字。① 贞人所提出验证"帝"命令下雨的可能性,在(79)用肯定形式,在(80)用否定形式。但是,假设商王(在此例是武丁)对神灵诉说出占辞,且使用"惠辛"(据雷氏的观点,表示"它应该是"即由神引起这样)来引介另一个神和另一个活动日程,将显得稀奇古怪。更稀奇古怪的是验辞。如果我们接受雷氏的"神圣的"意思的话,验辞记载神之"令雨"在国王建议的"丁酉"而不是在"惠"后的"辛日"降下。所谓"神灵使成为这样"完全没有发生,商人把此事实记载下来。

---

① 这个去声派生的基本动词很可能是"缔":帝 * dig(h) < * dik(s)缔("绑、结在一起")。高岛谦一(1984b)讨论了施事性的名词派生,它在古代汉语中可表示为 V+者(做动作 V 的人)。帝的甲骨字形是🈚,它由三条线组成,它们可能代表一棵树或一张桌的三条腿,它们由符号⊣绑在一起,它可能是绑或系在一起的标志。那么,"帝"可能视为"缔"("绑在一起")的名词派生,词源上的意思是"把(宇宙)绑在一起的神"。

至此,"惠"表示"服从或依从神灵/帝"的假设已证明极不可能。正如学者们所熟知的那样,负责雨、风、阳光和其他自然现象的神通常是"帝"(就雨而论,偶然可以是河之类的自然神)。它不是祖先神或集体神。如果"惠"和"帝"可以证明是同根词,我们将不得不重新考虑我们对雷氏假设的评价。然而,现在似乎不可能证明它们是同根词。

古代汉语的最早形式包含原始神话成分的看法可能不会引起多少争议,特别是就相关论述或文献而言。可是,神话解释需要限制在语言学证据可以验证的限度内,因为那毕竟是我们资料源。如迄今所分析的那样,难以看出"惠"包含什么传统或神话。包含"惠"的例(79)、(81)和(82)清楚显示,是国王在发号施令,预言未来。我们因此将得出结论,"惠"从不被否定的原因是由于它的情态限制。它具有外向、自主的特点,这些特点如此显著以致仅允许它以肯定形式使用。如在前注指出的那样,这一现象在讨论具有强烈情态的词的时候就已经指出。

(十一)一些余留问题

下面我们讨论三个问题,其中两个已在前文提到。第三个问题是"隹"和"惠"的名词化功能第一部分)、

(格式 $N_1 + 隹/惠 + \begin{Bmatrix} N_2 + VP_1 \\ VP_2 \end{Bmatrix}$ 的语法功能(第二部分)、

最后是使动与外动的区别(第三部分)。

1."隹"与"惠"的名词化功能

由"隹"、"不隹"、"毋隹"和"惠"获得的名词化表达结构不作句子的主题、主语或宾语。相反,它们总是作谓语。因此,通常与名词或名词词组相联系的指称功能在系动词的名词结构中不具备主要性。"隹"和"不隹"词组表达诸如解释、意义、理由或原因之类的言外(施为行为)之意。另一方面,"毋隹"和"惠"表达强制性、劝告或推理性的意思——换言之,在第五小节与该小节第一部分得到的结果可直接应用于这些例子。下面举的例句将说明这一点:

(83)↓……丑卜贞不雨;帝隹莫我。《龟》1·25·13

……丑日占卜,验证:天不下雨;这是(=表示)帝正使我们遭受旱灾。或者:天不下雨表示……

(84)↑辛卯卜皷贞帝其莫我。《续存》2·156

辛卯日占卜,㱿验证:帝大概要使我们遭受旱灾。

例(83)中"隹"的用法和我们在第五小节所作分析相合,即名词化的从句"莫我"判定商将不会有雨一事的重要性。由于"隹"的缺失,在例(84)就看不出这样的意思。

我们可用下面所举更多关于"惠"与"毋隹"的例子支持这种分析:

(85)↓丁巳卜㱿贞王学众人于羍方,受有佑。《丙编》22(5)
　　丁巳日占卜,㱿验证:国王将训练众人在羍方,(因为这样做)他将得到许多佑助。

(86)丁巳卜㱿贞王勿学众[人于]羍方,弗其受有佑。同(6)
　　丁巳日占卜,㱿验证:国王不该训练众在羍方,(因为这样做他)大概将得不到许多佑助。

(87)王惠出徝。同(7)
　　国王做的应该是出兵去整顿(敌人)。

(88)↑王勿隹出徝。同(8)
　　国王做的不该是出兵去整顿(敌人)。

在例(85)与(86),贞人提出了国王是否应该训练众人在羍方的选择(参见于省吾1940—1943;《续编》4A—7A 或 13—19 页)。但在例(87)和(88),贞人强调重点已经转变为国王的实际出动和征伐。系动词的突出(强调)效果还维持着,但是,与例(83)的"隹"相比较,"惠"和"勿隹"没有提供重要性、原因或判断。相反,表达出来的信息是国王将应该做什么。

2. $N_1 +$ **隹/惠** $+ \begin{Bmatrix} N_2 + VP_1 \\ VP_2 \end{Bmatrix}$

上面标题所用的表达方式稍微过于详细,即 VP_1 和 VP_2 之间实际上没有区别。但为便于指称,我采用两个标记作权宜之计。

在前面第七小节第一部分(1 于和惠),我讨论了上面格式中 N_2 的语法功能,在第十一小节第一部分(1 隹与惠的名词化功能)探讨了 VP_2 的名词化及其语义上的重要性。我指出,N_2 可以作时间或处所状语、直接宾语或间接宾语。在本小节,我将集中在 N_1 与 N_2 的语法解释上。

N_1 最常用的用法是作 VP_1 或 VP_2 中及物动词的施事主语。此类例子包括例(83)、(87)和(88)。N_1 和 N_2 都出现时,N_1 几乎总是施事主语,N_2 总是受事宾语。但是在 N_1 缺失时,N_2 可以是施事主语、受事宾语、间接宾语或状语(时间状语或处所状语),它所在的上下文通常可以决定它作这些功能中的哪一项。这些规则的第一条对释读有很大作用,我将在后文通过对一条有争议卜辞的分析来说明这一点。但首先让我们看一些清楚的例子:

(89) ↓甲申卜争贞兹雨隹我祸。《乙编》4742
  甲申日占卜,争验证:是(=意味着)这场雨正在使我们遭受灾祸的。

(90) ↑贞兹雨不隹我祸。同
  验证:不是(=不意味着)这场雨正在使我们遭受灾祸的。

(91) ↓贞王惠夷征。《丙编》27(4)
  验证:国王要整顿的应该是夷族人。

(92) ↑王勿隹夷[征]。同(5)
  国王要整顿的不应该是夷族人。(例91与92是朱书,不是刻辞)。

这里的结构是 N_1+隹/惠(和与它们对应的否定词)+N_2+V。毫无疑问,N_1 是施事主语,N_2 是受事宾语。事实上,我们已经在例(5)—(6)、(23)—(26)和(64)—(65)中看到这个类型的例子。

我在前文指出,施事主语这种解释可广泛运用,但不是没有例外。我们可偶然发现 N_1 是受事间接宾语的情况。如:

(93) ↓贞上甲惠王报用,五伐十小牢用。《丙编》182(3)
  验证:(对)上甲,(我们)用的应该是国王的报。① 五个人牲(和)十只特别饲养的小羊被(替代)使用。

(94) ↑上甲惠牢用。同(5)

---

① 关于"报"还需作进一步研究,通行的解释是它指代报乙、报丙和报丁等"报先祖",但这不能解释卜辞中出现的所有"报"。"报"看似指代一种活在世上的人,其地位比挚("被锁的人")、伐("战俘"或及"俘虏、奴隶")高一些。在《丙编》97(22),报被命令在大夒的神灵出现时举行御祭。有时候,它由补充成分有修饰,如同书116(6)。但在大多数卜辞中,报是一组用作祭牲(例如,同书117(3),122(3)—(4),165(20)—(21),317(13),330(1),517(3)—(4),547(6)等等)。报似乎可能不仅仅附属于国王,如例93那样;它也可能附属于萑[这是个地名和人名,如《丙编》120(1)—(2)]。

(对)上甲,(我们)用的应该是特别饲养的羊。

但像(93)与(94)这样的例子很罕见,而且,在理解格式为 N_1+佳/惠+N_2+VP 的卜辞时,释 N_1 为施事主语的规则相当有用。我们可归纳出一般性的结论,例(93)与(94)的 N_1 用作句法上的话题,①它可在语义上解释为受事者而非施事者。

现在,让我们来考查上文提到的争议卜辞,看看上面的规则会赋予它什么意思:

(95)↓乙丑[卜㱿]贞我惠侯为。《南北·明》145
乙丑日[占卜,㱿]验证:我们扮演的角色应该是主人(?)。

(96)↑乙丑卜㱿贞我勿为侯。同
乙丑日占卜,㱿验证:我们不该扮演主人角色。

吉德炜(1983:37 页)说"为侯"(和乍侯)等卜辞让人感到迷惑。对它们的正确理解必将加深我们对他所讨论的宾礼的理解。我们可能假设,这些卜辞也许与在吉德炜与赤塚(1977:583 页)描述的宾礼中扮演主人角色有关系。下面两组对贞卜辞出现在 18 条毫无例外都和征伐巴方的军事战争有关的系列卜辞中,它们显示,这种宾礼不同于为使先祖神灵受益而举行的宾礼。真正作为宾客而受接待的人可能与筑城有关:

(97)↓癸酉卜争贞惠侯为。《丙编》275(11)
……(我们)扮演的角色应该是主人(?)。

(98)↑贞勿佳侯为。同(12)
……(我们)扮演的角色不该是主人。

(99)↓癸酉[卜]争贞我作邑。同(15)
……我们应该筑城。

(100)↑癸酉卜争贞我[勿作邑]。同(16)
……我们(不就该筑城)。

按照本编对系动词的分析,例(97)为了对比的目的而选出宾("主人")以与例

---

① 关于主题与主语的准确语法区别的讨论,参见李和汤普森(Li and Thompson 1981:15,85—94 页)。

(99)和(100)的邑相对照。还要指出,在例(95)与(96)中我("我们")的用法也一样可用来理解例(97)与(98)。

3.使动与外动:"惠"与"从"

在如《诗》和《书》等传世文献中,最早的使动标志似乎是俾("使,命令")和伻、荓("使,让,派")这两个词。令人奇怪的是,这些早期使动标志都不见于卜辞。①

然而,使动雏形可能从如令、作、乎和卜辞语言的其他某些字的用法中看到。在本节,我审视涉及动词"从"及它与"令"、"作"和"乎"搭配使用的有争议的例子。对"从"的正确理解很重要,这不仅由于其本身原因,而且由于它可能表示着关于商代军事组织(特别是总司令国王与其高级军事将领之间)的关系。

许多学者,包括张秉权(《丙编》考释:33 页)、岛邦男(1958:388－389 页)、司礼仪(Serruys1974:36 页)、吉德炜(Keightley1978:78 页)和雷焕章(Lefeuvre1985:65 页)都认为动词"从"的意思是"跟从"。但日本学者,包括贝塚(1960:0331/212 页)、松丸(1970:57 页)、白川静(1972:164 等页)和赤塚(1977:583 页)都认为它的意思是"使某人跟从",即使动形式,并假定读去声。从°的名词和"施事"性的意思"跟从的人"(即从者)未在卜辞中得到证实。如果能由从读去声看到使动意义的话,这个障碍就可绕过去。②

上面提到的日本学者似乎认为总司令应该领导军事将领而不是相反。由此引出一个问题:在两种意见中,哪一种对呢?③ 更明确地说,因为"从"

---

① 乌尔里奇·恩格尔(Unger1982)主要以铜器铭文作证据论述说,金文 ᄀ 可假定从甲骨文 ᄇ 演变来,它通常隶定为"乎"且应该理解为使动标志"伻"(或俾)。我摒弃这个解释,主要是根据字形音韵学方面的证据。这些使动词的声母或是＊b-或是＊ph-,韵母或为阴声或为阳声,其韵腹元音则根据所用复原体系而或高或低。但"乎"的拟古音＊gag 由字形 ᄒ (虖)中附加的声符虎＊hagx 得到很好证明。这立刻使它的拟古音与＊b-/＊ph-系列的字明显不兼容。

② 我怀疑"使某人跟从"的意思和"统领"完全相同。何福斯(1984:18 页)把"统领"与"跟从"并为一组。但"统领某人"与"使某人跟从"则相当不同,因为在后者,动词的使动意义支配受事名词;在前者,"统领"没有使动意义。另一方面,"使某人跟从"确实暗示 X 正统领"某人"。我认为"使动"是一个动词的变位或变格。

③ "从"现在被认为是"比"(这样做的部分依据是字形上的区别,但我看不出卜辞中有这么一种清楚维持的区别),解释为"join with"("加入,和……一起",合并)。有些学者采纳了这个看法(也许是沿袭理雅格 Legge1872a:209 页),但在我看来,它缺乏价值(请看第二编第四节)。

("跟从")按照我们在第四节第一小节的分析可以视为外向动词,外向动词与使动词有什么实际不同？让我们首先看看下面的卜辞：

(101)↓辛卯卜宾贞沚戛启巴,王惠之从。《丙编》276(6)

辛卯日占卜,宾验证：(在)沚戛开始攻击巴方(时),国王跟从的应该是他。

(102)↑辛卯卜宾贞沚戛启巴,王勿佳之从。同(5)

辛卯日占卜,宾验证：(在)沚戛开始攻击巴方(时),国王跟从的不应该是他。

上面的英语译文采纳了前一部分的规则而且很通顺。如果我们坚持对动词从的使动理解,那么,不可避免的解释将是：军事将领沚戛在发动初步攻击后又后退,目的是使自己跟从国王。这无疑是奇怪的事。对(101)与(102)的正确译文可由下面卜辞得到说明,它们使用"正常"的 SV 语序：

(103)贞沚戛启巴,王从。《丙编》275(5)

验证：(在)沚戛开始攻击巴(时),国王将跟从(他)。

(104)贞王勿卒从。同(6)

验证：国王将快跟从(他)。

在同一卜甲上,出现在(103)与(104)前面的是下引一系列相关卜辞：

(105)↓丙辰卜争贞惠㔾令从诸舌。同 275(1)

丙辰日占卜,争验证：(我们)命令跟从众位舌的人应该是㔾。

(106)↑贞勿佳㔾令从诸舌。同(2)

验证：(我们)命令跟从众位舌的人不该是㔾。

(107)↓令舌从诸舌。同(3)

命令舌跟从众位舌。

(108)↑勿令舌从诸舌。同(4)

不要命令舌跟从诸舌。

例(105)—(106)和(107)—(108)两组卜辞说明,商希望让"㔾"或"舌"跟从众位舌。我认为,"令"的内在使动范围是"㔾"和"舌"。在使动结构中,强制效果的范围延展到受事人类名词,但外向动词根本不表达强制性。因此可以说,使动意义是外向的,可外向本身不是使动。要理解第四小节中作为外向动词"惠"的特点,有必要记住两点区别:"惠"有自主和规定、强制或劝告的意思,没有使动或强迫的意思。如果"惠"当真有使动意思,那就没必要在(105)的从前面使用动词令。基于相似原因,我们不赋予否定勿任何使动效果,相反,却承认它的自主和/或外向特点。

上文提到,(105)和(106)中的令从是由第三小节讨论的"惠"与"隹"的前置能力造成的。没有"惠"和"隹",该表达结构将是令▽从和勿令▽从。但是,如果去声从的古音韵尾可拟为 *-s 的话,为什么还需要诸如令之类的使动动词? 我要在此提出,在卜辞语言那个阶段,令的使动功能还不明显,甚至大概还没形成。相反,是第一小节界定的外向意思在起作用。

利于上述看法的证据可能见于下面的卜辞。它们不仅使用了动词"令",也使用了动词"作"("使")和"乎"("呼叫"),这些动词像以前那样,可以突现似已不再起作用的韵尾 *-s 的功能:

(109) ↓ 己未卜亘贞今䇂王作从[望]乘伐下危,下上若授我[佑]。
《库方》1554

己未日占卜,亘验证:今年(或长 60 天的一轮甲子?),国王应该让[望]乘跟从(他)征伐下危,(因为这样做的话),下面的和上面的(祖)将同意(此事)并且给我们佑助。

(110) ↑ 贞今䇂王勿作从望乘伐下危,下上弗若不我其授佑。
同 1592

验证:今年(一轮甲子?),国王不该让望乘跟从(他)征伐下危,(因为这样做的话),下面的和上面的(祖)将不赞同(此事)而且大概不会给我们佑助。

(111) ↓ 壬寅卜余共有往田于丕乎从蔡弘。《丙编》511(2)

壬寅日占卜,(当)我征集(?)所有那些已经到丕的田野的人(的时候,我)应该让蔡(和)弘跟从(我)。

(112) ↑ 勿乎从蔡于丕。同(3)

不要让蔡跟从(我)到丕。

这些使动标志在这里看来肯定不可缺少。如果真需要它们,那么就很难看到"惠"的韵尾 *-s 和卜辞语言中任何其他去声字在这方面所具有独立使动功能。这样,对第三节第三小节提出的一个问题——即我们是否能认为汉藏语的使动前缀＊s-(马蒂索夫[1985:60页]把它描述为"藏缅语中证据最充分的语素之一")与汉语的韵尾＊-s 同源——的最后分析,我们不能获得肯定答案。与这个问题相关的可资验证却无可争议的证据还没有,因为就汉语而言,卜辞语言是可以用来作验证的最古老语言。但卜辞语言又可能太晚以致不适宜。

最后说明一下包含"从"的卜辞所揭示的国王与军事将领之间的关系:因为这个动词既表示"跟从",如例(101)－(104),又凭借动词"令"、"作"和"乎"来表示"使跟从",如例(105)－(112),身为总司令的国王并非必然跟从服属他的将领们。他有时跟从他们,有时让他们跟从。

五、字形问题

判断字形 🐦 和 🐓 或 🐦 描述的是什么以及它们如何用来表示所代表的词是古文字学家的工作。第一个问题通常较简单,但第二个问题似乎无法挽救地陷入了对许多借音字作无根据猜测的泥潭。古字形所描述的与所代表的之间除读音相似之外,并没有其他必然联系。隹和惠的情况,如我们将看到的那样,也不例外。

（一）隹 🐦、鸡 🐓 和鸟 🐦

古文字学者一般都接受《说文》分别对"隹"和"鸟"所下的定义:"鸟之短尾总名也象形凡隹之属皆从隹"、"长尾禽总名也象形鸟之足似匕从匕凡鸟之属皆从鸟"。许慎显然尽力用分析的方法来思索这些字形,但我们不能肯定他的范畴性定义是否反映了"隹"与"鸟"的原来区别。《说文》定义鸡/＊kig 为"公鸡",是"知时畜也从隹奚声"。许慎的"隹"代表短尾巴鸟的观点得到了古字形证据的支持。下面举出三个例子:

A: 🐓《拾掇》2·59
B: 🐓《粹编》976
C: 🐓《佚存》740

A 是一期字形,它明显是一幅细微甚至有点复杂的公鸡的图画;B 是四期。在 B 中,声符"奚"已经添加在简化的代表公鸡的图形上。A 用作人名,B 用作田猎地名。二期的 C,其图形中仍保留着喙和鸡冠。如果依据甲骨残片上

包含 C 的可通读卜辞来判断,它用作祭品:

(113)……侑鸡……用。五月。《佚存》740

……祭祀一只公鸡……被使用了。五月。

至于对隹和鸟的古文字学解释,罗振玉(1914:31 下－32 上页)是第一个提出下述意见的甲骨学者:"隹"和"鸟"尽管作为两个不同的字出现,它们原本是同一个字的简形和繁形。在他之前的学者,如丁佛言(《古籀补》)和饶炯(《部首订》)就已表述了同样见解,但他们没有机会接近甲骨字形方面的证据。罗氏的解释已得到了如高鸿缙(1960:87 页)、藤堂(1965:680 页)、李孝定(《集释》卷 4,1249 页)、加藤(1970:12 页)、白川静(1970:卷 4,423 或 714－715 页)、韩耀隆(1972:11 上－11 下页)和许多其他学者的支持,看来已是最盛行的观点。

在中国和日本学者中,最"新奇"的解释是康殷(1979:178 页)提出的。他承认"隹"和"鸟"在字形上基本相同,但补充说(可能是基于杨树达[1954:2 页]的暗示)字形鸟强调的是头和喙而不是尾。他因此主张,"鸟"用来表示鸟可以叫(鸣)的能力,并因之作为部首见于鹤、鹅、鸡、凤、鸾和莺等字。可是,也有许多反证,"隹"也见于代表会叫的鸟的字,如雀、雏、雠等。再者,如何解释由"隹"和"鸟"组成的"鹤"? 可见会不会叫似乎不是区分两个字的标准之一。

英国学者阿瑟・库柏(Cooper1978:14 等页)提出了另一新颖观点。他建议"隹"代表母鸡而"鸟"代表公鸡。库柏的"鸟"代表公鸡的观点可能正确,而他对"隹"的字形解释比已提出的其他解释都好。

首先,下面的甲骨字形"隹"的例子中没有能够释为鸡冠的部分:

D: 🐦 《铁云》92・3

E: 🐦 《甲编》1496

F: 🐦 《续存》1・1464

D 是典型的一期字形,E 和 F 都属四期。看似重要的一点是,到第四期,内含的义符 ᒳ(＝匕"女性")变得相当明显。我们从其他字形知道,牛、羊、犬、豕等字加上匕后是指代它们中的雌性。可以假设,这同样适用于"鸡"。但是也可能这个 ᒳ 是描画鸟足(爪)(见下面的"鸟鸣"的例子)。

如果"隹"是母鸡的象形,"鸡"是公鸡的象形,那"鸟"代表什么? 下面卜

辞显示,它代表鸟:

(114)……之日夕有鸣鸟。《海外》1·1

……在那天晚上有鸟鸣叫。

(115)……遂,庚申亦有雷有鸣鸟……《缀合》36

(在)庚申也有雷;有鸟鸣叫……

鸣鸟在(114)写作🐦,在(115)中作🐦。① 上面使用"鸟"的上下文似指代总体的鸟鸣而不仅是公鸡或母鸡。因此,判断"鸟"为鸟的统称是合理的。就古文字形学而言,(114)与(115)中"鸟"的部首匕似乎是描画鸟足(爪),而非暗示它的性别。如果这是正确的话,形符🦅有两个功能。

库柏(1978:16—17页)最彻底的断言是,"所有语言的所有词归根结底都是通过比喻派生出来的:本来就没有其他造字法"。因此,他寻找九个包括"隹"字形的汉字所暗示出的比喻,九个汉字之一是系动词"隹"。根据他的观点,"隹"是母鸡的本字,库柏对母鸡的字形如何用来代表系动词"隹"作如下解释:

> ……要孵鸡的母鸡找到了一个僻静的地方,它坐在那里把自己与外界隔绝,一直坐在鸡蛋上:这是"孤独"和"正在"的比喻,原本与"母鸡"……"孤独"或"仅仅"和"(固定)在"或"在……上"一同表示出来。二者与"孵鸡的母鸡"的联系是清楚明白的。

这纯粹是超现实的幻想,它与雷焕章相匹配。雷氏所提语义演变是"它是正确的鸟>它是(和鸟)在一起的正确方法"以至"它是正确的"(雷1985:292页)。"隹"在后来的字典中的意思"单独,仅仅"和"处在,在……上"不涉及什么比喻。前者只不过是"隹"作为一个系动词标志或明确一个名词的主要功能的语义引申。已经指出,我们必须牢记一个词的内在意思与引申意思之间的清楚区别——一个字的引申义不必用比喻来解释。如果库柏查阅过蒲立本(Pulleyblank1959:180页)的话,他肯定明白这是不必要的。他引自杜百胜(Dobson1974:771页)的"隹"的"处在,在……上"的意思只不过是对它作用时间或处所名词前的系动词的英语惯用译法——在这种语境中,"在某某日"或

---

① 例(114)的字形鸣明显有鸡冠。在(114)和(115)的字形"鸟"中的横线通常解释为一刀横切鸟喉。

"在某个地方"的译法是不言自明而且自动的。实际上,如已经在例(58)和(59)中看到的那样,在商人想强调日期或处所的时候,处所性虚词"于"用在"隹"字后面。

所以我们必须抛弃雷氏及库柏关于字形"隹"如何用来表示非情态系动词的看法。语法功能词,即所谓的虚词,纯粹通过语音来表达,且与字形代表的对象之间通常没有任何语义上的联系。因此,在无疑存在其他近音字的情况下,几乎不可能猜测要选择"母鸡"的字形来代表"隹"的意思。这也许较没趣味,当然也较简单,但似乎只好接受已经确立的那种解释,即表示"母鸡"的字形作为借音字来代表非情态系动词,并假定表示"母鸡"的"隹"的拟古音 * trjəd 与表示"是"的"隹"的拟古音 * rəd 足够近似。

(二)惠 ᵜ、ᵜ

前一小节的结论为接下来的讨论定下了相当低的基调,即约定俗成地使用所讨论的字形来代表系动词"惠"到底涉及什么样的过程,这几乎是不可能知道的问题。但多亏了古文字学者的许多研究,我相信可以确定那些字形代表什么:它们像线围绕着的纺锤或纺锭。果真如此,这是另一例借音,而且它代表的对象与情态系动词"惠"之间不必存在语义上的联系。

如果ᵜ字①像纺锤形,在底部我们看得到添加一个小圆圈、三角形或者一个像容器样的符号。这是什么?我把这个附加的成分释为代表一个分量以便维持丝线的紧绷状态。有时,俩仨松散的悬挂物也会附加于纺锤,如下列甲骨文所示:ᵜ(《粹编》1125)、ᵜ(《粹编》1426)和ᵜ(《前编》2·18·4),可把它们的上部释为"茧"。在卜辞中,这些字形,通常隶定为繐 *sui*/ * sgwjidh("流苏"),用作地名。但全字形构成分显示与纺织有关的东西的象形。顶端部分,特别是构成角的两条线可能代表线头或吊线(英文叫 thrum),如王献唐(1969)指出的那样。字形宙中的横线已经风格化,所以那条单线可能代表许多连续的线。有些更精细而写实的字形清楚地代表了多条连续线,如ᵜ(《粹编》467)、ᵜ(《后编》1·25·7)和ᵜ(《乙编》1470)。

上面所提出的字形解释有特殊优点,即它同以《说文》的定义为代表的传统解释相当接近。《说文》的定义如下:"专小谨也,从幺省中财见也。中亦

---

① 池田对此字的字形演变作过很好的总结,参见池田(1951:7—8页)。

声,凡叀之属皆从叀。♯古文叀,♯亦古文叀。"①除认"屮"为声符外,②许慎的字形分析与上引的古文字形证据相符。特别值得指出的是他引用的两个古文字形。第一个清楚是一倒置的"幺"(♯"丝线"),第二个古文♯可能是一个跪着的人正从事纺线。③ 许慎对顶部的"屮"的解释也和我们采用的王献唐的线头解释相符。然而,许慎可能认为"屮"不是线而是植物。④

在《说文》定义的基本意思之外,没有现代学者能成功地另辟新解。有的学者确曾试图改进许慎的定义,其中最知名的有三位:高本汉(《汉文典》:533a—d/144页)、康殷(1979:274页)和雷焕章(1985:292页)。我将在下文对他们的观点加以评论。

高本汉说♯是"一幅昆虫画",因此,他明显释它为"蟪"("一种蝉或蟋蟀")的初文。这立刻让我们联想到,马蒂索夫(1985:63页)把"虫"(bug)包括在汉藏语的系动词的词族中"令人毛骨悚然的小东西,有时也遗憾地被承认是上帝创造的一部分"。把"虫"加在"惠"字旁边是"蟪"可能与系动词"惠"有词源关系的证据,但难以看到它如甲骨文"惠"那样有任何神圣或昆虫的意思。然而,必须承认,上面所举证据在现阶段还零碎而不完整,可能不会提供许多支持词源分析的证据。有一点是清楚的,为区分开表示"虫子"的"蟪"和表示"亲切,好"的"惠","虫"的添加是必须的。高本汉的字形分析受了录伯戜簋(《三代》9·27b)的铭文字形的影响,但即使那个例子看起来也不太像虫子。

如果不是根据甲骨文而判定♯、♯、♯代表有线围绕的纺锤或纺锭,其

---

① 词组"小谨"见于《淮南子·氾论》,原文为"……故小谨者无成巧"(因此,那些在意不重要事情的人将不会成功)。它也见于《管子·形势》,原文为"……小谨者不大立"(那些在意不重要事情的人将不会成就大事)。

② 按照《广韵》,"屮"是丑列切,在中古汉语的读音可拟为 * tr'iat,上古音可拟为 * thriat(李方桂)。这看来与"叀"(=惠) * gwidh 无关。但"屮"没有其他传统读音,因此,我们被困在这个谜团中。《集韵》的注音注是"彻",这没有多少帮助,因为"屮"和"彻"被给予相同反切。但是,注音可能暗示许慎把字形中的意思理解为通彻。他除了在这里不确定"屮"是指代线还是草之外,这与较早定义的"屮财见也"相符。

③ "殷"字的左边偏旁在《说文》(3下/66页)被释成"叀"的古文(……皀古文叀字)。这个偏旁因此可能是♯的一个异体。果真如此,释"皀"为一个跪着纺线的人似乎不是正确的。叀(♯)有三个古文字形,这暗示,古文以前的字形的具体意义已变得模糊不清。

④ 《说文》对中作如下解说:"草木初生也。象丨出形有枝茎也。古文或以为艸字读若彻凡,屮之属皆从屮,尹彤说。"许慎最后所说暗示他并不真正清楚字形♯的上部中是什么。

下悬挂重物或可能悬挂三个蚕茧的话,我们会发现康殷(1979:274 页)逗人的解释比高本汉更可信。他认为那个字形(他指一个与高本汉所引铭文相近的字形)代表"肥根上有芽的形状"。它们可能是 ✤ 的繁形,有两只手正用纺织工具工作。但无论如何,并没有和它相像的甲骨文。在底部有一只或两只手的相似甲骨文,如 ✤ (《丙编》1[18])或 ✤ (《铁云》268·4),应该释作专("人名/地名,主要地,转换")。①

字形 ✤ 和 ✤ 是雷氏(1985:292 页)解释系动词"惠"时所用关键证据。雷氏的观点与白川静(1970:4.117/789 页;1982:2147/414 页)相似,他把相关字形视为"一些绑在一起的献祭物品的象形"。白川静说"字形的顶部像一个口袋结;它既不是中也不是卉"。雷氏释该口袋状的东西为"献祭给神灵的东西"。诚然,偏旁一只手,特别是它的变体两只手,常常显示奉献或呈现的意思。可是,从释"叀"的字形为"绑起来的献给神的东西"而派生出它的神圣意思"神灵让如此",就像把系动词"隹"与所谓"商鸟图腾信仰"或与在蛋上孵鸡

---

① 组字成分手可能是一个准声符,表示宙的读音不是 *gwidh(李方桂),而读为专或转。所拟前者的上古音为 *tjuan,所拟后者的上古音则为 *trjuanx/ *trjuanh。不幸的是,这个看法有问题,因为寸的元音不是 *-a- 而是 *-ə-。寸的拟古音是 *tshənh/ *tshuənh。因此,在发现更多此类例子之前,假定它是准声符的有效性一直是不确定的。*但 ✤ 和 ✤ 很明显是和惠不同的字,它们在卜辞中的用法显示它们表示专("多半,专门地")和转("转移,移动")。例如:
今乙专雨。《京津》2243
在现今乙日,天多半将下雨。
己亥……贞今(日)专雨。《续存》2.125
己亥日……验证:今天多半将下雨。
戊子卜宾贞越其转伐。《粹编》1121
戊子日占卜,宾验证:越可能转运俘虏。
贞乎省转牛。《缀合》220
验证:呼令省视被转运的牛。
关于它的专有名词用法,参见下列卜辞:
癸亥卜王贞余从侯专(✤)。八月。《前编》5.9.2
癸亥日占卜,国王验证:我跟从侯专。八月。
……九示自大乙至丁祖其从侯专(✤)。《粹编》149
……从大乙开始到祖丁的九位先祖牌位;(某某)应该/可能跟从侯专。
上面的例子表明 ✤ 和 ✤ 是异体字。
"云"既属文部(-ən)也属元部(*-an)。这个事实可能有助于理解此处的"准声符"。尽管 *-ə- 与 *-a- 的区别通常都很关键,但在它们似乎不会混淆的情况下,这个区别可以忽略。准声符的添加只不过是一种帮助记忆的手段,因此,它可能不要求确切的语音上的对应。

的母鸡联系起来一样非常危险。所能解释的古字形学上的证据似乎表示，"叀"是用线围绕起来的纺锤或纺锭的象形。如果这是正确的，在解释情态系动词"叀"的意思或意味时，它就没有神圣或神灵的成分。它只不过是一种纺织工具（其名字的谐声派生字为"穗"$sui/*sgwjidh$，即"流苏"），其语音碰巧像宙、叀 $*gwidh$（"应该是"），遂被借用来书写后者。

六、结论

恰切理解"隹"和"叀"很重要，因为这两个词向我们展示了商代语言的一些方面，并且因此揭示了商代的现实、观念、思想和信仰。尽管它还神秘隐晦，但如果能正确识别出对商而言具有意义的结构成分的话，我们还是可以把卜辞语言讲通顺的。卜辞体现了人类的一种语言，它有严格的音韵、构词法、句法、语义和字形体系，所有这些必定在商朝人的头脑中留下了烙印，并且是他们表达自己意识的媒介。

在上面的各大小节中，我试着汇集并探讨对一个商代懂语法而讲汉语的人——如果他可以被带到现今生活环境的话——重要的结构成分。它们涉及"隹"和"叀"的拟古音，但为理解它们，我有义务把注意力转向一些相关问题。这些副题对于我们设想的商语法家来说可能会显得离奇，而且它们对现代语言学的学生大概也不会好多少。但我要说，这一章讨论的每一个问题都是我对"隹"和"叀"的总理解的不可分割的部分。如果它们当中的任何一个问题被给以灾难性的批评，我的整个的建构将会塌陷。这固然是它本身不可避免的弱点，但也是可以证明真伪的观点所具有的无可争议的优点。

关于本尼迪克（马蒂索夫 1985:58 页）提出的汉藏语的系动词问题，到现在为止的发现能告诉我们什么呢？有一件事我将不得不指出，如果仅仅重建系动词的话，人类意愿的因素，特别是外向和自主等特征将变得毫无意义。我们不能断言外（施为行为）向和自主是比内向和非自主更为进化的特征，因为它们构成了不可改变的二元分析的参数，没有对立因素的存在，它本身将变得没有价值。我认为，在最早的词源阶段，"隹"和"叀"就作为汉藏语的系动词存在着。

某些学者希望把"神圣"的意思塞进对"叀"字理解中去。我对这个问题也作了讨论。检查卜辞资料表明，那样做若非绝不可能，也绝非轻而易举。

甲骨文中的几个礼仪动词

本文考查了甲骨文中一组四价动词的句法。这一特定类别的动词目前发现共有六个,它们都具有[＋要求]和[＋礼仪]的语义特征。这六个动词都可以选择工具宾语作为其第四价论元(其他三个论元是主语、直接宾语和间接宾语),而这个工具宾语一般是由祭牲类名词充当的。这种工具宾语不同于普通的直接宾语(OD)和间接宾语(OI),本文称之为"Oins"(Oinstrument之省略,即工具宾语)。在甲骨文中,这种工具宾语不是由特定语法标志来标示,而是由其所在句子的核心动词所支配的句法位置来显示的。这种句法位置受特定的语义约束,即带[＋要求]和[＋礼仪]的语义动词。本文把甲骨文中的这种独特的句法特征归因于一个明确的文化因素,即在祭祀中暗含的互惠观念:祭祀者会得到他们在生活中渴望的东西,无论他们所求的是物质的还是精神的。这种"祭祀——受益"的现象代表着中国文明(尤其是商代文化)的重要特点之一。它在礼仪动词的句法中明显可见,而这种句法是由语义驱动而形成的。

一、导言

为了揭示中国文化的显著特征,我们可以应用一些语言学和语文训诂学的方法。其中词汇研究可能是最容易达到的。① 例如:"帝"(上帝、至上神)的观念在周代的时候演化成了"天"(Heaven);"值"(本意是直或者是使平直)在周代的时候被用来表示"德"(道德)的概念;②"鬼"(幽灵、妖怪即"ghost",案:这可能不是一个最精确的英语翻译)③后来形象性地增加了"魂"(灵魂)的含义。④ 吉德炜(2000:66,脚注25)准确地将"方"翻译为方国,而在周代的时候"方"有了一个政治历史性的发展,它演变成了"邦"(国家);"且"(男性祖先)原本可能是对阴茎的逼真描绘,尽管写有"示"(祭坛)旁的"祖"字最早出现于春秋时期的金文里,但是这个词的含义依然代表了"男性祖先,始祖"。⑤ "是什么使中国文明有中国特色?"⑥还有很多其他有价值的词汇调查项目在追寻这个答案。

---

① 本文的原始版本,标题为"甲骨文里'中国特色'的证据",发表于1999年2月26—28日在华盛顿大学举行的"什么使中国文明有中国特色?"的研讨会上。感谢鲍则岳(William Boltz)、韩哲夫(Zev Handel)、吉德炜(David Keightley)、刘学顺、江雨德(Rod Campbell)等教授,以及一个匿名的评论者,对早期版本的评论和批判。

② 吉德炜(Keightley2000:680,脚注35)对接受将甲骨文字恤读成"德"很谨慎,尽管他也认为本词与值[>直]"直的;使成直线"这一意思有关。李孝定(1965:2.567—569)、于省吾(1996:3.2256)和其他人将恤读成"循",并进一步将其等价为巡"巡回走,巡逻";然而,根据古书,将恤隶定为"循"是难以证明其合理性的。即"循"右边的部件"盾"彡在金文中写成凿子状,彡放在"目"字之上,在其上部带有一条短的伸出的线条(参见容庚1985:242)。部件彡按象形原意可再分析为小篆字形的"氏",与毕形体相近;然而,"盾"中的现代部件彡已经失去了它原始的象形意义。

③ "鬼"这个字的严格含义在甲骨文中并不清楚。将"鬼"和其可能的同源词"畏",解释为具有"皇上戴着野兽面具召唤先祖灵魂产生的畏惧"的含义,参考江伊莉(Childs-Johnson1995)。尽管可能解释(但严格来说根据什么证据?)这些字中的部件"田"为"人性化的野兽面具"(前引书:86,90,91),但是将这些词的含义全部基于象形愿意进行解释是不合理的。象形毕竟只是一个词或其中一部分的代表而已,尤其在假借中,象形与一个给定词的结合是完全任意的,并且完全基于语音值。像江伊莉做过的将象形解释延伸为在商文化和信仰中的萨满教的实践,对我来说就像在学术上遁入幻想。

④ 据我所知,这个象形字在《说文》卷九上的小篆字形之外的任何古文材料中都没有得到证实。

⑤ 高明(1980:175)给出了第二期甲骨文中一个具有"祭坛"意义的"阳物"部件的例子,即,《铁云》48.4。但是重新检查原始摹拓后,我们清楚地发现高明错了。这个象形词看起来像是写有"阳物"的部件以及在天干中的第八个,即辛。这是代表祖辛的合文。这里揭示的错误证明了使用好的拓本对研究古文字的重要性。《铁云》的原始版本是清晰的,而艺文印书馆的重印本就不清晰了。

⑥ 对此目的尤其有用的是黄金贵的著作(1995;例如,对于"方"和"邦",见3—7页)。

考查这些文化敏感词语,对于发现商代文献中"中国特色(中国意念)"的某些重要性质具有毫无疑问的价值。尽管如此,本文却要讨论几个礼仪动词,例如"祷"(祈祷),"祝"(祈求神助),"宁"(举行安抚性的仪式)以及其他的一些文化敏感词汇。但是这些与上一段中的文化敏感词汇有所不同,这是因为礼仪动词也可以在句法方面加以探讨。本文将把重点放在一个特殊的句法结构方面,礼仪动词将得到显著的剖析。在某种程度上"中国特色(中国意念)"在上古汉语中得以突显。特别需要指出的是,这个句法结构中涉及的动词不仅容许三个也容许四个名词在句子当中构成一个完整的表达形式。这些名词分别被称为"参与者""论点""配价"或者"价"。本文明确地采用"动词中心假说",该理论声称核心动词的性质塑造了一个句子结构,认为核心动词的选用决定了句子当中其余部分的面貌。

与此相对的是乔姆斯基(Chomsky1965)和菲尔莫尔(Fillmore1968)早先的看法,他们曾假定名词决定了动词的存在和性质。我同意切夫(Chafe1970:96—98)的观点,甚至在学术研究的早期,他就论证过动词的中心作用。关于动词中心假说,切夫有着如下的阐述:

在"这些人笑了"中我们找到了一个语义单位(semantic unit)"过去"。这个语义单位的存在是否意味着人的笑声发生在过去?我认为这个问题并不重要,任何类似于"过去"这个语义单位是围绕着动词的,都同时对动词和整个句子进行语义附加。就像太阳影响着太阳系一样。(p.97)

其后,乔姆斯基(Chomsky1981:34以下,170以下)也接受并持有这一观点。动词中心说的关键作用就在于阐明与众不同的文化特质,这也是研究的一个主要目标,本文将在第二节进行考查。本文的论题就是甲骨文中的一个重要的文化特质:"中国特色(中国意念)",即在祭祀中的根深蒂固的信念。人们认为如果进行恰当的祭祀,那么祭祀者会得到回报,会得到生活中渴望的物质或精神的东西。① 我们将看到,这种文化特质充分体现在甲骨文中,它清楚地反映了商人对祖先和自然神的信仰。此外这种文化特质也为"祖先崇拜"的发展提供了强大的推动力。

---

① 因为"给予——报答"或"祭祀"在其他文化中也很常见,这种礼仪在中国文化中如何发展就可以比祭祀活动本身更好体现"中国特色"特征。但本文没有从历史的角度来考虑,而是聚焦于商代后期的语言方面,从现有的大量卜辞来分析。

二、甲骨文中"中国特色(中国意念)"的句法与文化面貌

尽管包含主(S)、谓(V)、宾(O)的句子有六种可能的语序,但世界上大多数语言都使用 SVO、SOV 或者 VSO 作为唯一的优势语序,VOS、OSV 或者 OVS 极少被用作优势语序(格林伯格 Greenberg1966:76)。因此不能说 SVO 或 SOV 的基本语法顺序包含了特殊的文化价值或特征,更不能说包含了汉语里的"中国意念(中国性)"。日韩语、藏语是以 SOV 语序为优势语序的,而采用普通的 SOV 语序的语言很倾向于使用后置词,同样地我们也不可以断言这种倾向里揭示了什么文化。如果一种语言的任何语法方面都能够使与之相关的文化元素单一化,无疑这个方面必定是独特的,不与其他语言共享的。但是我们很难发现这种语言,因为我们缺乏对过去和现在的世界上语言的充分的调查。即使某些语言的特有的方面被怀疑是独特的,也很难去核实。此外,近期的研究似乎都集中于不同语言存在的共同潜在特性。因此,在提出一些甲骨文动词似乎比其他语言中的动词需要更多配价时,我们将从几个方面观察这个独特的文化。然而,相关文献的调查不能找出甲骨文以外的任一种语言有这样的语法特征——单个动词需要四个名词或四个价态而不使用任何明显的标记(市河三喜和服部四郎:1959;菲尔莫尔 Fillmore:1968;约翰·莱昂斯 Lyons:1968;布莱克 Blake:1994;帕默 Palmer:1994;泰勒 Taylor:1995)。我们发现主语、直接宾语和间接宾语这三个名词由单一及物动词指定的现象相当普遍。① 除了这三个名词,甲骨文中还有另外一个宾语(NP),它是一个语义上的"工具",一个在动作发生后表意名词承担它的职责。有趣的是,这个工具性的名词并不是由语法标志来显示的,而

---

① 可以简单地从配价的角度来描述这类动词:单价动词、二价动词和三价动词;即,一个给定的动词可以根据它所涉及的论元的数量来分类。我也应该指出在特定的文化背景下,口语中一个单一动词可能限定(而不是要求)四个参数。在赛马中,某人显然可以说"我跟你赌 $100 我的马这局会赢"(英属哥伦比亚大学计算机语言学博士生 Randy Sharp 给出的江雨德[Rod Campbell]的例子)。因此,动词"打赌"允许四个参数——主语、间接宾语(OI),直接宾语(OD_1)和直接宾语(OD_2)。当然有可能为允许四价动词在商代中文环境中得到发展,作为回报的给予——报答文化期望提供一个文化条件。

是由占据语法位置,并与一些语法约束(这在一组特定的动词中可以被发现)相结合来显示的。至于所谓的"独特性"而言,这个有争议的句法结构尚未在古代汉语中发现,可以预料也不会在现代汉语中发现。① 因此,语言学家和文化历史学家对这样一种考查都表现出了相当大的兴趣,即用一种演绎商代社会内隐的独特文化元素的观点来考查语法结构。另一方面,如果在脚注8引用的英语例句中动词"赌"可以支配现代社会赛马文化的四个价,那么相较语言独特性而言我们就可以对文化特征有更多的了解。原因是,在语法理论方面并没有规则禁止使用四个或更多的价与单个动词相关。我们在本文当中发现的四价,恰恰表明了一个复杂的文化活动需要四个价。因此,看起来我们要在一个语言文化的层面上来研究这个语法一文化层面(syntax-culture interface)的问题。

首先让我们考查一个使用了四个参与者或四价动词的典型例子。第一个例子我选择了动词"祷"。②

(一)动词"祷"(祈祷)

(1)癸丑卜㱿贞祷年于大甲十宰祖乙十宰。《后编》1.27.6;《丙编》117(24)前四字残③

Divining on the *guichou* day, Nan tested: (We) pray for a (good) harvest to Da Jia (with) ten specially reared sheep (and to) Zu Yi (with) ten specially reared sheep.

癸丑日占卜,㱿验证:我们给大甲献祭十只特别饲养的羊、给祖

---

① 从动词配价的观点来看,Zhao Yilu*(1996)有部很有意思的作品,在这部作品里,他确认了现代汉语中的单价动词、二价动词和三价动词。此处引用每种动词的一个例子以及一些与之形成对比的例子。单价动词,Zhao Yilu 给出的是"变化"(见172页),二价动词,是"住"(但非"死";见167,168页),三价动词,是"卖"(但非"买";见160,162页)。

*"Zhao Yilu"的汉字不详。

② 冀小军(1991)提出字形⚹代表"祷"(祈祷)字。通常人们把字形⚹理解成秦(快,快速)(见《说文》卷十下)。《说文》云"秦,从舂卉声",由舂和卉组成音义结合体。冀小军(1991:38—40)对这种分析提出异议,他指出,舂应读如"滔",这个观点得到了《说文》本身,即舂字前面的秦的验证。更进一步解释这个音义结合体,他指出最好⚹把解释成"祷"。我采用了他的解释。

③ 甲骨拓片和图版的标题缩写来自于吉德炜(1978:229—231)。但我已把威氏注音拼音转化为拼音。

乙献祭十只特别饲养的羊,来乞求丰收。

尽管在动词"祷"之前没有主语出现,但是其隐藏主语一定是人,在一般卜辞的语境中有可能指的是历代商王,在本条卜辞指的是武丁及其随从。这个主语的解释来自于这样的一个观点——贞人被包括在"我们"当中,这可以算作一个参与者或动词的配价。名词"年"(好收成)是一个直接宾语,被虚词/语法标志"于"介绍给间接宾语"大甲"。到目前为止"祷年"的表达已经涉及了,语法标志"于"是必须的,这在岛邦男(《综类》194.2—195.1)所引用的一百多片甲骨中十分明显。至少我们可以说这是在深层结构里所必须的。但是请注意在例(1)中第二个间接宾语"祖乙",他并没有被"于"介绍给间接宾语"大甲"。这就是我所说的深层结构之缘故。这里的直接宾语和间接宾语构成了两个价或者参与者;因此,总共三个价/参与者已经被发现,它们都是名词。但是问题到这里并没有结束,因为名词短语"十宰"(十只特别饲养的羊)紧跟在"大甲"后面。自从周国正(1982:199—205)首次将这种名词短语称为"工具"以来,专家们已经做出积极回应,他们欣赏这个定义的价值。他们认识到了这类"四价"或"四个参与者"动词的存在。虽然周国正对甲骨文语法的这个研究方面做出了贡献,但是他却基于语义性质给了直接宾语不同的定义。例如"祭祀宾语(OV)"、"目的宾语(OG)"或"原因宾语"。沈培(1992:120)的观点与之相同,尽管在一些细节的解释上略有差异。因为普通直接宾语的语法位置出现在动词后是不会改变的,所以我们实在不能通过语义的描述得到什么有益的结论。对这项研究而言,直接宾语的使用是充分的。

例(1)的重要之处在于,在深层结构里动词"祷"对主语(尽管经常被省略)、直接宾语、间接宾语和工具宾语这四个价有着天生的支配能力。如上文所述,主语、直接宾语、间接宾语(特别是它被一个语法标志所介绍的时候)这三个价并没有什么特别的。但是这个工具宾语的规范是,它不仅被"祷"的语法所激发、同样地也被一些深层次的文化因素所激发。在其后的高岛谦一和余霭芹(2000)的研究中,我们可以看到动词"祷"被描述为具有[+要求]的特征。现在我将更进一步,并且主张,商人为了能向"神灵"那里提出请求,他们必须献祭,①在甲骨文中神灵通常是祖先神或自然神。在例(1)当中商人祈祷的好收成应该被理解为是对大甲、祖乙献祭的回报,他们分别被献祭了十只特别饲养的羊。表面上看,祭品似乎太多,②然而这毫无疑问地反映出人们对于丰收的盼望也是同样热切。

出现在四价动词"祷"后面的其他几个直接宾语是"雨","生"(后裔、出生),"禾"(黍物丰收)以及"田"(成功的狩猎)。接下来,在研究其他类似"祷"的[+要求]动词之前,我将要对这些直接宾语各举一个例子。

(2) 壬申贞其祷雨[于示]壬羊。《南明》422

Renshen day tested: (We) will pray [to Shi] Ren for rain (with the sacrificial victims being an unspecified number of) sheep.

壬申日验证:我们将要用羊(祭品数目无记录)来向示壬求雨。③

(3) 辛巳贞祷生于妣庚妣丙牡牝白豕。《粹编》396

---

① 这不是一个新观点了。吉德炜(1978a:214—215)曾经论证"*do ut des*"(我给你,是因为你将会给我)"相信商王举行的礼仪程序将会赢得帝的恩惠。……在帝之后是王室的诸祖先,他们向帝说情,作为回报他们也会获得祭品……提供者是活着的地位较低的王。"吉德炜强调为祖先神举行祭祀的官僚顺序是通过他们的功绩决定的,而他们的功绩是取决于对"天职"的执行情况的。也就是说,正确的牛[或其他祭品]的数量、正确的祖先、在正确的日期。我后面的讨论将使这个观点更清楚,但后面也有一个吉德炜的观点我不赞成。吉德炜说:"祭祀……经常举行,不与特殊的请求有关,而是有严格的祭祀日程。"我的感觉是,尽管可能真的带有特定的礼仪和祭祀,它似乎并不适用于我在本文中将探讨的一系列礼仪动词。从解释来看,他们似乎都有某种特殊的请求。

② 在某种程度上商代的经济是非农业,具体地说应该是畜牧业。这个很有意思的问题,却一直未能引起学界注意。在解释例(1)所给出的证据的基础上,我将进一步探讨商代的实质属性不是简单的农业国家。在这方面,加茂仪一(1973:829—831)指出维持一定数量的国内游牧民族生存所依赖的畜牧业的重要性。根据他的观点,这些人通常保持他们家畜消耗的检测——平衡系统,而这可能是包涵在商朝经济中的一种情况。此处提到的为每两个祖先神而"专门饲养的十只羊"(即共二十只),如果不被浪费的话,或许可以成为上百个人的食物。

③ 我在括号里增加了"祭品数目无记录"是源于以下几个原因:(a)如果这里没有数词或量词短语,甲骨文的语法就没有单复数的区别,汉语从古至今都是如此,但是英语会有单复数的区别;(b)因为羊在例(2)当中是一个指定的祭品,它的数量不是问题;(c)通常假设往往断言例(2)、(3)、(8)中祭品的默认数量是"1",这是毫无根据的,因为例(5)、(6)、(26)中使用的祭品数量"1"已经被清楚地表达出来了,而且例(11)(27)和(29)的语序也由"数词+名词"变为"名词+数词"。这一点相当重要。有关这种语序的差异的详细阐述,参看高岛谦一(1985;伊藤道治、高岛谦一 1996:289—302)。

第四编 甲骨文研究：系动词与其他文字和文化 319

Xinsi day tested: Pray to Bi Geng (and) Bi Bing for progeny (with the sacrificial victims being an unspecified number of) oxen, rams, (and) white pigs.

辛巳日验证：向妣庚、妣丙祈求后代，（祭品数目无记录）公牛、公羊和白猪。①

(4) 己卯贞祷禾于示壬三牢。《甲编》392

Jimao day tested: (We) pray to Shi Ren for a (good) millet harvest (with) three specially reared oxen.

己卯日验证：我们将用三头特别饲养的牛来向示壬祈求黍物丰收。

(5) 癸酉卜祷田父甲一牛。《南明》606

Guiyou day divined: (We) pray (to) Fu Jia for a (successful) hunt (with) one ox.

癸酉日占卜：我们用一头牛来向父甲祈求狩猎成功。②

在上述例子当中，祭品（通常情况下是祭牲）的语法位置被间接宾语从直接宾语中分离出来。这意味着，不能将祭品视为动词"祷"的额外的直接宾语。在任何情况下"＊为一个祭品祷告"都是没有意义的。而对"祖先名＋祭品"的句法分析依然还是缺乏支持，这种观点认为"祖先名＋祭品"作为构成名词短

---

① 原先，我把"生"翻译为"孩子出生"（childbirth），后来在吉德炜（1999年3月14日来函）的建议下改成了更为合适的"后代、后裔"（progeny）。这是因为商人期待后裔，并非仅仅期待出生。相应的，"多生"也应该被理解为"很多后裔"。

② 此处并没有使用介词"于"。尽管我们还不完全了解这个介词的性质和作用，然而"可选择性"（无论是事实上的还是偶然的）是其特点之一：这里有数以百计的使用了"于"的句子看起来似乎很随意。沈培（1992：79页以下）花费了很大的功夫去收集整理这些例子。下面我将举一个显示了"可选择性"的例子：

祷于上甲十牛。《龟甲》2.24.7＝《合集》1172；沈培前引书：98
Pray to Shang Jia (for X-understood with) ten oxen.
向上甲祈祷（目的无记录，使用）十头牛。
祷大甲卅牛。《遗珠》401＝《合集》1436；沈培前引书：98
Pray (to) Da Jia (for X-understood with) thirty oxen.
（向）大甲祈祷（目的无记录，使用）三十头牛。
上述第二个例子为解释例(5)包含了一个隐含的"向"（"to"）提供了基础。我们还不能证实"于"的使用可能与刻写者相关或者是方言特点，这是一个待研究的课题。

语的要素是可信的,它意味着"＊祖先某某的祭品"或"＊留给祖先某某享用的祭品"。前一种释义有些奇怪,但据我所知后一种释义还没有得到证实。因此,将这些例子中的祭品视为工具性的名词,看起来是唯一的选择。

(二)动词"祝"(祈求神佑、恳求)

动词"祝"和"祷"有着密切的关系。他们有着共同的声母＊t-,属于同一个韵部(幽部),并且有一个入声韵尾＊əkw(上古音拟构从李方桂1971),但是"祷"是一个上声字而没有韵尾(coda)。尽管二者在形态论上的关系还不清楚,但是他们很有可能是同源词(参见藤堂明保1965:193)。我们认为,有必要去考查这个词的用法,关注工具宾语以及直接宾语(参见脚注18)、间接宾语和主语的使用规范。我同意沈培(1992:10)将"祝"归为与"甲类祭祀动词"有区别的"乙类祭祀动词",这个十分重要的观点是由周国正(1982)首次提出的。尽管沈培没有为这些术语提供定义,但是他分类的基础一定存在于直接宾语的语义特征之中。那就是当直接宾语作为一个动词活动的语义的原因,该动词就被归为"甲类祭祀动词";当直接宾语是动词的祭品,该动词就属于"乙类祭祀动词"。尽管这个标准有值得称道之处,但我依然要采用更多的在语法学上切实可行的方式来区分"甲类祭祀动词"和"乙类祭祀动词"。这会在讨论过程中得以阐释,我们将在动词的语义特征中寻找区分这两类动词的标准:"甲类祭祀动词"有[＋要求]和[＋礼仪]的语义特征,而"乙类祭祀动词"没有。下面给出几个甲类祭祀动词"祝"的例子:

(6) 辛巳卜其告水入于上甲祝大乙一牛王受又。《粹编》148;《合集》33347

Xinsi day divined: (We) will make ritual announcement of water entering (= flood) to Shang Jia (and) make an invocation ritual (to) Da Yi (with) one ox; His Majesty will receive aid.

辛巳日占卜:我们将为大甲举行关于水灾的宣告仪式,使用一头牛来向大乙祈求保佑;王会受到帮助。

(7) 辛亥卜祝于二父一人王受又。《南明》635;《合集》27037

Xihai day divined: Make an invocation ritual to Two Fathers (with) one man [as sacrificial victim]; His Majesty will receive aid.

辛亥日占卜：使用一个人牲来向二父祈求保佑；王会受到帮助。

(7a)祝二人王受又。（同上）

Make an invocation ritual（with）two men［as the sacrificial victim］；His Majesty will receive aid.

使用两个人牲来向二父祈求保佑；王会受到帮助。

(7b)……三人王受又。（与上条卜辞同片）

…（with）three men［as the sacrificial victiml；His Majesty will receive aid.

……三个人牲；王会受到帮助。

(8)庚辰卜王祝父辛羊豕酒彫父……《京人》3014;《合集》19921

Gengchen day divined：His Majesty should make an invocation ritual（to）Fu Xin（with the sacrificial victims being an unspecified number of）sheep（and）pigs, and then do the *you*-cutting sacrifice（to）Fu…

庚辰日占卜：王将（用数目无记录的）羊和猪来向父丁祈求保佑并且彫祭父……

(9)贞乎子汰祝一牛。《缀合》195

Tested：Call upon Zi Tai to make an invocation ritual（with）one ox.

验证：呼唤子汰用一头牛来祈求保佑。

(10)勿祝妣辛。《宁沪》1.225

Don't make an invocation ritual（to）Bi Xin.

不要向妣辛祈求保佑。

同样地，"祷"将［＋要求］语义特征分配给"祝"是不言而喻的。在上述的例子当中，例(8)的主语，祈求神佑者是王。① 例(9)也包括一个主语，这个主语是一个含有中枢动词"乎"的兼语式或可伸缩结构（telescopic construction）的一部分。在这条卜辞当中，"子汰"即是"乎"的直接宾语，又是后面动词"祝"的

---

① 在这种情况下，王指的是"武丁"。间接宾语"父辛"指的是武丁的叔叔"小辛"。有一个记录在祭祀刻辞上，清晰地展现了王室世系的表格载于吉德炜(1978：185－186，表格 1；亦见吉德炜 2000：132－133，图[1]）。

主语。尽管在上面的例子当中主语被隐藏了,但是主语一定是人。因为在接下来的例(10)当中使用了否定词"勿",所以这个动词是可控制的。综合上述例子可知,在深层结构里"祝"是一个四价动词。① 同样需要指出的是,在例(10)这样的否定句中,从未发现工具宾语;这是很自然的,如果没有祈祷仪式的计划,那么也就不需要工具宾语了。同样的情况也适用于前文中的"祷",以及下节中"御"。在此我要强调的是,祭品对完成祈祷仪式来说是必需的。例(6)例(9)的祭品是一头牛,例(7)的祭品是一个人,例(8)的祭品是数目无记录的羊和猪。从而这里的[+要求]动词和工具宾语之间就有了密切的关系。尽管我们没有办法推测举行交换要求或恳求礼仪的习俗开始得有多早,但是在商代晚期这已经成为一种社会公认的礼仪或协议形式。② 这种互惠的习俗在商人的思想里是如此的根深蒂固,以至反映在带工具宾语的[+要

---

① 我注意到一个有意思的现象:在动词"祝"后面经常能找到"王受又"(His Majesty will receive aid 王会受到帮助)。但是在动词"祷"、"御"、"告"之后从未发现这个表达。这一定是有原因的。现在我倾向于这样的可能性,那就是在语义上"王受又"本身就起到类似一种直接宾语的作用。除了如下几个相当不确定的例子,动词"祝"并不明确地制定一个直接宾语即祈祷的内容。因此,就词形变化而言,"祝"与其余的四价动词不同,因为他的功能就像一个充满了直接宾语的"怀孕的动词"一样。正如英语里的"梦(一个梦)"一样,"祝"也可以在字面上翻译为"祈求(一个祈求)"。我选择将"祝"解释为"举行祈求仪式"。以下是两个表达了直接宾语的不确定的例子:

其祝工父甲三牛。《拾掇》389

(We) will make an invocation ritual (of) successful campaign (工 = 攻) (to) Fu Jia (with) three oxen.

(我们)将(向)父甲举行一个祈求战役胜利的仪式,(使用)三头牛。

癸亥卜王贞旬八日庚午又祝方曰在……《京人》3099

Divining on the *guihai* day, His Majesty tested: In the week after eight days [inclusive count], on the *gengwu* day (we) will indeed make an invocation ritual (about) the *fang*-border people's activities, saying that at...

癸亥日占卜,王验证:在一周后的第八天[从今天算起],癸丑日(我们)确实要举行(关于)方国的祈求仪式,说道……

② 参见 318 页脚注①,我引用吉德炜"我给你,是因为你将会给我(*do ut des*)"的观点,他讨论了这一逻辑顺序。

求]礼仪动词的句法规则中。①

(三)动词"宁"(举行安抚、抚慰性的仪式)

遗憾的是,我们不知道这个动词是如何进行的,也不知道在动作执行以后实际发生了什么。看起来"宁"与其他礼仪动词一样,以致难以重建更加完整的礼仪背景。但是我们可以说,"宁"是一个可控动词,这就要求我们去假设直接宾语是生活中某种不受欢迎的东西。而且在下面的例子当中,主语无疑是一个人,间接宾语是一个自然神,而工具宾语是祭品:

(11)乙未卜其宁方羌一牛一。《合集》32022②

Yiwei day divined:(We)will conduct pacifying ritual of (some trouble in) the border-country (with) the Qiang tribesman numbering one and ox numbering one.

乙未日占卜:(我们)将要为方国(发生的一些问题)举行安抚仪式,(祭品是)一个羌族人、一头牛。

(12)甲戌贞其宁风三羊三犬三豕。《续编》2.15.3;《合集》34137

Jiaxu day tested:(We)will conduct pacifying ritual of (some trouble in) the wind (activities with) three sheep, three dogs, (and) three pigs.

甲戌日验证:(我们)将要为风(引起的一些问题)举行安抚仪式,(祭品是)三只羊、三只狗(和)三头猪。

(13)辛酉卜宁风巫九豕。《库方》992;《合集》34138

Xinyou day divined:(We will)conduct pacifying ritual of

---

① 在对本文的早期版本的评论中,韩哲夫(Zev Handel)明确地指出"很可能这个句法功能及与此相关的动词反应了一个深层次的语义范畴——那就是'礼仪要求'的语义实际上已经成为语言中的语义编码(或语义嵌入),这表明了其在文化中的极为重要的地位"(1999年2月28日的私人评论)。对比316页脚注①,特殊的文化现象"赛马"也允许类似"我付给你$100(这样)我的马会赢得比赛"的表达。

② 对《合集》32022号拓片的检测显示,"宁"字字形下方的构件"丁"或许可以被释为"人"——这是一种借笔——这样就成为了"其宁人方"。但是这种可能性被《屯南》930号卜辞中的出现的"宁"排除了,该字形上部的构件和底部的构件"丁"尽管距离分得很开,但是仍然属于同一个结构单位。在《屯南》的例子中,宁蝗(安抚蝗虫的活动)的表达,证明假设的"*宁人"的读法是没有意义的。

(some trouble in) the wind (activities, the pacifying ritual directed to) the Wu spirits (with) nine pigs.

辛酉日占卜：(我们)将要为风(的活动引起的一些问题)举行安抚仪式，(这个安抚仪式的对象是)巫神，(祭品是)九头猪。

(14)壬辰卜其宁疾于四方三羌又九犬。《屯南》1059

Renchen day divined：(We) will conduct the pacifying ritual of the affliction, (the pacifying ritual directed) to the Four Quarters (with) three Qiang tribesmen and, in addition, nine dogs.

壬辰日占卜：(我们)将要为灾病举行安抚仪式，(这个安抚仪式的对象是)四方，(祭品是)三个羌族人和九只狗。

(15)贞其宁蟗于帝五玉(?)臣于日告。《屯南》930

Tested：(We) will conduct pacifying ritual of the locust (activities), (the pacifying ritual directed) to the Five Jade servitors (?) of Di; (and) to the Sun and make a ritual announcement.

验证：(我们)将要为蝗虫的(活动)举行安抚仪式，(这个安抚仪式的对象是)帝的五玉臣仆(?)和太阳，并且举行一个宣告仪式。

例(11)是关于方国入侵或干扰的占卜。尽管在直接宾语方后面没有出现间接宾语，然而我们相对于祖先神，我们可以采用自然神作为间接宾语。下面几条卜辞支持这种解释。

(16)贞宁敩(=摧)于兒。《粹编》607

Tested：Conduct pacifying ritual of (some trouble in) the Que, (the pacification ritual directed) to Er (?).

验证：将要为敩地的(一些问题)举行安抚仪式，(这个安抚仪式的对象是)兒(?)。①

(17)祷年于兒。《金璋》631

Pray to Er (?) for a (good) harvest.

向兒(?)祈求(好)收成。

在例(16)里族名猱(＝摧?)作为"宁"的直接宾语出现,指向间接宾语"兒(?)"。在例(17)里我们可以看到"兒"并不是一个地名;另一方面这个例子证明了"兒"无疑可以代表一个神。事实上,我从未在甲骨文中找到"兒"作为地名的用法(参见《综类》:254.2—254.4)。因此没有疑问"宁"是一个四价动词不仅安抚了直接宾语、间接宾语,也安抚了工具宾语。"宁"在句子当中也是一个[＋要求]动词,通过这种安抚性仪式的举行,我们可以看到例(11)中商人对恢复猱秩序的渴望,例(12)(13)对终止恶劣天气的期望,例(14)对从疾病或痛苦中恢复的希望,以及例(15)中控制有害蝗虫的愿望。重要的是商人使用人、牛、羊、狗和猪作为祭品来进行"宁"(安抚)的礼仪。至于祭品为什么是必要的,我们有必要考虑间接宾语:间接宾语通常是自然神,被认为对直接宾语——它反映了商人经历的一些不利情况——有着强大的影响力,而这些祭品就是提供给自然神的食物。

(四)动词"御"(＝禦)(祓禊、祛除、净化、驱邪)②

动词"御"与上文讨论的"祷"、"祝"和"宁"有着相同的语法的行为方式。他经常采用主语＋动词＋直接宾语＋(于[Particle])＋间接宾语的语序,当然也存在一些变异模式。下面我们来看几个例子:

---

① 连劭名(1992:62—69)认为,这个早期的甲骨文字是代表"丛神"(植物神)的"丛"(树丛)字。尽管在例(17)中这种翻译是有道理的,然而在例(16)中,猱(＝摧)作为一个人名或族名出现时,"植物神"的介绍似乎就不那么令人信服了。连劭名的解释还有其他一些问题。例如基于郑玄对《诗经》的笺注,他不认为"丛"接受了"伐"(斩首的祭祀),这是一种击鼓的祭祀。实际上使用郑笺是很危险的,因为郑玄甚至不知道商代文献的存在,我们应该尽量在甲骨文的基础上阅读甲骨文。

② 我要感谢鲍居隐(Judy)和鲍则岳(William Boltz)的建议,他们认为在大多数情况下"祓禊"(lustrate)可以表达"御"的意思,但是"驱邪"(exorcise)就不一定合适了。驱邪假设存在一个恶意的神或者令人困扰的人、地方和事情。然而有时,如在例(42)中使用"驱邪"(exorcise)或许是合适的。后文我会为此做讨论。同样我也要感谢何莫邪(Christoph Harbsmeier)提醒我注意《宗教百科全书》第九卷祓禊仪式(LUSTRATIO)56—57页中丰富且相关的内容。

(18) 贞御子央豕于娥。《续编》6.21.4;《合集》3006

Tested: Perform the lustration ritual of Zi Yang (with the sacrificial victims being an unspecified number of) boars to E.

验证：向娥举行子央的祓禊仪式，(祭品数目是无记录的)野猪。

(19) ……戌卜……御子央于母己二小宰。《南无》134

…xu day divining…Perform the lustration ritual of Zi Yang to Mother Ji (with) two small specially reared sheep.

……戌日占卜……向母己举行子央的祓禊仪式，(祭品是)两只特别饲养的羊。

例(18)展现出的变异模式和例(19)所代表的更为典型的模式，实际上证实了"豕"(野猪)是"御"的工具名词；这是因为祭品从来不直接出现在动词"御"后面，"豕"就不能被视为直接宾语。① 之所以在这里指出这一点，是因为将"子央豕"视为"子央的野猪"的名词短语，具有理论上的可能性。可是由于甲骨文中祭品从来不充当动词"御"的直接宾语，所以不能将"豕"视为直接宾语。

(20) 己亥卜贞于大乙大甲御弜五宰。《簠室》,帝系25+《续编》1.8.7

Jihai day divining, tested: To Da Yi (and) Da Jia perform the lustration ritual of Bi (with) five specially reared sheep.

己亥日占卜，验证：向大乙(和)大甲举行弜的祓禊仪式(祭品是)五只特别饲养的羊。

(21) 己亥卜御弜……大乙宰。《续编》1.24.4

Jihai day divined: Perform the lustration ritual of Bi … (to) Da Yi (with the sacrificial victims being an unspecified number of) specially reared sheep.

己亥日占卜：举行弜的祓禊仪式……(向)大乙(祭品数目是无记录的)特殊饲养的羊。

(22) 辛酉……御大水于土宰。《遗珠》835

Xinyou day…: Perform the exorcism ritual on the big water [i. e.,

---

① 据沈培(1992:144)所说，在他使用的相当丰富的语料库中有两个与例(19)模式有关的例子。虽然目前我还不能达到，但是穷尽性地搜寻更多的例子是必须的。

flood] directed to the Tu God of Soil (with the sacrificial victims being an unspecified number of) specially reared sheep.

辛酉日……：向社神举行祛除大水[即，水灾]的仪式（祭品数目是无记录的）特殊饲养的羊。

至于例(18)至(22)，存在着一些有关语法和"御"祀的值得探讨的问题。在导言当中我提到过"核心动词的选用决定了句子当中其余部分的面貌"。虽然这种说法可以满足一般情况，但是也证明了在某些特殊情况下有所不足。例如例(18)中工具宾语(豖)在间接宾语(于娥)前，例(20)当中间接宾语(于大乙大甲)出现在句首。在例(20)中除了承认建立在间接宾语短语"大甲"、"大乙"甚至是"御"基础上的"韵律重音"被放置在句首位置（高岛谦一1999：417，脚注38），还有一个研究目的就是假定这些语法变化是由于语义的动机。在甲骨文的众多贞人的各期卜辞中，间接宾语前置是一种常见的现象，而在例(20)中这种阐释——特别是联系到介词有对比的意思——就显得尤为引人注意。另一方面，例(18)可能是一个混合了方言的例子，因为它的语法结构不允许其他的解释。① 但是这些例子有一项是相同的，那就是动词"御"通过一个隐藏的、潜在的[＋人物]主语，允许直接宾语、间接宾语和工具宾语来伴随。

我们要讨论的另一个问题是"御祭"的最终目的是什么，因为这个词不容易被英语理解，也可以说是"祓禊"、"祛除"、"净化"、"驱邪"活动的最终目的是什么。我们知道"御"(＝禦)所支配的是直接宾语、间接宾语和工具宾语。我们就可以猜测通常是谁来组织这项仪式。其背后的动机还不清楚。无疑商人组织"祷祭"或者"祈祷"仪式是因为他们想获得一些东西，而且这种语境下该动词被赋予的[＋要求]特征并非是难以理解。然而在例(22)中"御"可以被翻译为"去驱邪"，并且这项仪式的目的也是清楚的。那就是商人为灾区驱除灾祸，使灾区从恶魔手中得以解救，这个存在或者说可能存在的恶毒的神制造了该地的水灾。学者们一般都倾向于把"御"翻译为"驱邪"，在例(22)当中这样的翻译是完全恰当的。但是这种翻译用来解释为商王或者其他贵族是"御祭"的直接宾语的原因还是不明白，因为没有迹象表明有恶魔的存在。尽管简单地声称商人为了某人而举行祛除仪式是简单的因为某人需

---

① 有关甲骨文中混合方言可能性的研究，读者可以参看高岛谦一、余霭芹(2000)。

要被"祛除",会被视为肤浅而且同义反复,但这种描述恰恰反映出了我们对"御"意义的认识上的不足。幸运的是,我们可以通过研究现有的甲骨文资料中动词"御"的用法来获得一个较为清晰的认识,尽管这一认识非常有限。接下来的卜辞属于一期午组卜辞,提示我们:驱邪仪式是为祈祷仪式做准备的:

(23) 辛酉卜御于屮亘妿。《续编》5405;《合集》22099

Xinyou day divined: Perform the lustration ritual of Mu (? 妿) (directed) to You Huan. (N. B. The word *you* 屮 = 有 here is used as an honorific prefix.)

辛酉日占卜:向屮亘举行对妿(?)祓禊仪式。(注意:"屮"在这里用为人名前的尊称)

(24) 辛酉卜其御妿。(同上)

Xinyou day divined: (We) will perform the lustration ritual of Mu (? 妿).

辛酉日占卜:(我们)将要对妿(?)举行祛除灾祸的仪式。

(25) ……酉卜妿祷屮生。(同上)

... *you* day divined: (If) Mu (? 妿) prays, there will be progeny. (Alternatively, the meaning could be: "As to Mu (?), pray there will be progeny.")

……酉日占卜:(如果)妿(?)祷告,就会有后裔。(或者意为"为了妿(?),祷告就会有孩子后裔。")

这些例子在几个方面十分有趣。例如,例(23)和(24)现实动词"御"的直接宾语是"妿"(?),她在例(25)中又出现在主语的位置。如果这些卜辞的顺序反映了占卜的顺序,那么正如我所确信的那样驱邪仪式是在祈祷仪式之前。我们可以把这个迹象解释为,"御"仪式是为了直接宾语(受事)"祷——祈祷"仪式做准备的,它拥有[+要求]的特征。而且,我们也可以确定驱邪仪式是为一个存在的神或以一个神为对象而实施。在例(23)中,作为对象的神是"屮亘",他被认为可以回应午组贞人的要求。与"祷——祈祷"仪式相同,"御——驱邪""御——祛除"仪式都是为了活人而进行、组织者也是活人。仪式的执行者是动词"御"的潜在的主语,他作为代祷者,请求神在"妿"的祷告仪式之前,先为她祛除灾祸。或许在这个意义上动词"御"可以有[+要求]特征,特别是对于这个被称为"㞢亘"的神来说。遗憾的是在上述例子当中都没有出现祭品,我把这种缺乏祭品的情况归因为表面上的省略。然而例(18)到(22)都有祭品,通常是特殊饲养的羊和猪。最后,与例(18)一样相同的例(23)"御于+间接宾语+直接宾语"的非正常语序可能混合了方言,这一点高岛谦一和余霭芹(1998)有过充分的讨论。

(五)动词"告"(举行宣告仪式)

众所周知在商文化中,神被认为是生灵的主宰。作为这种思想的反映,动词"告"经常包含一个仪式的宣告者,他在商人的宗教等级中占有一席之地,地位比接受仪式的神祇要低。与上文所讨论的"祷""御"相同,"告"是一个对参与者的身份敏感的趋向动词。而且,和动词"御"相同,动词"告"的解释"举行宣告仪式"并没有给它[+要求]的语法特征。所以,如果我们想把这种特征归给"告"并且在语法上和"祷"、"祝"、"宁"和御可以等量齐观的话,那么还需要更细致的研究。开展这项研究会涉及比本文更多的东西,会使本来已经很长论文的更长。下文的论述在本质上是初步的,只涉及"告"仪式的一个方面。下面的步骤已经确立,我们将要研究几个例子当中的四价动词"祷",这几个例子中的工具宾语是明显的。

(26) 已未卜贞羽庚申告亚其入于丁一牛。《佚存》340

Jiwei day dividing, tested:(On) the following *gengshen* day make ritual announcement to Ding (or the Sun?) of the *ya*-officer's entering (into Shang? with) one ox.

已未日占卜,验证:(在)接下来的庚申日向丁(或者太阳)①举行宣告仪式,宣告的内容是官员亚(带着)一头牛来到了(商)。

---

① 吉德炜(1997:517—524)将甲骨文字形 ⊙ 读为"日",从而代替了更加普遍的祖先神名"丁"的读法。吉德炜认为例(26)中"告亚其入于丁一牛"应该读为"告亚其入于日一牛"(举行宣告仪式,宣告的内容是官员亚[带着]一头牛来了)。例(28)的"丁"也应该做同样的理解。吉德炜的释读伴随着一个令人困惑的锲刻的问题:如为什么我们没有任何一个清晰书写的"日"(在字形 ⊙ 中间有一个小短横)的例子?然而这个锲刻的问题未必是致命的(吉德炜在同书 523 页引用了我和他的通信),太阳(或天)受崇拜的地位才是更加关键的问题。供奉给死去祖先的祭品是否以同样的方式被供奉给太阳?吉德炜对这一问题的回答是肯定的,在类似例(13)(14)(15)的刻辞中自然神"巫""四方""帝五玉臣"作为祭品的接受者,看来也支持了吉德炜的观点。但是也有可能不一样。

(27) 丙申卜告于父丁牛一。《南明》531;《合集》32031

Bingshen day divined: Make ritual announcement to Fu Ding (with) ox numbering one.

丙申日占卜:向父丁举行宣告仪式,(祭品是)一头牛。

(28) 甲子卜即贞告于丁三酓亡害。《戬寿》8.14

Jiazi day divining, Ji tested: Make ritual announcement to Ding (or the Sun? with) three *you*-cuts (of meat); there shall be no harm.

甲子日占卜,即验证:向丁(或者太阳)举行宣告仪式,(祭品是)三块酓(肉);这里就会没有灾祸。

(29) 癸丑贞王令利出田告于父丁牛一兹用。《粹编》933

Guichou day tested: His Majesty should order Pi (?) to go out to hunt; (he) should make ritual announcement (of it) to Fu Ding (with) ox numbering one. This [charge, and hence one ox] was used.

癸丑日验证:王应该命令利(?)出去田猎,他将向父丁举行(这件事的)宣告仪式,(祭品是)一头牛。这[个命辞采用了,从而一头牛]被使用了。

(30) 其告蝗上甲二牛。《粹编》88

(We) will make ritual announcement of the locust's (activities to) Shang Jia (with) two oxen.

(我们)将向上甲举行关于蝗虫(活动)的宣告仪式,(祭品是)两头牛。

例(26)中出现在动词"告"后面的直接宾语是"亚其入",这个名词从句子面上的意思是:"官员亚,他到来了。"① "亚"是某种官员,他经常被共同地表述为"多亚"(众多的官员亚),与之相类似的还有"多工"(众多的匠人)、"多臣"(众多的臣仆)、"多马"(众多的马场官员[即司马])、"多射"(众多的射手)、"多生"(众多的后裔)等等。陈梦家(1956:508—512)已经指出在甲骨文、金文甚至在传世文献《尚书》(见《酒诰》、《立政》、《牧誓》)和《左传》(文公十二年、成

---

① 有关涉及 N_1＋其＋N_2 短语的"其"的分析,参看高岛谦一(1996d)以及(1999:4.2)。

公二年)中"亚"是一个武官。正如翻译所反映的那样,例(26)并没有反映官员"亚"进入到了哪里。对于"亚其入于丁"的一个可能的推测是,"官员'亚'进入了'丁'的(宗庙)",但是没有其他的关于"入"例子(岛邦男《综类》254.4—257.4)来允许这样的解释成立。① 因此尽管缺乏相关的表示位置的信息,我还是要把"亚其入"解释为"官员'亚'进入"(或者"官员'亚'进贡[某物]"——如果"入"可以被视为及物动词"纳"的话)。而且例(26)、(28)"于丁"中的"于"都应该被视为一个"间接宾语"意为"去丁的宗庙"(或者太阳庙)。

我们知道,官员"亚"的活动属于军事和田猎,并且包括监督"众"(王室的附庸)和"人"(男人;临时征用的士兵)的活动(参见吉德炜 1969:140—143 以及各处;1991:487—488)。商人从祖先那里请求许可或帮助,"亚其入"表达的应该是与这些相近的意思。白川静(1976:1.194 以下)声称在中国的上古时代人之间的战争和神之间的战争一样。此外,因为占卜收受一只由贞人提供的牛作为祭品,试探神的反应的"告——宣告仪式"的组成部分里一定包含[+要求]特征。这些卜辞表明,贞人向祖先神"丁"(或者太阳)为"官员'亚'进入"请求许可或帮助。

例(27)是这五条密切相关的卜辞的一部分:

(27,u2)……卜用遰以羌于父丁。

… divined: Use the Qiang men whom Ni (?) brought (directed) toward Fu Ding.

……占卜:使用遰所带来的羌人,献给父丁。

(27,u1)壬辰卜王令皁以众。

Renchen day divined: His Majesty should order Bi to lead the royal masses.

壬辰日占卜:王应该命令皁去带领"众"。

(27)丙申卜告于父丁牛一。《南明 531》;《合集》32031,同前[27]

Bingshen day divined: Make ritual announcement to Fu Ding

---

① 这有利于吉德炜的释读(参见脚注 26),这个字形 ▢ 应该被读为"日"(太阳)。比之下,将这个词释为"太阳的处所"(Sun's place)似乎也很奇怪。在商人的心目中"太阳的处所"是不断变化的:白天遵循一个循环轨道朝向天空运行到顶点,在晚上向下运行至地平线下的另一端。

(with) ox numbering one.

丙申日占卜：向父丁举行宣告仪式，(祭品是)一头牛。

(27,d1) 壬辰卜祷自上甲六示。

Renchen day divined: Pray to [the ancestors], starting from Shang Jia (down to) the Sixth Altar.

壬辰日占卜：[向祖先们]举行祈祷仪式，从上甲(一直到)六示。

(27,d2) 壬辰卜祷自祖乙至父丁。

Renchen day divined: Pray to [the ancestors] starting from Zu Yi to Fu Ding.

壬辰日占卜：向祖先举行祈祷仪式，从祖乙到父丁。

注意：上文的"u2"意为(27)中"前面第2条命辞"，而"d1"意为(27)中"下一条命辞"。

正如上述卜辞所示，在(27)(27,d1)和(27,d2)中，"祷——祈祷"仪式与"告——宣告"仪式有着紧密的相互联系。这是因为，所有的命辞都提及祈祷对象——父丁。但是，为了理解这两个仪式所处的环境状况，就必须要考虑这五条命辞之间的相互联系。例(27,u1)似乎暗示了"众"的一次军事行动的动员。例(27)与例(27,u2)涉及一个有关父丁祭品的占卜，也就是例(27)中的牛和例(27,u2)中的羌族人。综合考虑，这些占卜表明，"告——宣告"的仪式与召唤先祖灵魂以保佑战争胜利的愿望密切相关。在这种情况下，动词"告"被看作有[+要求]特征，(28)与(29)可以被理解为一种简单的方式，支持着以上的分析。

最后，通过对例(30)的考虑，可以知道"告——宣告"仪式的直接宾语是在粮食收获地区的一次严重的蝗灾。① 从向上甲举行的宣告仪式中可见，商人以提供两头牛为代价，祈求上甲降福消除这场灾难。② 于是我们再一次看到了动词"告"的[+要求]特征。

---

① 在例(23)"蝗虫活动"也是作为"宁"的一个安抚对象被提及。在这里我们也观察到了四价礼仪祀动词的相互关系。

② 有必要指出在上甲为对象的以连续的占卜中，祭品从两头牛上升到了四头(本文没有引用这条卜辞，见《粹编》88)。尽管一个兆辞"吉"(吉利)出现在"四牛"的一边，但是由兆辞"大吉"出现在例(30)的左边判断，商人用了两头牛来满足祭祀的需要。

其他直接宾语——包括宾语从句和话题从句——与四价动词“告”一起使用的有:“方出”(某个方国出动)、“犫众”(列好阵的王室附庸?)“毘受令”(毘接受了命令)(参见例[27,u1])、“执”(追捕逃犯)、“日又戠”(日食)、“水入”(洪水进来了)(参见例[6]、[22])、“王其令望乘归”(王命令望乘回去)等等。更重要的是,如果其中包含了“勿”这样的否定性词语,工具宾语是不能和动词“告”相连用的。上文讨论的所有四价动词也都是这样。

(六)[+要求]特征与动词配价

以目前引用的例子“祷”、“祝”、“宁”、“御”、“告”为基础,我试图说明:[+要求]结构特征允许工具宾语伴随。但是同时需要指出的是,一些具有相似性特征的动词却不允许工具宾语的伴随。比如像“求”、“匄(=丐)”、“乞”和“取”这样的动词。下面是两个“求”的典型的例子:

(31)……卯卜㱿贞求年娥于河。《龟甲》1.21.14;《合集》10129

…*mao* day divining, Nan tested: (We) seek a (good) harvest (from) E and He. ①

……卯日占卜,㱿贞曰:(我们)要(向)娥和河祈求(好)收成。

(32)乙卯卜王求雨于土。《外编》50;《合集》34493

Yimao day divined: His Majesty will seek rain from She.

乙卯日占卜:王将向社求雨。

在甲骨文中有很多关于字形(岛邦男《综类》:209.2—211.2)的例子。对于这种历史延续性的古文字,我主张将其释读为“㣇”,即一种长发的动物(见《说文》卷九下),尽管这与裘锡圭(1986:195)的著名观点不同。但是《说文》“长发的动物”意义与甲骨文不合。它的意思横跨了从“求”(请求)到“杀”(杀

① 使用在“娥”与“河”之间“于”的功能是连接词。“于”更多的连接词的用法请参看高岛谦一(1984—85:284—288;伊藤道治和高岛谦一 1996:247—251)。

死)再到"祟"(鬼怪作祟)的一系列可能性的词语。① 尽管罗列了如此众多的意义,选择这些词中合适的义项仍然是一件困难的事情。但是,毫无疑问甲骨文通常使用"希年"和"希雨"来表示"求年""求雨",这一点裘锡圭已经指出(前引书 196 页以下)。奇怪的是这些甲骨刻辞却从未提及过祭品。但是尤其让人困惑的是,在例(2)中,一个祭品确实与"祷雨"(祈祷下雨)出现在了一起。可见,单独的[＋要求]特征确实不能确保工具宾语的用法。这意味着我们有必要重新考虑动词的配价问题,特别是与上文的五个四价动词相对而言的"求"、"匄(＝丐)"、"乞"以及"取"这几个词。

让我们来看看上举后者的三个动词(匄、乞、取)的例子:

(33)壬申卜𣪘贞于河匄工方。《后编》1.17.3

Renshen day divining, Nan tested: From Hé (we) beg for [assistance in our attack against] the Gongfang.

壬午日占卜,𣪘验证:祈求河神[帮助我们战胜]工方。②

(34)贞匄工方于上甲。《英国》558

Tested: (We) beg for [assistance in our attack against] the Gongfang from Shang Jia.

---

① 以下的这个例子当中,"希"代表了"杀"意:
丁巳卜行贞王宾父丁杀十牛亡尤。《合集》23180
Dingsi day divining, Xing tested: His Majesty should treat Fu Ding as a guest (by) killing ten oxen; there will be no blame.
丁巳日占卜,行验证:王将要像对待客人一样招待父丁,(通过)杀十头牛;这样不会有灾祸。
大量的例子表明,同样的字形代表了"祟"(不友善的,恶意)的意思(参见伊藤和高岛谦一 1996:2.115),以下就是这样的一个例子:
贞多妣祟王。《合集》685 反
Tested: Duo Bi will be (actively) hostile to the king.
验证:多妣将会(主动地)对王不利。

② 沈培(1992:82—83)建议将"匄工方"翻译为"祈求抓获工方的(俘虏)"。因为他没有为此提供任何证据,所以我们不能正确地评价他的建议。我采用的是这种翻译,即"祈求[帮助战胜]工方"。这样的翻译基于一条包含"我受工方又"的刻辞,我认为在古汉语中他应该被翻译为"*我受伐工方之佑"或"我们进攻工方会受到帮助"。高岛谦一(1978—79:21)已经给出了这种翻译,而裘錫圭(1986:200)也做出类似翻译:"受方又或受某方又[如《合集》64,8617等],意即在与敌对方国作战时受鬼神保佑。"

验证:(我们)祈求上甲[帮助我们战胜]工方。

(35)匄工方于受令。《龟甲》1.30.1;《合集》6155

(We) beg for [assistance in our attack against] the Gongfang from the one who grants the order.

(我们)祈求授令者[帮助我们战胜]工方。①

(36)……未卜争贞求雨匄于河。《缀合》347

…*wei* day divining, Zheng tested:(In) seeking rain,(we) beg for [it] from Hé.

……未日占卜,争验证:(我们)向河神祈求降雨。②

(37)甲午卜宙周乞牛多子。《合集》3240

Jiawu day divined: It should be Zhou who demands oxen

---

① 这是一个有趣的例子,在古汉语中我们可以看到"受令"是一个相当于"受令者"(授予命令的人)的名词短语。或许"受令者"可以解释为"接受命令的人",但是考虑到有些例子当中出现在间接宾语位置上的是世系中等级较高的祖先神(如,上甲)或者地位较高的自然神(如,河),前一种翻译更可以反映这里要表达的意思。有趣的是,尽管名词化的"授令"有必要使用"于",但是这里至少在表面上没有发现语法标记。关于这个问题,请看第三编第一节。

与上述的讨论有关,吉德炜(1999年3月14日的私人通信)认为"受令者"可以释读为:"一个接收命辞的人"(the one who receives the charge),理由是"这个有关工方的'祈求帮助'(beg-for-assistance)的事情似乎是直接针对类似'夒'、'王亥'和'上甲'的高祖,这反映出商人并不知道哪位神会来聆听他们的诉求。"这是一个很有意思的观点;但是吉德炜接下来考量道:"如果由我来翻译,那么这将是甲骨文里我所知道的唯一的一个把命辞称为'令'的情况。……而且这也不好解释你的'毖受令'[毖接收命令](Bi's receiving the order)的情况。"后一种解释已经在第2.5节的最后一段里被引用了。尽管我会为这个准受令者词组保持"某人授予命令"(the one who grants the order)的翻译,但是在我们了解更多商代的语言和文化之前,吉德炜的想法都不该被抛弃。一方面我们从《尚书》中知道占卜"命"或"令"是对龟表达的。在《尚书·金縢》篇中我们找到这样的句子:"今我即命于元龟"(现在我们要向大龟提出诉求)(参考高岛谦一1989:44—46)。此外,在商代的占卜命辞中,的确有着被称为"令"的占卜诉求:

贞佳龟令。《粹编》192

Tested: It is the turtle that [we should] give the change to.

验证:是一只龟,[我们应该]提出命令的。

有意思的是上述命辞后面还跟随着另一个命辞,那就是"其作兹邑"([我们]将营建都邑)。这使我们想起了《尚书·洛诰》章中描述的洛邑建设。

② 四价礼仪动词之间的相互关系我们在322页注①和其他地方已经做了考查。现在我们用一个例子来展现三价动词"求"和"匄"之间的相互关系。这是一个搭配问题,意味着这些动词都有一个共同的语义特征。

(from) Duo Zi.

甲午日占卜测:周应该(向)多子索取牛。

(38) 甲午卜宾贞令周乞牛多[子]。《合集》4884

Jiawu day divining, Bin tested: (We should) order Zhou to demand oxen (from) Duo [Zi].

甲午日占卜,宾验证:(我们应该)命令周(向)多[子]索取牛。

(39) 甲申乞自雩十屯。《合集》1961

Jiashen day, (X) requisitioned ten pairs (of scapula) from Yu.

甲申日,(某人)向雩征用十片肩胛骨。①

(40) ……辰卜卣乎取马于䤈⺊。三月。《合集》8797

…*chen* day divining, Dun (?) tested: Call upon (X) to take horses from Cha (and) bring (them here). Third month.

……辰日占卜,卣(盾?)验证:请求(某人)从䤈⺊那里取马,并带回到这里。② 三月。

(41) ……贞……取牛……。《合集》2223

… tested: … take ox …

……占卜:……取牛……

(42) 取羊于戈。《丙编》526

Take sheep from Ge.

从戈那里取回羊。

上述例子都没有使用工具宾语。沈培(1992:80—84;92—105)将这些动词归为"非祭祀动词"——与之相对的是"祭祀动词","祭祀动词"又被进一步地划分为两类,对此我将做讨论。沈培的归类使我们可以解释为什么例(31)到(42)中没有工具宾语。据此可以对商文化中祭祀与非祭祀行为进行根本的区分。理解这个观点的主要困难在于,人们不能轻易识别在什么样的语境中

---

① 吉德炜(1978:16)将"乞"翻译成"请求";但是,他附加了一个问号。有一个坚实的语言学传统可以支持这个词的"要求"之意,但从翻译的功能来看,似乎"请求"这个意思更加合适。

② 对字形䤈⺊的研究,表明了该词(以,也就是说并不是这个字形)或许表达了齎 ji/ * tsid (带来,携带)的意思,见前文。

一个动词可以被祭祀化。我们怎么知道《淮南子》《春秋繁露》以及其他文献当中描述的众所周知的求雨仪式"求",是非祭祀性的;然而同样是《淮南子》描述的求雨仪式,"祷雨"在商文化背景下却是祭祀性的?①

此外,尽管"乞"和"取"实际上似乎更加政治化或行政化而非祭祀化,"求"和"匄(=丐)"看起来与前文部分研究的五个[＋要求]动词相同。尤其当这两个动词的间接宾语是神祇——"娥"、"河"(例[31]、[33]、[36])、"土(=社)"(例[32])、"上甲"(例[34])等——时,这些神祇都是[＋要求]的对象。而且,还有很多没有[＋要求]特征和工具宾语的祭祀动词,他们通常被称为用牲之法。这类动词包括"沉"(沉浸)、"埋"(埋没)、"燎"(点燃)、"岁"(刿)、"卯[=刘]"(裂开)、"刖[=刖]"(断[足])、"屮[=侑]"(提供)以及"升"(献上,以向上的姿势)。这些祭祀动词只能严格地限定直接宾语和/或间接宾语,就像例(37)到(42)中"乞"和"取"一样。

沈培所称的"祭祀动词"很有可能只是商语言中的一些普通词条,不是真正的祭祀动词。基于这个推测,我想将其与我将要称之为"礼仪动词"的词汇区别开。为此,我将这两类动词定义如下:礼仪动词,在祷告仪式执行中使用,这种仪式经传统形成,用来满足常被视为具有象征意义的商代的一种道德感或伦理观念。相对而言,"祭祀动词"则包含向神祇(偶尔也指在某些特殊情况下向非神供奉)提供祭品以示服从或效忠的意思。很可能祭祀动词只是普通动词的一类,比如例(37)到(42)中"乞"和"取"。

上述修正使早期基于[＋要求]特征允许使用工具宾语的构想得以改善。

---

① 看看《淮南子》中如何运用"祷雨"和"求雨"是很有趣的。前者与"工具"一起出现在以下的句子中,或者与祭祀名词一起通过"以"(通过手段,运用)被引进句中:
汤之时,七年旱,以身祷雨于桑林之际,而四海之云凑,千里之雨至。(《主术训》,卷九)
在汤统治期间,有一场历时七年的干旱灾害。当他在桑林边上用其自身(作为祭品)祷雨时,四海的云都聚集了过来,雨绵延了一千里。
我赞成白川静(1970a:60—61)对"以身"的诠释,这与此处的翻译很接近。
但是,当目的从句"求雨"运用在相同的语境时,"以"是用来介绍它的:
圣人用物,……若为土龙以求雨。(《说山训》,卷16)
圣人使用东西……就像通过制作土龙来求雨。
可以肯定的是,在"以"之后可以接代词"之",从而成为"若为土龙以(之)求雨",此处的"之"指的是可能被认为是"祭祀"的对象"土龙"。如前在(2.1)所说商代的语境中,与动词"祷"一起使用的祭祀对象总是动物。

具备此特征的五个动词,"祷"、"祝"、"宁"、"御[=禦]"、"告"在深层的语法特征限定的情况下必须也被赋予[＋礼仪]特征。由于原因尚未明确,我们并不能将此特征加于例(31)至(36)的动词"求"和"匄(=丐)"上。① 只在这个意义上我赞成沈培使用"非祭祀动词"的术语。尽管这两个动词看似具有[＋要求]特征,然而我们必须将相反的[－礼仪]特征加于其上以防止其限定工具宾语。实际上,与给这五个礼仪动词加上本文讨论至今的[＋要求]特征和[＋礼仪]特征相比,使用负号要显得更简单实用。下面一节中,我将在若干动词配价的背景下详述这一观点。这对说明以下问题很重要,尤其是对使用与"祭祀动词"相对的"礼仪动词"并不是简单的术语问题来说。实际上,在甲骨文语法和商文化的某些方面,指出这两类动词间的相异之处是相当重要的。

(七)[±祭祀]特征和动词配价

在(五)中,我已经阐释了动词"告"具有[＋要求]特征,并允许工具宾语伴随"告"仪式的活动。在整篇论文中,我已经解释了动词"告",并详述了涉及"祭祀"的宣告的类别。本次修改绝非武断,因为在一个看似不适当的祭祀仪式当中,动词"告"并不与工具宾语同时使用。

---

① 我们不能指定"求"和"匄"具有[＋仪式]特征的原因可能与这些动词的语义性质有关。即,像"乞"和"取",都是意味着政权和政治行为的"强势"动词。与这五个四价动词——"祷"、"祝"、"宁"、"御[=禦]"、"告"——相反,"求"和"匄"不需要"用祭品来吸引神灵",或者简直可以说是 319 页脚注①中吉德炜所引用的"我给你,是因为你将会给我(*do ut des*)"的观点。因此,这五个四价动词似乎就是"尝试的"动词,但"求"和"匄"不是这样。与此相关,韩哲夫(Zev Handel1999 年 2 月 28 日的私人信件)指出的四价句法行为中可预计的若干例外,本文已经进行了研究。他指出,英语中具有[＋给予]语义特征的受益动词,如"给"、"授予"、"告诉"、"派遣"、"提供"等等,通常都被表达成双宾语结构。例如,"我(拿)一本书给他"也许可以表达成"我给他一本书"。但是,有一些[＋给予]的动词不能用来表达双宾语结构。

他给了我们以下的例子:
"I bestow this gift upon you." ＊"I bestow you this gift."
"I confer this honor upon you." ＊"I confer you this honor."
"I donate $ 100 to the school." ＊"I donate school $ 100."

韩哲夫已经提出了在现代英语语法中缺乏相关性的可能的原因:"bestow"是古语,"confer"和"donate"是由拉丁文借入英文的。动词"求"、"匄"、"乞"和"取"也许是类似的原因。除了本条脚注第一段所指出的可能的原因,在未来的研究中我将展现其他的原因。(作为回应,本篇论文的一位匿名读者指出[＋接收]或[－给予]特征也存在于"乞"、"取"之类的动词中。这是一个很敏锐的评价,我在下面的 2.7 中将对此做出评论。)

看看以下诸例:

(43) ……沚戛告曰土方围于我东鄙二邑工方亦侵我西鄙田……《菁华》2;《合集》6057 反

… Zhi Jia reported, saying, "The Tufang had besieged the two settlements of our eastern outskirts; Gongfang also invaded the fields of our western outskirts…"

……沚戛报告说:"土方已经包围了我们东边边境的两个城邑;工方也侵略了我们西边边境的田地……"。

(44) 贞伲至告曰甾来以羌。《库方》1794;《英国》756 反

Tested: Ni arrived and reported; (Ni) should announce, "Cha will come bringing the Qiang tribesmen."

验证:伲来报告;伲)应宣布,"甾将带来羌族成员"。①

(45) ↓ 贞邑来告。五月。《拾掇》2.140;《合集》2895

Tested: Yi will be coming to report. Fifth month.

验证:邑将来报告。五月。

(46) ↑ 邑不其来告。(同上)

Tested: Yi might not be coming to report.

验证:邑或许不来报告。

注意:例(45)和(46)中的箭头↓和↑表示这两组贞辞是对贞的,也就是我们应该把这两组贞辞的语境和语法放在一起理解。

上述例子中动词"告"的指向性特征是显而易见的,它暗示了相关参与者的地位——从"低级"到"高级"。这些例子清楚地显示了"报告"这个简单动作不需要工具宾语。此外,从语境来判断,在卜辞中可以把间接宾语理解成参与者(包括国王),而上文的"告"仪式里间接宾语则是一种神祇。因此,我们可以说在上述例子中动词"告"应具有[一要求]特征。这个[一要求]特征使之不能带工具宾语。但更重要的是这个动词缺乏[+礼仪]的特征。正如从例(31)到例(36)中的动词"求"和动词"匄(=丐)",关键是从例(43)到(46)中的[一礼仪]特征——动词"告"具有此特征,也使之不能带工具宾语。

---

① 该词在这里翻译成"带来",参看 338 页脚注①。

最后,我们来考虑一下动词"宾",它的意思是"把[某人]当作客人来款待"。实际上"宾"是个三价动词,这在以后的例子中我们会给予证明。在这些例子中我们发现工具宾语和直接宾语会伴随使用,不会伴随间接宾语使用。

(47) ……戌卜行贞王宾上甲东五牛亡……《库方》1113

…*xu* day divining, Xing tested: The king should treat Shang Jia as a guest (with) the five oxen of the east (?); there shall be no…

……戌日占卜,行验证:王应该用东方的(?)五头牛来招待客人上甲;而这样才不会有……

(48) 乙丑卜贞王宾武乙刿延至于上甲刘亡尤。《续编》1.26.11

Yichou day divining, tested: The king should treat Wu Yi as a guest (with) that which has been *gui*-cut and continue [up] to Shang Jia (with) that which has been split open; there will be no blame.

乙丑日卜,验证:王应该用已经刿切的物品来招待客人武乙,而至于上甲则用已经切开的[动]物招待;这样才不会有过错。

(49) 乙卯卜即贞王宾报乙祭亡祸。《殷墟》145;《合集》22692

Yimao day divining, Ji tested: The king should treat Bao Yi as a guest (with) *ji*-sacrificial meat; there will be no misfortunes.

乙卯日占卜,即验证:王应该用祭品来招待客人报乙;这样才会没有灾祸。

(50) 乙巳卜……王宾祖乙臘一牛[亡]尤。《库方》1201;《合集》27210

Yisi day divining…: The king should treat Zu Yi as a guest (with) dried meat (and) one ox; [there will be no] blame.

乙巳日占卜……王应该用干肉(和)一头牛来招待客人祖乙;[这样将没有]过错。

(51) 丙子卜即贞王宾日敉亡尤。《南明》338

Bingzi day divining…: The king should treat the sun as a guest (with) *nai*-offering (?); there will be no blame.

丙子日卜……王应该用叔祭来招待客人太阳,这样才不会有过错。①

尽管动词"宾"可以带工具宾语,但从语义上理解它显然是礼仪动词,而不是祭祀动词。其实,就本篇论文已考查的礼仪动词来看,"宾"比其他五个礼仪动词更具有礼仪性(亦见陈梦家 1956:100)。但尽管如此它仍然缺少[＋要求]特征,因此,并不与间接宾语一起使用。上述所有例子都是宾组卜辞的代表,但没有一例能表明王请求得到被祭祀神祇的佑助。② 与其他典礼动词相比,在否定的命题中,动词"宾"是通过"勿"(不,不应该)来表达否定意思的,而没有工具宾语一同出现。

上述分析的另外一种情况是——如一位匿名读者所建议的(见 340 页脚注①的结尾):规定这些动词具有[＋接收]特征而其他[＋要求]的四价动词不具有。从逻辑上来看,规定的[＋接受]特征就相当于[一给予]特征,但这是比较模糊的:因为动词"求","丐",以及"取",都具有[一给予]特征,却没有与工具宾语同时使用。然而,[＋接收]或者[一给予]特征在动词"告"中似乎不很具有说服力,也不能解释从例(47)到(51)的动词"宾"能带工具宾语的情况。因此我坚持原先的看法:[一礼仪]或[＋礼仪]特征是"告"不能带工具宾语的原因,而同样的特征却能够说明"宾"可以带工具宾语。

(八)甲类礼仪动词的再考查

周国正(1982:188—262)是首位将"甲类礼仪——祭祀动词"和"乙类礼仪——祭祀动词"相关的词进行区分的学者。他结合了"礼仪"和"祭祀"动词;但正如以上所讨论的那样,这两个动词确实是各不相同的。周国正只是找出了三个甲类动词(他把甲类动词简单地定义为一种在直接宾语和间接宾

---

① 介绍叔(一种祭祀的祭品)的释读问题,可以参看伊藤、高岛谦一(1996:2.78—79,脚注 36)。

② 很有可能"宾"和其他的四价动词一样都有一些终极目的,而且研究礼仪举行时候的更大的背景一定也相当有趣。尽管本文或其他人的文章尚未彻底考虑重建商代仪礼的阶层结构,但是我们能够发现一些和"宾"有关的和以前讨论过的"御"仪式类似的祭祀。"御"仪式作为自然界中基础的祭祀活动,比我们在 2.4 中谈到的"祷"仪式产生的要早,但是"宾"可能是一种主要,而非祭祀的准备活动。按照这种思路研究,就有可能回答"商代人认为他们在做什么?"这一基本的历史问题;最初的西方研究,读者可参见高岛谦一(1973:84—87)和吉德炜(1983:16—30)。

语之外还可以接工具宾语的"四位动词"):"告",解释成"宣告";"御"(=禦),解释成"祓禊";"求",解释成"求助"。对这三个动词我已经给出不同的修改意见:"告",作为礼仪动词可以解释成具有[＋要求]特征的"举行宣布仪式"的意思,作为非礼仪动词可以解释成具有[－礼仪]特征的"报告"的意思;"御"(=禦)分为"驱除、净化"和"祓禊"两层意思,这两层意思都具有[＋要求]特征;在冀小军(1991;参见 318 页脚注①)的研究中周国正解释的"求"本身就改成了"祷"的意思。另一方面,字形 表示求,但[－礼仪]这个语义特征使之不能带工具宾语。此外,动词"祝"和动词"宁",已经增加到[＋要求]特征的行列中了(参看前文)。除了[－礼仪]的"报告"意义上的"告",所有的动词,加上动词"宾",都是可以带工具宾语的礼仪动词。对于乙类动词,周国正将其理解为其他礼仪——祭祀动词,他给出了一系列例子,包括:"燎"(燎祭),"酌"(举行酌祭),"业"(=侑)(供应);但他并没有指出这些词的本质。正如上文所说,我认为这些"祭祀动词"只是很常用的三价动词,本文不需要做特殊的说明。①

在动词分类方面,沈培(1992:92－121)赞同周国正,分为"甲类祭祀动词"和"乙类祭祀动词"。前者,他确定了八个动词。在本文所研究的五个四价动词之外他还增加了"酒"(即酌,见下文)、"祊"、"祼"这几个动词。对于前两个动词我持保留意见:它们看起来并不包含必要的[＋要求]和[＋礼仪]特征或者四价特性来符合到目前为止我们所分析的结构。第三个动词"祼"涉及许多特殊问题,我将在本节最后说明。

首先,我对"酒"的解释和沈培的不同。原始的甲骨文字形 后世演变为"酌"——尽管其历史演变过程有所间断——是一个普通的三价动词,意为"切开、分开"。我已经讨论过这个字形,而且该字可能还有别的意思,②在此不做详细讨论。但从句法,或者严格说来从形态句法方面来考查,沈培对这个字的结论——根据我的理解他把这个字读作"you"(高岛谦一 2000:389－390)——是有问题的。我们可以看几个例子:

---

① 关于特殊句法特征的重要性,包括祭祀动词的直接宾语和间接宾语的词序问题,见高岛谦一和余霭芹(1998)。

② 参见高岛谦一(1988a:680－681,脚注 23);伊藤、高岛谦一(1996:2.110－111,脚注 6)。

(52) 贞羽丁亥酚于妣己羌。《合集》441

Tested: On the following *dinghai* day (we) should offer the *you*-cutting sacrifice of a Qiang tribesman to Bi Ji.

验证:在接下来的丁亥这天,(我们)应该对妣己举行羌族人的酚祭。

(53) 丁未卜宾[贞]甲寅酚大甲十伐㞢五刿十宰。《合集》896 反

Dingwei day divining, Bin [tested]: On the *jiayin* day (we) should offer the *you*-cutting sacrifice of fifteen beheaded human victims (to) Da Jia (and) split open ten specially reared sheep.

丁未日,宾[卜]:甲寅日,(我们)应该用五十个斩首的人和十只切开的专门饲养的羊为大甲举。

(54) [乙]丑卜敝贞先酚子凡父乙三宰。《丙编》336.2;《合集》3216

[*Yi*]*chou* day divining, Nan tested: Zi who first offers the *you*-cutting sacrifice should VERB [凡 = 搬 'move'?] three specially reared sheep for Fu Yi. (Sc. instead of taking 先酚子 as a relative construction, it is possible to interpret 先酚 as an independent clause, meaning "(We) will first do the *you*-cutting sacrifice; (and) Zi will VERB…")

[乙]丑日占卜,敝验证:第一个举行酚祭的人是子,他应该用三只专门饲养的羊为父乙(动词)[凡=搬"移动"?]。(注意:"先酚子"不是一个相关联的结构,或许应该解释成独立的结构,意思可能是"[我们]将首先进行酚祭,然后子将[动词]"。)

从例(52)和(53)中祖先神作为间接宾语来判断,动词"酚"似乎具有[+给予]的特征,只有当有益于间接宾语的动作已经执行,它才能被理解。因此,祭品,如"羌"、被斩首的"人牲"以及专门饲养的"羊"都应该是"酚"的直接宾语。现在,此处存在的[+给予]特征是[-要求]的另一种表达方式,即具有二元意义的"要求"的另一层意思,按照这样理解,特性[-要求]就是一个给予的动作。如果这样理解是正确的,[-要求]特征就不应该带工具宾语,因为我们已经看到了非礼仪意义上的动词"告"(简单的报告)。

例(54)很难理解。我猜测的解释是,短语"先酚子"构成了一个名词短

语，"凡"是一个动词，但这还远不是定论。另一种理解是，"(我们)应该首先用专门饲养的羊为子凡(读 Pan)和父乙举行彭祭"。问题在于"子凡"，如果它确实表示人名，那么这个人很可能还活着，而不是祖先神。所以，如果例(54)确实是这个意思，那么这将是甲骨文中唯一一个把活人当作彭祭对象的例子，这是我们很难相信的。"彭"也可能具有[+礼仪]特征，这样的话以上例子中的祭品就可以被理解成工具宾语，而非直接宾语。不管这个解释有多少优点，对于"彭"，沈培都必须给出一个精确的词汇解释。在我看来，沈培看到的本句的句法多义性，包括其他"甲类祭祀动词"，例如"祷"(注意：具有[+要求]特征的动词)，有很严重的问题。

对于沈培结论中的"甲类祭祀动词"祛(?)，我也持保留意见。因为他没有为这个动词给出合理的解释，我们也很难确定它是否具有[+要求]或[+礼仪]的特征。以下是几个关于"祛"的例子：

(55) 戊午卜王于母庚祛子辟……月。《续编》1.41.5；《合集》19964
Wuwu day divined: The king, to Mu Geng, VERB Zi Bi's(?)... month.
戊午日占卜：王对母庚祛(动词)子辟的(?)……月。

(56) ……于中子祛子辟……《续编》5.5.6；《合集》20024
... to Zhongzi VERB Zi Bi's (?) ...
……对中子祛(动词)子辟的(?)……

(57) 祛中母豕。《乙编》8814；《合集》22284
VERB a pig (to) Zhong Mu.
祛(动词)一头猪(对)中母。

沈培(1992:94)认为例(55)和(56)中的"子辟"是"原因宾语"，但对此没有给出解释。从例(57)来看，"豕"(猪)或许是动词祛的直接宾语。如果这样的话，这条卜辞的结构与例(53)中的"彭大甲十伐屮五"就是相同的。"彭大甲十伐屮五"的意思是"以十五个斩首的人为大甲举行彭祭"。对拓片(55)和(56)的检测显示"子辟"之后有些字遗失了，规定这个动词具有[+要求]或者[+礼仪]特征，或者是四元配价，这是很危险的。

最后我们再来看看动词"裸"。沈培认为"裸"是"甲类祭祀动词"，但在众多的实例中，只有两条卜辞能支持他的观点。他只给出了一个例子，如例

(58),但是或许例(59)也可以包括在内。

(58) 贞祼于父乙新青出羊。《续存》1.290;《合集》2219

Tested: (We) offer a libation to Fu Yi (with) Xin's piglet and, in addition, sheep.

验证:(我们)用新的猪仔和羊为父乙举行祼祭。

(59) 丁亥……贞其今夕……祼于兄庚一牛。《京人》1551

Dinghai day ... tested: (We) will on this evening ... offer a libation to Xiong Geng (with) an ox.

丁亥日……验证:今夜(我们)用一头牛为兄庚举行祼祭。

如果"举行祼祭"这样的释读是正确的,那么这个动词就有一个内置宾语,因此也就不需要直接宾语。从这个意义上来说,"祼"不是一个四价动词,而是一个三价动词。但从语义上来说,它似乎具有[+礼仪]的特征。这与前文中讨论的动词"宾"有些相似——尽管"宾"需要带一个直接宾语,而"祼"似乎不需要,至少上面的例子都没有带。因此,对于沈培(1992:94)给出的三条"祼"带直接宾语的卜辞我很疑惑不解。

(60) 壬辰卜祼蒙(?)方大甲。《续存》634;《合集》8425

Renchen day divined: (We) offer a libation on [i.e., in regard to?] (the activities of) Mengfang (?) (to) Da Jia.

壬辰日占卜:(我们)为大甲举行关于(?)蒙方的祼祭。

(61) 壬辰卜祼蒙(?)方大……大甲。(同上)

Renchen day divined: (We) offer a libation on [i.e., in regard to?] (the activities of) Mengfang(?) (to) Da…(and) Da Jia.

壬辰日占卜:(我们)为大……和大甲举行关于(?)蒙方(?)的祼祭。

(62) 壬午卜其祼蛰于上甲划牛。《屯南》867

Renwu day divined: (We) will offer a libation on [i.e., in regard to?] the locust's (activities) to Shangjia (and) split open an ox.

壬午日占卜:(我们)为上甲举行关于(?)蝗虫的祼祭,(并)切分一头牛。

尽管"蒙方"(?)在其他卜辞中都是作为商边境的敌对方国而出现的(参见《综类》:486.4—487.1),但把它作为裸祭的对象也不是不可能的。同样,例(62)中提到的关于蝗虫的活动也可以看作这种典礼的对象。尽管从语法上来说可以作为直接宾语的这两个"对象"经常让商王朝很头疼,但商王朝相信裸祭可以平息这些不好的活动,也是可以理解的。这样的解释确实允许我们把这个动词看作具有[＋礼仪]特征,或许,也具有深层的[＋要求]特征。尽管在现有的甲骨材料中还没有发现直接宾语、间接宾语和工具宾语都带的例子,①但是它很可能是一个四价动词。

三、结语

在本文的研究中,我分析了六个四价动词:祷(祈祷)、祝(祈求、恳求)、宁(举行安抚的仪式)、御[＝禦](祛除、净化、驱邪)、告(举行宣布仪式)以及裸,并探讨了这些动词具有的[＋要求]特征。虽然动词"祷"和"祝"的[＋要求]特征很明显,但是其余的四个动词却不能立即显示这个语义特征。我们观察到"宁"的直接宾语一般是对商的不利条件。此外,安抚或抚慰的仪式是借助于某个自然神的。基于商王朝渴望秩序和正常状态,这个动词已经具有了[＋要求]特征。见例(11)到例(16)。动词"御"也体现了对秩序和正常状态的渴望,例(30)将"御"解释成"驱邪",这个解释很合理。但是,在其他许多例子中,如例(18)、(19)、(20)、(21)、(23)和(24),这个词表现出了"祛除"或"祓禊"的意思。这些例子中我们没有看到使直接宾语受折磨的恶魔的负面影响。例(23)到(25)显示驱除礼仪是为一个关于生育的祷告者而准备的。"御"除了有表示预备典礼的功能之外,可能还有别的功能,但我们现在还无

---

① 特别有趣的是以下出现在例(62)之前的刻辞:
其告蝗于上甲一牛。《屯南》867
(We) will make ritual announcement of [i.e., in regard to?] the locust (activities) to Shang Jia (with) one ox.
(我们)将用一头牛为上甲举行[即,关于?]蝗虫(活动)的宣告仪式,(使用)一头牛。
我们不止一次地指出四价动词间有着密切的相互关系。例(15)中"宁"(安抚仪式)和"告"(宣告仪式)之间的相互关系是很明显的。例(62)里,"裸"(裸祭)与"告"(仪式宣告)的语境有关。这支持了对"裸"是个四价动词的解释。

法探讨。在例(30)中,害虫蝗虫的活动被用作宣告仪式的直接宾语。例(15)中的平息礼仪"宁"中也是。在其他地方,如例(26)到(29)中,"告"似乎与军事行动有关,因为商朝向祖先神寻求帮助或援助。同样,他们祈求神的帮助也是因为洪水、日食等自然现象。

这六个动词用法相同,从句法上看也很相似,出现的词序通常是:(主语)+直接宾语+(于)间接宾语+工具宾语。从动词"御"可以看出,这个顺序的一些变化体现出工具宾语的"不可分割性"的特征(例[18]);间接宾语置于动词"御"前,如:可能是体现"对比"的意思(例[20]);而"于+间接宾语+直接宾语"的特殊词序可能是与方言相混合的产物(例[23])。现在已经发现这些动词的[+要求]的特征极可能与商文化的礼仪有关。否定的[-礼仪]特征可以解释在[+要求]特征的动词中工具宾语的缺失,如"求"(例[32]、[32])、"匄(=丐)"(例[33]、[34]、[35]、[36])。相反的情况随处可见:[+礼仪]特征解释了在动词"宾"(见例[47]、[48]、[49]、[50]、[51])和"祼"(见例[58]、[59])中工具宾语的伴随词,尽管可能有五个这样的词,但前者表面上缺乏[+要求]特征,而后者似乎有这个特征(如例[62])。因此可能动词"祼"是一个伴随其他动词的四价动词。

我为礼仪动词和祭祀动词提出了以下的定义:礼仪动词用于奉献服务活动,这样的活动可能是在传统中形成,用来满足具有象征意义的商王朝的礼节;而祭祀动词则包涵向神祇提供贡品以示服从或效忠。我认为,祭祀动词,如"燎"、"酌"、"㞢(=侑)"不过是和例(37)到(42)里的"乞"和"取"一样的普通动词。在一个句子当中,直接宾语和间接宾语的用法没有什么不同的地方;但对无标识的附加工具宾语却有所不同。我已经把这个句法特征归结为文化因素,即世俗世界和非世俗世界之间互惠的观念,或者说是"祭祀——受益"观念,这一点可以在商代甲骨文语言中清楚地识别出来。①

---

① 最后的分析里结论的意义何在? 意味着部分商代人的谨慎乐观、平等互惠的观念? 占卜有力量的观念? 在某种程度上使不可控性变得可控? 这些问题以及与之类似的关于商人精神的问题,本论文都没有做讨论。我希望一些历史思想学家们可以发现回答这些问题的价值,同时也对以上结论给予适当考虑。对其中一些问题的可能的答案的探索,尤其对商人宗教"官僚化"(bureaucraticization)的探索,见吉德炜(1978a);而关于宗教的政治重要性的探索,见伊藤道治(1996,即,伊藤道治部分见伊藤、高岛谦一 1996:3—136)。

论甲骨文和金文中之"日"字[①]

一、导言

甲骨文学者通常都把字形"⊡"释为太阳和白天。例如，在"出日""入日"中，"日"表示太阳；在"今日"、"之日"中，则表示白天。世界上有很多种语言都有此类多义字。比如日语中的"ひ(hi)"这个字，表示"火，太阳，地球自转的一天"。[②] 我认为甲骨文中的字形"⊡"也可以在某些特定语境中表示"时"这个词。这就是说"⊡"的读音在商代及周代是"时"。不难看出，三义词的日语"ひ"，与三义词的汉语"日"用法相当，只是"ひ"第三个义项表示火的意思，而汉语"日"的第三义项表示"时"的意思。

"日"字表示"太阳"和"白天"的两个义项，二者的发音要么同样古老，要么同样现代。它们的上古音，李方桂(1971)和白一平(Willian Baxter1992)都

[①] "论甲骨文中之'日'字"是在中国历史汉字整理与研究国际学术研讨会(华东师范大学，上海，2003年12月12—14日)上呈交的论文。在此，我要感谢为本文提出良好建议的学者：黄德宽，喻遂生，李玲璞，史克礼(Christian Schwermann)，蒲芳莎(Françoise Bottéro)，韩哲夫(Zev Handel)。本文是结合"论甲骨文中之'日'字"(高岛谦一 2006c)和"论金文中之'日'字"(高岛谦一 2006d)的修订稿。

[②] 这三个字的共同词根可以是"热"，尽管掘井(1988:208)认为它们的共同词根可能与他所谓的抽象概念词 hiru 昼(白天)相关，他还认为在 hiru 这个词中，音节 hi 表示了时间的流逝。这种解释是可能的，并且可能最终证明与汉字 shi/ * djəg(x)的词根相同。然而，需要指出的是，古代日语中表示时间流逝的词是 fuふ，源于 * pu，而 hi 源于 * pi(乙类母音 'category B vowel')。掘井也提到了它可能与韩语中的 hœ(＜ * hi)'太阳'相关。不幸的是，吉田(1976)的更可靠的日语词源研究没有ひ这个词之语源说。

拟构作＊njit(脂部入声;中古泥母三等)。然而,"时"则属于不同的韵部"之部阴声",而且声母也不一样,为中古禅母。李方桂拟构的音是＊dj□g(x=/),白一平拟构的音是＊dj□(/)。看来,我们似乎找到了一个多音字。简言之,"日"不仅是多义字(同音异义词),更是多音字。从词源学的角度看,古日语可能已经体会到了火、太阳、白天这三个词具有共同的词根"热"(参看脚注1),但是它们却至少代表了两种事物("fire"and"sun/day"),因此是多义词。相反,古汉语的"日"字在太阳和白天之间找到了共同词源,但却未能与"时"联系起来(其词源尚未解明)。也许这种联系是显而易见的。太阳和白天都可以被视为围绕着时间的轴心在旋转。这是基于语义和圆周运动,即"之"zhi/＊tj□g(李方桂的拟构)或＊tj□(白一平的拟构)。因而,我前面所用运动一词,恰好构成了它的语义核心(如,不仅有语义上的联系,还有语音上的联系)。无论如何,表示太阳和白天的字形"⊖",必然与时间有关,这是由太阳和白天的显著特征来支撑的,而不似日语中假定的"热"的语源。

二、中山王譻方壶铭文中的 字及其相关问题

高明(1980:494),徐中舒(1980:257),何琳仪(1998:47),涂白奎(2008:537)等古文字学家的著作中,都将《中山王譻方壶》——约公元前310年,有铭的中山王譻铜器共三件——铭文中的 字,隶定为"时"的初文。让我们先来看看有"时"的这句铭文:

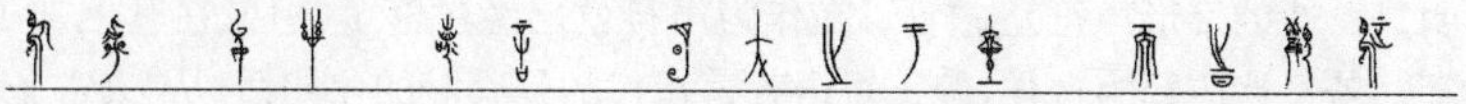

駄虖,安爭,若言。明矢止于壺,而告觀焉。

图 10

上面一行为铜器原铭,下面一行是相应的隶定。译为现代汉语,即:

1. 呜呼,允哉,若言。明策之于壶,而时观焉。

Ah, how indeed true these sayings are! TPTP [I have (thus)] clearly inscribed all these upon this *hu* vase, so that [you can] observe them on appropriate occasions.

啊,这些语录多么正确!① [(因此)我已经]清楚地把它们全部刻在这件壶上,这样(你们就能)在恰当的时机查看它们。②

这里,把"䏍"释为"时"似乎没有问题。根据《说文》(7上,137页),䏍即"时"的古文,在儒家经典中一般被释为"四季",有时也释作"恰当的时间"或"时机,机会"。此处在中山王的思想里,"时"一定是指用此壶祭祀祖先的时机。这里,"时"是时间副词。

"䏍"的上半部是现代"之"字,必然是声符,表明"日"应该读为 * djəg(x) 或 * dj□,而非 * njit。《说文》(7上,137页)曰:"时,四时也,从日寺声"。但正如本页脚注①提到的那样,《说文》还说:"䏍,古文时,从之日"。这句话的前半句毫无异义(䏍是时的古文形式),但"从 XY"中的 Y,与"从 X、Y 声"或"从 X、从 Y"(会意字)中的 Y 不一样,这就使人难以断定"从 XY"中 Y 的功能。因此,王筠(《说文解字句读》ap.《说文解字诂林》ab. *SWGL*,7. 2891 曰:"从之声也"。有些学者采纳了这种解释(如,加藤常贤 1970:481,汤可敬 1997:902 等)。米芮安德(Miller1953:207－9)则认为,以徐铉(916－991)、徐锴(920－974)为代表的宋代学者,或许受到前辈或同辈学者的影响,在整理《说文》时将"声"字删掉,他们认为 Y 不可能是声符,不过"从 XY"这种结构在《说文》中是否本就写作"从 X、Y 声",尚无法证实。鲍则岳(Boltz1994:119,154)举了几个例子来论证情况可能就是这样。本文即采用了他对"从

---

① "允哉若言"是倒装句。允写作 BB〄BB,下部是女,而不是现代写法里的人(允)。它的理由尚不明显。哉的字形声符是 BB〄BB。在作为声符就已经足够了,但又在其上加了兹,可能是一种饰笔。若显然应释为这样,偏正短语若言指代的是其上的一句话,从"夫古圣王务在得贤"开始,到"允哉"结束。全文如下:夫古圣王务在得贤,其即得民,故辞礼敬,则贤人至,博爱深,则贤人亲,作敛中,则庶民附。(The effort invested by those ancient sage kings was directed to securing the wise (in the government), and only after that, to securing people (to work in concert with them). Thus, if your speech and ritual behavior are deferential, men of wisdom will come (to you), and if your care and affection (for the people) are deep, the wise will be very supportive, and if corvée and taxes are moderate, the common people will not leave you.)

② 可能是指祭祖的时机。時,写作 BB〄BB,也即[应是䏍],《说文》(7上,137页)列出的古文"时"。在经书中一般释为"四季",有时也释为"恰当的时间"或"时机,机会"。在中山王的意识里,它一定是指中山王希望用此壶祭祖的时间。在这句话中,时用作副词。另外还需指出,在古文字学中,《说文》中收录的古文䏍写法并不准确,因为其上部字素 出(=有)是牛/⩛(* ŋwiəg/ * ŋwj□)的简化形式,而⩛的上部字素应是之,不是 出。

XY"的这种解释。TPTP①PTPT 如果这种解释正确,那么,许慎必定知道"日"的古音与"时"的初音是一致的。②

三、甲骨文中的"日"及其相关问题

甲骨文"日"具有"时"的读音,是一个新观点,以下试举几例来证明我的观点:

2a. 辛亥卜,翌日壬,旦至食日(=时)不[雨]。大吉。《屯南》624
Xinhai [day 48] divined: (On) the following day, ren [renzi day 49], (from) the sunrise to the meal time, it will not [rain]. Greatly auspicious.
辛亥日[第 48 天]占卜:第二天,壬日(壬子,第 49 天),(从)太阳升起到吃饭时间,不[下雨]。大吉。

2b. 壬,旦至食日(=时)其雨。吉。同上
(On) the ren day [49], (from) the sunrise to the meal time, it may happen to rain. Auspicious.
壬日[49],(从)太阳升起到吃饭时间,可能下雨。吉。

2c. 食日(=时)至中日(=时)不雨。吉。同上
(From) the meal time to noon, it will not rain. Auspicious.
(从)吃饭时间到中午,不下雨。吉。

2d. 食日(=时)至中日(=时)其雨。同上
(From) the meal time to noon, it may happen to rain.

---

① 根据蒲芳莎(FrançoiseBottéro)的看法,情况并非总是如此(在 2004 年 12 月瑞典乌普萨拉 SCASS 研究所时的私人谈话)。我们期待她的发现。

② 虽然时和实的韵部不同(时是之部,实是脂部入声),但彼此之间却有一些有趣的联系:蒲立本(Pulleyblank1995:89)认为,只有在上古汉语中,名词时与是、寔、实才有联系。他认为时是非重读音,而是和实是重读音,二者形成对比,根据中山王壶铭文,他的观点是正确的(高岛谦一 1996a)。这表明指示词存在一个形态系统,但有趣的是《说文》(7a)曰:"日实也,太阳之精……"实是指"阳"的精华。另外,"是"和"寔"中的"日"也可能是音符。这可能成为"日"音 shi 的另一条证据。比照许慎常用的声训方法,我们可以这样说:"日时也"。也就是说:除了音 ri 以外,"日"有"时"shi 这个读音。

(从)吃饭时间到中午,下雨。吉。

2e. 中日(=时)至啚兮不雨。吉。同上

(From) noon to the late afternoon, it will not rain. Auspicious.

(从)中午到近傍晚,不下雨。吉。

2f. 中日(=时)至[啚]兮[其雨]。同上

(From) noon to the late afternoon, it may happen to rain.

(从)中午到近傍晚,下雨。吉。

从以上几例卜辞来看,贞人经历了从黎明到近傍晚(或日落)的一天时间。占卜主题是雨,贞人的卜问以正反对贞的形式出现。① 食日与中日、啚兮互为对文。② 陈梦家(1956:232)认为"大食"和"小食"分别指朝食和夕食的时间,也可省作"食日"或"食"。陈梦家根据数条卜辞得出的这个结论(p. 231),为学界所普遍接受。然而,他却未能更进一步指出"日"还具有"时"的读音和意义,而仅是将"食日"作为一个固定短语。这种观点现在看来有失偏颇,常玉芝(1998:13)、李学勤(1997/1999:20)也是一样的。③ 我们的分析更加严谨,认为在商代语言中,食日和大食日分别表示的是食时和大食时。如果陈梦家的观点无误,则偏正短语"大食日"的简缩形式"食"可以独立表示早饭时间。那么,我们可循此对"食"和"小食"(晚饭)也进行一下类比。由此我们可以看

---

① 反贞句用表示非主动、事态性和非情态性的否定词 bu 不 'it is/will/was not V'(高岛谦一 1988;伊藤、高岛谦一 1996:364—382;中文修改版见本书第二编第四节),而正贞句用情态性的语气词其表示,这里我把它译为"may happen to"(可能发生)。从卜辞来看,尤其是在有"大吉"和"吉"等验辞的卜辞中,反贞句是商人更希望看到的结果(参看司礼仪 Serruys1974:25—7)。

② 在正文中我们将对"中日"进行探讨。至于"啚兮",它看起来虽然有些许奇异,但仍然是一个由两个词构成的双音词。现在我们并不了解这个双音词,但是根据上引卜辞 2(e)和 2(f)以及《粹编》715《合集》28794"啚兮至昏不雨"来推断,合起来的字表示时间,指的是接近黄昏的时候。徐中舒(1988:507)[接受郭沫若 1937:715/98a 之意见]认为 xi 兮即曦(太阳或太阳光的颜色)。虽然这种观点貌似有理,但在音韵学上却讲不通:兮和曦在上古汉语中属于不同的韵部(前者是佳部,后者是歌部),另外,在中古汉语中它们的声钮也不相同(前者是匣母,后者是晓母)。因此,这种解释是不正确的。能够确定的是,它是指"昏"之前的一段时间。

③ 李学勤猜想"大食日"乃是一词"大食"或称"大食日",又省为"食日",这也是模棱两可的说法。我认为"大食日"和"食日"可以,但是必须要进行分解,分别表示"大食的时(间)"(即早饭时间)和"食的时(间)"(即早饭时间)。

出,"食"字本身具有表示"早饭时间"的意义,也就是说"日"(=时)被省略而已。

  在后文给出更多例子证明这个观点之前,我们先来讨论一下如何理解"中日"一词。学界普遍认为"中日"表示一天的正午时分。虽然"表示正午时分"的大意是没错的,但是对"中日"的这种现代解释是否准确,我有所质疑。因为在卜辞(2c)至(2f)中,我们看到了时间从食时(吃饭时间,早饭)到"萛兮"(近傍晚或黄昏)的推移,而"中日"则介于二者之间。因此,我们可以做出"日"的另外一种解释,即在"中日"这个短语中它表示"时"。"日"不只是多义字,也是多音字,正如我们在本文第一部分讨论的那样。因此,同一个字,在具体语境中,既可以表示"日"(*ri* 太阳,或日子),也可以表示"时"(*shi* 时间)。同时"中日"可以理解为太阳正运行至其一昼夜轨道的中间位置,或两个给定日期的中间一天。但问题关键是:在商代汉语中这个词应当做出何种释读?是读为 *zhong ri* ＊trjəngw ＊njit 还是读为 *zhong shi* ＊trjəngw ＊djəg(x)?传统观点倾向于认为"日"在"中日"一语中表示时间,而不是太阳或天。也即,在商代语言中"中日"必定读为"中时",在从(2c)到(2d)的几个例子中,表示太阳在天空的中央'time in the meridian'。这与我们认为"食日"和"大食日"分别表示"食时"(吃饭时间)和"大食时"(早饭时间)是一致的。不过,假如"中日"出现在两个日期之间,那么,"中日"在上古汉语中就当必然读为 *zhong ri*(＊trjəngw ＊njit),而非 *zhong shi* ＊trjəngw ＊djəg(x)。但是,在甲骨文中尚未找到支持此观点的例证。

  首先,我们认为常玉芝(1998:137)对"中日"和"日中"未作任何区别的观点是有待商榷的。她认为这两个短语在以下卜辞中意思相同:

  3a. 中日其雨。《合集》29790

    (Around) noon it may happen to rain.

    (大约)在正午时候,天可能下雨。

  3b. 中日不雨。《合集》28569

    (Around) noon it will not rain.

    (大约)在正午时候,天不下雨。

  3c. 叀日中有大雨。《合集》29789

    It should be during the day that there will be much rain.

应该是日中将有大雨。

3d. 暮于日中迺往，不雨。《合集》29788

(If,) in the evening and (on to) during the day, TPTP (we go:) leave thenceforth, it will not rain.

(如果)在晚上，延续到白天，(我们去：)①从那时离开，天不下雨。

正如上面的译文所显示的，(3a)、(3b)与(3c)、(3d)所说的时间完全不同。前者中的"日"表示时"time"，后者中的"日"表示日"day"。这是两个不同的词，在本文第一部分已经解释过了。从语法结构来看，"中日"和"日中"完全不同：前者是限定性名词短语，后者是由"N+V"结构构成的名称短语，字面意思是"太阳—在—中间"，也即"在白天中"。② 可以举出这样一条证据，即卜辞中"中日"出现在"至+(于)+X"(这里的 X 是诸如昏、羣兮、昃等时间词)这样的搭配中，③而"日中"则没有这种搭配。这就表明，"日中"表示一段延续的时间(白天，太阳在空中可见的时候)，而其他时间词，如旦、夙、朝、食日

---

① "暮于日中"这里理解为"在夜晚以及在白天"。一些人或许会理解成"一天之中的夜晚"。我排除了这种可能性，因为不存在"N₁+于+NP"，并且在此 N₁ 是 NP 的一部分这样的结构。而且，介词于与时间词连用，都表示未来。有关连接介词在两个名词之间的用法，请参看高岛谦一(1984—85；1996：247—251)。不过，我对这句卜辞的理解也有一些疑惑之处，因为只有当"日中"被理解为下一天的日中时，从"暮"(晚上)到"于日中"之间的时间才是连续的。虽然这也不是不可能的，但是如果结合例 3 来看，贞人占卜的似乎是同一天的出行活动，而不是下一天的活动。当然，也有可能是刻写错误，把前后的时间刻写颠倒了，正确的顺序可能应该是"日中于暮"(在白天并且延至夜晚)。另一种可能性是把"暮于日中"理解为"在夜晚或在白天"，但是难以确认这是贞人的意思。这个短语很难理解。

② "N+V"构成 NP 这种结构分析或许是不对的。如果我们把"V"换成"N"，也即"N+N"。如果我们这样做，那么，"日中"就可能表示"一天的中间"。考虑到这个词义，这也是可以接受的，因为"日中"(=一天的中间)很可能代表"在一天中"的意思。假如有"日上"一词，我们把它理解为"太阳上面"，似乎是不合适的。把"上"理解为动词更令人信服，而"日上"应该理解为"太阳升起"。另外，如果有"日下"一词，我们可能就把它理解为"N+N"结构(类似周人说的"天下")，而实际上，把它理解为"N+V"结构，表示"太阳落下"，在理论上也是可能的。下面例 5 中的"日中"表示"分"，在《尚书·尧典》中表示春分。这个意思发端于认为中是动词，不是名词，因此，把"日中"理解为"N+N"，其意思也不可能是对的。

③ 比如，《屯南》42,624；《合集》29793 等。

或大食日(日＝时)、督(＝昼?)、①中日(＝时)、昃、小食、羣兮、昏等,所表示的时间都比"日中"要短。另例,参看以下几条卜辞,"中日"和"昃"正好互为对文:

4a. 中日其雨。《合集》29910

(Around) noon it may happen to rain.

(大约)在正午时候,天可能下雨。

4b. 王其省田昃不雨。同上

If His Majesty should inspect the field, it will not rain in the afternoon.

如果王去检示农田,下午天不下雨。

4c. 昃其雨。吉。同上

It may happen to rain in the afternoon. Auspicious.

下午可能下雨。吉祥。

这块骨上还有其他刻辞,但看不清楚。不过,显然(4a)的"中日"和(4b)—(4c)的"昃"是相对的。如果"昃"表示一段时间,那么"中日"也必须表示一段时间。根据(3a)—(3d)和(4a)—(4c)的卜辞,可以推断出"中日"和"日中"辞意并非相同。前者应读为"中时",李方桂的拟音是＊trjəngw＊djəg(x),白一平(Baxter)的拟音是＊k-ljung＊dj□(/),意思是"大约在正午时分"。后者应读为"日中",李方桂的拟音是＊njit＊trjəngw,白一平的拟音是＊njit＊k-ljung,意思是"在一天中"。

四、传世文献的简要回顾

在汉代以前的传世文献中,我们发现"日中"一词词频较高,而"中日"一词却从未出现过。如:

5. 日中星鸟,以殷仲春。《尚书·尧典》

The **day being in the medium** (length [i. e., equal at day and at

---

① 解释参看宋镇豪(1985:199)。不过,根据刘学顺(2005:51－3)的观点,宋镇豪的解释也是有问题的。

night]), and the asterism being in the Bird (*chunhuo* 鹑火 [i. e., appearing in the south at dusk]), (he) thereby determined the mid-spring.

一天在**正中的时候**(时间长度,也即白天和夜晚平分的时候),辰在鸟星的位置(鹑火,即黄昏的时候在正南方),以此确定了仲春的时间。

6. 日中为市,致天下之民,聚天下之货,交易而退,各各得其所。《易经·系辞下》

(Shen Nong) had the markets open in the **daytime**, having had the people go there, gather goods of the countries, and after having them exchange the goods (he) had the people return home; each of them thus obtained what was (needed).

(神农)在**白天的时候**开放市场,让他的百姓聚到这里,汇集天下的货物,互相交易之后,让百姓回到家中;个人得到他所需要的。

7. 其君之戎,分为二广,卒偏之两。右广初驾,数及日中,左则受之,以至于昏。《左传·宣公十二年》

"Its ruler's soldiers was divided into two bodies of 15 each. To each of them were attached 100 men, and an additional complement of 25 men. The body on the right rode on chariots first, and kept on duty till **mid-day**, when that on the left took its place till dark."(据理雅格的译文[Legge 1872a: 318]修改而成。)

"国君的军队分为左右两广,每广分为 15 乘。每乘 100 人,另有 25 名备军。右广率先乘车出兵,执行任务到**正午时候**,然后左军接替右军,执行任务直到天黑。"

上述译文中加粗标示的部分,分别与"日中"的意思相对应。虽然它们在例 5、6、7 中分别表示不同的意思,但是都有一个共同特点,都表示太阳在正午或接近正午时候的运动。至于语法结构,"日中"是 N+$V_{stative}$ 结构(参看 354 页脚注②)。与此形成强烈对比的是,我在汉代以前的文献中没有找到"中日"一语。① PTPT 这与常玉芝的观点恰好相反。她引用了《易经·系辞下》、《国语·鲁语》和《礼记·檀弓》中的三个例子(《易经·系辞下》即例6),认为"日中"和"中日"没有区别,而她并未举出"中日"的例子。因此,她的观点是难以让人接受的。

需要指出的是,"中时"一语确实用来表示"正午",尽管在汉代之前的经典中尚未找到这一用例。如:

> 8. ……四时不异,若其日有长短,分在中时前后……《陈书》(唐·姚思廉),《沈洙传》
>
> There are no differences (in the stretch of time) in the four seasons, but if there is in a day, it is divided in pre-and post-meridian.
>
> 四时没有时间的长短,但如果一日有时间的长短,分(即春秋二分)的划分界限就正午之前和正午之后。

本文虽未对"中时"相关资料进行系统整理,但上举各例以及第5—7例,表明"中日"是一个容易造成错觉的表达。按字面意思,把"中日"释为"正午"似乎也有道理,但实际上应该把它释为"中时",通俗地讲就是"中午"。有人或许会驳斥这种解释,质问它有何意义。它的意义在于:(1)我们在商代汉语中找到了一个新词,(2)"日中"和"中时"的意思有显著区别,(3)这种区别有助于解释更多的例子。最后一点非常重要,下面我们就集中探讨这个问题。

五、字形"日"表示"时"的更多例证

以下几例卜辞中的"日"字,理解为表示时间的"时"显然更合辞意:

> 9a. 癸丑卜,贞旬[甲寅大]食雨[自北]. 乙卯小食大启. 丙辰中日大

---

① 有趣的是,和汉文献中也有使用"日中"的例子。比如,在18世纪寺岛良安(江户中期)编订的一部百科全书《和汉三才图绘》中,"日中"指的是春秋二分。可能寺岛良安知道《尚书》中也有同样的说法,但是这个 N+V 结构对他来说并不陌生,因为在日语句法中很容易找到类似的结构,比如 hi wa chū ni shite…日は中にして(当一天到正中的时候)。因此,汉语句法中出现 N(名词)+V(表示状态的动词)这种结构也并不奇怪。把"中"理解为动词,参看354页脚注②。

雨自南。《合集》21021

Divining on the *guichou* day [50], tested: In the (following) 10-day week [there will be no mishaps]. [On the *jiayin* day (51) at the time of big] eating (i. e., breakfast) it rained, [the rain having come from the north]. On the *yimao* day [52] [at the time of] small eating (i. e., supper) it all became clear. (Around) the **mid-day** (i. e., noon) on the *bingchen* day [53] it rained much, the rain having come from the south.

癸丑日(50)占卜,验证:下一旬(接下来的10天)[没有灾祸]。[甲寅日(51),在大食(即早饭)]的时候,天下雨了,[雨从北边来]。乙卯日(52),[在]小食(即晚饭)[的时候],天放晴了。丙辰日**中日**(即正午时分),天下大雨,雨从南边来。

9b. ……大采日各云自北。同上

… at the **time of greater illumination** (i. e., sometime in the morning PTP there arose the approaching clouds, having originated from the north.

……在**大采的时候**(即上午在的某段时间),①天上聚起云彩,云从北边来。

在例9a中,"大食"和"小食"应当视为"大食日"和"小食日"的简称。陈梦家早就提出了这种观点(1956:232),但我建议应该把它们读为"大食时"(早饭时候)和"小食时"(晚饭时候)。同样地,例9b中的"大采日"应读为"大采时"(天较亮的时候)。正如陈梦家和其他学者指出的,它刚好与"小采日"也即我们提出的"小采时"(天较暗的时候)相对,指的是"小食时"之后的一段时间。例如:

10. 癸亥卜,贞旬。乙丑夕雨。丁卯明雨。戊小采日雨止,风。己明启。《合集》21016

Divining on the *guihai* day [60], tested: In the (following) 10-

---

① 既然9a和9b同版,并同时出现"大食"和"大采日",那么这两个词必然表示上午两段不同的时间。

day week [there will be no mishaps]. [On the *yichou* day (2), in the evening, it rained. On the *dingmao* day [4], in the early morning it rained; at the **time of lesser illumination** on the *wu*[*chen*] day [5] the rain stopped, but it became windy. On the *ji*[*si*] day [6] it cleared up in early morning.

癸亥日[60]占卜,验证:旬[无祸]。乙丑日(2)晚上,天下雨了。丁卯日[4]清晨,天下雨了。戊辰日[5]**小采时候**,雨停了,但开始刮风。己日[6]清晨,天放晴。

把"日"理解为"时"(时间),相应的,"大采日"即"大采时","小采日"也即"小采时",指"小食时"之后的一段时间。

对此,李学勤(1999a:65)与我们有完全不同的解释。他首先指出陈梦家(1956:231)在"大采日"和"小采日"下面标注了圆点,这就暗示了陈氏认为它们应该被视为一个词。在此基础上,李学勤推论到,这里的"日"表示"太阳"。然后他举出上面的第10作为例证,认为"日"显然是独立的词,不能与"小采"连读,因为该句中有"雨止"一词,如果雨停了,那么"日"就必须表示"太阳"(雨后晴日)。我不同意这种观点。例10似乎很能支持李学勤的观点,不过这只是巧合。事实上,"小采日"就是"小采时";它或许与太阳是否可见没有关系,因为它的词义已经固定,表示一天之中"光线较暗的那段时间"。还有几条卜辞可以证明我们的观点,下面略举几例:

11. 乙卯卜,㱿贞今日王往于敦。之日**大采**雨。王不往(?)。《合集》6710

Divining on the *yimao* day [52], Nan tested: Today His Majesty should go to Dun. On that day, at the (time of) **greater illumination**, it rained. His Majesty did not go. TPTP

乙卯日[52],占卜,㱿验证:今日王应到敦地去。当日,①在天大亮的时候,下雨了。王没有去敦地。

12. 壬戌又雨。今日**小采**允大雨。《合集》20397

On the *renxu* day [59], there was rain. Today, at the (time

---

① 一些学者认为⌇是一个字,但是他们错了,"之日"是一个常用语,表示"那天"。

of) lesser illumination, it indeed rain much.

壬戌日[59]天又下雨。今日,在天**不太亮**的时候,确实下了很多雨。

因此,例(11)和例(12)表明,李学勤(例10)提出的例子只是偶然地支持了他的观点。学者们都同意把"大采"和"小采"视为"大采日"和"小采日"的省略。这与上述例9a的省略形式是一样的。也即,"大食日"和"小食日"等同于"大食"和"小食"。那么,如果"大食日"和"小食日"分别表示"大食时"(早饭时间)和"小食时"(晚饭时间),"大采日"和"小采日"就应该分别表示"大采时"(光线较亮的时候)和"小采时"(光线较暗的时候)。因此,这些词语都与太阳是否可见没有关系。

六、结语

以下短语中出现的字形"日"(日),在商代甲骨文中表示"时"这个词:

食日(＝时)"吃饭时间""meal time"
大食日(＝时)"早饭时间""breakfast time"
小食日(＝时)"晚饭时间""supper time"
中日(＝时)"正午时刻""time in the meridian, noon"
大采日(＝时)"光线较亮的时刻""time of greater illumination"
小采日(＝时)"光线较暗的时刻""time of lesser illumination"

七、待　考

下面我们再举出几个待考的例子,其中的"日"也可能是表示"时":

13. 今日丁,祉日(时)王其过亡戋。《合集》28754

Today, on the *ding* day, at the time of *zhi*-sacrifice, His Majesty should go through (or pass by) [X]; there shall be no disaster.

今日,在丁日,在举行祉祭仪式的时候,王应该从旁走过[X];没有灾祸。

14. 屯(蠢)日(时)不雨。《合集》24669

　　At spring time it will not rain.

　　在春天的时候,天不会下雨。

15. ……冥日(时)……不……告。《合集》18076

　　…at the (time when clouds) cover… not… announcement.

　　……在云遮蔽天空(的时候)……不……告。

16. ……其……昃日(时)……《合集》11728 反

　　…at the time when the sun inclines (= in the afternoon)…

　　……在太阳西斜的时候(=下午)……

17. ……燕(宴)日(时)……《龟甲》1.10.4

　　…at the time of banquet…

　　……在宴请的时候……

上述例子缺乏一个完整的语境,来说说明"日"表示"时"这种解释。在上述诸例中,例证作用最大的是例13。在这条卜辞中,我们知道日期是丁日(今日丁),其后出现的必然是表示该日某段具体时间。而"祉日"(="时")的结构与我们此前研究的结构完全相同(参看结论部分)。关于"祉"的含义,学术界尚无定论。传统的字书认为祉表示"上帝的福佑"。徐中舒(1988:14)认为它是祭名,但在例13中如何理解,还不确定。下面的这条卜辞,如果按照我们阐述的方式理解,恰好能支持他对祉的解释:

18. 贞于乙日祉由(思)王受又。《合集》27202(=《甲编》1343)

　　Tested: (If) on the *yi* day, conduct *zhi*-sacrifice, would that His Majesty receive aid.

　　验证:(如果)在乙日,举行祉祭仪式,王将会受到福佑。

例18的解释,问题很多,我也不确定上述译文是否准确。如果我们把"乙日"理解为和介词"于"连用构成时间短语,那么,祉一定是动词。在上述译文中,我们就采用了这种理解。但是,"于乙"单独构成时间短语,也不是不可能的。果真如此的话,就出现了"日祉"一词,而"日"可能表示"时"。那么,"日(=时)祉"这个词序就变得很有趣了,因为它与例13中的"祉日(时)"刚好词序相反。这或许暗示了一种语法结构上的本质差异,可能是受方言或其他语言的影响造成的。[1] 如果这种可能性存在的话，由此所产生的译文（也即，[如果]在乙日，举行祉祭仪式，王将会受到福佑）就变得更加有趣。然而，我们需要更多例子来证明哪种可能性是合理的。至于例 14 中的残辞，我们没有做出更多解释，不过其中的（屯），也可以如下列卜辞一样，用作萅（春）：

19. 壬子[卜]……贞今屯受年。九月。《合集》9652

Divining on the *renzi* day（49）… tested：In the present [immediately coming?] spring，（we）will harvest a（good）crop. Ninth month.

壬子日(49)占卜……验证：这个(即将到来的?)春天，(我们)将会有好的收成。九月。

既然"今"（现在）一般修饰名词，表示现代的，同一时期的，那么上面这条卜辞就让人费解了，因为春天比占卜时的九月份还要早几个月。但是如果"屯"不表示"萅(春)"，那么它的词义就完全不可知了。

至于例 15 中的"冥日(时)"（在云彩蔽日的时候），由于文辞过于残缺，我们很难对它的含义做出有力的判断。我们只能把它列出，以期更多的线索出现。至于"昃日"，它出现了 20 多次，大部分都写为，隶定为"昃"；不过这里，其后多了一个"日"字。这可能暗示，"昃"，与"仄"同，表示"倾斜"，作名词时表示太阳西斜、即将落入地平线的那段时间。同样的，我们也缺乏其他证据来说明这个问题。最后再讨论一下"燕日"。"燕"即"宴"，表示宴会。把"燕日"理解为"宴会那天"，与"燕时"（宴会的时候）意思相同。我们将用更大的篇幅来讨论这个问题。

---

① 甲骨文中可能混有方言，参看高岛谦一、余霭芹(2000)。

周代青铜器铭文中表示"时"的"⊙"字

一、导言

据我所知,目前尚无人提出这个表示"日"(太阳)的象形字,可以在某些特定语境中表示"时"这个词。李方桂(1971)拟构的音是 * dj□g(x=/),白一平(Baxter,1992)拟构的音是 * dj□(/)。在包括周代金文中,"⊙"都可释为"时间,时机,在恰当的时机"。我引用了一些铭文来支持此观点,如果我的释读成立,便能为金文增加一条迄今未识的重要词条,并且这个词条比之前在《中山王礜方壶》中考释的 字,时代更早。"⊙"字"时"的义项,除了在语言学上具有重要涵义外;在社会文化层面上,我们将认识到周人在"时"这个词义上对商代语言的继承。下文我们将通过对金文中有关音乐、祭祀等方面内容的讨论,来研究时间与周人的关系。

二、"⊙"的相关研究

由于学界对"⊙"字"太阳"和"天"两个义项相关研究已经非常到位,故本文不再详述,这章将主要就"⊙"字第三个义项展开讨论。

(一) 周代金文中误释为"时"的字

某学者认为西周早期《麦方尊》中的 㞢 字即为"时"的古文,准隶定为"旹"。① 然而,正如杨树达(1954a:223)和白川静(金文通释 11.637)所述,这种释读造成了金文动词"咸"置于句尾的问题。"咸"作为动词,其后应该跟一个表示祭祀仪式的词作为宾语。让我们读一下《麦方尊》的一段铭文:

> (2) 王射大䳜(鸿),禽(擒)。侯乘于赤旂舟从。死(尸)咸。之日王以侯入于寝。侯易玄珮戈。雩王在宕,巳(祀)。夕侯易诸䵼臣二百家剂用王乘车马金䚱门衣市舄。
>
> His Majesty shot at a big goose (?) and got it. The Marquis rode on a boat with a red flag, following His Majesty. The ritual service was completed. That day His Majesty guided the Marquis into the mausoleum, where the Marquis was granted a black carved axe. When His Majesty was at Gan, he conducted the *si*-ritual. In the evening, the Marquis was given the soldiers (?) and the retainers, two hundred households of them, and allowed to have (the privilege) to use the king's chariot horses, bronze X, silk gown, knee cover, and shoes.
>
> 王射大鸿(大天鹅?)并擒之。侯乘坐一条插着红旗的船,跟随着王。祭祀仪式完成了。② 当日,王引领侯进入寝宫,赐给他一把

---

① 这里,我用"准隶定"(quasi-direct transcription)这个词是想说明"旹"这个写法不完全准确。"旹"不应该像"㞢"一样被压扁。这个现成的字体忽略了左上部的"└"和右上部的"┘"之间的重要区别。这两笔不应该对称出现在"⊥"的两边,左边的一笔应该比右边的一笔低,因此:应该写作" └ ┘ ",⊥在中间。

② 杨树达(1954a:223—4)引用了一些铜器铭文,证明"咸"更像是一个独立动词(比如,作为不带宾语的不及物动词),但是与它相关的潜在主语毫无例外都是某种祭祀仪式。通常都是与天子发布命令(即"令")有关的授权仪式。他认为,"咸"在这些铭文和一些传世文献中也可以表示"终,终竟"。我接受了他的观点,因为"咸"所在的语境能够说明这一点,而在其他语境里,"咸"用作不及物动词。

雕有黑色纹饰的戈。王在敢地时,举行了"祀"这种祭祀仪式。①
晚上,侯获赐二百家士兵和家臣,获赐使用王的车马、青铜器🈳,
丝质衣服、护膝和靴子的特权。

为了解释"咸"的意思,一些学者把🈳释为"旹",进而释读为指示词"时"。这使得一些学者把"咸时"解释为"杀时(＝之)","咸"即"咸刘"之咸,意为"杀"。而"时"(＝之)指代大鸿。郭沫若(1956:41)也采用了类似的解释,并引用《逸周书》"咸刘商王时"来论证。起初,郭沫若也认为"咸"表示杀戮,将🈳释为"旹"。反复思考后,由于没有在金文中找到其他例证,他又将这个字改释为"之日"。如果"之日"一语可表示"那天",则其释读无误。但同时他仍坚持将"咸"释为"咸刘"之咸,这在句法上就把"之"理解为了直接宾语(大鸿)。他认为"日"的用法与"巳夕"相反,"日"指白天的时间,"巳夕"指夜晚的某段时间。因此,他把"咸之日"释为"白天王杀死它[大鸿]的时候"。白川静(《金文通释》11.638)反对郭沫若的这些解释,并提出了与我观点相似的看法(见拙文对(2)的释文)。现有金文资料来看,"旹"字初文,即旹字之直接隶定,尚未发现。

(二)周代金文中真正表示"时"的字形"⊙"

在下列各例中,金文"⊙",与甲骨文"⊟"一样,都具有"时"的音义。下面列出的是周代金文中出现的一些典型例子:

(3)靴乍宝毁,用日(＝时)言。靴毁《殷周金文集成释文》6.3630

Xiong(?) made (this) precious tureen, with which to conduct (ancestral) sacrifices on appropriate occasions.

靴制作了这件宝簋,在恰当的时候用于飨祭祖先。

(4)天子万年宿孙子受毌纯鲁,伯姜日(＝时)受天子鲁休。伯姜鼎《殷周金文集成释文》5.2791

(May) Son of Heaven provide the descendants with His

---

① "祀"通常是指王在统治开始那年举行的某种祭祀仪式。人们可能认为这种仪式是在国都里举行的,但在这里,如果释读正确的话,仪式是在国都之外的一个地方举行的。尽管证据表明"祀"可能是在国都之外的地方举行的(正如一些学者注意到的那样),但这还需要单独研究。我能肯定的是"祀"不是及物动词。我的这个判断,是根据高岛谦一(2009a)的研究做出的。

(heavy:) liberal benefaction for myriad years, and Bo Jiang to be bestowed with Son of Heaven's benefaction and grace on appropriate occasions.

天子保佑子孙后代：慷慨的福佑绵延万年。祝愿伯姜在恰当的时候得到天子的保佑和祝福。

(5) 櫖侯乍姜氏宝鬹彝。事姜氏，乍宝毁，用永皇方身，用乍文母櫖妊宝毁。方其日（＝时）受宝。櫖侯毁蓋《殷周金文集成释文》8.4139

Marquis of X made (this) precious sacrificial vessel for Jiang*shi* [i.e., patriarchal family referring to lady]. (In his) service to Jiang *shi*, (Fang) made (this) precious tureen to make himself eternally distinguished, and thereby made (this) precious tureen for Refined Mother X Ren. May Fang be the recipient of good fortunes on appropriate occasions.

櫖侯为姜氏制作了这件宝彝。侍奉姜氏时，櫖侯制作了这件宝彝，以便能永保其身，因此，制作了这件宝彝，用于祭祀文母櫖妊。祝愿方在恰当的时候受到好运。

(6) 瘨其万年永宝日（＝时）鼓。瘨钟《殷周金文集成释文》1.247

May Xing treasure (this bell) for myriad years, and let it to toll on appropriate occasions.

祝愿瘨万年永宝（钟），祝愿宝钟在恰当的时候鸣响。

(7) 瘨乍協钟，万年日（＝时）鼓。瘨钟《殷周金文集成释文》1.257

Xing made (this) harmonious (sounding) bell so that (we) can toll the bell on appropriate occasions for myriad years.

瘨（Xing）制作了这件（声音）和谐的钟，以便能在恰当的时候敲响宝钟，直到万年。

上举几件铜器铸造年代为西周早期至西周中期。按传统释读，"日"当释为时间副词"日常地，每日地"，但这样的释读说服力并不强。在例（3）中，每天都祭祀祖先的可能性不太大，把"日"解释为表示恰当时机的"时"，似乎更为合理。在例（4）、例（5）中，把"日"解释成"日常地，每日地"显然很怪异。这里的

第四编 甲骨文研究:系动词与其他文字和文化 367

"日"也表示恰当的时机。在例(6)和例(7)中,虽然我们无法得知周人是否每天都敲钟,但是,把"时"理解成恰当的时机似乎更自然。

一旦我们承认"日"具有相当于"时"这个词,那么许多此类铭文的释读都要做出调整。我们甚至可以从中了解到某些祭祀的时间信息,如:

(8) 其子子孙孙永日(=时)鼓乐兹钟。其永宝用。　井叔采钟《殷周金文集成释文》1.357

May sons' sons and grandsons' grandsons toll this bell and play music for eternity. May (they) forever treasure and use (it).

祝愿我的子子孙孙能够永远敲钟作乐。祝愿他们永远宝用这件钟。

(9) 苏宾璋马四匹,吉金。用乍鬻彝。颂其万年无疆,日(=时)遟天子覭令。子子孙孙永宝用。史颂毁《殷周金文集成释文》8.4229

Su treated (Song) as a guest with the offering of a*zhang*-jade tablet, horses numbering four, (hard metal:) bronze, so as (for Song) to (be able to) make a *jiang*-sacrificial vessel. May Song (flourish) for a myriad years without limit, extol the manifest command of the Son of Heaven on appropriate occasions, and the sons' sons and grandsons' grandsons treasure and use (it) for eternity.

苏款待客人颂,赠予颂一件璋,四匹马和青铜,以便颂能够制作一件用于将祭的宝彝。祝愿颂万年无疆,在恰当的时机颂扬天子显令,子子孙孙都能永宝用。

(10) 艅其蔑历,日(时)易鲁休。艅敢覭天子丕显休,用乍宝毁。其万年永保臣天子。师艅毁盖《殷周金文集成释文》8.4277

Having been commemorated for achievement, Yu was bestowed with (Son of Heaven's) benefaction and grace on that occasion. Yu presumed to extol the greatly illustrious grace, thereby having cast (this) precious tureen. May for a myriad years maintain (his) lineage) and serve the Son of Heaven.

为了庆祝功业,艅在那个时候被赐予(天子的)福佑。艅颂扬天子的伟大恩惠,因而制作了这件宝簋。祝愿他的后代能绵延万年,永远为天子服务。

(11) 归夆其迈年日(时)用亯于宗室。祈伯归夆毁《殷周金文集成释文》8.4331

May Feng of Gui for a myriad years use (this tureen) on appropriate occasions for sacrifices at the ancestral chamber

祝愿归地的夆在恰当的时机使用这件宝簋祭祀祖先宗室,并能够享用万年。

(12) 王命膳夫克舍令于成周遹正八自。之年,克乍朕皇且釐季宝宗彝。克其日(时)用饗朕辟鲁休。小克鼎《殷周金文集成释文》5.2796

His Majesty ordered the bailiff, Ke, to promulgate the royal decree to make an inspection of the Eight Armies. That year (I), Ke, made for my august ancestor, Li Ji, (this) precious vessel. May Ke use (it) on appropriate occasions to manifest the benefaction and grace of my (deceased) ruler.

王在成周命令膳夫克颁布视察八师的王令。那年①(I),克为朕皇祖釐季制作了这件宝宗彝。祝愿克在恰当的时机使用这件宝彝,彰显先王的美好德行和恩惠。

(13) 克其日(时)易休无疆。克其万年子子孙孙永宝用。膳夫克盨《殷周金文集成释文》9.4465

May Ke be given (Son of Heaven's) grace on appropriate occasions. May Ke's sons' sons and grandsons' grandsons for a myriad years treasure eternally and use (this vessel).

祝愿克在恰当的时机受到(天子)的祝福。祝愿克的子子孙孙能够万年宝用这件宝器。

以上几例铭文(作器时间约为西周中期到晚期)中,把"永日"解释为"一整天",在例(8)中非常奇怪;可试释为"永时",表示"永远"。同样在例(9)中,把

---

① 如果像我们上面讨论过的,"之日"意为"那天",那么,"之年"就意为"那年"。指示代词"之"似乎一直到战国末期才作为属格使用。

"日逪天子覭令"解释成"每天颂扬天子显令",在我看来于文欠妥。可释为在恰当的时机颂扬天子显令。例(10)中,把"日易鲁休"解释为"每日被赐予(天子的)福佑"好像也存在一定理解上的偏差。例(13)与此类似。例(11)和例(12)中,作器者对使用祭器的恰当时机必定有所打算。不过,这些都是我基于常识的推测,没有坚实的证据(但参看下文)。既然这最终都要归结为释读上的问题,由此我能肯定的是:当时所进行的文化活动有多丰富,取决于把"☉"解释为"日"(每天),还是"时"(恰当的时机)。我更倾向于后者,下文对"旹"的分析也能证明这一点。

"旹"字用为"时",可以由下面的例子来印证。"旹"的原字是下文倒数第二行的第二个字(左行顺序):

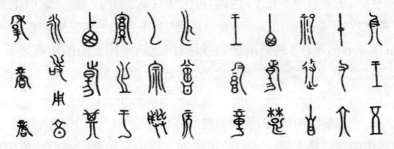

图 11

(14)佳王五十又六祀返自西瘍楚王酓章作曾侯乙宗彝,奠之于西瘍,其永旹用言,穆商商。楚王酓章钟《殷周金文集成释文》1.83

It was the fifty-sixth (ritual cycle:) year of his reign when the King of Chu, An Zhang, returned from Xi Yang that he made (this) ritual-bronze object for the ancestral temple of Marquis Yi of Zeng to be placed in Xi Yang. May (you) eternally use (it) to carry out ancestral sacrifices. (The lineage order in the temple?) majestic, and (the musical note of this bronze bell) *shang shang*.

王的第56年(祀周),楚王酓①章为曾侯乙的宗庙制作了这件青铜彝器,奠于西䣄,并从西䣄返回。祝愿(您)能永远用它享祭祖先。(宗庙中的世次?)庄严的,(这件青铜钟的音律)商商。

"旹"是什么字,学者有不同的解释。但这些释读都存在一定的问题。我认为这个字就是"时"字,与前面的形容词"永"一起构成二字短语"永时",表示"长时间,永远"。因此"其永时用享"意思就是"祝愿(您)能永远用它享祭祖先"。完全没有必要假设这个字表示"持"。

通过对《中山王譻》铭文中⚡和古文"旹"的研究,我认为"之"是赘加的声符,也即说明"日"应读为 $*dj\square g(x=/)$ 或 $*dj\square(/)$,不应读为 $*njit$。然而,在"旹"字中,字素"日"不见了;因此,以上观点不适用于"旹"。这似乎更像是一个"声化现象"(phoneticization),也即,铭文作者似乎在试验一种语音构造(phonetic rendering)。时间的运动或推移,之前是用太阳的图画表示,后来则用声符"之"代替。除了形声化之外,还增加了"口"和"寸"两个字素,构成了"旹"(时间)的形符。"口"的解读通常都与吃喝相关,但这种解释在这里已不再适用。正如我在其他文章提出的那样,我仍然认为"口"是声符的一种虚化,也即指明"寺"是声符。换句话说,"寺"(认为原来是一种行政机构或"侍人")的词义被虚化了(desemanticization),在这里只用作声符。

还有一个例子,"旹"用来表示"时"。但是,由于此件编钟与例(14)同套,造成了它在统计学意义上的削弱。② 不过,铭文作者很可能进行了一次革新性的尝试,使用了这个有明确声符"之"(古音:李 $*tj\square g$,白 $*tj\square$)的字。但是,只有与铭文作者同时代的人都能够准确理解"口"形的虚化功能时,这次革新性尝试才是可能的。此时已经非常接近旹的古音了:$*dj\square g(x=/)$ or $*dj\square(/)$。无论如何,我们还是把例子列出来吧:

(15)作曾侯乙宗彝,奠之于西䣄,其永旹用享。楚王酓章钟《殷周金

---

① 白川静《(金文通释》54.149)认为"酓"即"盦"。他采用的是宋代金石学家赵明诚《金石录》(12.3)的观点,认为盦章就是楚惠王(488—432B.C.),章,也即熊章。我暂且采用这种解释。

② 曾侯钟铭文中有40多处"旹"(参看张亚初 2001:第553—554页,《金文引得》2.72),用作指示代词"旹",意为"这个",不表示"时间"。《金文引得》(2.72)中有"作之旹"(释文见7645),不过我并未核实。

文集成释文》1.84

(The King of Chu, An Zhang,) made (this) ritual-bronze object for the ancestral temple of Marquis Yi of Zeng to be placed in Xi Yang. May (you) keep it for eternity and use it for sacrifice.

(楚王酓章)曾侯乙的宗庙制作了这件青铜彝器,并莫于西旆。祝愿(您)能永远用它享祭祖先。

三、结论

"日"字在某些语境中用为"时",表示"时机,机会",作状语时意为"在恰当的时机"。"日"的这种新解释,能够使铭文理解起来更加顺畅。"旹"也不能理解成"持"(保持)或其他文字,而是与《中山》铭文中的"⚒"相当的"时",也即古文"岢"。

郑州、大辛庄卜骨：殷商时期安阳南部、东部的文字[①]

  本文试图探讨中国晚商时期文字是怎样围绕安阳这一中心地带发展、演变的。对于这一课题的任何研究，关键要依靠考古发现的文字材料。1953年，河南郑州发现牛肋骨和肱骨上关节面；2003年，山东大辛庄出土了七片龟腹版，其中四片已被缀合。在此之前，商代文字的地域范围没有任何可靠的证据。近50年里，学者们没有关注郑州刻骨，仅仅是认为它们是"习刻"兽骨。但是，1989—1990年郑州又出土了两片刻骨。近来，它们的学术价值得到了重新估价。大辛庄龟甲的发现激发了人们对刻辞作更细致的考查，以及一些更重大的考古学问题。安阳南部的郑州、东部的大辛庄所出骨片的数量不很丰富。但是，本文对其所做的全面分析至少可以提供一条线索，有助于探索安阳地区成熟文字的形成过程，中国晚商时期文字在这些地域文化活动中（特别是占卜、宗教、社交、祭祀、仪礼等）的作用。另外，本文的一个重要部分探究了这两个地区的意义，即这些刻辞对安阳官方文字的影响程度。

---

  ① 文章第一部分——关于郑州刻辞，于2008年10月30日至11月2日在安阳召开的"殷墟考古发掘80周年学术研讨会"上宣读。

一、前　言

商代文字锲刻或书写在甲骨、①青铜、陶器以及石器（包括玉器）这些载体上。由于种种原因，本文不能过多地讨论后三种载体。这样缩减了商代文字的讨论范围；但是，对甲骨刻辞的集中分析为以后使用其他材料作更广泛的文字比较研究提供一种探索。当前的研究只限于、只适于当时社会中的一小部分人群，这些人理解文字的真正本质。在这一人群中，文字作为一种交流的工具。

安阳、郑州、大辛庄、周原②是调查分析商代文字的四个主要地点。安阳地区出土刻骨数量最多，据可靠统计，约 130,000 片。③ 除了偶尔的误刻和习刻以外，绝大多数呈现出属于不同贞人集团和类别的特殊结构和风格。④ 这些显示了，在那些书手水平超过基本汉字习得阶段中存在特定的书法标准。总之，安阳文字所反映出的高度文化存在的可能。为了比较和探究的需要，我们必须做出这样的推断。

一个属于特定贞人集团的书手迁徙到另一个贞人集团的现象是十分罕

---

① 从解剖学的角度来看，龟的背甲和腹甲与牛骨一样，都是骨。参看 Bernard G. Sarnat, "Gross Growth and Regrowth of Sutures: Reflections on Some Personal Research"《颅缝的总体生长与再生长：一些个人研究的感想》，*Journal of Craniofacial Surgery*《颅面外科杂志》，2003 年第 14 期(4)，第 438 页。

② 对陕西、山西、北京、河北等一些地区所出刻骨的初步研究表明，文字的中心在陕西周原，特别是从 2003、2004、2008 及 2009 年陕西岐山周公庙发现的早期西周甲骨刻辞，也可推断出这点。这些刻辞似乎比陕西凤雏（H11 和 H31）、岐山、齐家村等地发现的文字略晚，但一些似乎与安阳出土的文字（帝辛时期）是同时的。例如《合补》1, 2, 12, 13, 15 等。参看王宇信《西周甲骨探论》，北京：科学出版社，1984 年，第 41 页；徐锡台《周原出土的甲骨文所见人名、官名、方国、地名浅释》《古文字研究》第一辑，1979 年，第 186, 188, 192 页；李学勤、王宇信《周原卜辞选释》《古文字研究》第四辑，1980 年，第 247, 251, 252—3, 255 页。

③ 孙亚冰：《百年来甲骨文材料再统计》，载《中国文物报》，2003 年 9 月 28 日。

④ 安阳的卜辞大分有两种王卜辞和非王卜辞。王卜辞由多达 22 组"贞人"组成。（黄天树《殷墟王卜辞的分类与断代》，台北：文津出版社，1991 年，第 1—3 页。）这 22 组是根据不同书写风格的突出特点划分的。据我估计，仅在宾组卜辞中至少有 20 个书手。安阳甲骨卜辞也可以分为"花东子"（花园庄东地子组的缩写）、妇女类、圆体类、劣体类。据贞人名字的不同分为自组、历组、宾组等等。详参同上黄天树书。

见的。"今天我为某某贞人服务。"这样的言论在晚商五期王卜辞中闻所未闻。①

基于以上所述的背景知识,本文的观点是:安阳、郑州和大辛庄地区贞人集团之间通过书写和文字进行着集团之间的接触和相互影响。从刻辞的绝对数量来看,安阳地区起着主导作用。其他两处的刻辞数量十分稀少,所以"相互影响"的推论应该有所保留。然而,本文分析的例子也许具有说服力。从程序来看,首先关注郑州和大辛庄刻辞的特点;然后,将其与安阳王卜辞中相对的或可资参照的进行比较。这种做法具有可行性。下面从以下几个方面进行探讨:(1)字体或字迹;(2)词汇;(3)语法和内容。

二、河南郑州牛骨刻辞

《合补》著录了三片刻辞,《合补》第四卷:附 310、附 311 和附 312(摹本)。第六卷有释文。根据陈梦家先生和河南省文物工作队提供的数据,②我们可以增补一片郑州刻辞。因为任何的摹本都介入了摹写者的想法或理解,③我们尽量使用拓片或照片。

三、《合补》附 310

1953 年 4 月,郑州进行黄河水利工程建设。一辆推土机从约 50 厘米深

---

① 也存在一种特殊情况,在一片胛骨上出现了混合的书写风格。《合集》21784 既有宾组书手的风格,也有子组的风格。《合集》21784 中宾组有名的王室贞人"争"和子组卜辞同版——宾组卜辞在拓片的顶端,子组则记录了干支表。这表明宾组卜辞和子组卜辞的时代同属第一期。还有《宁沪》2.55(反面)和 2.56(背面)"殻"(有释作"殼"和"觳",但这些释读都不正确,参见前注)进行贞卜,但反面朱书书写的却是出自历组贞人之手。关于晚商分期,我个人认为大约在公元前 1230—1046。我同意班大为(David W. Pankenier)在《天命的宇宙——政治背景》,《早期中国》1995 年第 7 期,第 15 页和《商和西周的天文学分期》,《早期中国》1995 年第 20 期,第 130 页中将周克商的准确时间定为公元前 1046 年。我发现还有一片甲骨《屯南》911 属于历组刻辞,但其反面《屯南》910 边缘处则出现了贞人"殻"。

② 陈梦家:《殷虚卜辞综述》,北京:科学出版社,1956 年,第 27 页。河南省文化局文物工作队:《郑州二里冈》,北京:科学出版社,1959 年,第 38 页。

③ 《郑州二里岗》第 38 页的摹本与《合补》附 310 有所不同。反面,从下往上数第 2 个字不同。

度的土层中掘出一堆土。没有任何的考古学记录。这堆土内拣到牛肋字骨一块。夏鼐先生将其带回北京请陈梦家先生鉴定。1953年5月8日,陈先生记录了他的鉴定结果,其中有两点直接与这片卜骨有关:(1)其上刻有10个字,陈先生称之为"习刻",(2)这片肋骨所刻的字和殷代晚期的卜辞相似,可能也属于殷商晚期。[1] 除了李学勤先生以外,[2]学者们没有太多地关注这块骨片。直到1984年,裴明相先生在安阳召开的"全国商史学术讨论会"上提交一篇论文。他认为这片刻辞属于"二里岗时期",这是中国"迄今发现最早的文字"。[3] 没有任何可靠的考古学记录,他的论断不可避免地引起人们不同的理解。受到了裴先生观点的影响,李学勤先生也认为字骨应该属于二里岗期。[4] 他说:"字骨应该属于早于殷墟的商代二里岗期。"由于殷墟二里岗期的文化遗迹是零星的,[5]"早于殷墟的商代二里岗期"是不完全清楚的。但是,很显然,李先生认为这片卜骨早于安阳刻辞。然而,我个人认为它们不会早于武丁(公元前约1230－1170)。李先生的观点没有坚实的考古学证据,他是裴明相论断的信从者。裴明相长期从事郑州考古发掘工作,他认为"被翻动的土层内含有较多的商代二里岗陶器碎片和唐、宋瓷片等……绝无郑州商代人民公园期及安阳殷墟晚期遗址"。这就是《合补》附310的背景情况。

很遗憾,原始的骨片已经丢失了。据陈、徐两位先生介绍,曾拍摄过两张照片,一张拍于1954年之前,另一张拍于1954年至1957年之间。[6] 杨、袁两

---

① 在陈梦家5月8日的笔记中有七点,除上述两点外,我有选择性地再提出两点:(3)其中一片习刻肋骨,从前小屯发掘中也出土过一片(最近,总共有11片已经公布,参见前注);(4)小屯周围发现了很多未刻卜辞的甲骨和少数习刻的卜骨。参看陈梦家《殷虚卜辞综述》,第27页。

② 李学勤:《谈安阳小屯以外出土的有字甲骨》,载《文物参考资料》,1956年第11期,第17页。

③ 裴明相:《略谈郑州商代前期的骨刻文字》,载《全国商史学术讨论会论文集》《殷都学刊增刊》,安阳:殷都学刊编辑部,1985年,第251—253页。

④ 李学勤:《郑州二里冈字骨的研究》,载《中国社会科学院历史研究所学刊》,2001年第1辑,第3页。

⑤ 2009年1月15日与荊志淳先生私下交流。

⑥ 陈旭、徐昭峰:《郑州出土商代牛肋骨刻辞释文漏字原因探究》,载《中原文物》,2006年第3期,第58—96页。

位先生拥有后拍的照片,这张照片比前者要清晰。① 但是,这张照片中的卜骨很显然经过了修补拼合。② 我们已经无法知道怎样修补拼合的。

考虑到以上种种因素,下面我提供《合补》附 310 的三种版本,两个"原本"(拓片和照片)、一个我的摹本(基于前者所做);其后,从前面提及的三个方面:(1)字体或字迹,(2)词汇,(3)语法和内容来分析刻辞。

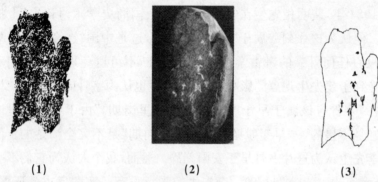

(1)   (2)   (3)

图 12　郑州出土的甲骨(《合补》附 310)((1):《郑州二里岗》第 30 页图 24;(2):前引书,第 16 页图 3;(3):我自己基于 1 并参照 2 所作的摹本)

《合补》310 包含两个句子,一个是按上→下→左方向从中间的字形"⟍"读起;另一句按上→下方向从"⼈"读起:

(1) 乙丑贞及孚。七月。

    On the *yichou* day, tested [the following proposition to gain sapience from the numen of the bone]: (We will) get captives. Seventh month.

    在乙丑日,验证[以下从卜骨的神灵那儿获得的启示]:③(我们将)捕获俘虏。七月。

---

① 杨育彬、袁广阔:《20 世纪河南考古发现与研究》,郑州:中州古籍出版社,1997 年,插图(无编号)。

② 陈旭、徐昭峰:《郑州出土商代牛肋骨》,第 58—59 页。

③ 方括号内的字体是我最近对"贞"的理解,详见高岛谦一《殷墟文字丙编研究》。第一卷(台北:"中央"研究院历史语言研究所,2010 年),"Introduction"D,2.2。我今后都会在"贞"后加上这段的简称。我同意 Paul L-M. Serruys(司礼义)在《商代甲骨文语言研究》*T'oung Pao*《通报》,60.1—3,1974;第 22—23 页中,将"贞"翻译为"test"(验证、测试、贞测等)。

(2) □① 又土羊。

(We should) make an offering of sheep (to) the spirit of the soil.
（我们将）奉献羊牲给土神（＝社）。

首先观察的一个方面是字体/字迹。(1)和(2)显示出这些字形刻画的技巧，所有的皆出自一人之手，而且似乎并不十分高明。这片刻骨上有十个清晰可识的字形。我们将逐次讨论上面的文字。与《合补》310相似的字形列于图表8。

表8显示出：参照安阳的对应文字，尽管所有的字形都可以得到确认，《合补》310样式十分与众不同。在表格的末栏中，我们为乙、丑、及、和孚标注了"独特"。很有可能，"⺈"（又）也应该包括在其中。如果是这样的话，十分之五的字形都很有特点。我们在讨论"贞"（自－历组，一次）、"七"（历组，一次）和"土"（自组和历组，各三次）等字时②使用"联系某组"的说法。因为自组和历组在一个短时间内具有时间上的延续性，我们将他们归入同一时期。如果我们这样分析，十个字形中有四个（贞、七、土、月）表明《合补》附310可以归入王卜辞一期。这里也应该包括"劣体类"，由于"劣体类"（常见于自组）也属于第一期。我们给出了三个例子（为数不多）可与何组相比较，三期或三、四期："七"（一次）和"又"（两次）。但是，上引材料（《合集》30391）属于三期、四期无名组，如果相比较，"⺈"字带有晚期特征。

---

① 李维明认为首字白点为"⺈"的本字"⺈"（毛），"亳"从"毛"声。他认为"毛"代表商王朝先王前期大乙之首都"亳"，并将之与△连起来读为亳社，是商都举行祭社活动的场所。在空白处是否有字，目前仍是有争议的。我认为，这个问题还没有解决。如果"乙丑"的位置不误，顺序应该是⺈⺈△，翻译成"亳社"应是不合适的。参看李维明《"毛"辨》，《中原文物》，2006年第6期，第39—45页。

② 以上提到的数字仅是代表性的，而非穷尽性的。在历组卜辞中至少有两类书手，一组将"土"字写成三角山形，(《合集》34185)，另外一组则写成△(《合集》32119)或△(《合集》32675)。

表8 (《合补》:310 字形比较)

《合补》附310	构件	与殷墟甲骨文字对比	贞人或刻手组/期	释文	《合补》附310 特征
ノ	独体字	《合集》10366 《合集》10403 《合集》38025	宾/一 宾/一 黄/五	乙	独特,尽其字形见于各贞人组
Ψ	独体字	《合集》35263①	自一历/一	丑	独特
⋈	独体字	《合集》33080 《合集》22383 《合补》附7	自一历/一 劣体/一 宾/一	贞	与自一历间有承接关系 与劣体类相近 与宾组相近
徬	彳+丨	《合集》28085	无名/三至四	及②	独特
孚③	孚+卜	?	?	孚	独特
十	独体字	十《合集》32331 十《合集》31085	历/一 何/三至四	七	与历组有承接关系 与何组相近
⟩	独体字	《合集》38813 《合集》38895 《合集》32002	黄/五 黄/五 历/一	月	与黄组相近 与黄组相近 与历组有承接关系
ㄨ	独体字	《合集》28238 《合集》30391 《合集》30321	何/三 无名/三至四 何/三	又	与何组相近 与无名组相近 与何组相近

---

① 我认为这是我能找到"丑"字最近的形体,与第一期自一历间组的写法是同类的。在安阳刻辞中没有出现Ψ这样的形体。

② 常玉芝在《郑州出土的商代牛肋骨刻辞与社祀遗迹》(《中原文物》,2007年第5期,第99页)中首先释出此字。但至此,尚未见到与此形相似的形体。它与《合集》28085中形体也不同。但是,此处释"及"比释"从"和释"比"显得合理一些。李学勤《郑州二里岗字骨》第3页;李维明《"乇"辨》,第40页。

③ 学界多释此字为"受"。另一个典型形体是钅(宾组,《续编》5.8.1)的左边,表示"俘"。它最初的形体应该是钅,这可能就是钅表示的意义。字中的卜可能是一个不完整的孚(历组卜辞,《合集》32979)。

续表

《合补》附310	构件	与殷墟甲骨文字对比	贞人或刻手组/期	释文	《合补》附310特征
▲①	— + ▲	▲《合集》21039 ▲《合集》21106 ▲《合集》21115 ▲《合集》32012 ▲《合集》32118 ▲《合集》34185	自/一 自/一 自/一 历/一 历/一 历/一	土	与自组有承接关系 与自组有承接关系 与自组有承接关系 与历组有承接关系 与历组有承接关系 与历组有承接关系
￥	M② + ￥	￥《合补》附2185 ￥《合集》37054 ￥《合集》36090	黄/五 黄/五 黄/五	羊	与黄组相近 与黄组相近 与黄组相近

因为同组的有写作"𣏾"(《合集》26995反),我们不能判断"𣏾"属于晚期。历组的典型形式是"𣏾"(《合集》32617),根据其自身特点,很难将"𣏾"纳入历组,特别是考虑到历组其他字形。关于"月"和"羊",它们与五期黄组相似。这种情况很难解释。

下表(表9)显示了与安阳字形的差异。表9表明:总体看来,《合补》310具有独特性。要找到与殷墟甲骨文字形相近的字(表8),比看到那些和殷墟甲骨文字形不同的字(表9),更加困难。根据这两个表格和此前的分析,《合补》附310的字体特征可以说形成了一个自身类别,但是字形"贞"和"土"又显示出类似自组、自-历组和历组的早期特征。字形"月"和"羊"又显示了晚期特色。如果分析可信,这种现象可能存在某些历史原因。

我们考查的第二个方面是词汇。共有的词汇指示了文化接触和书写方面的思维共性。郑州刻辞上的十个词汇,其中有四个是记时语词(乙、丑、七、月)。如果我们采用"社团共享的认知图谱"的观念,记时语词特殊的表达方式告诉我们,人们按照那样的时间体系组织他们的生活。

---

① 宾组书手的典型写法作Ω形,三角形是自组和历组的典型写法,此形体也见于第三期到第四期无名组卜辞中(《合集》28109—28111和28113),表明自组和历组的写法仍然保留着。而且,据第五期黄组卜辞中"羊"(如下)的写法,这种写法一直到帝乙时代还存在。

② 这个字形是一个羊头的缩略轮廓,而非《说文》"四足尾之形"(卷4),金文作￥(《金文编》第4卷,第261页,0615),清楚地表现了羊的特征—羊头上有角形。但是￥各部分的写法与黄组卜辞的写法极近。

表9 《合补》310字形的独特性

《合补》附310/释文	与殷墟甲骨文对比	贞人/刻手组/期	《合补》附310/释文	与殷墟甲骨文对比	贞人/刻手组/期
/乙	《合集》19771	自/一		《合集》36557	黄/五
	《合集》33102	历/一	/月	《合集》20315	自/一
	《合集》32625	历/一		《合集》32014	历/一
	《合集》6097	宾/一		《合集》4611	宾/一
	《合集》5064	宾/一		《合集》23395	出/二
	《合集》26975	何/三		《合集》31062	无名/三至四
/丑	《合集》19806	自/一	/又	《合集》19838ü	自/一
	《合集》20017	自/一		《合集》34309	历/一
	《合集》16736	历/一		《合集》2164	宾/一
	《合集》32320	历/一		《合集》21800	子/一
	《合集》10405反	宾/一		《合集》22062	午/一
	《合集》21546	子/一		《花东》27	花东子/一
	《合集》22094	午/一		《合集》24134中字形相同	出/二
	《合集》22258	妇女/一	/土	《合集》6406	宾/一
	《花东》21	花东子/一		《合集》6407	宾/一
/贞	《合集》28788	自/一		《合集》8490反	宾/一
	《合集》33615)	历/一		《合集》22048	午/一
	《合集》4317	宾/一		《花东》105	花东子/一
	《合集》21811	子/一		《合集》36975	黄/五
	《合集》22086	午/一	/羊	《合集》19943	自/一
	《合集》22088	午/一		《合集》21145	自/一
	《合集》22231	圆体/一		《合集》20523	自一历/一
	《合集》22259	妇女/Ⅰ		《合集》32623	历/一

续表

《合补》附310/释文	与殷墟甲骨文对比	贞人/刻手组/期	《合补》附310/释文	与殷墟甲骨文对比	贞人/刻手组/期
	🕱《合集》21413	妇女/Ⅰ		Ұ《合集》6483	宾/一
	🕱《花东》3	花东子/一		Ұ《合集》8812	宾/一
十/七	十《合集》10650	宾/一		Ұ《花东》7	花东子/一
	十《合集》11503)	宾/一		Ұ《合集》22853	出/二
	十《合集》13331	宾/一		Ұ《合集》27871	何/三
七（人）	《合集》6057	宾/一		Ұ《合集》29537	无名/三至四

同一语言中的文字，包括方言特征，是人际交往的晴雨表。基于共同的词汇条目勾勒出的共享认知图谱，我们可以讨论书手和贞人集团之间的交流。这是一个暂时的解释；尽管目前郑州甲骨刻辞的数量有限，使我们无法进行预期的那种严格的调查分析，从历时角度来看，郑州刻辞同样可能存在自身的传统。"贞"的意思是"检验"（参看前注），是王卜辞中使用频率最高的词语，并且对于我们理解贞卜语言的性质有着重要的意义。如果我们对该词意义的新释是正确的，应该适用于一切卜辞，《合补》附310中的也应该同样作如此理解。

第三个方面我们要考虑的是语法和意义。李学勤认为"又土羊"应该读作"侑社羊"（劝羊牺于社神）。① 这的确是有可能的。它的结构是：$V_{g动词}$ + $O_{i间接宾语}$ + $O_{d直接宾语}$（下文简省作"$V_gO_iO_d$"）。与此分析相反，如果"土羊"作为一个名词短语，"又土羊"结构更加简单：V_gO_d；用一只公羊献祭，没有明确的受祭祀对象。然而，李先生的观点有其合理之处，即郑州商城拥有"社"，符合其都邑的性质。② 但是，这是一个强为之解的观点，促使我们对于动词 yòu（又＝侑）作句法分析，尤其是考虑到"土"和"羊"。

首先，李先生征引了一些例子帮助理解"劝羊牺于土神（用羊祭祀社）"；

---

① 李学勤：《谈安阳小屯以外出土的有字甲骨》，第35页；《郑州二里岗字骨的研究》，载《中国社会科学院历史研究所学刊》，2001年第1期，第3页。

② 李学勤：《郑州二里岗字骨的研究》第5页中提到"古代王与诸侯都邑皆有社。二里岗肋骨出现祭社的卜辞，与郑州商城作为都邑的性质是符合的"。

然而,这些例子都没有说服力。他的九个例句中,八个是与燎祭(一种焚烧之祭)有关,而不是"又(侑)"(供给)。燎祭与社关系密切。① 许多例子,包括李先生提及的,都显示了它是祭祀社神礼仪的必要组成部分。然而,侑祭不是这样的。下面是李先生提供的唯一一个相关的例证:

……午卜方帝三豕业犬卯于土宰桒雨。《合集》12855,一期宾组

... $w\check{u}$ day divined: (To) the (Powers in the four) quarters, (we) will perform the di-binding sacrifice(帝=禘)of three pigs and, in addition, a dog, and split open(卯=刘)a specially reared sheep to the spirit of the soil (in order to) pray for(桒=祷)rain.

……午日占卜:我们是否捆缚三豕、一犬祭祀四方之神,并杀专门饲养的羊祭祀土神,祈求下雨。

在这个例句中,"宰"是动词"刘"的直接宾语。贞人准备用三头猪和一只狗进行禘(捆缚)祭,并且刘(杀)一只宰祭祀土神。前者的动词是"禘";后者用"刘"。受祭者是"土(社)",同时,使用介词"于"表明这些牺牲的祭祀对象。由于郑州刻辞中没有"于"字例句,我们不能确知"又土羊"是否等同"又于土羊"。承认这一事实,我们不由地考虑到方言语法。李先生关于"又土羊"的解释诚然存在可能,这一短语没有使用介词"于",但是语序怎么理解呢?我们要费些笔墨解释一下。

殷墟卜辞中的双宾语有两种语序:一种结构是 $V_g O_i O_d$,另一种是 $V_g O_d O_i$。它们表达的意思完全相同。② 它们与特定的贞人相关,大体上来说(一些有趣的例外),与它们所属的特定贞人集团相关。例如,前种结构见于宾组贞人"争"的卜辞中;但是,同属宾组的贞人"㱿"却同时使用这两种结构。例如:

---

① 《综类》172.3—173.1;《类纂》463.1—464.1。

② 这与广东话中的双宾语结构类似。在广东话中,动词+直接宾语+间接宾语(如我给一本书你。我畀[一]本书你)的结构到现在仍然通行。(据 2008 年 11 月 3 日和 2009 年 1 月 10 日与香港毕业生赖彦融和钱志安博士的谈话),但是受普通话和英语的影响,传统语序与新语序结合,新语序很受年轻人的欢迎。这种双宾结构不仅仅限于甲骨卜辞。谭步云先生提供三条商代铭文,其时代相当于甲骨文第五期。参看《商代铜器铭文释读的若干问题》《中山人文学术论丛》,2005 年第 5 期,第 9—11 页。自组,自历间组,历组卜辞的书写风格在第 5 期仍然存在,与表 1.1 中列举的属于第 5 期的 ✦、✧、或 ✤ 等形体密切联系。

壬戌卜𣪘贞㞢于祖[乙]。《合集》190(5)

...make an offering to Zu (Yi).

……向祖(乙)献祭。

㞢于祖乙五宰。同上(6)

offer five specially reared sheep to Zu Yi.

供献给祖乙五只特殊饲养的羊。

三宰。同上(7)

Three specially reared sheep.

三只特殊饲养的羊。

㞢一牛祖乙。同上(8)

Offer one bovine to Zu Yi.

奉献一头牛给祖乙。

宙伐酚于祖乙。同上(9)

It should be a human victim that (we) cut for Zu Yi.

要砍杀人牲祭祀祖乙。

有证据表明他是来自安阳以外的地区,①他的方言不同于"争"、国王及其随从的标准语言。② 他的家乡以后者为主导形式。有趣的是历组和自历间组使用到"给予"义的及物动物,这种动词后需要这种双宾结构。如果我们以动词"又(侑)"为例,全部的 84 例中,21 例使用"又(侑)$O_i O_d$",63 例使用"又

---

① 鲁实先《卜辞姓氏通释之一》《东海学报》1956 年 1 月第 1 卷,第 8 页。李雪山《贞人为封国首领来朝职掌占卜祭祀之官》,在王宇信等人编写的集子中,第 286 页。

② 这种变异是占卜中的方言或外部干扰的明显特征。我们认为贞人𣪘想要在都城学习标准的语言,在这类语言中,语序是 $V_g + O_i + O_d$,但他又没有完全掌握这种语言。高岛谦一和余霭芹《甲骨文中方言混合的证据》发表在丁邦新、余霭芹主编《语言变化与汉语方言:李方桂先生纪念文集》,台北:"中央"研究院历史语言学研究所,2000 年,第 31 页。李雪山通过分析 10(原文是 12 个)个贞人,认为他们"最初身份"是家臣,他们从不同的地方来到商王朝作为贞人供职,𣪘是其中之一。参看李雪山《贞人为封国首领来朝职掌占卜祭祀之官》,第 285—286 页(更多例子见《合集》13525、13527、13528)。另外,新发现了 7 个青铜器"族徽"符号写得似"𣪘",与甲骨文中𣪘的形体类似。在《集成》9161,这个字形出现在亚形框内作𣪘。这是值得注意的,因为"亚"这个称号是贵族所使用的。关于𣪘的位置,还不能确定。鲁实先认为𣪘是等同于周穆王时代"穀邦"中的"穀"的说法是很有问题的,𣪘与穀从根本上是不同的。参看鲁实先《卜辞姓氏通释之一》,第 8 页。

(侑)$O_d O_i$"语序。① 现在的关键问题是怎么解释这两种意思相同的结构,"又(侑)$O_i O_d$"和"又(侑)$O_d O_i$"。为了进一步说明前一种词序,以 21 例中的一例来做分析：

丙子贞丁丑又父丁伐三十羌岁三牢。《合集》32054 一期历组

On the *bingzi* day, tested: On the *dingchou* day (we should) offer *fa*-human victims numbering thirty Qiang and *gui*-cut three specially reared bovines (all) to Fu Ding.

丙子日,检验:要在丁丑日伐人牲,并判杀三十只特殊饲养的牛,献祭父丁。

比较一下下面的例子,63 例"又(侑)$O_d O_i$"中的一例：

又伐十五岁小宰上甲。《合集》32198 一期历组

(We should) offer *fa*-human victims numbering fifteen and *gui*-cut (岁=刿) a small specially reared sheep to Shang Jia.

要伐十五个人牲,并判杀一只特殊饲养的小羊,献祭上甲。

前例中,间接宾语是动词"又(侑)"之后的"父丁",直接宾语是"伐三十羌";而后例中,动词"又(侑)"之后的"伐"作为直接宾语,间接宾语在"小宰"之后类似直接宾语。沈培查阅了《合集》和其他著录,总共发现了安阳刻辞中有 439 例"又(侑)"字带有双宾结构,其中 361 例"又(侑)$O_i O_d$"和 78 例"又(侑)$O_d O_i$"。② 比率是 4.6:1。我们在抽样统计过程中将刻辞划归不同的贞人集团,他未采用这种方法。我们可以这样说,总体来看,商代甲骨卜辞以"又(侑)$O_i O_d$"为标准词序;然而,历组刻辞包括几例自历间组显示的情形则恰恰相反,只有 21 例"又(侑)$O_i O_d$"和 63 例"又(侑)$O_d O_i$",比率为 1:3。我们应如何解释这种分布的意义。

沈培认为"又(侑)$O_d O_i$"结构中焦点是"O_d"。③ 这是一个纯粹的共时讲

---

① 这些例子是调查《合集》32050—32450 得出的结果,而非全部历组卜辞。在这 450 条中,我只选定"又"后跟双宾语结构这种类型的卜辞。而且,有若干例子是属于所谓的自历间组卜辞的,例如 32072、32213、32214 等。

② 沈培:《殷墟甲骨卜辞语序研究》,台北:文津出版社,1992 年,第 106—107 页。

③ 同上第 117—118 页。

法。然而,在他引自《合集》的例句中,只有两组例子支持这样的理解;大多数例子(详下文)则不是这样的。① 因此,对于卜辞为何选择此种而非它种形式这个问题,我们不想从其共时内部寻找答案,而应该记住历组和自历间组具有特殊性。特殊是因为 78 例"又(侑)$O_d O_i$"中 63 例(毫无疑问还有一些,如果我们遍检所有历组用例,见注释 30)属于这些组别。这一比率超过 80%。因而,关于上面段落末尾提出的问题,我们的答案是:方言杂糅。这是一个外部的原因,从某种意义上说,我们讨论的是来自其他方言的外在影响。如果以沈培发现的 361 例"又(侑)$O_i O_d$"作为标尺,历组刻辞中的 21 例"又(侑)$O_i O_d$"表明了一种顺应主流或新形式的变化(注释 27)。一些保守的贞人,通常是年长的一代,继续使用"又(侑)$O_d O_i$"结构;而年轻的和时尚的贞人们开始像其余的贞人一样使用"又(侑)$O_i O_d$"结构了。我们应该知道,这也将牵涉到《合补》附 310 的分期问题。

上面我们提及了"殻"在"又(侑)$O_d O_i$"和"又(侑)$O_i O_d$"的使用上游移不定,表明他来自安阳以外的一个地区,并努力学习标准语("又〈侑〉$O_i O_d$"),但是没能很好地掌握。如果这种推测是正确的,他的家乡在哪里?七件带有族徽"殻(𣪘)"或"亚殻"的青铜器和谭步云谈及的三件含有"$V_g O_d O_i$"结构的商代铭刻(注释 27),其出处均不可知,基于这一事实,我们无从知晓"殻"的家乡在何处。鲁实先认为"殻"来自"谷邦",这一理解是存在问题的。历组和宾组早期、出组卜辞中有许多人名是相同的。裘锡圭列举了 50 例人名,皆属于这些类组的刻辞中,但是没有例子可以说明"殻"的居住地。②

对于《合补》310 的字迹分析表明它与自组、自历间组和历组刻辞之间存在相似性。前辞"乙丑贞"有典型的历组特征。由于他在贞卜、③进贡(《合集》8797)、战争(《合集》5447)以及其他王朝事务中的作用,具有历组背景的"殻"属于宾组不是很奇怪的现象。④ 裘先生注意到《合集》4284(反)刻有

---

① 还有一些例子是"中立"的,即不能印证任何一种观点。这可以用"方言混合"理论解释。
② 裘锡圭《论历组卜辞的时代》《古文字研究》第 6 辑,1981 年,第 277—280 页。
③ 《丙编》中 17 个贞人,殻比其他贞人包括宾和争占卜的次数都多。参看高岛谦一《殷虚文字丙编通检》,台北:"中央"研究院历史语言研究所,1985 年,第 439—468 页。
④ 李雪山认为殻的首领(为什么不是"殻"本人?)受到商王的册封,其爵称为"亚"。李雪山指出殻作为贞人在商王朝供职时间很长。参看李雪山《贞人为封国首领来朝职掌占卜祭祀之官》,第 285—286 页。

"㱿"的贞卜,但是在它的反面(另外编号为《合集》35257)有朱书的"癸酉",属于典型的历组父丁类风格。① 这是一个典型例子,说明"㱿"与历组中的一个书手有关。因此,有一个值得进一步验证的假设,无论"㱿"组和"历"组原本来自何处,那是向安阳输送书手和贞人的地方。那里的方言很显然不同于安阳的"标准语"。其方言有双宾结构,从 3∶1(63 例"又(侑)O_dO_i":21 例又(侑)O_iO_d)这种高比例判断,其中"又(侑)O_dO_i"占有主导地位。不仅是书手,而且贞人一定与该地存在着联系。最后,人名"㱿"书写作"㪝、㪝、㪝",②尽管"㱿"字仅存于一时,它的左半部分是清晰的"南"(参看《合集》1777)。这里有一个"大胆"的假设,如果我们推断,既然郑州是安阳南部的一个主要商城,贞人"㱿"可能就是以"南"为名。安阳南面存在其他主要文明,诸如吴城、牛城、三星堆,但郑州是唯一发现成句刻辞的地方,因此这一假说谈不上荒诞。

四、《合补》附 311 和 312

现在,《合补》311 和 312 的原始刻骨存放在河南省文物考古研究所郑州商城工作站。前者是 1989 年 11 月(12 月?)出土于"郑州商城南部距南城墙约 400 米处,现在的紫荆山路";后者是 1990 年初郑州商城东部中段出土的。③ 除了郑州水利工程第一办公室的发掘报告,前者没有可资参考的考古记录。④ 关于后者的一份报告(H10.4),见下文。

下面是《合补》附 311 和 312 新彩照的扫描图片:

---

① 裘锡圭:《论历组卜辞的时代》,载《古文字研究》,1981 年第 6 辑,第 270 页。
② 在《合集》1777 中,有先王名字—南庚;在这片卜辞中,㪝与㪝左边的部分无疑是一个符号的变体。㪝是㪝的省体。将之读为 què 㱿或 ké 壳都不合适。因为在其他字形中,"殳"多作义符,我暂时读㱿为"nan"。
③ 本人于 2009 年 1 月 20 日,与河南省文物考古研究所的李素婷女士交流所得。我非常感谢李女士为我提供了一套字骨实物的新彩照。后来,同年 8 月我去了郑州的河南省文物考古研究所亲见此刻骨;我的摹写是那时候做的。关于《合补》312 的发掘简报,参看本文《分期问题》一节。
④ 《郑州电力学校考古发掘报告》《郑州商城考古新发现与研究》,郑州:中州古籍出版社,1993 年,第 183 页。《郑州电力学校考古发掘报告》的执笔者有三位:李素婷、曾晓明和宋国定。

第四编 甲骨文研究：系动词与其他文字和文化 387

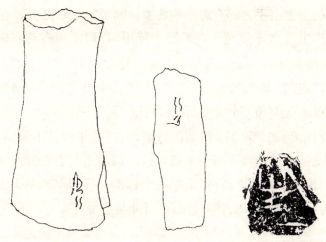

(1)《合补》附 311(89H1.1) (2)《合补》附 312(H10.4) (3)单字骨片

图 13　郑州占卜骨片(1)和(2)：《合补》311 和 312 新彩照的扫描图片的描图，来源于李素婷和我的摹写(注释 39)。(3)河南省《郑州二里岗》，第 38 页。

《合补》附 311：

Perform the exorcism ritual on (water；) floods (?).

向水[洪水?]行禳袚之祭[卯＝御＝禦]。

《合补》附 312：

(As for) water[floods?] perform the lustration ritual (?).

(因)水[洪水?]行禳袚之祭(?)。

上面被释作"卯勿"的《合补》附 311 和被释作"勿卯"的附 312 明显不同。释"勿"是不正确的。

《合补》附 311 和 312 好像是出于不同的书手。"〣"和"〣"的书写技巧比我们上面讨论的《合补》310 显得娴熟。它们看起来与一期历组刻辞相似。① 由于"卯"字左半部分完全不见于安阳字形，释"卯"并不确信。这样看来，《合集》32042(卯)和 32043(卯)一对历组用例，象屈膝之人的形象与《合补》附 311 相似，但是《合补》附 312 有"流动"之势。这一点很独特。我们可以解释为卯字的一种笔势(理由见注释 42)。这些例子说明郑州书手有着自己的风格，

----

① 比较《合集》31969—35255；特别是 33355,33356,33357 与 33354 比较。它们与 〣〣 中间的写法相同，但在 〣 和 〣 的两边没有点。历组卜辞(《合集》33355,33357)中的 〣 和自组卜辞(《合集》22288)中的 〣 即水。"水"在宾组卜辞(《合集》14407,10152)中写作 〣、〣 形。

同时与安阳的历组书手之间有着一些联系。除了"流动"之势,《合补》附 312 的第二个字形书写也不规整。在殷墟卜辞中,我们发现有动宾短语"卯水"(《合集》10152)和"卯大水"(《合集》14407),这是我们释"〣"为"水"的根据,而非"川"字,"川"的典型写法作"〣"(《合集》10161,宾组)、"〣"(21661,子组)、"〣"(22098,无名组)和"〣"(29687,何组)。

关于《合补》附 311 和 312 的词汇方面,"卯"见于殷墟卜辞,可说明甲骨组类之间的交流。安阳和郑州书手通过这一词语进行着相互交流。在语法方面,《合补》附 311 中的"动宾"语序符合标准语序;但《合补》312 却作"宾动"结构。我认为这不是语言本身所致,可能与书手有关。①

五、单字骨片

最后一例郑州刻骨(图 13(3))刻写在一块牛肱骨的关节上。②

字形"屮"具有一期宾组和自历间组典型书写风格。这不是历组的文字,因为历组书手的"又"字不作此形,而写作"⺈",典型的作"⺈"。这说明字形"屮"在这里不是用作动词和连词,而可能是一个名词。李学勤先生将其等同于西周早期《雍伯鼎》(《集成》2531)中的"屮"。③ 安阳和郑州书手群之间存在交流,如果我们考虑到这种可能,非历组书手和使用该字的书手之间一定有着接触。不言而喻,所有的假设,都是基于这样一个前提,即这片刻骨以及我们考查过的其他三片,不是从郑州带到安阳的。三片皆为牛肋骨和牛肱骨节,这表明它们都是产自本地。④

---

① 有可能是一个刻手先刻了《合补》附 311,另一个刻手看到后,加以"纠正",其实际想法可能是为了表现怎样以图画形式写这些字。

② 陈梦家《殷墟卜辞综述》,第 27 页;河南省文化局文物工作队《郑州二里岗》,第 38 页。

③ 李学勤:《郑州二里岗字骨的研究》,载《中国社会科学院历史研究所学刊》,2001 年第 1 期,第 3 页。李先生引用陈盘所引杜预(222—284)《左传》注:雍国在河内山阳县西。陈盘接着说"按山阳,在怀州修武"。很明显,安阳离郑州并不远。参看陈盘:《春秋大事表列国爵姓及存灭表譔异》,第 7 卷,台北:"中央"研究院历史语言研究所,1988 年,第 327 页。

④ 安阳刻辞除了用龟甲和牛肩胛骨外,很少用其他的骨。刘一曼先生对安阳所出的有字肋骨做了统计,共得 11 片,全是习刻。参看刘一曼《殷墟兽骨刻辞初探》《殷墟博物苑苑刊》创刊号,1989 年,第 113 页。安阳出土的约 130,000 片甲骨中,只有 11 片上的字体紊乱、幼稚,然而,郑州出土的四片都是牛肋骨或距骨刻辞。

六、分期问题

郑州刻辞的分期可以参照殷墟甲骨文的分期体系。《合补》附 310、311、312 和我们刚刚考查的那片都属于一期。从考古学方面来看,郑州有两个商代地层期,二里岗下层和二里岗上层。① 通常所说的"人民公园"期大致与殷墟文化一或二期同时。② "人民公园"期有两个阶段,尽管后期与前期相迭合,我所了解的情况是在陶器方面存在断层现象。这说明二里岗上层二期和"人民公园"一期之间有一个或两个时段的缺环。学者根据陶器的相似性,进一步认为:人民公园一期与殷墟大司空村和苗圃一期,人民公园二期与大司空村和苗圃二期相对应,更将它们等同于殷墟早期。关于《合补》附 310,学者承认没有地层信息。至于那片单字骨片,据说出土于"T30"(该地被标示在地图上),但是没有提供考古学地层。③

李学勤先生信从裴明相的观点,认为《合补》附 310 和那片单字骨片"绝不晚于商代人民公园期及安阳殷墟晚期",应属于"二里岗期"。要证实这一看法,需要更多明确的信息。但相关信息已无法获得,因为《合补》附 310 和那片单字骨片是在黄河水利工程建设偶然发现的,而非科学的考古发掘。另一方面,《郑州二里岗》中有一份 312 的考古发掘报告,④发现有四个文化层,其中 H10.4 属于二里岗下层第三、四期的商代地层。这与人民公园一期或二期相对应,大致与武丁之前、武丁时期和祖庚早期的殷墟文化一期或二期相对应。

最后,《合补》附 310 的双宾结构形式"$V_g O_i O_d$"表明使用这种格式的贞人与殷墟大多数的贞人之间有着联系。也就是说,这片应属于一期。并且,《合补》附 310 字体分析的结果大体与《合补》附 311 和 312 的特征相符;也就

---

① 北京大学历史考古教研室商周组:《商周考古》,北京:文物出版社,1979 年,第 30—37 页;中国社会科学院考古研究所:《新中国的考古发现与研究》,北京:文物出版社,1984 年,第 219—220 页。

② 殷墟四期文化与甲骨文相对年代的对应情况如下:殷墟文化二期=甲骨文第一期(武丁)和第二期(祖庚、祖甲);殷墟文化三期=甲骨文第三期和第四期(廪辛、康丁;武乙、文武丁);殷墟文化四期=甲骨文第五期(帝乙、帝辛)。

③ 参看河南省文化局文物工作队:《郑州二里岗》,北京:科学出版社,1959 年,第 7 页。

④ 同上第 183、162—165 页。

是说,郑州刻辞属于殷墟卜辞分期中的早期阶段,但不会早于武丁前或晚于殷墟卜辞第三、四期。

七、山东大辛庄卜甲刻辞

李旼对大辛庄的考古研究是最新的、最详实的,他加入了自己的第一手数据。① 他的博士论文比原先刊登在《考古》(2003 年第 6 期,第 3—6 页)上的报告准确详细得多。

2003 年 3 月,在殷墟文化二期至三期早期的大辛庄遗址半原生地层中发现一块刻辞龟腹甲。如果这种分期适用于这片卜甲,它可能与郑州刻辞大致同时。龟甲原本由七块碎片组成,四片已被发掘工作主要参与者方辉先生拼合。

图 14　大辛庄 T2302⑤B:1 龟甲的摹图

---

① 参看 Li Min, Conquest, Concord, and Consumption: Becoming Shang in Eastern China 李旼《征服,融合与消耗——在中国东方的商文明化》,密歇根大学 2008 年博士论文,第 68—87 页。

第四编　甲骨文研究:系动词与其他文字和文化　391

请看大辛庄(T2302⑤B:1)龟甲的复原(《考古》2003年第6期)。更好的照片发表在 *Chinese Archaeology* (China Social Sciences Press), Vol. 4 (2004), pp. 30—32.

下面是龟腹甲刻辞的抄录,其后有译文,并将从(1)字体,(2)词汇,(3)语法及内容三个方面进行分析。

↓(1)允徙。(X)is surely to be relocated。①
　　(石主、祏主、神主、祖先之牌位——以下,以X代)果真被迁徙。

↑(2)不徙。(X)is not to be relocated. (↓和↑一组箭头表示卜辞的对贞关系,下同。).
　　(X)不必被迁徙。

↓(3)允徙。(X)is surely to be relocated.
　　(X)果真被迁徙。

↑(4)不徙。(X)is not to be relocated.
　　(X)不必被迁徙。

↓(5)徙。(X)is to be relocated.
　　(X)被迁徙。

↑(6)不徙。(X)is not to be relocated.
　　(X)不必被迁徙。

↓(7)允徙。(X)is surely to be relocated.
　　(X)果真被迁徙。

↑(8)不徙。(X)is not to be relocated.
　　(X)不必被迁徙。

(9)允徙。(X)is surely to be relocated.
　　(X)果真被迁徙。

↓(10)钔四女龀豕豕豕。(We)should perform the lustration ritual (钔 = 御 = 禦) (directed to) Four Mothers (with the offering of) (a specie porcine:) pig-kinds (consisting of)

---

① 参看词汇、语法、内容的章节,理解这种翻译的实际意义。

boar, hog, and pig.

(我们)要举行禳祓之祭(钔＝御＝禦)(向)四母(用祭品)猪牲(包括)公猪,阉猪,猪。

↑(11)勿钔。(We) should not perform the lustration ritual.

(我们)不应该举行禳祓之祭。

↓(12)钔。(We should) perform the lustration ritual.

(我们应该)举行禳祓之祭。

↑(13)允。(We should) surely [perform the lustration ritual].

(我们)果真[举行禳祓之祭]。

↓(14)……酉㴃(温)。… yǒu (day) (we should) (heat up:) prepare (the pigs).

……酉(日)(我们应该)(加热＝)预备(猪牲)。

↑(15)勿㴃(温)。(We) should not (heat up:) prepare (the pigs).

(我們)不应该(加热＝)预备(猪牲)。

(16)一 One [crack notation].

一[兆序]。

(17)二 Two [crack notation].

二[兆序]。

(18)……女一。…Mother [with] one [sacrificial object].

……母[用]一[祭品]。

表 10　大辛庄 T2302⑤B:1 的字体分析(数字除外)

大辛庄字形	出现次数/卜辞序号	字形结构	与殷墟甲骨文比较	贞人组/期	释文	大辛庄刻辞特点
①	5/(1),(3),(7),(9),(13)	8+ㄱ	Cp. ↑《合集》1879	宾/一	允	独特
	9/(1),(2),(3),……(9)	彳+步	《合集》39987《合集》20360	宾/一自一历/一	彳+步=徙=徙	与自历间与宾组有承接关系
	4/(2),(4),(6),(8)	独体字	《乙编》3400《合集》117521《合集》20939	宾/一宾/一自一历/一	不	与自历间与宾组有承接关系
	3/(10),(11),(17)	ㄱ+ㄅ	《合集》20028《合集》19809《合集》34083	自/一自/一历/一	午+卩=卯	与自、历组有承接关系
	2/(10),(18)	独体字	《合集》22259 cp. ②《合集》21803 cf.《合集》22135	妇女/一子/一妇女/一	女	与妇女卜辞有关
	1/(10)	亍+一(=∞→)	《合集》22130《合集》21289	妇女/一自/一	豕+矢=豛=豛	与妇女和自组卜辞有关
	1/(10)	亍+丶	相当遥远：《合集》6886	自一历/一	豕+丶=豕	独特
	2/(10)	独体字	?	?	豕	独特
	2/(11),(15)	8+(	《合集》32812《合集》34650《合集》34555	自一历/一历/一历/一	弓+弓=弱=勿	与自、历组有承接关系

---

① 在大部分殷墟出土的文字中 8 是"粗"的初文。研究甲骨文的学者注意到 ↑、↑、↑ 这些普通的形体，将它们分析为"像人回顾形"等其他的，但这些分析都是错误的。参看《诂林》，第一册，第 39 页。《说文》第 8 卷第 3 页 "……从儿目声"。这种解释是正确的，因为 8 (《集成》4341 班簋), ↑ (《集成》268 秦公镈) 的形体是一脉相承的。因此，大辛庄"允"的形体对正确确认 8 是 8 是很有意义的。它还表明锲刻传统与大多殷墟书手不同。

② 《合集》21803 的拓片不是很清楚，但原片《遗珠》899，则好很多。注意 ↑ 形体中缺少的特征性的部分。

续表

大辛庄字形	出现次数/卜辞序号	字形结构	与殷墟甲骨文比较	贞人组/期	释文	大辛庄刻辞特点
酉	1/(14)	独体字	酉《合集》19946 酉《合集》32724	自/一 自一历/一	酉	与自、历组有承接关系
溢①	2/(14),(15)	母+.... or ...+皿	母,见上。 皿《合集》19970 cf. 皿《合集》22507	妇女/一 自/一 自/一	女+水+皿=溢=温	独特

  表10说明它的书写传统反映了与安阳文字之间存在一定的关系,但亦有其自身的特色,比如"允、女、甗、豕、豕、和溢"。11个字形中有6个独具特色。它们也与自、自历间组和宾组刻辞有关,例字包括"徙( )、不( )、卲(、 、)、勿(、)、和酉( )"。妇女类的例字有"女( )和甗( )"。基于"字形随书手而迁徙"这个假设,我们确定的以上关系反映出大辛庄和安阳之间的相互交流。可以想象,大辛庄向安阳输送了一些贞人和书手。其中的一些又返回了大辛庄,并在那里形成自己的书写风格。换一个方向,从安阳到大辛庄也是可能的,但是如果是这样,由于大辛庄字形具有独特性,这些特征的形成需要一些时间。表10最末栏中的"独特"验证着这一推论。参照殷墟卜辞的分期体系,大辛庄字形属于第一期(第5栏)。

  我们考查的第二个方面是词汇。它与字体有着共生的关系,共有的词汇条目也反映了交流接触,尤其是文字书写方面的共性。以上谈到的殷墟和大辛庄刻辞中皆出现的词语暗示着,就在刻辞形成之时,贞人集团和书手集团间存在类组之间的相互交流。这是一个共时平面内的解释;从历时来看,大辛庄卜甲刻辞具有自身的风格传统。"贞"、"卜"以及贞人的名字不见于大辛庄卜甲刻辞,然而"贞"字见于周原甲骨文,这一点很重要。大辛庄卜甲刻辞中贞卜的性质不同于殷墟和郑州卜辞。然而,很有意思的是,一正一反的"对贞"又与殷墟卜辞完全一样。但是,在骨面利用、骨面布局、刻辞顺序和位置

---

  ① 表示女性的字形在表示人类的字形中是可替换的。在大辛庄出土的文字中,出现了典型的婀娜身材的"女"(妇女一类的典型特征)字作 。

(行款)、钻凿的分布都与殷墟卜骨十分不同。①

关于词汇方面,本文只讨论"徙"、"猪"(豪、豕和豖)、"盫(温)"。以下结合语法和内容来分析,这样会更有效。

徙:有三种可以考虑的释读:

(1)"徙",转移、重新定居;
(2)"步",走动、登上;
(3)"延",继续。

我个人倾向于(1)的解释,原因详下。《类纂》只提供了三例"徙",尽管我们可以增补一例(《合集》20360,被《类纂》编者疏忽的),但其文义很模糊。四例之中有一例,"其"字置于"徙"之前(《合集》19276,拓片效果很不好);大辛庄刻辞显示该字是一个动词,用"不"构成否定式,并被副词"允"修饰。关于它的意思,我们最好参考罗振玉的释读。罗氏依据《说文》:"辻,迻也……辻,徙或从彳",意思是迁徙,转移,辻是"徙"的或体,亦从"彳"。其后的"迻"被定义为:"迻,迁徙也。"没有更好的释读可供参考,我们暂从罗说。大辛庄刻辞约有一半的贞辞关于是否"徙"(参看下面不多的引例)。反面卜问中使用"不"。这一点十分重要,因为"不"常与表示人们主观不可控制行为的情状动词一起使用;而"弗"常与表示人们主观不可控制行为的非情状动词使用。② 鉴于"不"式否定结构的这些特性,我们认为孙、宋两位先生的理解十分具有启发性,他们认为动词"徙"的对象是神祇而非人。③ 他们进一步阐述两种"徙"义:一个是"卜问神祇是否徙降受享",另一个是"卜问徙迁神主"。他们的观

---

① 参看 Li Min, Conquest, Concord, and Consumption: Becoming Shang in Eastern China 李旻《征服,融合与消耗——在中国东方的商文明化》,密歇根大学2008年博士论文,第170—176页;李学勤《大辛庄甲骨卜辞的初步考查》,《文史哲》,2003年4月第7期。

② 伊藤道治、高岛谦一:《中国早期文明研究:宗教、社会、语言和古文字》,第1卷,枚方:关西外国语大学出版社,1996年,第364—382页。

③ 孙亚冰、宋镇豪:《济南市大辛庄遗址新出甲骨卜辞探析》,载《考古》,2004年第2期,第72页。我同意他们的结论,但从以下几方面做出修改首先,如果我们能够确定在"不"式的否定中,"不"和"弗"都是作为不可控动词,它们的事实在过去式(经常是在检验陈述)中用来否定动词的话。"'不'和'弗'的用法接近"的说法是可以接受的。其次,我要排除"不徙"是指人们的意愿这种说法。"不"式的否定中含有将要的语义特征,所以它本身与人类的意愿没关系。参看伊藤道治、高岛谦一:《中国早期文明研究:宗教、社会、语言和古文字》,第1卷,枚方:关西外国语大学出版社,1996年,第371—372,382页。

点认为前者正确；我们则认为后者可信，原因有二：一个是语法方面的，一个是宗教方面的。因为动词被"不"否定，这是东西是情状类、意愿的和人为不可控的。更进一步说，上古汉语的带 *p 声母否定词（不、弗、否、非等）是非情态的(non-modal)；这与上古汉语的带 *m 声母否定词（毋、勿、无、莫等）构成鲜明的对比。这些带 *m 声母否定词是情态的(modal)。我们将例(1)句翻译作被动式"(石主，祏主，某神主，祖先之牌位)果真被迁徙"。被动式的基本特征就是以情状动词叙述事件，这里的"某某被迁徙"可与主动句式"(我们)将迁徙某某"相对比。我认为其情状动词叙述事件也带有一丝"即将"的意味(there also seems a sense of "imminence" because relocating ancestral tablets for ritual purposes was what the Shang were to forthwith resolve through divination)。① 自例(1)至例(9)的动词是人为不可控的，因为神主自己从一处迁徙至它处是超越人的意志的。构成从辞(1)至(9)正反对贞的原因正是这些"祏主"是否应被迁徙。动词是人为不可控的，因为神主从一处迁徙到它处的安置是超越人的意志的。②

关于宗教方面的问题，有两个例子涉及神主的操作。一个例子与动词"宾"(把某神当作客人)有关，另一个例子与"坐"(将某神安置在原处)有关。参考下面的例句：

↓ 贞父乙（宾）于祖乙。《合集》1657 反(3)

Tested：Fu Yi will be treated as a guest by Zu Yi.

检验：父乙将作为客人被祖乙招待。

↑ 父乙不宾于祖乙。　同上(4)

Fu Yi will not be treated as a guest byZu Yi.

父乙将不作为客人被祖乙招待。

↓ 贞祖辛坐于父乙。《合集》1779 反(1)

---

① 高岛谦一：《殷墟文字丙编研究》，第二册，《丙编》1，注 7(COM1/7)，台北："中央"研究院历史语言研究所，2010 年。

② 我用"将祖先的圣灵暂时从一个地方移到另一个地方"，是假设祖先的牌位代表了个人的意志，因为带有朱书书写的祖先名字的柄形器在宗庙中按等级顺序排放。关于柄形器，参看中国社会科学院考古研究所《安阳殷墟出土玉器》，北京：科学出版社，2005 年，第 21－26 页。如果真是这样，我们可以把"将祖先的圣灵/牌位从较低的地方迁徙到较高地方(或其他)"解释为祭祀/宗教仪式。我正在撰写关于这方面的论文。

  Tested:Zu Xin will (seated:) put at (the altar of) Fu Yi.
  检验:祖辛将(安放)置于父乙(的祭坛)。

↑贞祖辛不坐于父乙。　　同上(2)

  Tested:Zu Xin will not be (seated:) put at (the altar of) Fu Yi.
  检验:祖辛将不(安放)置于父乙(的祭坛)。

  在第一组中,祖乙(武丁前四世)在祖先神灵的等级中比父乙(等于小乙)地位高。我们很自然地想到父乙的神主暂时被列于祖乙之上。第二组中,动词"坐"与"宾"相对使用的。父乙在等级制度中比祖辛(武丁前三世)的地位低。这里好像是为了祭牲和仪礼(也许是古代中国"配祭,配祀"的原型)而重置了神主。但由于他们不能了解到配祭祖先是否可行,他们开始贞卜,以静态、被动的方式表述"贞辞"。①

  我们花费了一些笔墨从词汇、语法和语义认知来分析"徙"字。很有必要将所有的这些与本文的论题联系起来,文字在大辛庄和殷墟地区的宗教和仪礼活动中起着怎样的作用。如果我们对"徙"(大辛庄仪礼活动)字的新释可以成立,殷墟没有与之相应的活动。如果殷墟卜辞"宾"和"坐"两种仪礼活动与大辛庄刻辞的"徙"字具有相关性,它们在宗教和仪礼活动中也许可以作为联系两地的桥梁。

  我们在字体一节中注意到,大辛庄书体主要与自组、自历间组、历组和"妇女"类刻辞相似。如果是这样,当时这些组类的贞人与大辛庄贞人之间或存在某些接触。② 殷墟卜辞语料十分丰富,我们收集"徙"字用例,只在残辞中发现四例。看起来它们的用法与此片大辛庄文义有区别。在这块唯一的大辛庄刻辞龟腹甲中,"徙"字出现了九次。③ 如果我们的新释正确,他们使

---

  ① 关于不可控动词"宾"的更多详细情况,参看高岛谦一《殷墟文字丙编研究》,第二册,《丙编》39,注 27(COM39/27),台北:"中央"研究院历史语言研究所,2010 年。关于初步研究的"坐"字,参看此书第二册,《丙编》225,注 1(COM225/1)或本书第一编。

  ② 如果贞人和刻手是为上层人士服务,那么在社会上层也一定有相互交流。

  ③ 我们在古典文献中找到一些提及移动庙主的记载,这种情形中用到的动词就是"徙"。在此仅举出其之两例。第一例见《左传》昭公 18 年的记载:"……使公孙登徙大龟,使祝史徙主祏于周庙,告于先君。"第二例见于《国语·周语·一》:"……夫神一,不远徙迁,若由是观之,其丹朱之神乎。"韦昭(204—273)在他对上引《国语》语句所作的注解中解释云:"言神一心依凭于人,不远迁也。"但是,—这个词跟后面出现的"不远徙迁"构成对比,所以,我不揣冒昧地把它解释为"静止,不自己移动"的意思。

用了一种不同方式表述这种仪礼活动,即"徝"而非"宾"和"坐"。

毖,豖和豕:尽管这三个字形在安阳刻辞中没有完全吻合的对应文字,识别这些动物没有任何问题。这里有两个问题:一是语法方面的,另一是考古学方面的,我们将作进一步探讨。

关于第一点,为什么贞卜重复同一词语"豖"? 孙、宋两位先生认为"数 1＋神"组成一个整体。① 据他们分析,当祭牲进献给这一整体时,格式是"数 2＋牲",其中数 2 与数 1 的数量相对应。引用他们的一个例子:

贞钔于三父三伐。《合集》930 一期宾组
Tested：(We should) perform the lustration ritual directed to Three Fathers with three beheaded human victims.

检验:(我们要)以三个砍头的人牲向三父行禳祓之祭。

如果我们用这种格式来分析例(10)"钔四女毖豖豖豖",迭用"豖"字可以解释为进献给"四母"中每一个母的牲猪,尽管没有"四豖"字样,但记录有四头猪。问题是,当我们考查的范围,不限于孙、宋两位提供的例子时,这种相应的格式不能保持有效。例如:

丙戌卜二祖丁岁一牢。《屯南》2364 一期历组
Bǐngxū day divined：(To) Two Ancestors (we) will guì-cut [劇] one specially reared bovine.

丙戌日占卜:(我们)将刿杀一头特别饲养的牛(献给)二祖。

因此,孙、宋两位提出的这种整齐模式被打破了。我们仍然需要解释这种怪异的用法"豖豖"。我想提出一个假设,第二个"豖"作为一个"回声名词/回声量词/回声类别词"(英文叫"echo classifier";一种"重文名词")。据我先前的研究,类别词的产生发展在中国商代已经萌芽。② 陈梦家先生曾列举了一些"名＋数＋单位"的表达格式,有"羌几羌"、"人几人"、"卣几卣"、"马几丙"和

---

① 孙亚冰、宋镇豪:《济南市大辛庄遗址新出甲骨卜辞探析》,载《考古》,2004 年第 2 期,第 71 页。

② 伊藤道治、高岛谦一:《中国早期文明研究:宗教、社会、语言和古文字》,第 1 卷,枚方:关西外国语大学出版社,1996 年,第 204—217 页。

"贝几朋"。① 这些格式中,"人几人"、"羌几羌"中"几"之后的第二个名词可以认为是"重文"名词。"类别词"后来发展的一个基本特征是计数,我们可以做出这样的合理推断,话者通过重复首现的名词来表述其本来的意思,而为了算其名词的数用同一个名词。短语"豰豕豕豕",是一种重文名词,可以翻译为"(一种猪)包括豰、豚、豕等猪类"。试看我们把这种看法运用于以下的例子:

卯祖癸豕祖乙豰祖戊豕豕。《屯南》附3,一期历组

(We should) perform the lustration ritual (directed to or in the presence of) Zu Gui, Zu Yi, and Zu Wu with pig-kinds (consisting of) pig, hog, and pig.

(我们要)行禳祓之祀[直接宾语](对于)祖癸、祖乙、祖戊,用猪牲(包括)猪、阉猪和猪。

我们查寻到的其他例子都属于历组刻辞。这又是一个证据,说明大辛庄刻辞与历组有关。

关于第二个考古学问题,让我们关注一下祭牲用猪。徐鸿修提出,大辛庄祭牲用猪和殷墟祭牲用牛羊作为主要祭品明显不同。② 关于这一点,日本考古学者冈村秀典先生创立了一个有趣的理论,探讨王权与祭祀用牲存在怎样的关系。③ 他的商代等级用牲观点具有一定的可信性,他认为牛牲是最高级奢侈的,其次是羊牲和猪牲。④ 而且,这种祭牲的等级制度直接与社会阶层相关,他们的消耗直接受国家控制。尤其值得关注的是花园庄南地 H27 坑发现的 300,000 块兽骨,其中牛骨超过 98%。⑤ 这一地区可能居住着一群和商王室关系亲近的臣子,很显然,与王室关系越亲近,祭牲用牛的数量就越

---

① 陈梦家:《殷墟卜辞综述》,第94页。
② 徐鸿修:《大辛庄甲骨文考释》,载《文史哲》,2003年第3期,第10页。
③ 冈村秀典:《中国古代王権と祭祀》,东京:学生社,2005年,第117—120页。
④ 冈村秀典认为,在古典中,称牛、羊、豕为大牢,称羊、豕为少牢。这与《大戴礼记》(曾子天圆)和郑玄注《仪礼》(少牢馈食礼)是相符合的。但是,据郑玄注《周礼》(天官,宰夫)中,"三牲牛羊豕具一牢"。因此,精确理解大(太)牢和少牢,在文本来源上,存在模糊性。在商代,三种动物的等级问题,需要参考冈村秀典《中国古代王権と祭祀》中提到的考古学证据。
⑤ 中国社会科学院考古研究所安阳工作队:《1986—1987年安阳花园庄南地发掘报告》,载《考古学报》,1992年第1期,第103页。

丰富。① 总之，祭祀用牲与环境的关系不太密切，与商王室在社会、政治、经济以及仪礼方面的联系是主要因素。所有的这些与文字有着怎样的联系是一个问题，我们只能猜想王室的若干控制通过文字和典制手段延伸到大辛庄。

溫（温）：关于此字的释读，有两个颇具影响力的观点：一个是释"温"，另一个释"浴"。我们倾向于前者，理由如下。首先，释"浴"依据商代王卜辞中的"⿳"，该字被认为是一个人在盛满水的浴盆里洗浴。这是明显的望文生义。我们不能绝对地反对"望文生义"，但是这里的大辛庄字形与"⿳"是不同的。而且，字形"⿳"本身也有不同的理解。如果有人理解为一幅煮人的图画，我们怎么客观地评价呢？从语法方面来考虑，因为"温"被否定副词"勿"否定（带 *m- 声母否定词之一），"温"是一个行为可控的动词，可以通过人的意志施行。因此，例句（15）由"勿"否定。从上下文来看，"温"字理解为"加热"（准备烹煮）例句（10）提到的祭牲，这是合理的。这样的话，文本比较连贯，释"浴"与刻辞其他的内容无涉。

八、结论

通过从字体、词汇、语法和内容来考查郑州和大辛庄刻辞，本文提供的证据表明：他们与殷墟甲骨刻辞有关，但有自身的特点，可能是地方特色。通过将郑州和大辛庄文字划属不同的贞人集团，并确认与哪类贞人集团相关，我们发现两类刻辞（一类来自南部，一类出自东部）主要与殷墟的自组、历组和妇女组（只限大辛庄）刻辞有亲缘关系。也有可能他们在文字方面有着自身的传统，虽然很难说出多久以前这种传统又复活了。因为自组和历组刻辞属于第一期，很有可能这种接触相对较早。我们也可以推测有些人前往国都为商王室服务。其中的一些人有返回了郑州或大辛庄，并在那里不但形成了自

---

① 在袁靖、唐际根《洹北花园庄遗址出土动物骨骼研究报告》中提到在仅有 $136m^2$ 的地区存在 11 种不同的动物骨骼，其中猪骨占 60%，牛骨占 17%，羊骨占 10%，野兽骨骼占 5%。袁靖、唐际根《洹北花园庄遗址出土动物骨骼研究报告》，载《考古》，2000 年 11 月，第 75—81 页。这与上文提到的位于洹河西岸的花园庄地区形成鲜明对比。冈村秀典注意到这种现象，提出洹北花园庄地区居住着平民或次贵族阶层。

己的书写方式,而且按照自己的方式使用一些祭祀和仪礼语词("温"和"徙")。如果是这样,这些一定需要一段时间。

关于字体,本文图表中的"独特"印证着这种推测,尽管这些独特性可能是原先派送到安阳的那些贞人和书手的最终产物。贞人"㱿"与这种"南部的文字"之间很有趣,尽管我们无法确知他源自何处,他操着一口不同于国都标准语的方言,与历组书手之间有着密切的联系。基于当地的书写传统,通过这种相互交流,它们影响着殷墟文字,正如其所反映的。至于为什么郑州和大辛庄刻辞都带有自组和历组特征,这是一个可以进一步探究的、开放性的问题。①

---

① 例如,新的研究途径应结合所谓的殷墟第一期和第二期的"二里岗扩张"问题,包括商代中期郑州附近的小双桥陶文。宋国定《郑州小双桥遗址出土陶器上的朱书》,载《文物》,2003年第5期,第35—44页;此外,荆志淳研究(特别是用锶分析[strontium analysis]人骨)认为"二里岗扩张"可以解释在大辛庄殷墟文化早期的安阳地区的许多现象。

主要参考文献

引用甲骨著录简称

《丙编》　张秉权:《小屯第二本·殷虚文字·丙编》,台北:"中央"研究院历史语言研究所。卷一 1,1957 年,卷一 2,1959 年;卷二 1,1962 年,卷二 2,1965 年;卷三 1,1967 年,卷三 2,1972 年。

《卜辞》　容庚和瞿润缗:《殷契卜辞》,北平:哈佛燕京学社,1933 年。

《缀存》　曾毅公:《甲骨缀存》,出版地不详,前言时间 1939 年。

《粹编》　郭沫若:《殷契粹编》,东京:文求堂,1937 年;修订版,北京:科学出版社,1965 年。

《簠殷》　王襄:《簠室殷契征文》,天津:天津博物馆,1925 年。

《海外》　饶宗颐:《海外甲骨录遗》《东方研究杂志》,卷四第 1、2 号,1957 和 1958 年;21 幅图版。

《合编》　曾毅公:《甲骨缀合编》,出版地不详,1950 年。

《合集》　《甲骨文合集》,对开本,13 册,郭沫若主编,胡厚宣总编辑,北京:中华书局,1978—1982 年。

《后编》　罗振玉:《殷虚书契后编》,出版地不详,1916 年。

《花东》　中国社会科学院考古研究所:《殷墟花园庄东地甲骨》,昆明:云南人民出版社,2003 年。

《集成》　中国社会科学院考古研究所:《殷周金文集成》,北京:中华书局,1984—1994 年。

《甲编》　董作宾:《小屯第二本·殷虚文字·甲编》,南京:中央研究院历史语言研究所,1948年。
《戬寿》 姬佛陀:《戬寿堂所藏殷虚文字》,上海:仓圣明智大学,1917年。
《人文》 贝塚茂树:《京都大学人文科学研究所所藏甲骨文字》,京都:京都大学人文科学研究所,1959年。
《菁华》 罗振玉:《殷虚书契菁华》,出版地不详,1914年。
《京津》 胡厚宣:《战后京津新获甲骨集》,上海:群联出版社,1954年。
《金璋》 方法敛、白瑞华:《金璋所藏甲骨卜辞》,纽约,1939年。
《龟甲》 林泰辅:《龟甲兽骨文字》,出版地不详,1921年。
《库方》 方法敛、白瑞华:《库方二氏藏甲骨卜辞》,上海:商务印书馆,1935年。
《明》 许进雄:《明义士藏商代甲骨》,卷Ⅰ:图版;卷Ⅱ:释文,多伦多:皇家安大略博物馆,1972,1977年。
《南北》 胡厚宣:《战后南北所见甲骨录》,出版地不详,1951年。
《宁沪》 胡厚宣:《战后宁沪新获甲骨集》,出版地不详,1951年。
《前编》 罗振玉:《殷虚书契前编》,出版地不详,1913年。
《拾掇》 郭若愚:《殷契拾掇》,卷1,上海:上海出版公司,1951年。卷2,私人出版,1953年。
《天壤》 唐兰:《天壤阁甲骨文存》,北平:辅仁大学,1939年。
《铁遗》 叶玉森:《铁云藏龟拾遗》,出版地不详,前言时间为1925年。
《铁云》 刘鹗:《铁云藏龟》,出版地不详,前言时间为1903年。
《通纂》 郭沫若:《卜辞通纂》,东京:文求堂,1933年。
《屯南》 中国社会科学院考古研究所:《小屯南地甲骨》,2卷,北京:中华书局,1980—1983。
《外编》 董作宾:《殷虚文字外编》,台北:艺文印书馆,1956年。
《文录》 孙海波:《甲骨文录》,出版地不详,前言时间为1937年。
《续编》 罗振玉:《殷虚书契续编》,出版地不详,前言时间为1933年。
《续存》 胡厚宣:《甲骨续存》,上海:群联出版社,1955年。
《邺初》 黄浚:《邺中片羽初集》,出版地不详,1935年。
《乙编》 董作宾:《小屯第二本:殷虚文字:乙编》"中央"研究院历史语言研究所。拓本卷1(南京),1948年;拓本卷2(南京)1949年;拓本卷3(台北)1953年。

《佚存》　商承祚:《殷契佚存》,南京:金陵大学中国文化研究所,1933年。
《英国》　李学勤、齐文心和艾兰:《英国所藏甲骨集》,中国社会科学院历史研究所和伦敦大学东方和非洲研究学院,卷Ⅰ拓本第1和2册,北京:中华书局,1985年。
《殷虚》　明义士:《殷虚卜辞》,上海:凯利和华尔士有限公司,1917年。
《遗珠》　金祖同:《殷契遗珠》,上海:中法文化出版委员会,1939年。
《摭续》　李亚农:《殷契摭遗续编》,北京:中国科学院,1950年。
《缀合》　郭若愚、曾毅公、李学勤:《殷虚文字缀合》,北京:科学出版社,1955年。

其他简称

《大汉和辞典》　诸桥辙次 Morohashi Tetsuji 1959年。
《汉语大字典》　《汉语大字典》,成都:四川辞书出版社,1996年。
《类纂》　姚孝遂、肖丁:《殷墟甲骨刻辞类纂》,北京:中华书局,1988年。
《摹释》　姚孝遂、肖丁:《殷墟甲骨刻辞摹释总集》,北京:中华书局,1988年。
《综类》　岛邦男:《殷墟卜辞综类》修订版,东京:汲古书院,1971年。
《综览》　松丸道雄(Matsumaru Michio)、高岛谦一(Takashima Ken-ichi):《甲骨文字字释综览》,东京:东京大学出版会,1994年。
《十韵汇编》　刘复主编:重印于台北:学生书局,1963年。
《说文》　许慎:《说文解字》,北京:中华书局,1963年。

引用论著①

[日]赤塚忠　Akatsuka Kiyoshi
1956　《殷代における河の祭祀とその起源》《甲骨学》,4和5号(合编本),223—249页。
1958　《殷王朝における𡿨の祭祀》《甲骨学》,6号,370—398页。
1977　《中国古代の宗教と文化——殷王朝の祭祀》,东京:角川书店。

---

①　论著以作者姓氏的拼音为序,论著后一般仅附英语的原标题。

1982 《论商代文明中十干和十二支等历法符号的宇宙论意义》提交于 9 月 7—11 日在夏威夷火奴噜噜/T 檀香山召开的商代文明国际研讨会的论文。"On the Cosmological Meaning of the Calendar Signs 'Shi Gan' and 'Shier Zhi' in Shang Civilization", International Conference on Shang Civilization, Honolulu, Hawaii.

安阳队
1991 《年安阳后岗殷墓的发掘》《考古》,1993 年 10 期,880—898 页。安阳队＝中国社会科学院考古研究所安阳工作队。
1992 《1986—1987 年安阳花园庄南地发掘报告》《考古学报》,1,97—128 页。

无名氏 Anonymous
1972 《无产阶级文化大革命期间出土文物展览简介》《文物》第一期,70—86 页。引作《文物》1972.1。

[日]浅原达郎 Asahara Tatsurō
1986 《西周金文と历》《东方学报》卷 58,71—120 页十一份表。

奥斯汀 Austin, J. L.
1962 《如何利用字词》,剑桥:哈佛大学出版社。*How to Do Things with Words*. Cambridge: Harvard University Press.

巴纳 Barnard, Noel.
1958 "A Recently Excavated Inscribed Bronze of Western Chou Date." *Monumenta Serica*, XVII, pp. 12—46.
1973 *The Ch'u Silk Manuscript — Translation and Commentary*. Monographs on Far Eastern History 5. Canberra: Department of Far Eastern History, Research School of Pacific Studies, Institute of Advanced Studies, Australian National University.
1996 *The Shan-fu Liang ch'i kuei and Associated Inscribed Vessels*（善夫梁其簋及其他关系诸器研究）. In association with Cheung Kwong-

yue（张光裕）. Taipei：SMC publishing Inc.

[美]白一平 Baxter, William H.
1992 《上古音手册》，海牙，纽约：穆顿德格鲁伊特出版社。*A Handbook of Old Chinese Phonology*. The Hague：Mouton de Gruyter.

[美]白一平、[法]沙加尔 Baxter, William H. and Sagart, Laurent
1998 《古代汉语构词》，《汉语构词研究新途径：形态学，音韵学，现代汉语和古代汉语词汇学》（帕卡德主编），第 35－76 页，柏林，纽约：穆顿德格鲁伊特出版社。"Word Formation in Old Chinese." In *New Approaches to Chinese Word Formations：Morphology, Phonology, and the Lexicon in Mordern and Ancient Chinese*. Ed. By Jerome L. Packard. Berlin：Mouton de Gruyter, 1998.
2011 《白－沙上古音拟构》，2011 年 2 月 20 日版。Baxter-Sagart Old Chinese reconstruction. Version of 20 February, 2011.

比克斯·罗伯特 Beekes, Robert S. P.
1995 《印欧比较语言学导论》，阿姆斯特丹，约翰本杰明出版公司。*Comparative Indo-European Linguistics：An Introduction*. Amsterdam：John Benjamins Publishing Co.

[德]毕鹗 Behr, Wolfgang
1994 《甲骨文所见若干上古汉语复声母问题蠡测》《声韵论丛》，6，471－507 页。
1994a "'Largo forms' as Secondary Evidence in the Reconstruction of Old Chinese Initial Consonant Clusters." Paper presented at the 27th International Conference on Sino-Tibetan Languages and Linguistics. Paris, October.（Apud Sagart 1999：79.）
1996 Reimende Bronzeinschriften und die Entstehung der chinesischen Endreimdichtung. Doktors der Philosophie dissertation. Frankfurt amMain：Johann Wolfgang Goethe-Universität.

北京大学历史考古教研室商周组
1979 《商周考古》,北京:文物出版社。

保罗·本尼迪克 Benedict, Paul K.
1972 《汉藏语—概观》,普林斯顿—剑桥汉语言系,第二,剑桥:剑桥大学出版社。*Sino-Tibetan: Conspectus*. Princeton-Cambridge Studies in Chinese Linguistics Series, No. 2. Cambridge: Cambridge University Press.
1976 《汉藏语言:另一种考查》《美洲东方学会杂志》,卷96,第2号,167—197页。"Sino-Tibetan: Another Look," *Journal of American Oriental Society*, 96.2.

巴里·布莱克 Blake, Barry J.
1994 Case. Cambridge: Cambridge University Press.

包拟古 Bodman, Nicholas C.
1969 《藏语的 *sdud* "折叠罩衣",汉字卒和 * st-假说》《历史语言研究所集刊》,第39本第2分册,327—345页。"Tibetan *sdud* 'Folds of a Garment', the Character 卒, and the * st-Hypothesis", *Bulletin of the Institute of History and Philology*, 39.2.
1980 《原始汉语及汉藏语:确立联系性质的资料》收入《历史语言学论集》,34—199页。科特斯姆和沃尔夫编,莱登:布利尔。"Proto-Chinese and Sino-Tibetan: Data Towards Establishing the Nature of the Relationship", *Contributions to Historical Linguistics* (ed. Coetsem, F. V. and Waugh, L. R.). Leiden: E. J. Brill.

[美]鲍则岳 Boltz, William G.
1972 《古汉语词族研究》,伯克利:加州大学博士论文。*Studies in Old Chinese Word Families*. Ph.D. dissertation. Berkeley: University of California.
1973 《古代汉语字族研究》,博士论文,伯克莱:加州大学。Studies in Old

Chinese Word Families. Ph. D. dissertation. Berkeley: University of California.

1986 《早期汉语文字》,《世界考古》,卷 17 第 3 号,420—436 页。"Early Chinese Writing", *World Archaeology*, 17.3.

1990 《关于鼎字的三条注释》,《美洲东方学会杂志》,卷 110 第 1 号,1—8 页。"Three Footnotes on the *Ting* 鼎 'tripod'", *Journal of American Oriental Society*, 110.1.

1992 《汉语书写系统的起源及早期发展》,纽黑文:美洲东方学会。*The Origin and Early Development of the Chinese Writing System*. New Haven: American Oriental Society. Reprinted with a new preface, 2003.

1992a 《汉语词源学注释:"古"和"今"的过去和现在》,《远东学报》,35.1/2,第 35—43 页。"Notes on Chinese Etymology: The Past and Present of *ku* 古 'Past' and *chin* 今 'Present'," *Oriens Extremus*.

1994 《汉字书写系统的起源和早期发展》。纽黑文:美国东方学会,2003 年重印加新序言。*The Origin and Early Development of the Chinese Writing System*. American Oriental Series, Vol. 78. New Haven: American Oriental Society. Reprinted with a new preface, 2003.

彼得 • 布特博格 Boodberg, Peter A.

1934 《简论汉语的构词法与句法 4:某些汉语虚词的 Xk 形式》,打印稿,重印于《彼得 • 布特博格选集》(埃尔文 • 柯恩编;伯克莱和洛杉矶:加州大学出版社,1979 年),434—435 页。"Notes on Chinese Morphology and Syntax, 4: The Xk Form of Some Chinese Particles," *Selected Works of Peter A. Boodberg*. Berkeley and Los Angeles: University of California Press.

1937 《关于古代汉语演变的一些预言性评论》,《哈佛亚洲研究杂志》,卷 2,3—4,329—372 页。"Some Proleptical Remarks on the Evolution of Archaic Chinese", *Harvard Journal of Asiatic Studies*, 2.3—4.

1979 《彼得 • 布特博格选集》。埃尔文 • 柯恩编,伯克莱和洛杉矶:加州大学出版社。*Selected Works of Peter A. Boodberg*. Berkeley and Los

Angeles: University of California Press.

[法]蒲芳莎 Bottéro, Francoise.
1996 *Sémantisme et classification dans l'écriture chinoise. Les systèmes de classement des caractères par clès du* Shuowen jiezi *au* Kangxi zidian. Mémories de l'Institut des Hautes Études Chinoises, Collège de France, Vol. XXXVII.

克里斯·巴顿（Button, Christopher T. J.）
2004 A Palaeographical and Phonological Analysis of Phonetically Ambiguous Chinese Characters. 硕士论文,温哥华:英属哥伦比亚大学。
2010 《语音不确定汉字的古文字和音韵学分析》。慕尼黑:Lincom Europa. *A Palaeographical and Phonological Analysis of Phonetically Ambiguous Chinese Characters.* München: Lincom Europa.（巴顿 2004 的修订版）

Bybee. Joan L.
1985 Morphology: A Study of the Relation between Meaning and Form. Amsterdam: John Benjamins.

蔡芳培、夏含夷和杰姆斯·夏（妮斯）Cai Fangpei, Shaughnessy, Edward L., Shaughnessy, James F.
1988 《小屯南地甲骨卜辞通检》,《古代中国》专论第 1 号。*A Concordance of the Xiaotun Nandi Oracle-Bone Inscriptions*, Early China Special Monograph Series, No. 1.

蔡哲茂
1996 《甲骨新缀合三十三片及其考释》,淑明女子大学学术研讨会提交论文,1996 年 8 月。转引自李学勤(1999: 64)。

曹楠
2008 《三代时期出土柄形玉器研究》,《考古学报》,第2期,141—178页。

华莱士·切夫 Chafe, Wallace L.
1970 《语言的结构及意义》,芝加哥:芝加哥大学出版社。*Meaning and the Structure of Language*. Chicago: University of Chicago Press.
1971 《方向与意译》《语言》,卷47第1号,1—26页。"Dirctionality and Paraphrase," *Language*, 47.1.
1975 "Givenness, Contrastiveness, Definiteness, Subjects, Topics and Point of View," *Subject and Topic* (ed. by Charles Li), pp. 25—55. New York: Academic Press.

常玉芝
1987 《商代周祭制度》,北京:中国社会科学出版社。
1998 《殷商历法研究》,长春:吉林文史出版社。
2007 《郑州出土的商代牛肋骨刻辞与社祀遗迹》,《中原文物》第5期,96—103页。

陈初生
1983 《早期处置式略论》,《中国语言》,第3期,201—206页。

陈梦家
1936 《古文字中之商周祭祀》,《燕京学报》,第19期,91—155页。
1936a 《商代的神话与巫术》,《燕京学报》,第20期,485—576页。
1936b 《古文字中之商周祭祀》,《燕京学报》,第19期,116—121页。
1945 《中国青铜器的风格》,《美洲中国艺术学会档案》,卷1。"Style of Chinese Bronzes", *Archives of the Chinese Art Society of America*, Vol. 1.
1946 《海外中国铜器图录》,北平(重印于台北:台联国风出版社,1976年)。
1951 《甲骨断代与坑位》,《考古学报》,第5期,177—224页。
1951a 《甲骨断代学甲篇》,《燕京学报》,第40期,1—64页。

1953 《殷代卜人篇——甲骨断代学丙篇》,《考古学报》,第6期,17—55页。
1954 《甲骨断代学乙篇——商王庙号考》,《考古学报》,第8期,1—48页。
1956 《殷虚卜辞综述》,北京:科学出版社。

陈槃
1969 《春秋大事表列国爵姓及存灭表譔异》7册,台北:"中央"研究院历史语言研究所。

陈婷珠
2010 《殷商甲骨文字形系统再研究》,上海:上海人民出版社。

江伊莉 Childs-Johnson, Elizabeth.
1995 "The Ghosts Head Mask and Metamorphic Shang Imagery," *Early China* (古代中国), 20, pp. 79—92.

诺姆·乔姆斯基 Chomsky, Noam.
1965 *Aspects of the Theory of Syntax*. Cambridge: The M. I. T. Press.
1981 *Lectures on Government and Binding*. Dordrecht: Folis Publications.

诺曼·乔姆斯基、哈利·斯黑尔 Chomsky, Noam and Halle, Morris
1968 《英语语音类型》。纽约,伊万斯顿和伦敦:哈帕和若出版社。*The Sound Pattern of English*. New York, Evanston, and London: Harper & Row Publishers.

周国正 Chow, Kwok-ching
1982 Aspects of Subordinative Composite Sentences in the Period I Oracle-Bone Inscriptions. Ph. D. dissertation. Vancouver: University of British Columbia.
1983 《卜辞两种祭祀动词的语法特征及有关句子的语法分析》,《古文字论集》,初编,229—307页,香港:香港中文大学。

约翰·奇科斯基 Cikoski, John S.
1970 《古代汉语字族》,博士论文,纽黑文:耶鲁大学。Classical Chinese Word-Classes. Ph. D. dissertation. New Haven: Yale University.

柯蔚南 Coblin, Weldon South
1986 《汉学家的汉藏词汇比较表》,《华裔学志》专论系列 XVIII(圣奥古斯汀:斯泰勒出版社)。*A Sinologist's Handlist of Sino-Tibetan Lexical Comparisons*. Monumenta Monograph Series, XVIII. Sankt Augustine: Steyler Verlag.

阿瑟·库柏 Cooper, Arthur
1978 《汉字的创造》,伦敦:中国学会。*The Creation of the Chinese Script*. London: The China Society.

丁邦新
1975 《魏晋音韵研究》,专刊之 65。台北:"中央"研究院历史语言研究所。*Chinese Phonology of the Wei-Jin Period: Reconstruction of the Finals as Reflected in Poetry*. Special publications, No. 65. Taipei: Institute of History and Philology, Academia Sinica.
2001 《从〈诗经〉'其雨'的用法看卜辞中命辞的性质》,《台湾大学文史哲学报》54,37—44 页。收入于丁邦新著《中国语言学论文集》(北京:中华书局,2008 年),538—541。

丁佛言
《古籀补》,《说文古籀补补》。收入丁福保编《说文诂林》(见下。)

丁福保
《说文诂林》,《说文解字诂林》,12 卷,1928 年,重印于台北:商务印书馆,第 3 次印刷,1969 年。

丁山
1956 《甲骨文所见氏族及其制度》,北京:科学出版社。

Dixon, R. M. W. and Aikhenvald, Alexandra Y.
2000 *Changing Valency: Case Studies in Transitivity*. Cambridge: Cambridge University Press.

杜百胜 Dobson, W. A. C. H.
1974 《汉语虚词字典》,多伦多:多伦多大学出版社。*A Dictionary of the Chinese Particles*. Toronto: Universtiy of Totonto Press.

董同龢
1944 《上古音韵表稿》,重印于台北:"中央"研究院历史语言研究所,1967年。

董作宾
1933 《甲骨文断代研究例》,《历史语言研究所集刊》外编第一号,323—424页。重印于《董作宾学术论著》(台北:世界书局,1962年),卷1,371—488;也见《董作宾先生全集》(台北:艺文印书馆,1977年),卷2,363—464页。
1945 《殷历谱》,南溪:中央研究院历史语言研究所,重印于台北:艺文印书馆(无日期)。
1948 《殷历谱后记》,《历史语言研究所集刊》,第13本,183—208页。
1948—1953 (编者)《小屯第二本:殷虚文字:乙编》,上(南京,1948年),中(南京,1949年),下(台北:"中央"研究院历史语言研究所,1953年)。
1953 《五十年来考订殷代世系的检讨》《学术季刊》,卷1第3号,105—115页。又收入氏著《董作宾先生全集》卷八。台北:艺文印书馆,1977年。
1955 《甲骨学五十年》,台北:艺文印书馆。
1965 《甲骨学六十年》,台北:艺文印书馆。

都纳 Downer, G. B.
1959 《古代汉语中变调派生》,《伦敦大学亚非学院通讯》,卷 22.2,258—290 页。"Derivation by Tone-Change in Classical Chinese," *Bulletin of the School of Oriental and African Studies*, Vol. 22, Pt. 2.

查尔斯·菲尔莫尔 Fillmore, Charles J.
1968 "The Case for Case." In Emmon Bach and Robert T. Harms, eds., *Universals in Linguistic Theory*, pp. 1—88. New York: Holt, Rinehart and Winston, Inc.

弗农·福乐 Fowler, Vernon K.
1984 《商代甲骨文中的上下文等级》,硕士论文,温哥华:不列颠哥伦比亚大学。Contextual Hierarchies in the Shang Oracle-Bone Inscriptions. Vancouver: University of British Columbia.
1989 《商刻辞中各种人类字形的用法分析》,博士论文。温哥华:不列颠哥伦比亚大学。An Analysis of the Uses of the Various Forms of the Human Figure in the Shang Script. Vancouver: University of British Columbia.

乔治·万·德·甲柏连孜 Gabelentz, Georg von der
1881 《汉文经纬》,(重印于哈雷:VMNV,1960 年)。*Chinesische Grammatik mit Ausschluss des Niederen Stiles und der Heutigen Umgangssprache*. Reprinted in Halle: Veb Max Niemeyer Verlag, 1960.

高鸿缙
1960 《中国字例》,台北:新台出版社(由高吕青士私人出版)。

高明
1980 《古文字类编》,北京:中华书局。

高明、涂白奎
2008 《古文字类编》(增订本),上海:上海古籍出版社。

葛瑞汉 Graham, Angus C.
1983 《用作动词与虚词的云和曰》,《东洋学报》,44,33—71 页。"Yun 云 and Yue 曰 as Verbs and Particles," *Acta Orientalia*, 44.
1991 《反思与回应》,《汉语文献与哲学环境》,267—322 页。由亨利·罗斯蒙特编辑。拉萨利:开廷。"Reflections and Replies," *Chinese Texts and Philosophical Contexts* (ed. by Henry Rosemont). La Salle: Open Court.

约瑟夫·格林伯格 Greenberg, Joseph H.
1966 "Some Universals of Grammar with Particular Reference to the Order of Meaningful Elements." In Joseph H. Greenberg, ed., *Universals of Language*, 2nd ed., pp. 73—113. Cambridge: The M. I. T. Press.

郭宝钧
1951 《一九五〇年春殷墟发掘报告》,《考古学报》,第 5 期,1—61 页+45 图版。

郭沫若
1930 《中国古代社会研究》修订版,北京:人民出版社,1960 年。
1931 《甲骨文字研究》修订版,北京:科学出版社,1962 年。又收入《诂林》(GL) 1.729/699 页。
1933 《卜辞通纂考释》,东京:文求堂,东京:朋友书店 1977 年再版。
1936 《先秦天道观之进展》,上海:商务印书馆。
1937 《殷墟萃编》,东京:文求堂。
1956 《两周金文大系考释》,修订版,北京:科学出版社。
1965 《殷契粹编考释》,考古学专刊甲种第十二号,北京:科学出版社。(原出版于东京:文求堂,1937 年)

郭沫若主编、胡厚宣总编辑
1978—1982 《甲骨文合集》(13卷),北京:中华书局。

韩哲夫(Handel, Zev)
2004 《甲骨卜辞中干支纪年后所接"今"、"翌"、"来"作为时间指示词的用法,意义和形式》,古代汉语语法论文集,57—75页。高岛谦一,蒋绍愚编。慕尼黑:Lincom Europa.

韩耀隆
1972 《甲骨卜辞中叀、隹用法探究》《中国文字》,第43期,1—33下(独立页码)。

[日]桥本万太郎 Hashimoto, Mantarō
1978 《言语类型地理论》,东京:弘文堂。

[日]林巳奈夫 Hayashi Minao
1953 "In Shū dōki ni arawareru ryū ni tsuite, Furon: In Shū dōki ni okeru dōbutsu no hyōgen keishiki no nisan ni tsuite" 殷周銅器に現れる龍について——附論——殷周銅器における動物表現形式の二三について,*Tōhō Gakuhō* 东方学报(Kyoto 京都), Vol. 23. As contained in Indai seidō bunka no kenkyū 殷代青銅文化の研究. Kyoto:Kyoto daigaku jimbunkagaku kenkyūsho 京都大学人文科学研究所,181—218页。
1976 《西周金文の辨偽をめぐって》《甲骨学》,第11号,21—68页。
1983 《殷—春秋前期金文の书式と常用语句の时代的变迁》《东方学报》,卷55,1—101页。
1984 《殷周时代青铜器的研究——殷周青铜器综览(一)》,2卷(文本,图版),东京:吉川弘文馆。
1986 《殷周时代青铜器纹样的研究——殷周青铜器综览(二)》,东京:吉川弘文馆。
1989 《春秋战国时代青铜器的研究——殷周青铜器综览(三)》,东京:吉川弘文馆。

何琳仪
1998 《战国古文字典—战国文字声系》二卷,北京:中华书局。

河南省文化局文物工作队
1959 《郑州二里冈》,北京:科学出版社。

河南省文物研究所
1986 《信阳楚墓》,北京:文物出版社。

德里克·何福斯 Herforth, Derek
1984 《汉语中的反义动词:句法环境中的词汇学史》提交于 3 月 25—28 日在西雅图的第 194 届美国东方学会年会论文。"Converse Verbs in Chinese: The History of a Lexical Field in Its Syntactic Setting." Paper presented at the 194th Meetings of the American Oriental Society, Seattle.

堀井令以知 Horii, Reiichi
1988 《语言大辞典》,东京:东京堂出版。

湖北省荆沙铁路考古队
1991 《包山楚简》,北京:文物出版社。

湖北省文物考古研究所、北京大学中文系
1995 《望山楚简》,北京:中华书局。

胡厚宣
1944 《殷代封建制度考》,《甲骨学商史论丛初集》,成都:齐鲁大学国学研究所。
1944a 《殷代婚姻家族宗法生育制度考》,《甲骨学商史论丛初集》,成都:齐鲁大学国学研究所。
1944b 《殷代之天神崇拜》,《甲骨学商史论丛初集》,成都:齐鲁大学国学研究所。
1944c 《甲骨文四方风名考证》,《甲骨学商史论丛初集》,成都:齐鲁大学国学研究所。
1944d 《论殷代五方观念及中国称谓之起源》,《甲骨学商史论丛初集》,成都:齐鲁大学国学研究所。
1945 《卜辞中所见之殷代农业》,《甲骨学商史论丛二集》,成都:齐鲁大学国学研究所。
1980 《甲骨文'家谱刻辞'真伪问题再商榷》,《古文字研究》,第 4 辑,115—138 页。
1981 《重论'余一人'问题》,《古文字研究》,第 6 辑,3—31 页。
1985 《殷代的史为武官说》,《全国商史学术讨论会论文集》殷都学刊,183—197 页。

华学诚
2006 《扬雄方言校释汇证》,2 卷,北京:中华书局。

黄德宽
2007 《古文字谱系疏证》,4 册,北京:商务印书馆。

黄金贵
1995 《古代文化词义集类辨考》,上海:上海教育出版社。

黄六平
1974 《汉语文言语法纲要》,香港:中华书局香港分局。

黄天树
1991 《殷墟王卜辞的分类与断代》,台北:文津出版社。

黄载君
1964 《从甲文金文量词的应用考查汉语量词的起源与发展》,《中国语文》,133 期,432—441 页。

[日]市河三喜、服部四郎 Ichikawa, Sanki、Hattori, Shirō
1959　《世界言语概说》，东京：研究社。

[日]池田末利 Ikeda Suetoshi
1951　《𠂤𠂤字考》,《甲骨学》，第 1 号，6—15 页。
1964　《殷虚书契后编释文稿》，广岛：广岛大学文学部中国哲学研究室。
1980　《卜辞尞祭考》,《甲骨学》，第 13 号，21—53 页。

[日]稻叶正就 Inaba Shōju
1971　《古典藏文文法学》，东京：法藏馆。Chibettogo koten bumpōgaku チベット语古典文法学。

伊藤道治 Itō Michiharu
1956　《最近における殷式遗迹の研究と发掘（1）》，《史林》，卷 39 第 4 号，45—62 页。
1956a　《最近における殷式遗迹の研究と发掘（2）》，《史林》，卷 39 第 5 号，63—74 页。
1958　《安阳小屯殷代遗迹の分布复原とその问题》，《东方学报》，卷 29，339—372 页。
1959　《杨希枚氏の'先秦赐姓制度理论的商榷'等を读みて》，《东洋史研究》，卷 18 第 1 号，85—89 页。
1961　《1960 年度先秦史研究展望》"1960 年度の历史学界：东洋史"，《史学杂志》，卷 70 第 5 号，111—117 页。
1962　《殷以前の血缘组织と宗教》，《东方学报》，卷 32，225—270 页。
1967　《古代殷王朝の谜》，东京：角川书店。
1968　《大原美术馆所藏甲骨文字》，《仓敷考古馆研究集报》，第 4 号，1—34 页，4 幅图版。
1970　《再び佳字について》，《岩波讲座世界历史第四卷月报》，卷 13，13—15 页。
1971　《藤井有邻馆所藏甲骨文字》，《东方学报》，卷 42，65—89 页。
1975　《中国古代王朝の形成》，东京：创文社。

1977 《关西大学考古学资料室藏甲骨文字》,《史泉》,第 51 号,1—23 页,8 幅图版。
1980 《内藤湖南先生藏甲骨文字》,《甲骨文字研究》(贝塚茂树、伊藤道治共编),京都:同朋舍出版。
1981 《语词'叀'の用法に関して》,《立命馆文学》,第 430、431、432 号:《白川静博士古稀记念中国文史论丛》,265—274 页。
1982 《书评:松丸道雄编'西周青铜器とその国家'》,《法制史研究》,第 31 号,256—259 页。
1984 《国立京都博物馆藏甲骨文字》,《文化学年报》,第 3 号。
1984a 《黑川古文化研究所藏甲骨文字》,《文化学年报》第 3 号。
1985 《卜辞中"虚词"之性格——以叀与隹之用例为中心》,《古文字研究》,第 12 辑,153—165 页。
1987 《中国古代国家の支配构造》,东京:中央公论社。
1987a 《ひと、もの、こころ:甲骨文字》,天理:天理大学・天理教道友社。

[日]伊藤道治、高岛谦一 Itō, Michiharu and Takashima, Ken-ichi
1996 《中国早期文明研究:宗教、社会、语言和古文字》二卷,枚方:关西外大出版社。(伊藤道治编写宗教社会部分;高岛谦一编写语言文字学部分)。*Studies in Early Chinese Civilization: Religion, Society, Language and Palaeography.* 2 vols. Hirakata: Kansai Gaidai University Press. Part I: Religion and Society (pp. 1—178, Vol 1) is by Itō, and Part II: Language and Palaeography (pp. 179—505, Vol. 1) is by Takashima.

杰格里 Jaeggli, O. A.
1980 《句法中的一些语音零因素》,博士论文,波士顿:麻省理工大学。"On Some Phonologically-Null Elements in Syntax." Boston: Massachusetts Institute of Technology.

雅士克 Jäschke, H. A.
1881 《藏英字典》,重印于伦敦:鲁一和拜登有限公司,1972 年。*A Tibetan-*

English Dictionary. London: Lowe & Brydone Ltd.

叶斯泊森 Jespersen, Otto
1924 《语法哲学》,重印于纽约:诺顿图书馆,1956 年。*The Philosophy of Grammar*. New York: The Norton Library.

冀小军
1991 《说甲骨金文中表祈求义的橐字》,《湖北大学学报(哲学社会科学版)》1991(1),35—44 页。

季旭昇
2001 《甲骨文字根研究》,台北:"国立"台湾师范大学博士论文(修订版)。
2004 《说文新证》,台北:艺文印书馆。

江有诰
1814—1831 《江氏音学十书》,7 卷,重印于台北:广文书局,1966。

金祥恒
1962 《库方二氏甲骨卜辞第 1506 片辨伪——兼论陈氏家谱说》,《大陆杂志》特刊,第二期,庆祝朱家骅先生七十岁论文集,137—192 页。又收入《大陆杂志》史学丛书第二集第一册,1967 年,又收入金祥恒先生全集第一册。台北:艺文印书馆,1990 年。

《经典释文》JDSW。
陆德明(556—627)著,见潘重规编《经典释文韵编》,3 册,台北:中国文化研究所中文研究所国字整理小组,1983 年。

马丁·朱丝 Joos, Martin
1966 (编者)《语言学 I:阅读材料》第 4 版,芝加哥:芝加哥大学出版社(1957 年由美国学术团体会员会初出版)。*Readings in Linguistics*. Chicago: University of Chicago Press. (First published in in 1957 by

American Council of Learned Society.）
1968 《英语动词、构形和意义》第 2 版，麦迪逊：威斯康辛大学出版社。*The English Verb, Form and Meaning*. Madison: The University of Wisconsin Press.

[日]贝塚(小川)茂树 Kaizuka (Ogawa) Shigeki
1938 《殷代金文に見えた図形文字﹖に就て》《东方学报》，卷 9，57—111 页。
1940 《殷末周初の东方经略に就いて》，收入《中国古代史学の发展》(东京：弘文堂，1946)，369—438 页。原来分两部分发表于《东方学报》，卷 11，1 和 2，1940。也收入《贝塚茂树著作集》卷 3，1977 年，103—169 页。
1946 《中国古代史学の发展》，东京：弘文堂书房。
1947 《龟卜と筮》，《东方学报》卷 15 第 4 号，25—86 页。也收入《贝塚茂树著作集》卷 3(1977)，5—69 页。
1948 《古代に於ける历史记述形态の变迁》，《东方学报》，卷 16。也见《贝塚茂树著作集》，卷 7(1977 年)，201—230 页。
1952 《中国の古代国家》，东京：アテネ文库。也见《贝塚茂树著作集》卷 1(1977 年)，201—230 页。
1960 《京都大学人文科学研究所所藏甲骨文字》，京都：京都大学人文科学研究所。
1977 《贝塚茂树著作集》，10 卷，东京：中央公论社。
1984 《古代中国における东北经略》《泉屋博古馆纪要》，第 1 号。

[日]贝塚茂树、伊藤道治 Kaizuka Shigeki and Itō Machiharu
1953 《甲骨文断代研究の再检讨》，《东方学报》，卷 23，1—78 页。
1960 《京都大学人文科学研究所藏甲骨文字》本文编，京都：京都大学人文科学研究所。

[日]加茂仪一 Kamo, Giichi
1973 《家畜文化史》，东京：法政大学出版局。

康殷
1979 《文字源流浅说》,北京:荣宝斋。

[瑞典]高本汉 Karlgen, Bernhard
1926 《中国音韵学研究》,(中译本,赵元任和李方桂译,上海:商务印书馆,1940)。*Étude sur la phonologie Chinoise*, 3 vols. Leyden, Stockholm, Götborg, 1915—1926.
1933 《汉语词族》,《远东文物博物馆通讯》,第 5 期,9—120 页。"Word Families in Chinese," *Bulletin of the Museum of Far Eastern Antiquities*, No. 5.
1942—1946 《诗经注释》,部分重发表于《远东文物博物馆通讯》,第 14 期(1942 年),16 期(1944 年),18 期(1964 年)。"Glosses on the Book of Odes," *Bulletin of the Museum of Far Eastern Antiquities*, No. 14, 16, and 18. Printed in offset as a monograph.
1948 《尚书注释》,《远东文物博物馆通讯》,第 20 期,39—315 页。"Glosses on the Book of Documents," *Bulletin of the Museum of Far Eastern Antiquities*, No. 20. Printed in offset as a monograph.
1949 《中国语言:关于其本性与历史的一篇论文》,纽约:罗纳德出版公司。(这是原题为 *Fran Kians Sprakvard* 瑞士文本的英语本)。没能看到英译本和瑞士文本,所见为《中国の言语——その特质と历史について》的日译本(东京:江南书院,1958 年);本书所用页码是日译本页码。英文版: *The Chinese Language, An Essay on Its Nature and History*. New York: The Ronald Press Company.
1950 《诗经》,由《远东文物博物馆通讯》重印,第 16 和 17 期。"The Book of Odes," *Bulletin of the Museum of Far Eastern Antiquities*, No. 16 and 17. Printed in offset as a monograph.
1950a 《尚书》,由《远东文物博物馆通讯》重印,第 22 期。"The Book of Documents," *Bulletin of the Museum of Far Eastern Antiquities*, No. 22. Printed in offset as a monograph.
1952 《阿尔弗来德皮尔伯利藏中国青铜器编目》,伦敦。*A Catalogue of*

the Chinese Bronzes in the Alfred F. Pillsbury Collection, London.

1954 《古代汉语音韵学概要》,《远东文物博物馆通讯》,第 26 期,211－367 页。"Compendium of Phonetics in Ancient and Archaic Chinese", *Bulletin of the Museum of Far Eastern Antiquities*, No. 26.

1957 《汉文典修订版》,《远东文物博物馆馆刊》第 29 期:1－332 页。1972 年和 1987 年以书的形式出版。中文译本由上海辞书出版社,1997 年。*Grammata Serica Recensa* (GSR). Printed in offset from the *BMFEA*, No. 29 (1957).

1964 Grammata Serica Recensa. Göteborg: Elanders Boktryckeri Aktiebolag. (或用"GSR"代替 高本汉 1964 或者《汉文典》)。

[日]加藤常贤 Katō Jōken

1970 《汉字の起源》,东京:角川书店。

1980 《中国古代文化の研究》,东京:二松学舍大学出版部。

[英]吉德炜 Keightley, David N.

1969 《古代中国的公共劳动:商和西周的强迫劳动研究》,博士论文,纽约:哥伦比亚大学。Public Work in Ancient China: A Study of Forced Labor in the Shang and Western Zhou. Ph. D. dissertation. New York: Columbia University.

1972 《释贞:关于商代占卜的一个新假说》,在 6 月 17 日加州蒙特利亚洲研究太平洋海岸研讨会上提交的论文。"Shih cheng 释贞: A New Hypothesis about the Nature of Shang Divination". The Asian Studies on the Pacific Coast Conference. Monterey: California.

1975 《中国商王朝的正统性》打印稿,71 页。提交于 6 月 15－24 日在加州阿丝罗马的中国封建王朝正统性讨论会的论文。"Legitimation in Shang China." The Conference on Legitimation of Chinese Imperial Regimes. Asilomar, California.

1978 《商史史料:中国青铜时代的甲骨文》,伯克莱和洛杉矶:加州大学出版社。*Sources of Shang History: The Oracle-Bone Inscriptions of Bronze Age China*. Berkeley and Los Angeles: University of

California Press.

1978a "The Religious Commitment: Shang Theology and the Genesis of Chinese Political Culture." *History of Religions*, Vol. 17, No. 3&4, pp. 211—225.

1980 《周原出土的甲骨文》，在 4 月 16 日旧金山第 190 届美国东方学会年会提交的论文。"Oracle-Bone Inscriptions from the Homeland of the Chou." Paper presented at the 190th meeting of the American Oriental Society, San Francisco, California.

1982 《王系与亲系：晚商的王室世系》，在 9 月 7—11 日夏威夷火奴噜噜/檀香山商代文明国际讨论会提交的论文。"Kingship and Kinship: The Royal Lineages of Late Shang." Paper presented at the International Conference on Shang Civilization, Honolulu, Hawaii.

1983 《商代王室的萨满：古代遗迹还是中心现实？》，提交于 6 月 20—7 月 1 日伯克莱的关于中国的占卜及释兆研讨班上的论文。"Royal Shamanism in the Shang: Archaic Vestige or Central Reality?" Paper presented at the Workshop on Chinese Divination and Portent Interpretation, Berkeley, California.

1983—1985 《商代的报告：一个修正及几点推测》《古代中国》，第 9—10 期，20—39；47—54 页。"Reports from the Shang: A Correction and Some Speculations," *Early China*, No. 9—10.

1984 《晚商占卜：宏观—宗教性的遗产》《古代中国宇宙观探索》（亨利·罗丝蒙特编；奇科：学林出版社），11—34 页。"Late Shang Divination: The Magico-Religious Legacy," *Explorations in Early Chinese Cosmology* (ed. by Henry Rosemont). Chico: Scholars Press.

1988 《商代占卜与隐喻》《东西方哲学》，第 38 卷 4 号，367—397 页。"Shang Divination and Shang Metaphysics (With an Excursion into the Neolithic)," *Philosophy East and West*.

1990 《商史史料：中华人民共和国出版的两部大型甲骨著录》《美洲东方学会杂志》，卷 110 第 1 号，39—59 页。"Sources of Shang History: Two Major Oracle-Bone Collections Published in the People's Republic of China," *Journal of the American Orential Society*, 110.1.

1991　《中国晚商的占卜与王系》，书稿（1991年11月文本），648页+36附页。Divination and Kingship in Late Shang China. Book ms. 648pp. + xxxvi.

1997　"Graphs, Words, and Meanings: Three Reference Works for Shang Oracle-Bone Studies, with an Excursus on the Religious Role of the Day or Sun," *Journal of American Oriental Society*, 117.3, pp. 507—524.

1997a　"Shang Oracle-Bone Inscriptions," *New Sources of Early Chinese History: An Introduction to the Reading of Inscriptions and Manuscripts* (ed. by Edward L. Shaughnessy), pp. 15—55. Berkeley: The Society for the Study of Early China and the Institute of East Asian Studies, University of California.

2000　《先祖的景观：中国晚商时期的时间、空间和社区》，伯克莱：加州大学东亚研究所。*The Ancestral Landscape: Time, Space, and Community in Late Shang China* (ca. 1200—1045 B.C.). Berkeley: Institute of East Asian Studies, University of California.

[日]木村秀海 Kimura Hideumi

1981　《西周金文中に見える小子について——西周の支配機构の一面》，《史林》，卷64第6号，62—83页。

1982　《陕西省扶风县强家村出土の西周青铜器铭文新释》，《人文论究》，卷31第4号，1—23页。

1985　《西周官制の基本构造》，《史学杂志》，卷94第1号，38—66页。

1985a　《六自の官构成について》，《东方学》，第69期，17—29页。

1986　《西周后期の代诉记录》，《史林》，卷69，第2号，73—94页。

[日]小林博 Kobayashi Hiroshi

1982　《汉字类编》，东京：木耳社。

[日]小南一郎 Kominami Ichirō

1983　《周代金文の语法と语汇の研究》，昭和56—57年度科学研究费补助金研究成果报告书。

[日]近藤春雄 Kondō Haruo
1978 《中国学艺大事典》,东京:大修馆书店,1978。

理查德·昆斯特 Kunst, Richard
1985 《简论易经中的系动词惟/惠的几种可能情况》。原本是提交于9月15—18日西雅图华盛顿大学召开的汉藏语言和语言学第六届国际讨论会的论文。它作为一附录收入马蒂索夫(Matisoff 1985:66—70页)。"A Note on Several Possible Cases of the Copula *wei* 惟 / *hui* 惠 in the Line Texts of the *Yijing*". Paper presented at the Sixteenth International Conference on Sino-Tibetan Languages and Linguistics. Seattle: University of Washington. Reproduced in Matisoff (1985:66—70).

刘殿爵 Lau, D. C.
1970 《孟子:译本及介绍》,哈蒙特沃斯:企鹅图书公司。*Mencius: Translated with an Introduction.* Harmondsworth: Penguin Books Ltd.
1979 《论语》,哈蒙特沃斯:企鹅图书公司。*Confucius: The Analects (Lun-yu).* Harmondsworth: Penguin Books Ltd.

[法]雷焕章 Lefeuvre, J. A.
1982 《关于字形与汉字兕的几点评论》,提交于9月7—11日夏威夷火奴噜噜/檀香山召开的商代文明国际讨论会的论文。"Some Remarks on the Graph and the Character 兕." Paper presented at the International Conference on Shang Civilization, Honolulu, Hawaii.
1985 《法国所藏甲骨集》,台北和巴黎:光启出版社和利氏学社。*Collections of Oracular Inscriptions in France.* Taipei and Paris: Ricci Institute.
1997 *Several Collections of Oracular Inscriptions in Germany, Switzerland, the Netherlands, Belgium.* Taipei, Paris, San Francisco: Ricci Institute.

理雅格 Legge, James
1872 《中国经典》卷 I,《论语》、《大学》和《中庸》,第二版,修订本(重印于台北：文星书店，1966 年）。*The Chinese Classics*, Vol. I, Confucian Analects, the Great Learning, and the Doctrine of the Mean, Second edition, revised. Reprinted in Taipei：Wenxing shudian, 1966.

1872a 《中国经典》卷 V，《春秋和左传》，第二版，重印于台北：文星出版社，1960 年。*The Chinese Classics*, Vol. V, The Ch'un Ts'ew with the Tso Chuen. Reprinted in Taipei：Wenxing shudian, 1960.

1885 《礼记》，2 卷（重印于新海德公园：大学图书公司，1967 年）。*Li Chi, Book of Rites*, 2 vols. Reprinted in New Hyde Park：University Books, Inc., 1967.

李纳、桑得拉·汤普森 Li, Charles N. and Thompson, Sandra A.

1974 "An Explanation of Word Order Change：SVO>SOV." *Foundations of Language*, 12, pp. 201—214.

1981 《普通话：一个功能语法资料书》，伯克利和洛杉矶：加州大学出版社。*Mandarin Chinese：A Functional Reference Grammar*. Berkeley and Los Angeles：University of California Press.

李方桂 Li, Fang-Kuei

1971 《上古音研究》，《清华学报》，新 9 期第 1 和 2 号（合订本），1—61 页。"Old Chinese Phonology," *The Tsing Hua Journal of Chinese Studies*. New Series IX, 1971, Nos. 1 & 2 (Combined), pp. 1—61. 作为单行本重印于北京：商务出版社，1980 年。单行本也收入了一篇演讲稿和一篇论文。演讲稿的标题是《中国上古音声母问题》，演讲的时间是 1970 年 8 月 25 日，地点是香港中文大学。

1976 《几个上古声母问题》，《"总统"蒋公逝世周年纪念论文集》（钱思亮等编，台北："中央"研究院），1143—1150 页。

李玲璞等

2001—02 《金文引得》2 卷，卷 1 殷商西周卷；卷 2 春秋战国卷。华东师范大学中国文字研究与应用中心。南宁：广西教育出版社。（卷 1，2001 年；卷 2，2002 年。）

李玟 Li, Min
2008 《征服,融合与消耗—在中国东方的商文明化》,博士论文,安娜堡:密歇根大学。Conquest, Concord, and Consumption: Becoming Shang in Eastern China. Ph. D. dissertation. Ann Arbor: University of Michigan.

李荣
1980 《汉字演变的几个趋势》,《中国语文》,第1期,5—20页。

李素婷、曾晓明和宋国定
1993 《郑州电力学校考古发掘报告》,《郑州商城考古新发现与研究,1985—1992》,郑州:中州古籍出版社。

李维明
2006 《"乇"辨》,《中原文物》,第6期,39—45页。

李献璋
1950 《福建语法序说》,东京:南风书局。

李孝定
1965 《甲骨文字集释》,台北:"中央"研究院历史语言研究所。

李学勤
1956 《谈安阳小屯以外出土的有字甲骨》,《文物参考资料》,第11期,16—17页。
1958 《帝乙时代的非王卜辞》,《考古学报》,第1期,43—47页。
1979 《西周中期青铜器的重要标尺》,《中国历史博物馆刊》,第1期,29—36页。
1980 《关于自组卜辞的一些问题》,《古文字研究》,第3辑,32—42页。
1981 《谈自学古文字》,《文史知识》,第6期。
1982 《论殷墟卜辞的"星"》,《郑州大学学报》,第4期。(转引自李学勤

1997；页码不详）
1987　《论宾组甲骨的几种记事刻辞》。9月10—16日在安阳召开的中国殷商文化国际研讨会上提交的论文。
1997　《"三焰食日"卜辞辨误》，《传统文化与现代化》，第3期。收入李学勤（1999a：17—21）。本文引用的页码是后者的页码。
1999　《续说"鸟星"》，《传统文化与现代化》，第7期。收入李学勤（1999a：62—66）。本文引用的页码是后者的页码。
1999a　《夏商周年代学札记》，沈阳：辽宁大学出版社。
2001　《郑州二里冈字骨的研究》《中国社会科学院历史研究所学刊》，1，1—5页。
2003　《大辛庄甲骨卜辞的初步考查》，《文史哲》，第4期，7—8页。

李学勤、彭裕商
1990　《殷墟甲骨分期新论》，《中原文物》，第3期，37—44页。
1996　《殷墟甲骨分期研究》，上海：上海古籍出版社。

李学勤、王宇信
1980　《周原卜辞选释》，《古文字研究》，第4辑，245—257页。

李亚农
1955　《殷代社会生活》，上海人民出版社。

李雪山
2004　《贞人为封国首领来朝职掌占卜祭祀之官》，《2004年安阳殷商文明国际学术研讨会论文集》（王宇信等编），284—93页，北京：社会科学文献出版社。

李棪
1970　《北美所见甲骨选粹考释》，香港中文大学中国文化研究所学报，Vol. III，No. 2，255—320页。42 Plates.

李宗焜

2007 《卜辞中的"望乘"——兼释"比"的辞意》,陈昭容编《古文字与古代史》(一),117—134页,台北:"中央"研究院历史语言研究所。

(待刊)《甲骨文字编》,北京:中华书局。

连邵名

1992 《甲骨刻辞丛考》,《古文字研究》,第18辑,62—93页。

林沄

1980 《琱生簋铭文新释》,《古文字研究》,第3辑,120—135页。

1981 《甲骨文中的商代方国联盟》,《古文字研究》,第6辑,67—92页。后收入《林沄学术文集》,69—84页,北京:中国大百科全书出版社,1998。

刘复等

1963 (编者)《十韵汇编》,台北:学生书局,1963年,重印本。

刘体智

《小校》《小校经阁金石文字》。庐江刘氏景印本,1935年。重印于台北:大通书局。

刘学顺 Liu, Xueshun

2005 《第一部已知的中国历法:据共时证据法所作的复原》,博士学位论文,温哥华:不列颠哥伦比亚大学。The First Known Chinese Calendar: A Reconstruction by the Synchronic Evidential Approach. Ph. D. dissertation. Vancouver: University of British Columbia.

刘一曼

1989 《殷墟兽骨刻辞初探》,《殷墟博物苑苑刊》,创刊号,113—21页。

刘钊
1995 《阳后岗殷墓所处"柄形饰"用途考》,《考古》,第 7 期,623—625 页,转接第 605 页。

刘钊、洪飏和张新俊
2009 《新甲骨文编》,福州:福建人民出版社。

龙宇纯
1968 《唐写本王仁昫刊谬补缺切韵》,香港:中文大学。

鲁实先
1956 《卜辞姓氏通释之一》,《东海学报》1.1,1—44 页。

罗常培、周祖谟
1958 《汉魏晋南北朝韵部演变研究》,北京:科学出版社。

罗福颐
1981 《商周秦汉青铜器辨伪录》,香港:香港中文大学中国文化研究所。

罗振玉
1927 《增订殷虚书契考释》,重印于台北:艺文印书馆,1969,第 2 版。
《三代》《三代吉金文存》4 册,1937 年。重印于台北:明伦出版社,1970 年。

吕振羽
1935 《殷周时代的中国社会》,重印于北京:生活、读书、新知三联书店,1962 年。

约翰·莱昂斯 Lyons, John
1968 《理论语言学介绍》,伦敦:剑桥大学出版社。*Introduction to Theoretical Linguistics*. London: Cambridge University Press.

1977 《语义学》,2 卷,剑桥:剑桥大学出版社。Semantics, 2 vols. Cambridge:Cambridge University Press.

马得志、周永珍、张云鹏
1955 《一九五三年安阳大司空村必掘报告》,《考古学报》,第 9 期,25－90 页＋38 图版。

马建忠
1898 《马氏文通校注》,杨树达编,北京:中华书局,1961 年。

马薇顷
1971 《薇顷甲骨文原》,台湾云林县:马辅。

前川捷三 Maekawa Shozō
1974 《午组卜辞についての考查》,《中哲文学会报》,48－69 页。

马悦然 Malmqvist, Göran
1982 《左传中其字的功能与意义》《中央研究院国际汉学会议论文集、语言文字组》(台北:"中央"研究院),365－389 页。"On the Functions and Meanings of the Graph 其 in the Tzuoojuann," *A Collection of the Papers for the International Conference on Sinology*, Section of Language and Writing.

麦法便 Marc, Fabienne.
1993 L'écriture du royaume de Zhongshan (4e s.-3e s. av. J.-C.): Éléments de méthodologie en grammatologie chinoise des Zhou Orientaux. Thèse de nouveau doctorat. Paris: École des Hautes Études en Sciences Sociales.

杰姆斯·马蒂索夫 Matisoff, James A.
1985 《上帝及与汉藏语的系动词》,《亚非研究杂志》,第 29 期,1－81 页。

"God and the Sino-Tibetan Copula with Some Good News Concerning Selected Tibeto-Burman Rhymes," *Journal of Asian and African Studies*, No. 29.

1995 (总主编)《语言和藏缅语方言》汉藏语专题系列丛书第 2 号。汉藏同源字典和词典项目。伯克利。*Languages and Dialects of Tibeto-Burman*. STEDT Monograph series, No. 2. Sino-Tibetan Etymological Dictionary and Thesaurus Project. Berkeley.

2003 《原始藏缅语手册:汉藏重建系统和哲学》,伯克利:加州大学出版社。*Handbook of Proto-Tibeto-Burman: System and Philosophy of Sino-Tibetan Reconstruction*. Berkeley: University of California Press.

[日]松井嘉德 Matsui Yoshinori

1984 《西周土地移让金文の一考查》,《东洋史研究》,卷 34,第 1 号,1—30 页。

1984a 《井人人妄钟》,《泉屋博物馆纪要》,第 1 号。

1986 《西周时期郑(奠)の考查》,《史林》卷 69 第 4 号,1—40 页。

[日]松丸道雄 Matsumaru Michio

1970 《殷周国家の构造》,岩波讲座·世界历史,卷 4(东京:岩波书店),49—100 页。

1976 《日本散见甲骨文字蒐汇(5)》,《甲骨学》,第 11 期,183—194 页。

1977 《殷周青铜器分类图录》,2 卷,东京:汲古书院。(内容是陈梦家题为《美帝国主义掠夺中国殷周青铜器选录》。北京:中国科学院,1962 年;有一介绍并将其前言译为日语。)

1980 《甲骨伪作问题新探》《池田末利博士古稀记念东洋学论集》(广岛:池田末利博士古稀记念事业会),17—38 页。

1980a (编者)《西周青铜器とその国家》,东京:东京大学出版会。

1980b 《日本散见甲骨文字蒐汇(6)》《甲骨学》,第 12 期,131—148 页。

1980c 《西周青铜器制作の背景》,收入松丸(1980a:11—136 页)。

1980d 《西周青铜器中の诸侯作器について》,收入松丸(1980a:137—184

1983 《东京大学东洋文化研究所藏甲骨文字图版篇》,东京:东京大学东洋文化研究所。
1984 《西周后期社会にえる変革の萌芽——曶鼎铭解释问题の初步的解释》《西定生博士还历记念东アジア史における国家と农民》,东京:山川出版社。
1988 《甲骨文における「书体」とは何か》《书道研究》第 12 期,30—41 页。

[日]松丸道雄、高岛谦一 Matsumaru, Michio and Takashima, Ken-ichi
1994 《甲骨文字字释综览》,东京:东京大学出版社,简称《综览》。

马几道 Mattos, Gilbert L.
1971 《国风诗中的声调"变则"》《清华学报》9 卷 1—2 册,306—324 页。"Tonal 'Anomalies' in the Guofeng Odes," *Tsing Hua Journal of Chinese Studies*, IX, Nos. 1 & 2.

梅祖麟 Mei, Tsu-lin
1979 《汉藏语的年、月、足和阴门》,《清华学报》,新 12 卷,第 1 和 2 期(合订本),117—132 页。
1980 《四声别义中的时间层次》,《中国语文》,第 6 期,427—443 页。

米勒·罗伊 Miller, Roy Andrew
1953 《说文解字研究的几个问题》,博士论文,纽约:哥伦比亚大学。Problems in the Study of *Shuo-wen chieh-tzu*. Ph. D. dissertation. New York: Columbia University.

[日]持井康孝 Mochii Yasutaka
1980 《殷王室の构造に关する一试论》,《东京大学东洋文化研究所纪要》,第 82 号,45—90 页。

[日]诸桥辙次 Morohashi Tetsuji
1959 《大汉和》=《大汉和辞典》,东京:大修馆书店,1967年。(第一版1959年)

穆尔德 Mulder, J. W. F.
1959 《古代汉语中否定词的构词法》,《通报》,卷 XLII,251—79页。"On the Morphology of the Negatives in Archaic Chinese," *T'oung Pao*, No. 62.

武者章 Musha Akira
1980 《西周册命金文分类の试み》,《西周青铜器とその国家》。收入松丸(1980a:241—324页)。

[日]中江丑吉 Nakae Chōkichi
1950 《尚书盘庚篇に就いて》,收入《中国古代政治思想》,东京:岩波书店。

中岛竦 Nakajima Shō
1934 《书契渊源》,东京:文求堂。

倪德卫 Nivison, David S.
1977 《早期古代汉语中动词 Yu (*GI≈ŬG:㞢,⼊,㐁,有)的代词用法》《古代中国》,第3期,1—17页。"The Pronominal Use of the Verb *Yu* (*GI≈ŬG:㞢,⼊,㐁,有) in Early Archaic Chinese," *Early China*, 3.
1978 《答高岛教授》,《古代中国》,第4期,30—36页。"Reply to Professor Takashima," *Early China*, 4.
1978a 《商王读兆的语法和神学》。在4月12日多伦多召开的美洲东方学会年会上提交的论文。"The Grammar and Theology of the Shang King's 'Crack Reading'." Paper presented at the Annual A. O. S. Meetings, Toronto.
1982 《问贞》。为9月7—11日夏威夷火奴噜噜/檀香山召开的商文明国际讨论会准备的论文。"The 'Question' Question." Paper prepared for

the International Conference on Shang Civilization, Honolulu. Published under the same title, though not as a whole, as Nivison (1989).
1989 《问贞》,《古代中国》,第 14 期,115—125 页。(1982 年的论文有此文未收的一个附录)。"The 'Question' Question," *Early China*, 14.

罗杰瑞 Norman, Jerry
1988 《汉语》,剑桥:剑桥大学出版社。*Chinese*. Cambridge: Cambridge University Press.

罗杰瑞、梅祖麟 Norman, Jerry and Mei Tsu-lin
1976 《古代江南的南亚民族:一些词汇证据》《华裔学志》,32,274—301 页。"The Austroasiatics in Ancient South China: Some Lexical Evidence," *Monumenta Serica*, 32.
OED 《牛津英语词典》光盘版,牛津:牛津大学出版社,2002 年。*Oxford English Dictionary*. 2nd ed. (CD ROM version) Oxford: Oxford University Press.

[日]小川环树、西田太一郎 Ogawa Tamaki and Nishida Taichirō
1956 《汉文入门》,(大野透[1968]所引)。

[日]冈村秀典 Okamura Hidenori
2005 《中国古代王权と祭祀》,东京:学生社。

[日]大野透 Ōno Tōru
1968 《汉文法の溯源的研究》,东京:松云堂书店。

[日]太田辰夫 Ōno Tatsuo
1958 《中国语历史文法》,东京:江南书院。
1964 《古典中国语文法》,东京:大安,修订版出版于东京:汲古书院,1987 年(修订版的页码保留了原版的页码)。

奥宁斯 Onions, C. T.
1966 （编者）《牛津英语词源学字典》，伦敦：牛津大学出版社。*The Oxford Dictionary of English Etymology*. London: Oxford University Press.

法兰克·帕默尔 Palmer, Frank R.
1994 *Grammatical Roles and Relations*. Cambridge: Cambridge University Press.

［美］班大为 Pankenier, David W.
1982 《商和西周的天文学年代》，《古代中国》，第 7 期，1—37 页。"Astronomical Dates in Shang and Western Zhou," *Early China*, 7.
1983 《年代中的时间字岁》。在 3 月 24—25 日伯克莱召开的美国东方学会西分会会议上提交的论文。"*Sui* 岁 as a Time-Word in Dates." Paper presented at the Western Branch Meetings of the American Oriental Society.
1995 《天命的宇宙政治背景》，《古代中国》，第 20 期，121—176 页。"The Cosmo-Political Background of Heaven's Mandate," *Early China* 20.

裴玛丽奥、法兰克·戛纳 Pei, Mario and Gaynor, Frank
1954 《语言学字典》，纽约：哲学图书馆。*A Dictionary of Linguistics*. New York: Philosophical Library.

裴明相
1985 《略谈郑州商代前期的骨刻文字》，《全国商史学术讨论会论文集》殷都学刊增刊，251—3 页。

彭裕商
1995 《殷代卜法新探》，胡厚宣主编《夏商文明研究》，郑州：中州古籍出版社，228—246 页。

[加]蒲立本 Pulleyblank, Edwin G.

1959 《非、唯和几个相关的字》,《汉学——献于高本汉》,178—189页,哥本哈根:爱那门克诉哥的。"Fei 非, Wei 唯 and Certain Related Words," *Studia Serica Bernhard Karlgren Dedicata* (Copenhagen: Ejnar Munksgaard).

1963 《古代汉语及书面缅语的元音系统的解释》,《亚洲研究》,第10期,200—221页。"An Interpretation of the Vowel Systems of Old Chinese and Written Burmese," *Asia Major*, 10.

1965 《汉藏语中合口/开口元音的替换》,《印度太平洋语言学研究》(韩德森、米尔纳编),卷14,第1部分,230—240页。"Close/Open Ablaut in Sino-Tibetan," *Indo-Pacific Linguistic Studies*: *Lingua*, 14.

1965a 《印欧语言中的元音体系和定性元音变换》,《字词》,第21期,86—101页。"The Indo-European Vowel System and the Qualitative Ablaut," *Word*, 21.

1972 《古代汉语中使动结构的几条札记》。在10月20—21日第5届汉藏语言及语言学国际讨论会上提交的论文。"Some Notes on Causative Construction in Classical Chinese." Paper presented at the 5th International Conference on Sino-Tibetan Languages and Linguistics.

1973 《有关汉语词族的几个新假设》,《中国语言学报》,卷1第1号,111—125页。"Some New Hypotheses Concerning Word Families in Chinese," *Journal of Chinese Linguistics*, 1.1.

1977 《上古音的韵尾子音》,《华裔学志》,卷XXXIII(1977—78),180—206页。"The Final Consonants of Old Chinese," *Monumenta Serica*, 33. (Came out in print in 1980.)

1978 《古代汉语的强调否定词》,大卫·罗瑞和钱存训编《古代中国:古代文明研究》,香港:中文大学出版社,115—135页。"Emphatic Negatives in Classical Chinese," *Ancient China*: *Studies in Early Civilization* (David T. Roy and Tsuen-hsuin Tsien ed.). Hong Kong: The Chinese University of Hong Kong Press.

1984 《中古汉语:历史音韵学研究》,温哥华:不列颠哥伦比亚大学出版社。*Middle Chinese*: *A Study in Historical Phonology*. Vancouver:

University of British Columbia Press.

1985 《汉语与印欧语的联系》。在5月21日于华盛顿州西雅图市华盛顿大学举办的研讨会上提交的论文。"The Indo-European Connection." A paper presented at a colloquium held at the University of Washington, Seattle, Washington.

1986 《处所虚词于、於和乎》,《美洲东方学会杂志》,卷106,第1期,1—12页。"The locative Particles *yu* 于, *yu* 於 and *hu* 乎," *Journal of American Oriental Society*, 106.1.

1989 《关于古代汉语辅音系统的一个新提案》。在10月于卡罗拉多州布尔德市召开的美国东方学会(西分会)会议上提交的论文。"A New Proposal for the Old Chinese Consonantal System." A Paper presented at the American Oriental Society (Western Branch) Meetings, Boulder, Colorado.

1989a 《上古汉语中的元音替换和声母的浊化:作为一个内缀和前缀的 *a》《第二届汉学国际讨论会语言和古文字组会议论文集》,台北:"中央"研究院。"Ablaut and Initial Voicing in Old Chinese Morphology: *a as an Infix and Prefix," *Proceedings of the Second International Conference on Sinology*: Language and Palaeography Section. Taipei: Academia Sinica.

1991 《有关古代汉语词法与句法的札记》,罗思文主编《汉语文本和哲学语境献给葛瑞汉先生》,第21—45页,拉萨:开廷。"Some Notes on Morphology and Syntax in Classical Chinese," *Chinese Texts and Philosophical Contexts: Essays Dedicated to Angus C. Graham*. Ed. by Henry Rosemont. La Salle: Open Court.

1991a 《记音符号干支和它们在历法上的应用》,《古代中国》,第16期,39—80页。"The *ganzhi* as Phonograms and Their Application to the Calendar," *Early China*, 16.

1991b "The Ganzhi as Phonograms and Their Application to the Calendar."古代中国(Early China),16,pp. 39—80。

1995 *Outline of Classical Chinese Grammar*. Vancouver: University of British Columbia Press.

1999 《假借和谐声》,阿兰·贝罗贝、孙朝奋主编《祝贺梅祖麟教授:汉语历史句法与形态研究》第145—163页。巴黎:CRLAO,EHESS。"*Jiajie* and *xiesheng*," *Linguistic Essays in Honor of Mei Tsu-lin: Studies on Chinese Historical Syntax and Morphology*. Ed. by Alain Peyraube and Sun Chaofen. Paris: CRLAO, EHESS.

2000 《古汉语形态研究》,《中国语言学报》28.1,第26—51页。"Morphology in Old Chinese," *Journal of Chinese Linguistics*, 28.1.

2004 《古汉语"只"字》,高岛谦一、蒋绍愚主编《意义和形式古代汉语语法论文集》147—166页。慕尼黑:Lincom Europa。"'Only' in Old Chinese," *Meaning and Form: Essays in Pre-Modern Chinese Grammar*. Ed. by Ken-ichi Takashima 高岛谦一 and Jiang Shaoyu 蒋绍愚. München: Lincom Europa.

钱玄、钱与奇
1998 《三礼辞典》,南京:江苏古籍出版社。

裘锡圭
1980 《释秘》,《古文字研究》,第3辑,7—31页。亦见其论文集(1992:17—34)。

1981 《论历组卜辞的时代》,《古文字研究》,第6辑,263—321页。

1983 《说卜辞的焚巫与作土龙》,《甲骨文与殷商史》,上海:古籍出版社,21—35页。

1983a 《卜辞"异"字和诗书的"式"字》,《中国语言学报》,第1期。收入《古文字论集》,第122—140页,北京:中华书局,1992年。

1985 《谈谈学习古文字的方法》,《语文导报》,10;论文集(1992:652—660);translated into English by G. L. Mattos "On the Methods of Studying Ancient Chinese Script," *Early China*, 11—12 (1985—87), pp. 301—316.

1986 《释求》,《古文字研究》,第15辑,195—206页。

1988 《关于殷虚卜辞的命辞是否问句的考查》,《中国语文》,第1期,1—20页。

1992 《古文字论集》，北京：中华书局。

屈万里
1959 《河字意义的演变》，《"中央"研究院历史语言研究所集刊》30，144－146 页。
1961 《殷虚文字甲编考释》，台北："中央"研究院历史语言研究所。
1983 《诗经诠释》，台北：联经出版事业公司。

饶炯
《部首订》《说文解字部首订》十四卷，见丁福保《说文诂林》。

饶宗颐
1956 《巴黎所见甲骨录》，香港：图红刻印公司。
1957 《海外甲骨录遗》，《东方文化》, Vol. IV (1957, 1958), Nos. 1 and 2, 1－22 页。
1959 《殷代贞卜人物通考》，香港：香港大学出版社。

容庚
1941 《商周彝器通考》，北平：哈佛燕京学社，燕京大学。
1985 《金文编》修订版，由张振林和马国权摹补，北京：中华书局。

[法]沙加尔 Sagart, Laurent
1999 《上古汉语词根》，阿姆斯特丹和费城：约翰本杰明出版公司。*The Roots of Old Chinese*. Amsterdam and Philadelphia: John Benjamins PublishingCo.

爱德华·萨皮尔 Sapir, Edward
1921 《语言》，纽约：哈科特、布雷斯和世界有限公司。*Language*. New York: Harcourt, Brace & World, Inc.

巴纳德・萨纳 Sarnat, Bernard G.

2003 《骨缝合线的总生长和再生长——个人研究的思考》《颅侧面部外科学报》,14(4),438—44 页。"Gross Growth and Regrowth of Sutures: Reflections on Some Personal Research," *Journal of Craniofacial Surgery*, 14(4).

许思莱 Schussler, Axel

1985 《早期周朝汉语中的去声功能》《汉藏语领域中的语言学:学术现状》,太平洋语言学系列第 87 号特刊,344—362 页。由色古德、马蒂索夫和布拉得利编。堪培拉:澳大利亚国立大学,太平洋研究学院,语言学系。"The Function of *Qusheng* in Early Zhou Chinese," *Linguistics of the Sino-Tibetan area: The State of the Art*. Pacific Linguistics, Series C-No. 87, Special Number. Ed. by G. Thurgood, J. Matisoff, and D. Bradley. Canberra: Department of Linguistics, Research School of Pacific Studies, Australian National University.

2007 《ABC 古汉语词源词典》,檀香山:夏威夷大学出版社。*ABC Etymological Dictionary of Old Chinese*. Honolulu: University of Hawaii Press.

2009 《简明古汉语和后汉语言》,檀香山:夏威夷大学出版社。*Minimal Old Chinese and Later Han Chinese: A Companion to Grammata Serica Recensa*. Honolulu: University of Hawaii Press.

韩斯雅克勃・色拉 Seiler, Hansjakob

1971 《希腊语中语态的抽象结构》,《语言》,卷 47,第 1 号,79—89 页。"Abstract Structures for Moods in Greek," *Language*, 47.1.

司礼仪 Serruys, Paul L-M.

1963 《书评:杜百胜的晚期古代汉语:语法学的研究(多伦多:多伦多大学出版社,1959)》《华裔学志》,卷 XXII,256—96 页。"[Review of] W. A. C. H. Dobson, *Late Archaic Chinese: A Grammatical Study* (Toronto: University of Toronto Press, 1959), *Monumenta Serica*, 22.

1969 《商代卜辞语言中的否定词》。在3月15日在纽约召开的的美国东方学会年会上提交的论文。"Negatives in the Language of the Inscriptions of Shang." A paper presented at the Annual Meetings of the American Oriental Society, New York.

1974 《商代甲骨文语言研究》《通报》,卷60,第1—3期,12—120页。"Studies in the Language of the Shang Oracle Inscriptions," *T'oung Pao*, 60.

1976 《隐藏于辨认商代甲骨文的汉字字形过程中的基本问题》。在8月3—8日在墨西哥城召开的第29届国际东方学者大会上提交的论文。(以同一标题发表于《历史语言研究所集刊》,第53本第3分册[1982] 455—494页,它未包括我所引用的资料)。"Basic Problems Underlying the Process of Identification of the Chinese Graphs of the Shang Oracular Inscriptions." A paper presented at the 29th International Congress of Orientalists held in Mexico City. (An article published under the same title in the *Bulletin of the Institute of History and Philology, Academia Sinica*, Vol. 53, Part 3, pp. 455—494, does not contain some information quoted in this work.)

1982 《关于商代卜辞语言的语法》,《中央研究院国际汉学会议论文集、语言文字组》(台北:"中央"研究院),313—364页。"Towards the grammar of the language of the Shang bone inscriptions," *Proceedings of the International Conference on Sinology, Section of Language and Writing* (Taipei: Academia Sinica).

1984 "On the System of the Pu Shou 部首 in the *Shuo-wen chieh-tzu*(说文解字)," *Bulletin of the Institute of History and Philology* (Academia Sinica), Vol. LV, Pt. IV, pp. 651—754.

商承祚
1933 《殷契佚存考释》,南京:金陵大学中国文化研究所。

夏含夷 Shaughnessy, Edward L.
1980—81 《周灭商之新"证据"》《古代中国》,6,59—79页。"'New' Evidence on the Zhou Conquest," *Early China*, 6, pp. 59—79.

沈兼士
1939 《希杀祭古语同源考》,《辅仁学志》,第八卷,二号,1—14 页。

沈培
1992 《殷虚甲骨卜辞语序研究》,台北:文津出版社。

石璋如
1947 《殷虚最近之重要发现,附论小屯地层》,《考古学报》,第 2 期,1—81 页+14 图版。
1948 《河南安阳后冈的殷墓》,《历史语言研究所集刊》,第 13 本,21—48 页。
1949 《殷虚最近之重要发现,附论小屯地层》,《考古学报》,第 4 期,291—302 页+1 图版+1 表。
1959 《小屯第一本乙编殷虚建筑遗存遗址的发现与发掘》。台北:"中央"研究院历史语言研究所。
1961 《小屯殷代丙组基址及其有关的现象》,《历史语言研究所集刊》,外刊第 4 号,(献于董作宾 65 诞辰的研究),第 II 部分,781—802 页。
1973 《小屯第一本,遗址的发现与发掘:丙编,殷虚墓葬之三》,南组墓葬附北组墓补遗,台北:"中央"研究院历史语言研究所。

肯尼思・谢尔兹 Shields, Kenneth Jr.
1980 《快速讲话与标准英语动词后缀-s 的起源》,《英语语言学杂志》,卷 14,24—35 页。"Fast Speech and the Origins of the Standard English Verbal Suffix -s", *Journal of English Linguistics*, 14.

[日]岛邦男 Shima Kunio
1953 《祭祀卜辞の研究》,弘前:弘前大学文理学部文学研究室。
1958 《殷墟卜辞研究》,弘前:中国学研究会。
1971 《殷墟卜辞综类》修订版,东京:汲古书院,1971 年,简称《综类》S。

[日]清水盛光 Shimizu Morimitsu
1942 《家族》,东京:岩波书店。

[日]白川静 Shirakawa Shizuka
1948 《卜辞の本质》,《立命馆文学》,第 62 号,19—41 页。
1951 《殷の基础社会》,《立命馆文学创立五十周年纪念论文集,文学编》(京都:立命馆大学),259—296 页。
1954 《殷の王族と政治の形态》,《古代学》,卷 3 第 1 号,19—44 页。
1955 《小臣考》《立命馆文学》第 116 号 1—26 页和 117 号,32—56 页。
1955—1962 《甲骨金文学论丛》,10 册,抽印版。1(1955 年 3 月);2(1955 年 5 月);3(1955 年 8 月);4(1956 年 12 月);5(1957 年 9 月);6(1957 年 12 月);7(1958 年 5 月);8(1958 年 8 月);9(1958 年 12 月);10(1962 年 6 月)。其中数篇题为《甲骨金文学论集》出版于京都:朋友书店,1973 年。
1957 《殷代雄族考,1,郑》,《甲骨金文学论丛》,卷 5,1—74 页。
1957a 《殷代雄族考,2,雀》,《甲骨金文学论丛》,卷 6,1—62 页。
1962—1984 《金文通释》56 卷,以《白鹤美术馆志》发表,神户:白鹤美术馆,1962 年,第 1 卷—1984 年,第 56 卷。
1967 《殷・甲骨文集》,东京:二玄社。
1969—1974 《说文新义》,16 卷。神户:五典书院。
1970 《金文通释》。《白鹤美术馆志》,第 33 号(神户:白鹤美术馆;《金文通释》第 1 卷出版于 1962 年,最后一卷卷 56 出版于 1984 年)。
1970a 《汉字——生い立ちとその背景》,东京:岩波书店。
1972 《甲骨文の世界》,东京:平凡社。
1975 《金文通释》,《白鹤美术馆志》第 44、45 号(神户:白鹤美术馆)。
1976 《汉字の世界》全 2 卷,东京:平凡社。
1982 《汉字类编》,小林博辑,东京:木耳社(白川静编)。

西蒙华德 Simon, Walter
1941 《一些藏语后缀及它们的结合》,《哈佛亚洲研究杂志》,6 卷,2,372—391 页。"Certain Tibetan Suffixes and Their Combinations," *Harvard*

Journal of Asiatic Studies, 6.2.

宋国定
2003 《郑州小双桥遗址出土陶器上的朱书》,《文物》,第 5 期,35—44 页。

宋镇豪
1985 《试论殷代的记时制度》,《全国商史学术讨论会论文集》殷都学刊增刊,302—336 页。
1991 《释督昼》,《甲骨文与殷商史》,第 3 辑,34—49 页。
1999 《百年甲骨学论著目》,北京:语文出版社。

孙海波
1934 《读王静安先生古史新证书后》,《考古学社社刊》1935(2),35 页。

孙亚冰
2003 《百年来甲骨文材料再统计》,《中国文物报》9 月 28 日。
2006 《百年来甲骨文材料统计》,《故宫博物院院刊》,第 1 期,24—47 页。

孙亚冰、宋镇豪
2004 《济南市大辛庄遗址新出甲骨卜辞探析》,《考古》,第 2 期,66—75 页。

孙诒让
1904 《契文举例》,重印于《吉石庵丛书》(1917 年)。
1905 《名原》,上海:三顷堂书局。

[日]高岛谦一 Takashima, Ken-ichi
1970 《武丁期卜辞的双重性词"其"》,打印稿,48 页。"Amphibolous Ch'i 其 in the Bone Inscriptions of King Wu Ting Period." Typescript ms.
1973 《商王武丁卜辞的否定词》,博士论文,西雅图:华盛顿大学。Negatives in the King Wu Ting Bone Inscriptions. Seattle: University of Washington.
1974 《(评)周鸿翔的卜辞对贞述例》,《华裔学志》,卷 31,638—640 页。

"[Review of] *Buci duizhen shuli* by Chou Hung-hsiang," *Monumenta Serica*, 31.

1977 《甲骨文的从属结构:兼论虚词"其"》,《华裔学志》,卷 33(1977—78 年),36—61 页。"Subordinate Structure in Oracle Bone Inscriptions: With Particular Reference to the Particle *ch'i*," *Monumenta Serica*, 33.

1978 《释商代甲骨文及早期古汉语的㞢、彳、有字》,《古代中国》,第 4 期,19—29 页。"Decipherment of the Word of *You* 㞢、彳、有 in the Shang Oracle-Bone Inscriptions and Pre-Classical Chinese," *Early China*, 4.

1979 《对〈商史史料〉的一些语言学札记》,《古代中国》,第 5 期,48—55 页。"Some Philological Notes to *Sources of Shang History*," *Early China*, 5.

1980 《商甲骨文中的早期古汉字有:词族、词源、语法、语义和祭祀》,《东亚语言学报》,第 8 期,81—112 页。"The Early Archaic Chinese Word *Yu* in the Shang Oracle-Bone Inscriptions: Word-family, Etymology, Grammar, Semantics and Sacrifice," *Cahiers de Linguistique Asie Orientale*, 8.

1980a 《妇好の疾病に関する一卜辞の试释》,《甲骨学》,第 12 号,55—65 页。

1982 《甲骨文中的名词词组》。在 9 月 7—11 日于夏威夷大学东西中心召开的商代文明国际讨论会上提交的论文。修订后的文本以同样标题发表为高岛(1984)。"Noun Phrases in the Oracle-Bone Inscriptions." Paper presented at the International Conference on Shang Civilization held at East-West Center, University of Hawaii. Revised version under the same title was published as Takashima (1984).

1983 《没有标记的名词化——甲骨文中的个例研究》。在 6 月 6 日温哥华召开的加拿大亚洲研究学会年会上提交的论文。修订并扩充的一个文本以《由甲骨文语言论名词化和名词派生》为题发表为 1984a。"Nominalization and Nominal Derivation with Particular Reference to the Language of Oracle-Bone Inscriptions." Paper presented at the Annual Meeting of the Canadian Asian Studies Association, Vancouver. A revised version under the same title was published as Takashima (1984a).

1983a 《卜辞语言中的名词派生与字源学:卯字个案研究》。3 月 25—24 日于加州旧金山召开的亚洲研究学会年会上提交的论文。

"Nominalizaiton and Etymology in the Language of the Bone Inscriptions: A Case Study of 卯." Paper presented at the Annual Meeting of the Association for Asian Studies, San Francisco.

1983b 《论卜辞和金文中之罘字的连词用法》。3 月 24 日于加州伯克莱召开的美国东方学会西岸分会提交的论文。"On the Conjunctive Use of the Word Ta 罘 'and' in the Bone and Bronze Inscriptions." Paper presented at the West Coast Branch of the American Oriental Society, Berkeley, California.

1983c 《论甲骨文中的数量补语》。提交给 9 月 16—18 日于华盛顿州西雅图召开的第 16 届汉藏语言和语言学国际研讨会的论文。修订文本以同样标题发表为高岛（1985）。"On the Quantitative Complement in Oracle-Bone Inscriptions." Paper presented at the XVIth International Conference on Sino-Tibetan Languages and Linguistics, Seattle, Washington. Revised version under the same title was published as Takashima (1985).

1983—85 《评吉德炜（1983—1985）》，《古代中国》，第 9—10 期，44—46 页。"Comments on Keightley (1983—1985)," *Early China*, 9—10.

1984—85 《甲骨文中的名词词组》，《华裔学志》，卷 36，229—302 页。"Noun Phrases in the Oracle-Bone Inscriptions," *Monumenta Serica*, 36. (本文的修订版见 伊藤道治、高岛谦一 1996, pp. 204—258.)

1984a 《由甲骨文语言论名词化与名词派生》，《东亚语言论文集》（火奴噜噜/檀香山：夏威夷大学东亚语言文学系），卷 2，25—74 页。"Nominalization and Nominal Derivation with Particular Reference to the Language of Oracle-Bone Inscriptions," *Papers in East Asian Languages* (Department of East Asian Languages and Literatures, University of Hawaii, Honolulu), 2.

1984b 《问鼎》，《古文字研究》，第 9 辑，75—95 页。

1985 《论甲骨文中的数量补语》，《中国语言学报》，卷 13 第 1 号，44—68 页。"On the Quantitative Complement in Oracle-Bone Inscriptions," *Journal of Chinese Linguistics*, 13.1. (本文的修订版见 伊藤道治和

高岛谦一 1996, pp. 289—302.)

1985a 《殷虚文字丙编通检》,台北:"中央"研究院历史语言研究所。*A Concordance to Fascicle Three of Inscriptions from the Yin Ruins.* Taipei: Institute of History and Philology, Academia Sinica.

1986 《先汉藏语中有两个或一个系动词——甲骨文的隹和叀》,手稿,126页。标题为《商代汉语中的系动词研究》的修订文本发表为高岛(1990);本书第四章第一节是其进一步的修改文本。"Two Copulas or One Copula in Proto-Sino-Tibetan? ——*Wei* 隹 and *Hui* 叀 in Oracle-Bone Inscriptions." Typescript ms. 126pp. Revised version under the title "A Study of the Copulas in Shang Chinese" was published as Takashima (1990). A further revision thereof is in Chapter 4, Section 1 of the present volume.

1987 《把鼎放正:卜辞中的鼎字研究》,《王力先生纪念论文集》,英语卷(香港:联合出版有限公司),405—421 页。"Settling the Cauldron in the Right Place: A Study of *Ting* 鼎 in the Bone Inscription," *Wang Li Memorial Volumes*, English Volume.

1988 《甲骨文の时代区分とその书跡について》《书道研究》,第 12 号,58—80 页。

1988a 《甲骨文中的一个强调动词词组》,《历史语言研究所集刊》,第 59 本,第 4 分册,653—694 页。"An Emphatic Verb Phrase in Oracle-Bone Inscriptions," *Bulletin of the Institute of History and Philology*, Academia Sinica, 59.(本文的修订版见 伊藤道治、高岛谦一 1996, pp. 259—288.)

1988b 《甲骨文否定词的构词法》《アジア・アフリカ语の计数研究》(东京:国立共同利用研アジア・アフリカ言语文化研究所),卷 30,113—133 页。"Morphology of the Negatives in Oracle Bone Inscriptions," *Computational Analysis of Asian and African Languages* (National Inter-University Research Institute of Asian and African Language and Cultures), 30.

1988c 《グラフ特集——甲骨文の诸相》,《书道研究》,第 12 号,7—22 页。

1988d Commentaries to Fascicle Three of Inscriptions from the Yin Ruins:

Palaeographical & Linguistics Studies. Vol. 1. (a book ms. submitted in 1988 to the Institute of History and Philology, Academia Sinica, accepted for publications in 1990; offer withdrawn due to substantial changes and additions to the ms. during the two-year period.

1988—89 "An Evaluation of the Theories Concerning the Shang Oracle-Bone Inscriptions." *The Journal of Intercultural Studies*, 15 & 16 (combined), pp. 11—54.

1989 《殷代贞卜语言の本质》,《东京大学东洋文化研究所纪要》,卷110,1—165页。

1989a 《甲骨文中的否定词的构词形态》,《殷墟博物苑苑刊》,第一期,209—216页。

1990 《商代汉语的系动词研究》,《东京大学东洋文化研究所纪要》,卷112,1—92页。本书第四章第一节是其进一步的修改文本。"A Study of the Copulas in Shang Chinese," *The Memoirs of the Institute of Oriental Culture* (University of Tokyo), 112. A further revision thereof is in Chapter 4, Section 1 of the present volume.

1991 《太古汉语——单语の构造》,《中国语》,第372号,45—48页。

1994 "The Modal and Aspectual Particle Qi in Shang Chinese", in *Papers of the First International Congress on Pre-Qin Chinese Grammar* 第一届国际先秦汉语语法研讨会论文集(Ed. by Robert H. Gassmann and He Leshi 何乐士). 岳麓书社,479—565页。

1996 见伊藤道治、高岛谦一1996。

1996a 《关于公元前4世纪中山国铜器铭文中的系动词及相关诸词研究》"A Study of the Copulas and Certain Related Words in the Zhongshan 中山 Bronze Inscriptions of the 4th Century B.C." 提交给8月19—22日于北京大学召开的古代汉语语法第二届国际会议。Typescript 17pp. + translations of the three inscriptions, 45pp.

1996b "Toward a Pronominal Hypothesis of Qi in Shang Chinese," *Chinese Language, Thought, and Culture: Nivison and His Critics*, (Ed. by Philip J. Ivanhoe. Chicago and La Salle: Open Court), 3—38页。

1996c "Some Problematic Aspects of the Li KUEI Inscription," *Ancient*

    Chinese and Southeast Asian Bronze Age Cultures (Proceedings of a Conference held at the Edith and Joy London Foundation property, Kioloa, NSW. 8—12 February, 1988). Ed. F. David Bulbeck, with several articles ed. and trans. by Noel Barnard. Taipei: SMC Publishing Inc. ,1996.

1996d "A New Pronominal Hypothesis of *Qi* in Shang Chinese," *Chinese Language, Thought, and Culture: Nivison and Critics* (ed. by Philip J. Ivanhoe), pp. 3—38. Chicago and La Salle: Open Court.

1997 "Is the Language of Transmitted Classical Chinese Texts Authentic?" Special address presented at the Assemblée Générale, Association Française d'Études Chinoises. Paris, 7 June.

1997a "Focus and Explanation in Copulative-type Sentences in a Genuine Classical Chinese Text," *Cahiers de Linguistique Asie Orientale*, Vol. 26, No. 2, pp. 177—199.

1999 《古代汉语中所谓的第三人称所有格代词"氒(= 厥)"》,《美国东方学会会志》,第119卷第3册,第404—431页。"The So-Called 'Third Person' Possessive Pronoun *jue* 氒 (= 厥) in Classical Chinese," *Journal of American Oriental Society*, 119. 3.

1999a 《甲骨文考释的几个基本步骤》,《汉语现状与历史的研究》,第446—469页,北京:中国社会科学出版社。

2000 "Towards a More Rigorous Methodology of Deciphering Oracle-Bone Inscriptions." *T'oung Pao*, LXXXVI (2000): 363—399.

2002 《商代文献中的几个礼仪动词》,《中国语言学报》30. 1, 97—141页。本书第四章第二节是其进一步的修改文本。"Some Ritual Verbs in Shang Texts," *Journal of Chinese Linguistics*, 30. 1. A further revision thereof is in Chapter 4, Section 2 of the present volume.

2002a "Tradition vs. Its Critics: A Reconstruction of the *Rong* Sacrifice in Jiaguwen and *Shangshu*." Paper presented at the International Symposium on the Historical Aspects of the Chinese Language in Commemorating the Centennial Birthday of the Late Professor Li Fang-Kuei, University of Washington. 16 — 18 August 2002.

Typescript ms. 25pp.

2004 《释宾》《文字学论丛》,2,259—283 页。武汉:崇文书局。

2005 "The Causative Construction with *zuo* 乍(作) in Shang Chinese." 21pp. Typescript. Paper presented at the International Conference on Old Chinese Linguistic Reconstruction, Shanghai, 13—18 December.

2005a "Grammar and Religion: A Causative Construction and Two Ritual Terms in Shang Chinese." Typescript 19pp. November, 2005. A revised version (22pp.) made in April; 2006 was presented at the International Conference Celebrating the Publication of the Complete Works of Li Fang-kuei and the Publication of the Bulletin of Chinese Linguistics, 29—31 May, 2006, Academia Sinica, Taipei.

2005b 《如何释读商代甲骨文:对当前释读方法的评论》,《远东文物博物馆馆刊》,2004 年第 76 本,第 22—43 页。因为出版的延后,它的年份追记为 2004 年。然而,我在本文中引用它时用的年份是"2005",因为它和我在 2005 年 2 月 10 日在乌普萨拉的瑞典社会科学高级研究管理委员会的研讨班上第一次宣读的论文实质上是一样的。"How to Read Shang Oracle-Bone Inscriptions: A Critique of the Current Method." *BMFEA* 76 (2004).

2005c 《以甲骨卜辞的布局解读甲骨文》"Placement of Inscriptions on Oracle-Bone Plastrons as a Guide to Decipherment," *Asiatische Studien/Études Asiatiques (Zeitscrift der Schweizerischen Asiengesellschaft/ Revue de la Société Suisse)*, LIX, 1, pp. 11—29.

2006 《关于商代和西周早期的铜器铭文的一些语言学问题》,《中国语言与文化研究——献于何莫邪先生》,13—30 页,奥斯陆:爱马仕学术出版书社。"Some Linguistic Aspects of the Shang and Early Western Zhou Bronze Inscriptions," *Studies in Chinese Language and Culture: Festschrift in Honour of Christoph Harbsmeier* (Oslo: Hermes Academic Publishing and Bookshop).

2006a "The Causative Construction with *zuo* 乍(作) in Shang Chinese" (商代语言中带"乍"[作]字的使役结构). Paper presented at the International Conference on Old Chinese Linguistic Reconstruction,

Fudan University, Shanghai, 13 — 20 December, 2005. Revised June, 2006.

2006b "The Causative Construction with shi 𝑓 (使) in Shang Chinese"(商代语言中带"𝑓"[使]字的使役结构). Part of 2006a expanded, revised July, 2006. Further revised in November, 2006, a version presented at the 16th International Conference on Chinese Palaeography (中国古文字研究会第十六届年会国际学术研讨会), 12—15 November, Guangzhou, PRC. Chapter 2, Section 3 in the present volume is a further revised and expanded version of the following:《商代语言中带"史"(使)字和"乍"(作)字的使役结构》《何乐士纪念文集》,北京:语言出版社,2009年,67—90页。

2006c "The Graph ⊟ in Shang Oracle-Bone Inscriptions", Bulletin of Chinese Linguistics, 1.1, pp. 61—79.

2006d "The Graph ⊟ for the Word 'Time' in Zhou Bronze Inscriptions," Shan gao shui chang 山高水长:Ting Pang-Hsin xiansheng qizhi shouqing lunwenji 丁邦新先生七秩寿庆论文集. Linguistic Studies in Chinese and Neighboring Languages: Festschrift in Honor of Professor Pang-hsin Ting on His 70th Birthday, Vol. 1, pp. 305—17. Ed. by Dah-an Ho (何大安) et al. Taipei: Institute of Linguistics, Academia Sinica.

2009 《郑州、大辛庄卜骨:殷商时期安阳南部、东部的文字》。早期中国研会论文《早期中国书写和文字》增补和修订版。纽约:哥伦比亚大学,2009年2月7—8日。出版预定:李峰、林德威主编《早期中国书写和文字》,西雅图:华盛顿大学出版社。"Literacy to the South and East of Anyang in Shang China: Zhengzhou and Daxinzhuang." A paper presented at the Early China Seminar "Writing and Literacy in Early China." Columbia University, New York, 7—8 February, 2009. A revised version will appear in a volume tentatively entitled Writing and Literacy in Early China ed. by Li Feng and David Branner.

2009a 《祭祀:中国古代"祭"和"祀"新辨》,《早期阶段的文字、仪式和文化记忆》,33—68页,威斯巴登:奥托哈拉索维茨出版社。"*Jisi* 祭祀: A

Reconstruction of the *Ji* Sacrifice and the *Si* Ritual in Ancient China." *Time and Ritual in Early China*. Ed. by Xiaobing Wang-Riese and Thomas O. Höllmann. Wiesbaden: Otto Harrassowitz.

2010 《商代配祀之拟构》,《罗杰瑞先生七秩晋三寿庆论文集》(柯蔚南、余霭芹编),453—472页。香港:香港中文大学中国文化研究所吴多泰中国语言研究中心。"A Reconstruction of Shang Joint Rituals," *Festschrift Dedicated to the 73rd Birthday of Professor Jerry Norman*. Ed. by W. South Coblin and Anne O. Yue. Hong Kong: Institute of Chinese Civilization, Chinese University of Hong Kong.

2010a 和司礼义翻译及至《丙编》259:《殷墟文字丙编研究,上册,解说·隶定·英译》,专刊之一〇七A,台北:"中央"研究院历史语言研究所。With translations by Paul L-M. Serruys up to plastron ♯259: Studies of Fascicle Three of Inscriptions from the Yin Ruins, Volume I: General Notes, Text and Translations. Special Publications No. 107A. Taipei: Institute of History and Philology, Academia Sinica.

2010b 《殷墟文字丙编研究,下册,注释·古文字语言学新探》,专刊之一〇七B,台北:"中央"研究院历史语言研究所。Studies of Fascicle Three of Inscriptions from the Yin Ruins, Volume II: New Palaeographical and Philological Commentaries. Special Publications No. 107B. Taipei: Institute of History and Philology, Academia Sinica.

2010c 《古代汉语中的"日中"和"中日"》,《吕叔湘百年诞辰纪念文集》,259—266页,北京:商务印书馆。

2010d "A Note on the Noun-Phrase Formation in Pre-Classical Chinese." Paper presented at the Joint Meeting of the IACL 18th and NACCL 22nd. 20—22 May, Harvard University. Further revised in August and November, 2010. The title of the paper was changed to "Three Functions of the Suffix *-s in Shang Chinese."

2011 《「河」の语源と中国古文字学》。Paper written in Japanese originally prepared for the International Conference on Oracle-Bone Inscriptions and Cultural Memory of the World. Taipei: Institute of History and Philology, Academia Sinica, 27—30 August, 2010.

2011a "比 or 从: A Palaeographical and Philological Examination." Working paper.

[日]高岛谦一、余霭芹 Takashima, Ken-ichi and Yue, Anne O.
2000 《论证甲骨文可能蕴涵方言成分》,《李方桂先生纪念论文集:语言变化与汉语方言》,1—52页,丁邦新和余霭芹编,台北,西雅图:"中央研究院"语言研究所,华盛顿大学。"Evidence of Possible Dialect Mixture in Oracle-Bone Inscriptions." *In Memory of Professor Li Fang-kuei: Essays of Linguistic Change and the Chinese Dialect*s. Ed. by Ting Pang-hsin and Anne O. Yue. Taipei and Seattle: Institute of Linguistics (Preparatory Office), Academia Sinica and University of Washington.

[日]高山节也 Takayama Setsuya
1980 《西周国家における"天命"の机能》,《西周青铜器とその国家》(松丸:1980a),325—389页。

[日]泷川龟太郎 Takigawa Kametarō
1932—1934 《史记会注考证》,东京:东方文化学院,重印于台北:艺文印书馆(无印刷时间)。

谭步云
2005 《商代铜器铭文释读的若干问题》,《中山人文学术论丛》5,1—19页。

唐健垣
1969—1974 《殷虚文字乙编丙编编号对照表》,《中国文字》,第 31 期(1969年),1—28页;第 52 期(1974年),1—10页。

汤可敬
1997 《说文解字今释》2卷,长沙:岳麓书社。

唐兰
1935　《古文字学导论》,北京大学讲义石印本,香港:太平书局重印,1965。
1939　《天壤阁甲骨文字考释》,北平:辅仁大学。
1976(1995)　《㺇尊铭文解释》《文物》1。又见《唐兰先生金文论集》(1995),187—193页。
1981　《论周昭王时代的青铜器铭刻》,《古文字研究》,第2辑,12—162页。
1995　《唐兰先生金文论集》,北京:紫禁城出版社。

唐钰明
1986　《卜辞"我其巳宾乍帝降若"解》《中山大学学报》,第1期。此文收入唐钰明(2002:77—81),也是本文查阅的版本。本文引它而注出处时用以下方式:唐钰明(1986[2002]:77—81)。
2002　《著名中年语言学者自选集——唐钰明卷》,合肥:安徽教育出版社。

约翰·泰勒 Taylor John R.
1995　*Linguistic Categorization*. 2nd ed. Oxford: Oxford University Press.

苏伯·罗伯特 Thorp, Robert L.
1981—82　"The Date of Tomb 5 at Yinxu, Anyang." Artibus Asiae 43. 3: 239—46.

格莱姆·色古德 Thurgood, Graham
1982　《汉藏语的系动词 *wə⇔y》,《东亚语言学报》,第11期1号,65—81页。"The Sino-Tibetan Copula *wə⇔y," *Cahiers de Linguistique Asie Orientale*, 11. 1.

[日]藤堂明保 Tōdō Akiyasu
1957　《中国语音韵论》,东京:江南书院。
1965　《汉字语源辞典》,东京:学灯社,汉字の语源研究.在提交给东京大学的博士论文《上古汉语の单语家族の研究》的基础上修改增订。
1978　《学研汉和大字典》,东京:学习研究社。

［日］丰田久 Toyata Hisashi
1980 《周王朝の君権の構造について》,《西周青铜器とその国家》(松丸：1980a),391－456页。

东洋文库古代史研究委员会 Tōyō Bunko Kodaishi Kenkyū Iinkai
1979 《东洋文库所藏甲骨文字》,东京：东洋文库。

乌尔里非·恩格 Unger, Ulrich
1982 《好古——汉学札记》,第7,曼斯特,1982年7月19日,怪异的王？打印稿,34－44页。"Hao-ku: Sinologische Rundbriefe." Nr. 7, Münster 19.7.1982. Der Schreiende König？

［日］宇野圆空 Uno Enkū
1944 《宗教民族学》,东京：八州书房。
1966 《マライシャにおける稲米儀礼》,东京：东洋文库。

王国维
1917 《殷周制度论》,《观堂集林》卷10,(武城,1923年；见王国维1923。)
1917a 《殷卜辞中所见先公先王考》,《观堂集林》卷9。
1917b 《殷卜辞中所见先公先王续考》,《观堂集林》卷9。
1923 《观堂集林》,重印于台北：世界书局,1964年。
1925 《古史新证》[有多个版本：清华研究院讲义本(1925);《国学月报》2:8、9、10,王静安先生专号(1927);《燕京大学月刊》7.2(1930);北平来薰阁书店影印本王氏手稿本(1934)]。收录氏著《王观堂先生全集》卷六,台北：文化出版公司,1968。
1927 《殷礼征文》,收入《海宁王忠悫公遗书》,卷2。
1928 《观堂集林》24卷,再版于台北：世界书局,1964年。
1928a 《殷礼徵文》,《王忠悫公遗书》二集(1928),再版于北京：商务印书馆,1940年。

王力

1937 《上古韵母系统研究》,《清华学报》卷 12,第 3 号,473—539 页。
1946 《中国语法理论》,上海:商务印书馆。
1958 《汉语史稿》,北京:科学出版社。
1982 《同源字典》,北京:商务印书馆。

王念孙

1744 《古韵谱》,重印于台北:广文书局。(1744 年不是出版年代而是其生年[其卒年 1832];该版本上未记出版年代)

王先谦

《后汉书集解》,重印于台北:艺文印书馆。

王慎行

1992 《古文字与殷周文明》,西安:陕西人民教育出版社,1992。

王献唐

1969 《说挞线》《中国文字》,第 34 期(无页码)。

王心怡

2007 《商周图形文字编》,北京:文物出版社。

王宇信

1984 《西周甲骨探论》,北京:科学出版社。
2009 《中国甲骨学》,上海:上海人民出版社。

王宇信、张永山和杨升南

1977 《试论殷墟五号墓的"帚好"》,《考古学报》,第 2 期,1—22 页。

温少锋,袁庭栋

1993 《殷墟卜辞研究》,成都:四川社会科学出版社。

怀履光 White, William Charles
1945 《中国古代的骨文化:对河南北部年代约为公元前 12 世纪的骨物的考古学研究》。*Bone Culture of Ancient China: An Archaeological Study of Bone Material from Northern Honan, Dating about the Twelfth Century, B.C.* 多伦多:多伦多大学出版社。

吴金鼎 Wu, G. D.
1938 《中国先史时期的陶器》,伦敦:路特来吉。*Prehistoric Pottery in China.* London: Routledge.

吴匡、蔡哲茂
1989 《释 》,《殷墟甲骨文发现九十周年国际学术讨论会论文》,安阳,1989年8月。

吴其昌
1932 《卜辞所见殷先公先王三续考》,《燕京学报》,第 14 号,1—58 页。

徐鸿修
2003 《大辛庄甲骨文考释》,《文史哲》,第 3 期。

许进雄
1968 《殷卜辞中五种祭祀的研究》,台北:台湾大学文学院。
1977 《明义士收藏甲骨释文篇》。*The Menzies Collection of Shang Dynasty Oracle Bones*, Vol. II. the Text. Toronto: Royal Ontario Museum.

许慎
《说文》《说文解字》(大徐本)。陈昌治 1873 年重刻本(依据 1809 年孙星衍的版本),中华书局再版(1963)。

徐锡台
1979 《周原出土的甲骨文所见人名、官名、方国、地名浅释》,《古文字研究》,第 1 辑,184—202 页。

徐中舒
1980 《汉语古文字字形表》,成都:四川人民出版社。
1988 《甲骨文字典》,成都:四川辞书出版社。

徐在国
2006 《传抄古文字编》3卷,北京:北京线装书局。

薮内清 Yabuuchi Kiyoshi
1952 《殷代の历法》,《东方学报》,卷21,217—325页。
1956 《殷历に关する二三の问题》,《东洋史研究》,卷15,第2号,66—82页。

姚孝遂、肖丁
1988 《殷墟甲骨刻辞类纂》,北京:中华书局,简称《类纂》。
1988a 《殷墟甲骨刻辞摹释总集》,北京:中华书局,简称《摹释》。

姚振武
2009 《上古汉语个体量词和"数 + 量 + 名"的结构的发展以及相关问题》《何乐士纪念文集》,199—224页,北京:语言出版社。

严一萍
1957 《卜辞四方风新义》,《大陆杂志》,卷15,第1期,1—7页。
1980 《乙编丙编对照表》,《中国文字》,新二期,330—374页。
1981 《妇好列传》,《中国文字》,新三期,1—104页。

杨逢彬
2001 《论殷墟甲骨刻辞中不存在连词"则"(作)——兼谈"我其祀宾作帝降若"等句的读法》,Collected Essays in Ancient Chinese Grammar (Ed. By Redouane Djamouri), pp. 19—23. Paris: Centre de Recherches Linguistiques sur l'Asie Orientale, École des hautes etudes en sciences sociales.

杨泓

1977 《战车与车战 — 中国古代军事装备札记之一》,《文物》5,82—90页,22续。

杨宽

1941 《中国上古史导论》,《古史辨》卷七上,65—421页。
1984 《西周中央政权机构剖析》,《历史研究》,第1期,78—91页。

杨坤

2008 《中国古代神灵配食的个案考查——关于"方帝"配食历史传统等问题的探讨》,复旦大学古文字与出土文献研究中心网站。

杨树达

1954 《积微居甲文说》,北京:科学出版社。
1954a 《积微居小学述林》,北京:科学出版社。

叶玉森

1934 《殷虚书契前编集释》,上海:大东书局。

[日]吉田金彦 Yoshida, Kanehiko

1976 《日本语语源学の方法》,东京:大修馆书店。

[日]吉田光邦 Yoshida, Mitsukuni

1953 《殷代技术小记》,《东方学报》,卷23,167—179页。

于省吾

1940—1943 《双剑誃契骈枝》,3卷(《骈枝》、《骈枝续编》和《三编》)。重印于台北:艺文印书馆。
1957 《商周金文录遗》,北京:科学出版社。

1979 《甲骨文字释林》,北京:中华书局。
1980 《甲骨文"家谱刻辞"真伪辨》《古文字研究》,第4辑,139—146页。
1996 主编《甲骨文字诂林》(GL)4卷,姚孝遂按语,北京:中华书局。

袁靖、唐际根
1999 《河南安阳市洹北花园庄遗址出土动物骨骼研究报告》,《考古》,11。

袁珂
1980 《山海经校注》,上海:上海古籍出版社。

余霭芹 Yue, Anne O
1998 "ZHI 之 in Pre-Qin Chinese." *T'oung Pao*: *Revue Internationale de Sinologie* (Collège de France). Vol. 84, pp. 239—292.
2011 《语法的纵横研究:甲骨文、古代文献与方言里的"有"》《中国语言学集刊》第四卷第二期,1—80页。"Study of Grammar in Temporal and Spatial Perspectives: You^3 有 in the OBI, Ancient Documents and the Dialects," *Bulletin of Chinese Linguistics*, Vol. IV, No. 2.

余霭芹、[日]高岛谦一
2000 "Evidence of Possible Dialect Mixture in Oracle-Bone Inscriptions." In *Memory of Professor Li Fang-kuei*: *Essays of Linguistic Change and the Chinese Dialects* (李方桂先生纪念论文集:语言变化与汉语方言), pp. 1—52. Ed. by Ting Pang-hsin 丁邦新 and Anne O. Yue 余霭芹. Taipei and Seattle: Institute of Linguistics (Preparatory Office), Academia Sinica and University of Washington.

曾昭聪
2005 《古汉语神祇类同义词研究》,北京:中国文史出版社。

张蓓蒂、张琨 Chang, Betty S. and Chang, K'un
1976 《苗瑶、藏缅和汉语的前鼻音的塞音声母:是否传播的结果或遗传关系的证据?《东亚和东南亚语言的遗传关系、传播与类型学的相似性》(桥本万太郎编;东京:国家大学亚非语言文化研究所),315—358 页。"The Prenasalized Stop Initials of Miao-Yao, Tibeto-Burman, and Chinese: A Result of Diffusion or Evidence of a Genetic Relationship", *Genetic Relationships, Diffusion and Typological Similarities of East and Southeast Asian Languages*. Tokyo: National Inter-University Research Institute of Asian and African Languages and Cultures.

张秉权 Chang, Ping-ch'üan
1956 《卜龟腹甲的序数》,《历史语言研究所集刊》,第 28 本(提交于纪念胡适 65 诞辰的研究),第 1 分册,229—272 页。
1957—72 《小屯第二本:殷虚文字:丙编》,台北:"中央"研究院历史语言研究所,上一(1957 年),上二(1959 年);中一(1962 年),中二(1965 年);下一(1967 年),下二(1972 年)。也引作《丙编》考释。
1960 《论成套卜辞》,《历史语言研究所集刊》特刊(提交于纪念董作宾 65 诞辰的论文),第一部分,389—401 页。
1986 《简论妇好卜辞》,《商代考古研究》张光直编。纽黑文:耶鲁大学出版社),121—140 页。"A Brief Discription of the Fu Hao Oracle Bone Inscriptions," *Studies of Shang Archaeology* (ed. by K. C. Chang). New Haven: Yale University Press.

张长寿
1994 《西周的玉柄形器——1983—86 年沣西发掘资料之九》,《考古》,第 6 期,551—555 页。

张光裕
2002 《新见西周"夹"簋铭文说释》,钟柏生主编《古文字与商周文明》,107—44 页,台北:"中央"研究院历史语言研究所。

张光直 Chang, Kuang-chih
1963 《商王庙号新考》,《民族学研究集刊》,第 15 号,65—69 页。

1980 《商代文明》,纽黑文:耶鲁大学出版社。*Shang Civilization*. New Haven: Yale University Press.

1986 (编者)《商代考古研究》,纽黑文:耶鲁大学出版社。*Studies of Shang Archaeology*. New Haven: Yale University Press.

张洪明 Zhang, Hongming

1998 《汉语河词源考》,《中国语言学报》,26.2,1—47页。"Chinese Etyma for River," *Journal of Chinese Linguistics*.

张儒、刘毓庆

2001 《汉字通用声素研究》,太原:山西古籍出版社。

张守中

1981 《中山王嚳器文字编》2卷,北京:中华书局。

张亚初

2001 《殷周金文集成引得》,北京:中华书局。

张玉金

1988 《甲骨卜辞语法研究两篇》,博士论文,北京:北京大学。

1994 《甲骨文虚词词典》,北京:中华书局。

1996 《释甲骨文中的"分"》,《古汉语研究》,4,第17—23页,亦载于《出土文献研究》,5,1999年,第25—35页。

1999 《卜辞"我其巳宾乍帝降若"再解》,李圃编《中国文字研究》,1,第172—179页,南宁:广西教育出版社。

张再兴

2004 《西周金文文字系统论》,上海:华东师范大学出版社。

张政烺 Chang, Cheng-lang

1948 《奭字说》,《历史语言研究所集刊》,第13本,165—171页。

1986 《略论妇子(好)》,张光直编《商代考古研究》,纽黑文:耶鲁大学出版社,103—119页。"A Brief Discussion of Fu Tzu," *Studies of Shang Archaeology* (ed. by K. C. Chang). New Haven: Yale University Press.

张聪东 Chang, Tsung-tung
1970 《甲骨文中的商代宗教礼拜》,威斯巴登:奥托哈拉索威兹。*Der Kult der Shang-Dynastie im Spiegel der Orakelinschriften*. Wiesbaden: Otto Harrassowitz.

赵诚
1988 《甲骨文简明词典——卜辞分类读本》,北京:中华书局。

赵岐
《孟子注疏》,《孟子章句》收入阮刻影印十三经注疏,重印于台北:文化图书公司,1970年。

Zhao Yilu.
1996 《汉语动词的配价》Distributional Criteria for Verbal Valency in Chinese. Leuven: Peeters.

赵元任 Chao, Yuen Ren
1967 《汉语口语语法》,伯克莱和洛杉矶:加州大学出版社。*A Grammar of Spoken Chinese*. Berkeley and Los Angeles: University of California Press。

周国正 Chow, Kwok-ching
1976 《甲骨文中所见的于字》。"The Occurrence of *yu*(于)in the Oracle-Bone Inscriptions",打印稿,44页,温哥华:不列颠哥伦比亚大学。Vancouver: University of British Columbia.
1982 《一期卜辞从属复句的方方面面》,博士论文,温哥华:不列颠哥伦比亚大学。Aspects of Subordinative Composite Sentences in the Period I Oracle-Bone Inscriptions. Vancouver: University of British Columbia.

周法高 Chou, Fa-kao
1962 《中国古代语法》构词编,台北:"中央"研究院。
1969 《论上古音》,《香港中文大学汉语研究所杂志》卷 11 第 1 号,109—178 页。
1974 《汉字古今韵汇》,香港:香港中文大学出版社(编者)。
《金文诂林》:16 卷,周法高(主编)、张日升、徐芷仪、林洁明编,香港:香港中文大学出版社,1975。

周鸿翔 Chou, Hung-hsiang
1969 《卜辞对贞述例》,香港:万有图书公司。
1970 《商代的妇 X》"Fu-X Ladies of the Shang Dynasty",《华裔学志》*Monumenta Serica*,卷 29,346—390 页。

中国社会科学院考古研究所
1956 《辉县发掘报告》,卷 1,北京:科学出版社。
1965 《甲骨文编》JGWB(考古学专刊乙种第十四号),北京:中华书局。
1984 《新中国的考古发现与研究》,北京:文物出版社。
2001 《〈殷周金文集成〉释文》,6 卷,香港:香港中文大学中国研究所。
2003 《殷墟花园庄东地甲骨》,6 卷,昆明:云南人民出版社,简称《花东》。
2003a 《中国考古学夏商卷》,北京:中国社会科学出版社。
2005 《安阳殷墟出土玉器》,北京:科学出版社。
2007 《张家坡西周玉器》,北京:文物出版社。

中国科学院考古研究所二里头工作队
1974 《河南偃师二里头早商宫殿遗址发掘简报》,《考古》,第 4 期,234—248 页。

中国科学院考古研究所实验室
1972 《放射性碳素测定年代报告(一)》,《考古》,第 1 期,52—56 页。

朱骏声
1834 《说文通训定声》,2 卷,重印于台北:世界书局,1966 年。

朱歧祥
1990 《殷墟卜辞句法论稿》,台北:学生书局。

后　记

　　本书所录论文原用英语或日语写成,现皆已译为中文。承蒙安徽大学黄德宽教授与徐在国教授之厚意,将本书列入《安徽大学汉语言文字研究丛书》,故而有拙稿能于甲骨故土付梓之机缘,在此诚表由衷之谢意。

　　2006年桂子飘香之际,我应邀至安徽大学中文系为在读的硕、博士研究生开设甲骨文导读课程,并荣幸地被聘为兼职教授。2011年初春,我又有幸来到安大,再次开设此研讨班,为25位硕、博士研究生授课。尽管各只有一个学期,但淳朴好学的安大学子给我留下了深刻的印象。第二次授课期间,我请他们中的9位将我的5篇论文译成中文。此前,我请当时就读于安徽大学的何家兴博士将一篇论文译为中文。如此,共有10位安大学生为本书付出了努力,从而使我的研究成果能以中文版的形式与更多的中国学者见面,这将进一步增加我与中国同行接触与切磋的机会。除10位安大学生外,我原在英属(不列颠)哥伦比亚大学(UBC,加拿大,温哥华)和华盛顿大学(美国,西雅图)指导过的博士生(他们现皆已成为独立的研究者)中的3位将我的7篇论文译成了中文。另外,在长期的学术研究活动中,我还有幸与一些中国年轻学者相结识,他们也翻译了3篇论文。以下所列即为本书译者(含校对者)及其所翻译之章节。

　　牛清波（安徽大学博士生）、王晓云（安徽大学硕士生）第一编第一节
　　严志斌（中国社会科学院考古所副研究员）第一编第二节
　　陈梦兮（安徽大学硕士生）、徐尚巧（安徽大学硕士生）第一编第三节
　　李方方（安徽大学硕士生）、田文静（安徽大学硕士生）第一编第四节
　　刘学顺（加拿大英属哥伦比亚大学讲师）第二编第一节
　　刘学顺（同上）第二编第二节

邓琳（美国华盛顿大学博士）第二编第三节

刘学顺（加拿大英属哥伦比亚大学讲师）第二编第四节

朱永平（美国密西西比大学副教授）第三编第一节

刘学顺（加拿大英属哥伦比亚大学讲师）第三编第二节

吴可颖（加拿大英属哥伦比亚大学博士）、何家兴（复旦大学博士后）第三编第三节

李方方（安徽大学硕士生）、马晓稳（安徽大学硕士生）第三编第四节

刘学顺（加拿大英属哥伦比亚大学讲师）第四编第一节

米雁（安徽大学硕士生）、李玲（安徽大学硕士生）第四编第二节

郅晓娜（中国社会科学院研究生院博士生）、杨杨（中国社会科学院研究生院博士生）第四编第三节何家兴（复旦大学博士后）；第四编第四节刘源（中国社会科学院历史所研究员）校对。

　　本书内容自然由我确定，然能以中文版形式呈现给读者，显然是以上所有年轻中国学者共同努力之成果。我对他们将永远心存感激，并于此一并表达我诚挚的谢意。另外，我还要特别感谢刘学顺、马晓稳和夏大兆三位。学顺曾是我的学生，我们在美丽的 UBC 校园相处甚洽，是师生，但更像是朋友。他一人就翻译了我的 5 篇论文。晓稳不仅负责通读了所有论文的译文，还对统一文风、格式处理、参考文献以及中文编辑等问题提出了进一步的建议。另外，晓稳还对译文中出现的一些问题作了修改与订正。我在安大之际，大兆正在集中精力撰写其硕士论文，故未参加拙稿的翻译。书稿交付出版社后，责编提出还需在翻译表达、文风及格式上进一步加以统一及修订的意见。后出版社指定由大兆对全书加以重新修订，而此时，他已考入德宽教授门下，攻读博士学位。由德宽先生的高足负责此稿，我自然放心。我还要特别感谢安徽大学中文系李昕鑫。我两次到安大任教，都得到昕鑫的热情关心与照顾。特别是这次在安大翻译编撰此书，昕鑫负责协调我与学生之间的具体事项。许多烦琐的问题，皆因有其帮助而得以顺利解决。最后应该感谢我的妻子梁晓虹，在眼下金钱意识深入人心的时候，她对坐冷板凳的我给予了充分的理解、帮助与支持。

　　出版此书之想法其实早在十多年前就有了。1996 年，我与伊藤道治教授合著的《中国古代文明研究》（上下两册）由日本关西外国语大学出版社出版。1998 年王宇信教授曾计划请刘学顺和徐义华将全书译成中文出版。我

所撰写的计三章九节皆已由学顺译成中文。但遗憾的是,王宇信教授的计划最终未能实现,部分原因是出版社要求数量不菲的出版资助。此后,鉴于此计划长期被搁浅,中国社会科学院语言研究所江蓝生先生于2002年将伊藤道治教授所撰写的部分译作《中国古代王朝的形成》交由中华书局出版。至于我所撰写的关于语言和古文字部分,我觉得有些内容应随学术之发展而更新,而且也希望能将自己近来的研究成果,特别是在中国参加学术界活动时撰写的论文替换进来,因此,本书收入了12篇新论文而保留了4篇较早由刘学顺所译的论文。

高岛谦一

2012年3月27日

原中译本后记

1996年，伊藤道治和高岛谦一教授出版了英文版《中国古代文明研究》，并把这本新作赠送给中国几位从事甲骨学研究的学者，王宇信教授即是其中之一。王教授随即把书借给我阅读，并相约讨论此书的内容及价值。当时离赴美国进修只有几天的时间，有许多手续要办，所以，我只能把此书各章节的结论译出，供王教授参阅。他很快根据我译出的部分为《中国古代文明研究》撰写评论，在《殷都学刊》1997年第1期发表。作为中国最早拜读此书的读者和译者，最终又合作把此书译成汉语发表，对于我来说，这大概是弥足珍惜的缘份。

甲骨是中国的文化瑰宝，但甲骨学却是世界上不为国界限制的学术研究。中国和日本一衣带水，文化上互相交流，对一些历史文化现象的理解十分接近。像贝塚茂树和岛邦男等日本学者都对甲骨学的发展做出了巨大贡献，至今犹为中国甲骨学家所称誉。在当今日本研究甲骨的学者中，伊藤道治和高岛谦一教授都有独到的建树，成果迭出，在国际甲骨学界享有很高声誉。把他们精心撰述的著作介绍到国内，供甲骨学与殷商史方面的同仁借鉴，自然是很有意义的事情。王宇信教授的书评已经对此做出中肯评论。我学习研究甲骨文与商史十几年，对这一点深信不疑。因此，我很珍惜翻译出版此书的机遇，对这份工作也十分尽心。

真正筹划翻译此书是在1998年5月。王宇信教授建议，此事由我和徐义华合作进行。徐义华译原书的第一部分，即中译本的上编，我负责原书的第二部分，即本书下编。1998年6月，经过高岛谦一教授的多方努力，我得以来到加拿大不列颠哥伦比亚大学，向先生问学。先生治学谨严而勤于著述，关注学界前沿理论，研究成果堪称甲骨文语言学研究领域的典范，但又绝不因自己学问博大精深而傲人。先生为人幽默和蔼,虚怀若谷,对后学教诲谆谆。与先生相处,日有所进益。这正是现在得以比较惬意地完成这份译稿的必要条件。能够翻译介绍自己景仰的导师的作品并从中学到很多知识,也是做学生的乐事。

  徐义华译出初稿后寄给我校阅。为使全书的风格尽可能一致,我对他的译稿补充了必要的译者按语和原文对甲骨卜辞的翻译,并对原稿加以润色。高岛先生也请孙景涛博士校阅我的译稿。孙博士对译稿提出了很多宝贵意见,使译文增色良多。当然,由于译者水平所限,译文难免有未安之处。这些概由译者负责。

刘学顺
2000 年 12 月 30 日
于不列颠哥伦比亚大学蓬莱寓所